高职高专经济、管理类专业"十二五"规划教材

市场营销原理与实务

SHICHANGYINGXIAOYUANLIYUSHIWU

主　编　　谢宗云　李芳云
副主编　　戴　初　李荣敏　韦莉莉
撰稿人　　（按编写章节先后排序）
　　　　　谢宗云　李芳云　戴　初　黄　俊
　　　　　李荣敏　饶　静　方伦志　韦莉莉
　　　　　杨兴华

U0747914

中南大学出版社
www.csupress.com.cn

高职高专经济、管理类专业"十二五"规划教材编委会

编委会主任： 李国淮（广西国际商务职业技术学院院长、教授）

编委会副主任： 王海东（中南大学出版社社长、教授、博导）

覃扬彬（广西职业技术学院副院长、教授）

编　　　委：（按姓氏笔画排序）

韦　滨（广西机电职业技术学院工商管理系副主任）

韦永福（广西现代职业技术学院管理系主任）

叶桂中（广西工商职业技术学院财会系副主任）

冯雪萍（柳州职业技术学院管理系主任）

向秋华（广西经济管理干部学院工商管理系主任）

伍　锐（广西外国语学院国际工商管理学院常务副院长）

罗海峰（桂林山水职业学院经贸系副主任）

陈湘桂（广西经济管理干部学院教务处处长）

李建春（广西职业技术学院管理系主任）

佘伯明（广西经济管理干部学院贸易经济系主任）

陈　梅（广西工商职业技术学院管理系主任）

张秀兰（桂林航天工业高等专科学校工商管理系主任）

杨振科（广西生态工程职业技术学院管理系主任）

杨　磊（广西国际商务职业技术学院国际贸易系主任）

林建栋（广西经贸职业技术学院财政金融系主任）

周百灵（广西工商职业技术学院经贸系主任）

姚瑞基（广西国际商务职业技术学院财会金融系主任）

郭上玲（广西工业职业技术学院管理科学系主任）

黄容生（柳州城市职业技术学院管理系主任）

黄朝晓（广西经济管理干部学院会计系主任）

黄彪虎（广西经贸职业技术学院经贸系主任）

葛　莉（桂林航天工业高等专科学校经济与贸易系主任）

韩海燕（广西交通职业技术学院管理系主任）

覃学强（广西职业技术学院经贸系主任）

韩江河（南宁职业技术学院商学院院长）

熊小庆（广西外国语学院国际经济与贸易学院常务副院长）

廖福英（广西国际商务职业技术学院市场流通系主任）

前　言

市场营销学是建立在经济学、社会学、心理学及管理学等理论基础上的一门交叉学科、应用科学和管理科学。市场营销经过一个多世纪的发展，由实践上升到理论，理论再到实践，对人类社会的发展起到了巨大的推动作用。在现代企业经营管理中，市场营销是使用频率最高的词汇之一。营销无处不在，无时不有，无论在工商企业、营利性与非营利性组织、政府机构还是个人之中，其相关概念、原理、方法诸方面都得到了广泛的应用。科学、合理地运用市场营销的相关理论，促进了国民经济的发展。对于企业来说，市场营销主张以满足顾客需求为导向，为企业的发展指明了方向；主张要适应环境变化的要求，从而避免战略的失误，减少风险；营销战略为企业成长发展提供了系统的市场战略与竞争战略，以提高企业的竞争能力，取得竞争优势；营销组合策略使企业明确要生产适销对路的产品，以合理的价格，方便的营销渠道，加强与顾客沟通来争取顾客，制定行之有效的营销策略；市场营销新概念、新领域，使企业明确要紧跟形势，不断地进行营销创新，不断调整营销战略战术，提高竞争能力。

从研究领域来看，长期以来，市场营销的专家学者及营销实战人士主要是从企业的角度来研究营销问题，尤其是从生产制造企业这个角度来研究与阐述，企业营销已有一个相当完善的体系。目前，高校开设的市场营销课程所使用的教材多数是基于企业营销这个角度来构建其体系。本教材也是从企业营销这个角度来构建其体系，本教材设计的内容包括：市场营销主要概念与观念、市场营销环境分析，消费者市场与组织市场、市场营销调研与预测、市场定位、战略规划与市场营销管理过程、产品策略、价格策略、渠道策略、促销策略、国际市场营销、营销创新等，包括了市场营销主要知识与技能点。为保证教材内容具有先进性、科学合理性、规范性，笔者在编写这本教材时，参阅了相当数量的市场营销方面的优秀教材，如菲利普·科特勒的《营销管理》（第 13 版）等。同时，阅读了大量的营销类书籍与营销类报刊杂志以收集整理市场营销相关案例，再加上笔者长期从事市场营销方面的教学工作及参加社会实践，积累了一定数量的营销事实材料，积累了一些教学经验，对市场营销有关理论、案例与事实能进行较为合理的判别与筛选。再者，为编写本教材，我们深入企业，积极听取企业界营销管理实战人士的意见。因此，笔者自认为该教材体现了理论与实践相结合的基本要求。概括地说，本教材具有以下几方面的特色。

1. 理论与实务并重，突出能力培养

现代教学理论要求理论教学与实践教学并举，重视实践教学，突出能力培养。市场营销作为一门理论与实践都比较强的课程，要求学生做到既要有一定的理论基础，同时，要具备一定的实践操作能力。所以，在设计教材体系时，理论方面知识较宽、内容较全。同时，在教材每一章的后面，均附有大量的实训题目，实训题目分两大类：第一类是理论基础题，包括名词解释、选择题、简答题和论述题，主要是训练同学们掌握所学的市场营销基础理论知识；第二类题是知识运用题，包括项目实训题和案例分析讨论题，主要是训练同学们运用有关市场营销理论解决实际问题，提高同学们发现问题、分析问题与解决问题的能力。培养学生具有以营销人的视角看待社会与企业的营销现象，发现与分析营销问题，制定营销方案与执行营销方案的能力。以基于工作岗位、工作任务、行动导向为基本出发点，“教学做”一体，理论与实务并重，突出能力培养。

2. 精简内容，突出重点，注重逻辑

在设计每一章节具体内容时，尽量简化，精简文字。营销概念、原理、方法阐述以权威提法为依据，尽可能做到准确、周全。对市场营销的主要知识与技能点尽可能作合理的取舍，突出重点，以符合“精、细、用”原则。同时，在教材体例及行文逻辑方面，注重符合条理性强、思路清晰且缜密要求。

3. 案例丰富，用市场营销理论解释与解决企业实际问题

本教材共有100多个案例，既有导入式、说明式和启发式案例，同时，也有分析讨论式案例，案例的设计有较强的针对性。通过老师讲解案例以及同学进行案例讨论与分析，加深对市场营销理论的理解；同时，培养同学们用市场营销理论解释与解决企业实际问题的能力。此外，通过学习案例，还可以拓宽知识面，了解一些非营销方面的知识。

4. 教材内容与职业技能鉴定内容对接，与职业资格证书考试对接

在编写该教材时，笔者参考了由中国市场营销协会、教育部考试中心组编的《中国市场营销经理助理》、《中国市场营销经理》、《中国市场营销总监》资格考试指定教材的部分内容，以及中国劳动和社会保障部推荐的市场营销资格认证参考教材——《营销员》、《高级营销员》、《助理营销师》、《营销师》、《高级营销师》等相关内容。所以，学好这本教材的知识，为以后参加市场营销相关资格考试，会带来相应的帮助。

本教材由谢宗云、李芳云主编，戴初、李荣敏、韦莉莉任副主编。编写成员分工为：谢宗云（第一、十章）；李芳云（第二、十三章）；戴初（第三、八章）；黄俊（第四章）；李荣敏（第五章）；饶静（第六章）；方伦志（第七章）；韦莉莉（第九、十一章）；杨兴华（第十二章）。在编写过程中，得到参编者所在学院、系部、教研室及企业营销实践专家的大力支持。同时，笔者在编写本教材时，借鉴了国内外营销专家学者部分研究成果，除注明出处的部分外，限于体例未能一一说明，在此，谨向市场营销界的同行们及诸多作者致谢。

由于编写时间仓促，编著者学识、眼界及经验的局限，书中疏漏在所难免，敬请同行、专家和广大读者批评指正。

编者

2011年5月

目　录

第一章　市场营销概述

学习目标

通过本章的学习，掌握市场营销相关概念，具有运用市场营销相关概念分析营销现象的能力。掌握各种营销观念，正确认识新旧营销观念的区别，树立现代营销观念。了解市场营销理论产生、发展以及在中国的传播与应用，能描述营销学发展历程、营销学框架内容及市场营销研究的内容与方法。了解市场营销发展趋势及创新领域。

市场营销学自产生以来已有100来年历史，但它是发展最为迅速的学科之一。市场营销学不仅仅适合各类企业，从大方面来说，国家的外交政策及外交活动等，展现国家形象，把一个国家、一个民族推向世界，树立国家的形象，其实就是营销；机关、事业单位如学校、医院、司法、公安等组织单位，同样需要营销，营销已渗透到各个行业。就个人来说，也需要营销，需要得到同事、同学、邻居、朋友的认同，展现自我形象，将自己推向社会，让社会能接纳自己。

就目前来看，研究市场营销主要是站在企业这个角度来进行的，在现代市场经济条件下，企业必须按市场需求组织生产，严格管理，加强产品开发，加强市场营销，提高企业经济效益。所以，需要掌握市场营销的确切含义，了解营销管理实质与任务，树立现代营销观念，并根据市场营销环境的变化，及时调整企业营销战略与战术。市场营销是一个大的体系，企业开展的市场调研、研究开发、销售、广告、公关、谈判、促销、定价、竞争策略、品牌策略等各种战略与战术，都与企业营销有关。所以市场营销学是一门涉及面十分广泛的学科。全面系统地掌握市场营销学有关原理和方法，具有重要的意义。

随着社会、经济、科学技术的发展，市场营销学有关知识、内容、概念、方法、技巧在不断地发展和创新。面对全球经济和知识经济的挑战，需要不断地创新市场营销理论与方法。

第一节　市场营销相关概念

一、市场概念

1. 市场的定义

关于市场的定义，不同的学者有不同的看法，下面列举几种代表性的说法：

习惯性说法，认为市场是商品买卖的场所。这是一种最常见说法，即市场是销售方、购买方在一定时间聚集在一起进行交易的场所。这是一个地理上、空间上、时间上的概念，我们平常所说的农贸市场、集市、商场、批发市场等，即是这种。

一些经济学家认为市场是一种供求关系，是商品交换关系的总和。市场包括买方和卖方，供给和需求。

一些管理学家认为市场是一种买卖双方的交换。市场是供需双方在共同认可的条件下所进行的商品或劳务的交换活动。它突出的是一种买卖双方的交换。

营销大师菲利普·科特勒认为，"市场是指某种产品的现实购买者与潜在购买者需求的总和"。简单地说，市场即需求。

市场只是需求一方，专指需求，不包括供给，商品的供应应该是行业（指同类商品的供应者），市场指顾客的需求。卖方组成产业，买方组成市场。我们常说某种产品很有市场，即是指这种产品很有顾客的需求。或者说，某种产品没有市场，即这种产品没有多少顾客的需求。

决定市场需求大小的因素主要有三个方面：人口、购买力、购买欲望，可用公式表示为：

$$市场 = 人口 + 购买力 + 购买欲望$$

人口多，购买力强又有相应的购买欲望，就会构成一个大市场。人口、购买力、购买欲望三个方面缺少任何一个都不可能构成一个大市场。

2. 市场的种类

根据不同标准进行划分，市场可划分为不同的种类。

根据市场范围分可分为区域市场、国内市场、国际市场。区域市场又可分为农村与城市市场，或者沿海与内地市场，东部、南方、西部、北方、中原市场，等等。

根据市场客体分可分为消费者市场、生产者市场、中间商市场、政府市场。

根据市场状况分可分为买方市场、卖方市场。

根据竞争程度分可分为完全竞争市场、完全垄断市场、寡头垄断市场、竞争垄断市场。

二、市场营销概念

国内外学者关于市场营销的定义有多种。在此列举两种：

市场营销 = 推销或促销。很多人都是这样认为：市场营销就是卖产品，或者是开展促销活动。

菲利浦·科特勒认为，"市场营销是指以满足各种需要和欲望为目的，通过市场变潜在交换为现实交换的一系列活动。"

美国管理学权威彼得·德鲁克（Peter Drucker）说："市场营销的目标就是使推销成为多余。"现代市场营销学认为，推销是市场营销活动的一个组成部分，但不是最重要的部分；推销是企业营销人员的职能之一，但不是最重要的职能；如果企业搞好市场营销研究，了解购买者的需要，按照购买者的需要来设计和生产适销对路的产品，同时合理定价，做好渠道选择、销售促进等市场营销工作，那么这些产品就能顺利地销售出去。市场营销，就是在变化的市场环境中，旨在满足消费需要、实现企业目标的商务活动过程，包括市场调研、选择目标市场、产品开发、产品定价、渠道选择、产品促销、产品储存和运输、产品销售、提供服务等一系列与市场有关的企业业务经营活动。

理解市场营销概念，注意把握以下几个要点：

第一，市场营销的目标是为了满足顾客的需求。要满足顾客需求，需要经过调查研究，分析环境，寻找机会，开发和生产出相应的产品。市场营销最终目的是通过满足顾客的需求实现企业的赢利，或者说市场营销的宗旨是赢利。

第二，市场营销包含两层含义，既是指企业的市场营销活动，也是指市场营销学。市场营销的实质是一种社会性的经营管理活动。

第三，在企业组织中，有众多的职能与部门，如生产、财务、人力资源、科研与产品开发、市场营销等，传统的企业组织以生产为中心，现代企业以营销为中心。

第四，市场营销本质。通俗地说，市场营销就是做买卖，但企业为了将产品卖出去，需要经过一系列的运筹与谋划，需要开展一系列的活动，市场营销涉及到企业的供产销全过程，而不是只局限于产品销售这一个环节。但从本质上来说，市场营销是一种商品交换活动。

第五，市场营销的主体。现在，市场营销运用的范围越来越广，个人、企业、城市、地区、国家及社会等，但最典型的主体是企业。市场营销的理论与方法，主要是站在企业的角度，以企业为例展开。但其基本思想对其他的主体也适用。

第六，市场营销的客体（对象）。企业开展市场营销活动的对象应该是市场、消费者、顾客。市场营销的主体和客体关系，通过以产品作为媒体来实现。

第七，市场营销活动的总体原则是在平等互利的基础上实现等价交换。

以下阐述与市场营销相关的几组概念。

1. 需要、欲望、需求

需要。指没有得到某些满足的基本状态。需要是人们与生俱来的，如人们为了生存，有对食品、衣服、住房、安全、归属、受人尊重等各方面的需要。心理学家马斯洛认为，人们随着收入和环境的变化，需求也会发生变化，只有当较低层次的需要得到满足后才会向往高一级的需要。但当较低级的需求受到威胁时，也会向相反的方向发展，如当遇到灾荒时，就可能牺牲较高级的需要去追求衣食等。

欲望。指人们想得到上述基本需要的具体满足的愿望。即人们希望得到某种东西。

需求。指人们有能力购买并愿意购买某个具体产品的欲望。需求突出的是人们对某种产品，一方面想要，另一方面，人们有能力支付价款。

三者区别：需要是人们有得到满足的状态，但并不一定希望能得到；但欲望有希望得到的意思；需求指希望得到并且有能力买得起。

2. 效用、费用、满足

效用。指消费者对某产品满足其需要的整体评价。比如：产品的速度快慢、安全性、方便性、美观性、节约性、性能可靠性等。对各方面进行综合评价。如果消费者认为产品各方面都得到较好的满足，则认为这种产品的效用高。

费用。消费者购买其产品所付出的代价。包括购买产品所支付的价款、购买时所花的时间成本和精力成本、产品使用过程中维护成本。

满足。指产品的性能与价格之比，性价比越高，消费者满足度越高。

3. 交换、交易、关系

交换。指从他人处取得需要之物，且以其某种东西作为回报的行为。交换的发生，须具备五个条件：至少有交换双方、每一方都有对方需要的有价值的东西、每一方都有沟通和运送货品的能力、每一方都可自由地接收或拒绝、每一方都认为与对方交易是合适或称心的。

交易。指双方在交换过程中达成协议时，从时间来说，应该说交易比交换时间要短。一项交易产生涉及以下几个方面：至少有两件有价值的物品；双方同意的交易条件、时间、地点；有法律制度来维护和迫使双方执行承诺。

4. 关系营销

指企业与顾客、中间商、供应商等建立、保持并加强合作的关系。简单地说，关系营销指企业与企业外部各单位保持良好的关系，以扩大产品销售，节约有关成本，提高盈利水平。为此企业需要有良好的产品、合理的价格、优质的服务，为国家、社会、顾客等各方面尽自己的职责，得到他们的信赖，建立良好的关系。

5. 市场营销者

市场营销者可以是卖方，也可以是买方，在交换双方中，如果一方比另一方更主动、更积极地寻求交换，则我们可以将主动者一方称之为市场营销者，而另一方为顾客。比如在计划经济年代，应该说消费者是市场营销者，企业被看作是顾客，因为那时，产品供不应求。那么在现代市场经济时代，大多数产品供过于求，消费者处于主导地位，企业应是市场营销者，而消费者是顾客，当买卖双方都表现积极时，我们就把双方都称之为市场营销者，并将这种情况称之为相互市场营销。

三、顾客让渡价值

顾客让渡价值是顾客购买的总价值与顾客购买的总成本之差，用公式可表示为：

顾客让渡价值 = 顾客购买的总价值 − 顾客购买的总成本

1. 顾客购买的总价值

（1）产品价值。是由产品的功能、特性、品质、品种与式样等所产生的价值。是顾客选择商品最主要的因素。因此企业要提高产品的价值，就要设法完善产品的功能、产品质量、品种式样等。

（2）服务价值。服务包括售前、售中、售后服务。具体地说，包括产品介绍、送货、安装、调式、维修、技术培训、产品保证等。消费者购买产品，除了考虑产品的品质以外，很重视所得到的服务，消费者更愿意购买那些能提供良好服务的企业所生产的产品。

案例 1-1

50 岁以上的超市

在奥地利首都维也纳有专门为 50 岁以上老人服务的购物场所，其标志就是"50 岁以上的超市"。这个超市的创意很简单，但又很独到。具体做法有这么几个方面。第一，超市的货架之间的距离比普通超市大得多，方便老人移动；货架间设有靠背的座椅，方便老人休息；购物推车有刹车装置。第二，货物名称和价格标签比别的超市也要大，更加醒目，货架上放有放大镜和老花镜，方便老人看清产品的信息。第三，超市只雇佣 50 岁以上的人作为工作人员，让老年消费者感到很亲切。这个超市为老人想得很周到，很受老人的欢迎，体现人性关怀，所以它的销售业绩一直很好。

案例 1-2

老农夫和服务小姐

在一个炎热的午后，有位穿着汗衫，满身汗味的老农夫，伸手推开厚重的汽车展示中心的玻璃门，他一进入，迎面立刻走来一位笑容可掬的柜台小姐，很客气地询问老农夫："大爷，我能为您做什么呢？"

老农夫有点腼腆地说："不用，只是外面天气热，我刚好路过这里，想进来吹吹冷气，马上就走了。"

小姐说："就是啊，今天实在很热，让我给您倒杯水吧。"接着请老农夫坐在豪华的沙发上。

农夫说："我们种田人衣服不太干净，怕弄脏你们的沙发。"

小姐说："有什么关系，沙发就是给客人坐的，否则，买它干什么。"

农夫坐了一会儿，喝完冰凉的水，站起来，好像没事一样的，便走向展示中心的新货车看看。

小姐走过来说："大爷，这款车很有力，要不要我帮您介绍一下？"

农夫说："不要，不要，你不要误会了，我们种田人没钱买这种车。"

小姐说："不买没关系，以后有机会，你可以帮我们介绍啊！"然后，这位小姐认真细致地讲解。

听完后，农夫从口袋中拿出一张皱巴巴的白纸，写了几个字，交给这位小姐，并说："这是我要订的车型和数量，请帮我处理一下。"

小姐有点吃惊地看了一看，这位老农夫一次订了 8 台货车。连忙说："大爷，您一下子订这么多，我找经理来给您谈，并安排您试车。"

农夫说："不用了，凭你刚才的服务态度，我已经很相信你了。我是个种田人，在来这里之前，我也去了几个销售点，结果，人家看我这个样子，对我态度很冷淡，我很失望。来你们这里，我感到很温暖，所以，我决定买你们的产品。"

案例 1-3

沃尔玛的服务

沃尔玛有如下一些规定：员工要对三米以内的顾客微笑；产品如果有质量问题，保证退货并免费赠送一份；员工必须认真回答顾客的提问，要亲自带顾客到他们要找的商品前面，而不是指个大致的方向；它要求员工树立顾客第一思想，顾客永远是对的，如果员工有异议，还是参照第一条；面对顾客，你需要打不还手，骂不还口，否则可能立刻被辞退或受到处分。凡此种种。

（3）人员价值。人员价值包括企业员工的经营思想、知识水平、业务能力、工作效率与质量、经营作风、应变能力等。企业员工素质高，生产的产品可能就好，消费者肯定更乐意购买具有高素质人才企业的产品，因为他们可信度高。

（4）形象价值。是指企业及其产品在社会公众中形成的总体形象所产生的价值。企业形象是一个十分广泛的含义，包括企业产品形象、厂容厂貌、员工形象、服务形象、公关形象、广告形象、经营思想、经营观念、企业文化、价值观念等，也就是说企业的形象既包括物质形象，又包括精神形象。一个具有良好企业形象的企业，在顾客购买产品时，可给他们带来精神上和心理上的满足感和信任感。这也正说明了当人们有一定的支付能力时，更乐意购买名牌的原因：除了名牌产品品质和服务好以外，也与该企业形象相关。

2. 顾客购买的总成本

（1）货币成本。即顾客购买产品时所花费的所有费用，这是顾客成本的最主要因素。

（2）时间成本。指顾客为购买产品或服务，在考虑购买和在实际购买过程中所花的时间长短。为减少时间成本，企业一是应做好相应的广告宣传工作，让顾客在尽可能短的时间里充分了解产品，减少考虑购买时间；二是广设销售网点，方便购买；三是向顾客提供细致周到的服务。可是在现实当中，一些行业或企业在这方面做得相当不够：吃饭就餐排队，买东西排队，去医院看病排队，办一个证件要盖好几个公章，等上好几个月，当然不是说排队不对，而是排得太久了，消费者等得不耐烦了，时间成本太大了，效率太低了。

（3）精力成本（精神体力成本）。指顾客购买产品时，在精神、体力方面的耗费与支出。消费者购买产品，是一个较复杂的过程（主要指价值大的产品），需经过从产生需求、寻找信息、判断选择、决定购买到实施购买、以及购买后感受。如果顾客在这些阶段花费较多的时间和精力，就会对这种产品评价度降低。因此，企业在有关产品宣传、广告、提供信息、产品销售渠道、销售网点、服务等各个方面为消费者提供最大的方便，以降低消费者的精力成本，增大顾客的让渡价值。

顾客让渡价值对企业来说具有十分重要的意义，顾客让渡价值越大，产品的竞争能力越强，对企业越有利。顾客让渡价值与顾客满意存在密切的关系，顾客让渡价值越大，顾客就会越满意。企业如何提高顾客的让渡价值？一是提高顾客总价值，另一方面是降低顾客总成本。

案例 1－4

麦当劳的顾客让渡价值分析

一、麦当劳的整体顾客价值

（1）麦当劳的产品价值。麦当劳产品的原料、用量、过程都有严格的标准。麦当劳在《操作规程》中对速食品和提供的服务的标准都有具体的规定。食品有严格的时间限制。超过10分钟的汉堡、7分钟的法式炸薯条，都不再出售。麦当劳根据各地顾客的需求不同，提供具有不同特色的产品。

（2）麦当劳服务价值。麦当劳没有自动电唱机服务来吸引十几岁的孩子，也没有香烟和自动售报机来满足成年顾客的消遣，而各地顾客还是慕名而来。麦当劳的服务价值是服务中抓住儿童的心。针对特殊的市场，麦当劳给予特殊的服务。

（3）麦当劳的人员价值。麦当劳的员工分为两类：经理和员工。经理分为餐厅经理、第一副经理、第二副经理和见习经理；员工分为员工组长、训练员、员工和见习生。经理拿月薪，员工则是按小时计酬。麦当劳的人员价值在外，功夫在内。

（4）麦当劳的形象价值。形象价值来源于四个方面：MI（理念识别）、BI（行为识别）、VI（视觉识别）、OI（企业信息传达系统识别）。麦当劳的企业形象价值来自于如下四个部分：QSCV，即质量（Q）、服务（S）、清洁（C）、价值（V），这简明扼要的四个词贯穿于麦当劳的整个生产、服务过程当中。

二、麦当劳的整体顾客成本

（1）货币价格。麦当劳的一份快餐的货币价格相对较低，不超过两美元。美国的家庭主妇们认为比她们自己做的还省钱。

（2）时间成本。麦当劳接待一名顾客的时间不超过1分钟，顾客的时间成本相当的小。

（3）体力成本和精神成本。对于一些人，尤其是儿童来说，进入麦当劳店是一种娱乐，体力和精力成本几乎为零甚至是一个享受。

因此可以概括为这样一个公式：

麦当劳的顾客让渡价值＝麦当劳的整体顾客价值－麦当劳的整体顾客成本
　　　　　　　　　＝顾客满意
　　　　　　　　　＝麦当劳的成功

四、市场营销管理

市场营销管理，指企业为了实现其目标，创造、建立并保持与目标市场之间的互利交换关系而进行的分析、计划、执行与控制的过程。

理解这一概念把握以下几点：

第一，企业目标。企业追求的目标主要是扩大产品销量，提高市场占有率，提高利润水平等。

第二，目标市场。指企业希望占领的市场，即企业的目标顾客，产品的销售对象是谁，产品是卖给谁的。

第三，企业要实现产品销售的目的，需要进行营销分析、计划、执行与控制。营销分析重点是分析顾客。分析了解有哪些单位，有哪些人，在哪些地方对本企业的产品有需求，需求有多大，对产品有什么要求，他们的购买力有多大，有关他们的收入水平、文化价值观念、心理行为等有什么特征，他们的购买行为和购买方式怎样，等等。在分析的基础上制订营销计划，涉及到有关营销战略与策略制订的问题。计划制订后，需要执行，并在执行过程中加以控制。最终实现满足顾客需要，实现产品交换、销售与赢利的目的。

第四，市场营销管理过程。包括：通过市场调查，对营销环境加以分析，发现市场机会，确立开发和生产什么样的产品；进行市场细分、选择目标市场、进行市场定位；制定市场营销组合策略等。

第五，市场营销管理的实质。市场营销管理的实质是需求管理。

第六，市场营销管理任务。是指企业为实现销售、赢利及满足顾客需求的目的，调节需求水平、需求时机与需求性质。企业的营销管理任务，主要是根据需求状况来确定的，不同的需求状况，营销管理任务不同。

负需求。指全部或大部分人对某种产品不仅没有需求，甚至厌恶。例如：素食主义者对肉类产品是负需求；有些人对注射、节育手术是负需求；有些旅客对坐飞机有畏惧心理，是负需求。针对消费者的负需求，要分析其原因，设法扭转需求，使负需求变为正需求，使其成为企业的顾客，但有时很难。

案例 1-5

贫困山区变旅游区

一个偏僻的小山村因为山路崎岖，几乎与世隔绝，十分落后，生活极为困难。一天村长召集村民说："如今什么年代了，我们这还过着与原始人差不多的生活，我感到对不起大家。我有一个致富的办法，大城市的人天天呆在城里，一定感到乏味，我看能否利用我们落后的条件，干脆过起原始人的生活，吸引城里人来这里游玩，我们定能赚钱。"于是，全村人开始模仿原始人的生活，在树上搭建房屋，披着兽皮，穿着树叶编织的衣服，而且他们还请来了记者进行报道，还在媒体上作了一些小广告。从此，成千上万的人慕名而来，参观者络绎不绝，给小山村带来了丰厚的财富。

无需求。指顾客对某种产品既没有正需求，也没有负需求，只是漠不关心，没有兴趣。出现无需求的原因：可能是顾客对某种产品不怎么了解，没接受相关的信息；或者是与他们的传统观念，习惯相抵触；或者是没有相应的购买能力等。针对无需求，企业在可能的情况下，促使消费者认识并了解这种产品，让他们意识到这种产品对他们是有用的，值得购买的，引导需求。

潜在需求。指消费者对现实市场还不存在的产品有强烈的需求。潜在需求关键在于目前还没有相应的产品，但人们又迫切需要。所以，对于潜在需求，关键是开发新产品。

案例 1-6

开发新产品

香烟有害健康，如果某企业能开发出一种无害香烟，而且味道不变，一定会大有市场。现在油价上升，如果某企业能开发节能汽车，一定会大有市场。目前，癌症还难治，如果某企业能开发出一种抗癌特效药，一定会有大市场。

需求衰退。指市场对某种产品的需求是下降态势，任何产品都会有衰退的时候，只不过时间的早晚问题，就像人都会变老一样。当产品处在衰退阶段，企业没有条件停产及转产。那么怎么恢复需求？可以考虑：进入新的生产与销售地方、产品进入新的消费者群体、制定新的组合策略等。

不规则需求。指消费者对某些产品的需求在不同季节、不同日期、甚至同一天的不同钟点呈现出很大波动的情况。对企业可以利用价格手段来加以调节。

案例 1-7

淡季旺季价格策略

如服装、旅游、公园门票、水果等，在不同的时间，需求水平不一样。对于不规则需求，主要是利用价格手段来加以调节，比如：在淡季的时候，产品价格比较便宜，消费者可利用反季购买的技巧来节约费用。

饱和需求。指某种产品需求已达到饱和，饱和过后是需求下降，企业要维持原来销售水平，甚至进一步扩大，采取的策略与需求下降状态的策略类似。

过剩需求。指产品供给小于需求的一种需求状态。产品供应不足，这种需求状态，对企业来说是有利的。但企业同样可考虑运用适当的手段来抑制这种过旺需求。比如：提高产品的价格、减少服务、劝导节约等。

有害需求。对某些产品如酒、烟、毒品、赌品、色情电影、黄色书刊等的需求，这类产品在一些地方、一些群体中，还很有市场。对于这类需求，采取抑制需求的策略。例：大幅度提高价格、法律限制、思想道德教育等。

五、市场营销学

1. 含义

市场营销学是一门研究市场营销活动及其规律的应用科学。

2. 研究对象

市场营销学的研究对象是以满足消费者需求为中心的企业市场营销活动及其规律。市场营销学的研究对象包括市场营销的核心概念、原理和方法。值得指出的是，了解这些核心概念、原理和方法，不仅能够把握市场营销学的实质、理论体系和核心内容，使我们在从事市场营销活动时不偏离方向，而且还会给我们提供一种观察市场活动的新视角。

3. 性质

市场营销学是一门以经济学、社会学、心理学、行为学、管理学和现代科学技术为基础，研究以满足消费者需求为中心的企业市场营销活动及其规律的综合性应用科学。

4. 内容

市场营销研究内容包括：①营销分析。营销环境分析、消费者市场与组织市场分析、竞争分析、市场调查与预测等。②营销战略。市场定位战略、战略规划、竞争战略等。③营销策略。产品策略、定价策略、分销策略、促销策略等。④营销管理。营销计划、组织、执行、控制。⑤营销创新。营销新领域、新概念、新方法。

5. 市场营销学特点

市场营销是一门综合性、实践性、应用性的管理学科。市场营销学与经济学、心理学、社会学、管理学、法学、人类学、数学、统计学等学科存在千丝万缕的联系。

市场营销学具有以下特点：①综合性与交叉性。市场营销学综合了经济学、人口学、社会学、组织行为学、管理学、决策学、商品学、价格学、法学、广告学、关系学、会计学、统计学、美学等学科知识，所以它具有综合性与交叉性的特点。②实践性与应用性。市场营销学可以指导企业的实践，应用于企业，可操作性强。③管理性与基础原理性。市场营销的实质是一种管理，管理企业整个市场经营活动。市场营销学包含反映一般规律、解决一般问题，具有普遍指导意义的基本知识、基本概念、基本方法。市场营销学可以适应许多的领域、行业甚至于具体的产品，所以它具有基础原理性，它是有规律可遵循的，很讲究科学、艺术与技术。

第二节　市场营销观念

观念决定行动，有什么样的观念，就有什么样的行动。市场营销观念，是指企业的营销活动及管理的指导思想。营销观念随着社会经济的发展和市场形势的变化而不断地变化，从出现的时间早晚来看，可分为五种观念。

一、生产观念

思想观念：以生产为导向，以生产为中心，"以产定销"。

产生时期：20 世纪 20 年代前。生产观念是产生在经济不发达，产品不多或者较贵的时期。在西方发达国家，20 世纪 20 年代前，基本上是这种观念，我国在经济体制改革以前，计划经济时代基本上是这种情况。适用条件是需求大于供给，或者说是卖方市场。生产观念是一种最古老的营销管理观念。生产观念认为，消费者总是喜爱可以随处买到价格低廉的产品，企业应当集中精力提高生产效率和扩大分销范围，增加产量，降低成本。以生产观念指导营销管理活动的企业，称为生产导向企业。其典型口号是："我们生产什么，就卖什么。"

案例 1 - 8

福特汽车

20 世纪初，美国汽车大王亨利·福特不断地采用新材料、新技术、新方法来制造各种新汽车。从 1902 年推出 A 型车后，到 1908 年，26 个英文字母有 19 个英文字母被福特用来给汽车命名。后来福特觉得汽车品种太多，成本太大，1908 年他宣布，公司以后只生产一种汽车，即 T 型车，因为它集中了先前所有各种型号汽车的最优良的特点。他的营销观念是千方百计地增加 T 型车的产量，降低成本和价格，以便占领更多的市场，获得规模经济效益。并宣称："不管顾客需要什么颜色的汽车，我只有一种黑色的 T 型车。"

二、产品观念

这也是一种古老的经营思想。这种经营思想认为：消费者或用户总是欢迎那些质量高、性能好、有特色、价格合理的产品，生产者只要注意提高产品质量，做到物美价廉，就一定会产生良好的市场反应，顾客就会自动找上门来，如"好酒不怕巷子深"，"皇帝的女儿不愁嫁"，因而无须花大力气开展推销活动。如果说生产观念强调的是"以量取胜"，产品观念则是强调"以质取胜"、"以廉取胜"。这种观念本质上还是生产什么销售什么，但它比生产观念多了一层竞争的色彩，并且考虑到了消费者或用户对产品质量、性能、特色和价格方面的愿望。在产品供给不太紧缺或稍有宽裕的情况下，这种观念常常成为一些企业的经营指导思想。

企业如果只看到自己的产品质量优良、价格合理，以为这样就可以永远吸引顾客，而看不到市场需求的动态变化，就会导致在产品开发方面趋于保守，最终使自己陷入困境。大量事实证明，经久耐用、货真价实的产品并不会永远畅销。另一方面，即使是有品质有需求的产品，也需要通过营销手段让公众认知，才可能打开市场。

前面两种观念都是以生产为中心，第一种观念注重产品数量，第二种观念注重产品质量，都没有将市场需求放在首位。

三、推销观念

思想观念：认为："顾客不会主动购买，只有推销，顾客才会接受产品。"

产生时期：20 世纪 30～40 年代。这一时期，由于科技进步，科学管理和大规模生产，商品产量迅速增加，产品由不足进入过剩，卖主之间市场竞争激烈。特别是 1929 年全球性经济危机，前后历时 5 年，堆积如山的产品卖不出去，许多工厂倒闭，市场萧条。这种情况使企业家认识到，企业不能只重视生产，消费者购买通常表现出一种惰性或抗衡心理，如果顺其自然的话，一般不会足量地购买，因此必须大力推销及促销。

适应条件：卖方市场到买方市场的过渡。即产品由不足到过剩阶段。

推销观念认为，消费者不会自觉地购买足够用的产品，因而，企业应加强生产后的推销工作，以引导消费者购买其产品。其具体表现是"我卖什么，就设法让人们买什么。"

在推销观念指导下，企业相信产品是"卖出去的"，而不是"被买去的"。他们致力于产品的推广和广告活动，以求说服甚至强制消费者购买。他们收罗了大批推销专家，做大量广告宣传，夸大产品的"好处"，对消费者进行无孔不入的促销"轰炸"，迫使人们购买。如在 1930 年左右，美国皮尔斯堡面粉公司发现推销它的产品的中间商，有的开始从其他厂家进货。为了寻求中间商，公司的口号由"本公司旨在制造面粉"改为"本公司旨在推销面粉"，并第一次在公司内部成立了市场调研部门，派出大量推销人员从事推销业务。20 世纪 30 年代，美国汽车开始供过于求，每当顾客走进商店汽车陈列室，推销人员会笑脸相迎，主动介绍各种汽车的特色，有的甚至使用带有强迫性的推销手段促成交易。

与前两种观念一样，推销观念也是建立在以企业为中心，"以产定销"，而不是满足消费者真正需要的基础上的。

案例 1－9

秦池酒厂

秦池酒厂成立于 1990 年 3 月，是白酒行业的一个小企业，年产白酒 1 万多吨，销售区域只是山东潍坊。1995 年秦池以 6660 万元中标中央电视台黄金广告时段，再一次成为广告"标王"，当年实现收入 9.8 亿元，利税 2.2 亿元，增长 5～6 倍。1996 年秦池又以 3.2 亿元再次中标中央电视台黄金广告时段，再次成为广告"标王"。于是，盲目增加生产线，扩大规模。由于广告费的巨额开支及投资费的增加，中途被迫转卖广告时段，从此销量急剧下降。

四、市场营销观念

思想观念：以市场为导向，以需求为中心。

市场营销观念形成于 20 世纪 50 年代。执行市场营销观念的企业，称为市场营销导向企业，其座右铭是："顾客需要什么，我们就生产供应什么。"市场营销观念改变了以企业为中心的旧观念的思维逻辑。它要求企业营销管理贯彻"顾客至上"的原则，将管理重心放在善于发现和了解目标顾客的需要，并千方百计去满足它，使顾客满意，从而实现企业目标。因此，企业在决定其生产、经营时，必须进行市场调研，根据市场需求及企业本身的条件，选择目标市场，组织生产经营。其产品设计、生产、定价、分销和促销活动，都要以消费者需求为出发点。

产品销售出去之后，还要了解消费者的意见，据以改进自己的营销工作，最大限度地提高顾客的满意程度。总之，市场营销观念根据"消费者主权论"，相信决定生产什么产品的主权不在于生产者，也不在于政府，而在于消费者，因而将过去"一切从企业出发"的旧观念，转变为"一切从顾客出发"的新观念，即企业的一切活动都围绕满足消费者需要来进行。适应条件：买方市场的形成和卖方竞争激烈。

五、社会市场营销观念

思想观念：企业同时关注企业、顾客、社会的利益，考虑环境保护和整个社会长期的可持续性的发展。

社会市场营销观念产生时期为 20 世纪 70 年代后，此观念是对市场营销观念的修正和补充，市场营销观念是满足消费者的需求与愿望，从而实现利润目标。社会市场营销观念认为企业不但要考虑消费者和企业的利益，同时要关注社会利益，考虑整个社会长期的可持续性的发展。例如：企业生产是否有利于节约能源，是否有利于环境保护，是否有利于消费者身心健康，是否有利于社会文明等。所谓"绿色营销"就是一种重视生态环境的社会市场营销观念，是社会的一大进步。社会市场营销观念适应的条件是买方市场。

案例 1 - 10

不考虑社会利益的企业等于自取灭亡

现实中，一些企业只考虑自身利益，不考虑社会利益、消费者利益、企业长远利益。如：我国金华地区部分企业往火腿里加敌敌畏卖给消费者；一些酒厂在酒中加入甲醇使消费者中毒；一些企业在食品中加入防腐剂；野生动物被食用，据专家称，"非典"与"禽流感"的产生与传播均与人类滥捕滥食野生动物有关；一些企业大量排放有毒的气体与水源；一些医药企业生产不健康药品等。这些企业一时得利，从长远来看，只能是自取灭亡。

上述五种观念产生的历史背景与条件不同，因此，其营销观念不同。我们可以从企业的出发点、观念产生的前提、企业的主要任务、指导思想、产生的历史时期、适应的市场等各方面对五种观念加以区别，见表 1 - 1。

表 1 - 1　五种典型营销观念的区别

观念类型		出发点	观念前提	主要任务	指导思想	产生时间	适用环境
传统	生产观念	企业	物以稀为贵	扩大产量	以产定销	20 世纪 20 年代前	卖方市场
	产品观念	企业	物以优为贵	提高质量	以产定销	20 世纪 30 年代	卖方市场
	推销观念	企业	推销取胜	强力推销	以产定销	20 世纪 30—40 年代	均衡市场

续表 1 – 1

观念类型	出发点	观念前提	主要任务	指导思想	产生时间	适用环境
现代 市场营销观念	市场	顾客至上	满足需求	以销定产	20 世纪 50 年代	买方市场
社会市场营销观念	市场	内部条件、外部环境、营销目标动态平衡	兼顾企业、顾客、社会三者利益	以销定产	20 世纪 70 年代后	买方市场

第三节　市场营销学演变

一、市场营销学产生与发展

1. 市场营销的产生

市场营销学于 20 世纪初产生于美国，后来传入到欧洲、日本和其他国家，形成阶段大约在 1900 年至 1930 年。应该说人类自从有产品买卖，产品交易，就有市场营销。但它作为一门学科来研究，应该是 20 世纪初才开始。

19 世纪末 20 世纪初，世界主要资本主义国家先后完成了工业革命，从自由资本主义向垄断资本主义过渡，垄断组织的出现加速了资本的积累和集中，生产规模的扩大，产量增加。另一方面，由于泰罗"科学管理理论"的产生及其他管理理论、方法的产生，使企业劳动生产率提高，产量增加。产量增加意味着企业销售较以前困难，企业关心产品的销售问题，一些学者着手研究市场营销问题。由于资本主义经济的发展，资本主义矛盾突出，经常爆发经济危机，企业更加严格管理，科学管理，对环境更加关心，重视市场调研和市场变化，制订相应的生产和销售计划，应付市场竞争。

在市场营销还没有作为一门独立的学科产生之前，美国的一些学者对营销的一些专题作过了研究，如产品的分销、推销、广告、定价、产品设计、实体分配等。后来有些学者将各类专题研究综合起来，形成市场营销学科。1910 年巴特勒教授正式出版《市场营销方法》，首先使用市场营销作为学科名称。1918 年，弗莱德·克拉克教授编写了《市场营销原理》讲义，被多所大学作为教材并于 1922 年出版。邓肯教授也于 1920 年出版了《市场营销问题与方法》一书。

这一阶段的市场营销研究的缺陷主要是集中在流通领域的研究，然而，能将其从其他学科中独立出来作专门的研究，应该说贡献是相当大的。

2. 市场营销学的发展

1929—1933 年资本主义经济危机十分严重，史无前例，生产过多，产品积压，主要资本主义国家明显进入供大于求的买方市场。在这种情况下，企业首先关心的问题不是扩大生产和降低成本，而是如何将产品卖出去。一些学者更进一步重视市场营销，比如：弗莱德·克拉克和韦尔法合著了一本名为《农产品营销学》，专门研究农产品收购、供求、分销等内容，具体涉及农产品集中、储存、筹资、风险、标准化、销售和运输等问题。拉尔夫·亚历山大出了一本名为《市场营销》的书。1937 年，美国成立了市场营销学会（AMA），该学会在美国有几十个分会，主要从事市场营销研究和营销人才的培训工作，出版市场营销专著和市场营销调研专刊，对市场营销的发展起到了重要作用。市场营销发展阶段指从1930年到第二次世界大战结束这段时间，这一阶段营销学发展很快并在企业得到广泛的运用。这一阶段的局限性是研究范围主要集中在销售推广方面，应用范围还是局限于流通领域。

　　3.市场营销学"革命"阶段

　　第二次世界大战后，人们从战争中解脱出来，重视经济建设，生产力水平的提高，现代科技的进步，促使生产迅速发展，产品日益丰富。竞争加剧，矛盾尖锐。西方一些国家先后推行高工资、高福利、高消费，缩短了工作时间，刺激了消费者购买，但实际购买力上升速度落后于产品的增加，而消费者需求和购买欲望要求更高，因此对企业提出了更高的要求。传统的市场营销学不适合新形势的发展要求，需要进行变革。

　　之所以将二战后的市场营销阶段称作营销学的革命阶段，重要的一个原因是营销观念的变化，即从过去的以生产为中心，以产定销，转变为以需求为中心，以销定产。不是从企业生产出发，而是从消费者需求出发。

　　从二战后到现在，有关营销学理论在不断创新，论著日益丰富。其研究的核心是以"满足消费者需求"，使"顾客满意"来创建有关营销学方法。

　　这一时期营销学的适用范围得到进一步拓展，不只局限于工商企业，在机关、行政、事业单位得到广泛的应用。出现了许多营销学的新概念，这些新概念，从营销学的策略到战略、从外部到内部、从一国到全球，得到全面系统的发展和变化。

　　4.市场营销学在中国

　　解放前，由于长期战争及经济发展水平的限制，我国只有极少部分高校开设了市场营销学，教师主要是留学归来的教师；新中国成立后直到1978年改革开放30年时间，由于西方国家对我国的封锁及我国实行计划经济体制，市场营销学的研究基本上没有，在中国内地，学术界对市场营销学知之甚少，几乎一片空白；1979～1985年，党的十一届三中全会后，中国以经济建设为中心，对外开放，对内搞活，由于改革开放的实践不断冲击旧体制，明确了以市场为导向，从而为我国重新引进和研究市场营销学创造了良好的条件，在此期间，北京、上海、广州等发达城市，一些学者积极地引进、学习、传播有关营销学知识，同时去国外考察学习，积极引进国外专家来华讲学。一些高校开设市场营销学课程，一些高校及省、市纷纷成立市场营销协会，吸收学者及企业家参加研讨活动，通过面授、电视讲座和广播讲座培训学员，传播营销学知识；1986～1993年，营销学得到进一步推广和传播，营销知识得到更为广泛地运用；1994年后，市场经济体制的建立，营销的相关知识更是得到广泛地运用，大中专学校纷纷开设相应的专业及课程，近年来，从人才市场反馈得来的信息表明，社会对营销人才的需求始终居于前列。

二、市场营销组合的扩充

　　市场营销组合是指企业针对目标市场的需要对可控制的各种营销因素的优化组合与综合利用，使之协调配合，以达到营销目的。

　　1.市场营销组合的基本框架

　　麦肯锡于1960年在《基础营销》一书中首次提出4P组合，从而形成了市场营销组合的基本框架，4P包括产品、价格、渠道、促销（销售促进）四个因素，每个因素又包涵若干内容，从而构成市场营销组合策略体系。

2. 大市场营销

菲利普·科特勒于1984年提出6P理论。

$$6P = 4P + 2P（权力，公共关系）$$

科特勒认为，市场营销组合除了一些可控因素4P外，还包括不可控因素（权力、公共关系），而且权力与公共关系对企业营销影响重大。

3. 市场营销战略分析框架

科特勒认为战略营销计划过程必须先于战术的营销组合，市场营销战略分析框架是由市场营销战略与市场营销策略共同构成。

$$10P = 4P（探查、分割、优先、定位）+ 6P（产品、价格、渠道、促销、权力、公共关系）$$

科特勒提出的10P基本涵盖了市场营销战略与策略全部内容。

4. 服务市场营销组合

布姆斯和比特纳认为服务行业的营销与制造行业的营销是有所不同的，因而，其营销组合构成要素也是不同的。服务市场营销组合应该是在传统的4P基础上加上3P，从而构成7P。

$$7P = 4P（产品、价格、渠道、促销）+ 3P（人员、有形展示、过程）$$

三、市场营销组合的演变

麦肯锡提出了4P理论，4P包括产品、价格、渠道、促销四个要素。

美国营销专家罗伯特·劳特朋提出4C理论，4C包括顾客、成本、便利、沟通四个要素。

美国学者唐·舒尔茨提出4R理论，4R包括关联、反应、关系、回报四个要素。

许多学者认为4P、4C及4R不存在替代关系，也不存在传统与现代的说法，更无所谓先进与落后，只是所分析的角度不同，所阐述的内容不同。应该说4P所包含的内容更为丰富。

四、市场营销的拓展

1. 市场营销适应组织的拓展

市场营销最初是应用于产品制造行业，后来，拓展到其他赢利性服务性行业组织，如商店、银行、房地产、旅游、餐饮、咨询、交通运输等。从赢利性行业组织又拓展到非赢利性行业组织，如学校、医院、博物馆、政府机关、国家等行政事业机关单位。应该说市场营销适应各类组织单位或个体。

2. 市场营销区域的拓展

一个企业的发展最初是在一个小区域开展市场营销活动，进而发展到大区域的营销，乃至全国范围内的营销及国际化全球性的营销。这是与其规模扩张与发展相对应的。

3. 市场营销思想观念的拓展

传统的市场营销思想只是关注企业利益，以企业为出发点，如生产观念、产品观念及推销观念。随着社会经济的发展，技术的进步，竞争的加剧，由卖方市场转变为买方市场，出现了市场营销观念，以市场为出发点，企业除了关注自身利益外，还需要关注顾客利益。

现代市场竞争环境需要企业同时关注企业、顾客、社会利益，履行市场道德和社会责任等。

随着经济全球化的进程和信息技术的发展，市场营销思想已发生了一系列的变化，新的营销思想已逐步确立。根据菲利普·科特勒的总结，新的营销思想具有以下特点：

第一，注重质量、价值和顾客满意。不同的购买动机（方便、地位、式样、性能、服务等）在不同的地点和时间起着强有力的作用。今天的顾客在作出购买决定时，越来越重视质量和价值。一些著名公司在降低成本的同时，大大提高了产品的质量。它们的指导原则是不断以较低的成本提供更多更好的东西，并使顾客更加满意。

第二，注重建立关系和保持顾客。过去的营销理论着眼于如何"实现销售"，但现在不仅要实现销售，还要了解顾客是否会重购。今天营销者的注意力集中于创造终身顾客，也就是把交易思想转变为建立关系。不少公司忙于建立顾客数据库，包括顾客的人文统计资料，生活方式，对不同营销刺激的反应水平，过去的交易情况，以及特意安排各种礼物以取悦顾客，使他们保持对公司的忠诚。

第三，注重管理业务过程和业务职能的一体化。今天公司的思想，正从管理一个个独立的部门，转变成管理一系列的业务过程，每一业务过程都将影响顾客服务和满意。公司安排跨职能督导人员管理各个过程。营销人员不仅在营销部的领导下工作，而且与督导小组的接触日益增多。这是一种积极的发展，它扩大了营销人员的业务视野，并给他们更多的与其他部门合作的机会。

第四，注重全球观念下本土化营销计划。企业日益追求在国境外的交易。当它们进入这些市场时，它们必须放弃关于市场行为的传统假设，并使商品适应其他国家的人文要求。它们必须把决策权下放给当地的代表，这些代表更熟悉当地的经济、政治、法律等各种社会关系。公司的思维是全球化的，但行动计划是本土化的。

第五，注重建立战略联盟和网络。当公司全球化时，它们认识到，一个公司无论多么强大，它都缺少获得成功的全部资源和条件。从产生价值的全部供应链来看，它们需要同其他组织进行合作。例如福特、麦当劳和李维·施特劳斯公司之所以成功，就因为它们根据不同的要求建立了全球性的伙伴联盟。企业的高层管理者正在把越来越多的时间用于设计战略联盟网络，并为他们的伙伴公司创造竞争优势。

第六，注重直销与网上营销。信息和传播革命促使买卖双方改变了原有的交易方式。在世界的任何一个地方，人们都能方便地进入因特网和公司的网页审视报价单和订购商品。通过网上服务，他们能发出和获得在产品和服务上的告示，他们与其他用户交谈，确定最优的价值，签发订单，并在第二天收到货物。由于这些数据库的技术优势，公司能更多地直接营销，并减少对批发和零售中间机构的依赖。除此之外，越来越多的公司通过与关联公司的电子数据交换自动地完成购买。所有这些趋势预示着购买与销售的更有效性。

第七，注重服务营销。大多数人将从事服务业。由于服务是无形的、不可分离的、可变的和易消失的，因此，它们增加了在实体商品营销中所没有的挑战。营销者越来越多地为服务公司开发战略，销售保险、软件、咨询服务和其他知识服务项目。

第八，注重高技术行为。经济增长依赖于高技术企业的兴旺，高技术公司面临着较高风险，较低的产品接受率，较短的产品生命周期和较快的技术淘汰率，它们必须掌握和精通营销技术，它们应有融资的本领并能保证有足够多的顾客采用它们的产品。

第九，注重营销行为中的职业道德。一般公众对广告和销售方式中的歪曲与诱导开始警惕，人们不会仓促地购买商品。市场上的欺诈行为和损人利己不受欢迎并得到防范。营销者在履行自己的职能时必须树立高标准的职业道德。

4. 市场营销使用技术的拓展

市场营销借助计算机网络、通讯、交通、传真机、手机、光盘、电视、图书等媒介使得营销无孔不入，营销手段与方法日新月异。

5. 市场营销方法拓展创新

社会经济的发展，竞争的加剧迫使企业越来越重视营销，众多学者在营销领域进行不遗余力的探索，使得营销研究内容、方法、手段持续创新，营销概念、原理及方法在不断地推陈出新，关系营销、网络营销、绿色营销、口碑营销、数据库营销、城市营销、整合营销、标准营销、阶梯营销、概念营销、情感营销、体验营销、服务营销、直复营销、事件营销等方法得到广泛地使用。

五、市场营销的重要性

1. 市场营销在不同行业的扩散

无论什么行业或组织、无论什么单位、无论在何时何地、无论对任何人任何事，都需要营销，都要考虑营销的问题。

2. 市场环境的变化迫使企业重视营销

客观市场环境的变化如需求下降、行业增长缓慢、顾客购买行为的改变、竞争加剧、营销成本升高等，迫使企业重视营销，以求得生存与发展。

3. 市场营销在企业各种职能中居于核心地位

在企业中，存在许多职能部门，生产部门、财务部门、人力资源管理部门、研究开发部门、运输和仓储部门、市场营销部门等，在企业众多部门中或众多职能中，应该说市场营销是企业极为重要的，因为企业生存的原因和目的，就是为了满足顾客的需要。没有顾客就没有企业，从另外一个角度来讲，企业只有通过营销活动，才能将产品变成货币用来维护企业的生存和发展，没有企业的营销活动，产品销售无法实现。

但我们不能将市场营销等同于销售，应该说市场营销比销售的范围宽得多，企业从有关原材料、资金设备、劳动力等资源的供应到企业产品的生产，再到产品的销售，直到售后服务都存在市场营销。市场营销对企业来说是极为重要的，为什么在一些企业不重视市场营销职能呢？主要原因有：市场营销产生较晚，一些人将推销或广告等同于市场营销；受传统观念的影响；企业产品畅销时，易忘记营销原则等。

4. 市场营销促进经济增长与企业发展

德鲁克说："将营销作为企业的中心职能，这种观念上的改变，是欧洲在 1950 年以后经济快速恢复的主要原因之一"；"20 世纪 50 年代后，日本经济上的成功主要归功于接受营销为企业的首要职能的观念"；"美国，从 1990 年以来，经济革命主要是营销革命，这种革命对经济的影响不亚于本世纪任何技术上的革命。"

市场营销促进企业发展表现在：市场营销学主张以满足顾客需求为导向，为企业的发展指明了方向；主张企业要适应环境变化的要求，从而避免战略的失误，减少风险；市场营销学为企业成长提供了一整套竞争策略，提高了企业的竞争能力，取得竞争优势；市场营销学中的营销组合策略使得企业明确生产适销对路的产品，以合理的价格，方便的营销渠道，加强与顾客沟通来争取顾客，制定行之有效的营销策略；市场营销学中的国际市场营销原理和方法，为企业进军国际市场打开了方便之门。市场营销新概念、新方法、新领域使企业明确要紧跟形势，不断调整营销战略战术，提高竞争能力。

实训

一、基本概念

市场、市场营销、需要、欲望、需求、效用、费用、满足、市场营销管理、市场营销学、市场营销观念、顾客让渡价值、4P、4C、4R、10P、7P、6P

二、选择题

1. 单选题

(1) 市场营销学产生于(　　)。

A. 美国　　　　　　B. 日本　　　　　　C. 德国　　　　　　D. 英国

(2) 生产观念更新强调的是(　　)。

A. 以量取胜　　　　B. 以质取胜　　　　C. 以廉取胜　　　　D. 以形象取胜

(3) "酒好不怕巷子深"是一种(　　)。

A. 生产观念　　　　B. 产品观念　　　　C. 推销观念　　　　D. 市场营销观念

(4) 没有得到某些基本满足的感受状态，是指(　　)。

A. 需要　　　　　　B. 需求　　　　　　C. 欲望　　　　　　D. 交换

(5) 交易双方中，更积极、更主动地寻求交易的一方称为(　　)。

A. 潜在顾客　　　　B. 顾客　　　　　　C. 卖方　　　　　　D. 市场营销者

(6) 市场营销活动的核心是(　　)。

A. 销售　　　　　　B. 购买　　　　　　C. 交易　　　　　　D. 交换

(7) 被称之为"营销大师"的是(　　)。

A. 菲利普·科特勒　　B. 迈克尔·波特　　C. 德鲁克　　　　　D. 泰勒

(8) 市场的正确定义应该是(　　)。

A. 产品交换的场所　B. 是一种交换关系　C. 是一种供求关系　D. 需求

(9) 生产观念生产的条件是(　　)。

A. 买方市场　　　　B. 卖方市场　　　　C. 工业品市场　　　D. 消费品市场

(10) 社会营销观念中所强调的利益是(　　)。

A. 企业利益　　　　B. 消费者利益　　　C. 社会利益

D. 企业、消费者、社会三者利益的统一

2. 多选题

(1) 顾客购买总价值包括(　　)。

A. 产品价值　　　　B. 服务价值　　　　C. 人员价值　　　　D. 形象价值

(2) 在买方市场条件下，企业营销观念是(　　)。

A. 产品观念　　　　B. 推销观念　　　　C. 生产观念　　　　D. 营销观念

E. 社会营销观念

(3) 决定市场需求大小的因素有(　　)。

A. 人口　　　　　　B. 购买力　　　　　C. 购买欲望　　　　D. 地理位置

(4)社会市场营销观念要求企业在制定营销策略时,要兼顾的利益包括( )。

A.企业利益　　　　B.上级指标　　　　C.消费者利益　　　　D.社会利益

(5)4C营销组合的4C指的是( )。

A.产品　　　　　　B.顾客　　　　　　C.价格　　　　　　　D.成本

E.渠道　　　　　　F.便利　　　　　　G.促销　　　　　　　H.沟通

(6)下面说法错误的是( )。

A.市场是商品交换的场所

B.市场营销就是推销或促销

C.市场营销学是研究市场营销活动及其规律的科学

D.市场营销的本质是交换

E.市场营销是以满足各种需要和欲望为目的,通过市场变潜在交换为现实交换的系列活动

F.市场营销管理是企业为了实现其目标,创造、建立并保持与目标市场之间的互利交换关系而进行的分析、计划、执行与控制的过程

三、简答题

1.市场、市场营销、市场营销管理、市场营销学的基本含义是什么?

2.4P、4C、4R所包含的基本内容。

3.4P、6P、7P、10P所包含的基本内容。

4.生产观念、产品观念、推销观念、市场营销观念、社会市场营销观念的区别。

5.八种需求状态下的营销管理任务的侧重点分别是什么?试分别列举一例说明。

6.顾客让渡价值的内涵及构成。

7.市场营销分析逻辑是什么?

四、论述题

1.试述市场营销的产生与发展过程。

2.试述市场营销发展创新的领域。

3.试述市场营销的重要性。

五、项目实训

1.营销观念实训

内容:试对传统营销观念与现代营销观念加以区别,并就生产观念、产品观念、推销观念、市场营销观念、社会市场营销观念各列举一例。

形式:班上同学分小组讨论,达成一致意见,每个小组选代表发言,班上评议,老师总结。

2.顾客让渡价值实训

内容:顾客让渡价值是市场营销学中的一个重要概念,顾客让渡价值的高低反映企业产品的竞争能力与顾客的满意度。试选定一种产品,说明如何提高顾客的让渡价值。

形式:每个小组同学对选定的产品进行讨论,分析如何提高顾客让渡价值,达成一致意见,代表发言,班上评议,老师总结。

3.营销综合分析能力实训

内容:一架飞机坠落在一个荒岛上,只有6人存活,此时岛上没有水和食物,可利用的逃生工具只有一个只能容纳一人的橡皮气球。存活的6人都想说服别人让自己坐气球先行离开。存活的人身份分别是:怀孕8个月的孕妇;正在研究新能源(可再生、无污染)汽

车的发明家；在艾滋病方面研究取得突破性进展的医学家；宇航员；生态学家；流浪汉。

形式：选取 6 名学生分别扮演上述 6 种角色，说服他人，全班同学评议。

4.把握市场营销学框架体系结构实训

内容：用流程图的形式描述市场营销学所包含的全部内容。

形式：请两位同学上讲台，在黑（白）板上用流程图的形式描述市场营销学所包含的全部内容。全班同学评议，老师总结。

六、案例分析与讨论

1.张裕用心良苦做市场

1987 年，鉴于张裕公司对国际葡萄酒事业的杰出贡献，国际葡萄酒局正式命名烟台市为"国际葡萄酒城"。烟台张裕集团有限公司创办于 1892 年，是中国乃至亚洲最大的葡萄酒生产经营企业。主要产品有白兰地、葡萄酒、香槟酒、保健酒、中成药酒和粮食白酒 6 大系列数十个品种，年生产能力 8 万余吨，产品畅销全国并远销世界 20 多个国家和地区。张裕商标于 1993 年就被国家工商局认定为全国驰名商标。据国家权威机构调查，1997 年和 1998 年张裕产品市场占有率连续两年名列全国同行业第一名。

（1）百年张裕、历经坎坷创辉煌

1892 年，著名华侨巨商张弼先生以惊人的远见卓识为其"实业兴邦"的生涯写下自豪的篇章：在烟台创办张裕酿酒公司。张裕由此成为中国工业化生产葡萄酒的发源地。1915 年，在世界产品盛会——巴拿马太平洋万国博览会，张裕的白兰地、红葡萄酒、雷司令、琼瑶浆（味美思）一举获四枚金质奖章和最优等奖状，中国葡萄酒从此为世界所公认。先后获得 16 项国际金银奖和 20 项国家金银奖。

金字招牌对于张裕来说是一个很大的优势，但是，这个优势却不足以使张裕在市场上所向披靡。由于市场观念差，企业缺乏适应市场竞争能力，盲目生产，等客上门，受到了市场的惩罚：1989 年，张裕的产值较上一年下降了 2.5%，产量下降了 26.2%，6 条生产线停了 4 条，1/4 的职工没有活干，近一半的酒积压在仓库里，累计亏损 400 多万元，生存和发展都面临着严峻的挑战。在积极反思失败原因，努力摸索市场规律，下工夫钻研营销后，公司树立了"市场第一"的经营观念和"营销兴企"的发展战略。实现了 2 个根本性转变：一是企业由"销售我生产的新产品"转变为"生产我销售的产品"，一切围绕市场转；二是由"做买卖"转变为"做市场"，从"推销"变成"营销"。1997、1998 年两年产销量、销售收入和市场占有率均高居同行业榜首；1997 年销售收入 5.4 亿元，1998 年销售收入突破 10 亿元，其中利税首次突破 2 亿元大关。

（2）群雄逐鹿，红酒市场竞风流

葡萄酒具有多种保健养生功能。葡萄发酵时能产生十几种人体所需的氨基酸，可以缓解氧化作用、清理动脉、防止动脉粥样硬化和其他心脏疾病。同时，葡萄酒还有助于消化，并含有丰富的维生素 B_1、B_2、B_6、B_{12} 和多种矿物质，可以使人容颜丰润。

统计数据表明，我国葡萄酒产量多年来一直在 20 万吨，并且仍有供不应求之势。当前我国葡萄酒年人均销售量仅为 0.3 升，而世界年人均销售量为 6 升，是我国的 20 倍，某些西方发达国家年人均销售量甚至达到 78 升。因而，我国葡萄酒市场发展空间极为广阔。

正是看到葡萄酒市场的广阔空间，10 多个国家的 100 多个洋品牌和 400 多个国内生产厂家和品牌在我国市场汇聚，一竞风流。目前，国内葡萄酒生产年产量达万吨的企业已经超过 20 个，但称得上葡萄酒生产巨头的企业只有张裕、长城、王朝 3 家。据统计，实力雄厚的 3 个企业的市场占有率分别为：张裕 19.35%、长城 16.09%、王朝 15.57%。消费者最常喝的葡萄酒品牌张裕占 43%、长城占 19%、王朝占 15%。由于葡萄酒在国际上属于过剩产品，市场日益萎缩，国外共有 100 多个品牌不断涌入，曾一度给国产葡萄酒造成重创。时间跨入 1999 年后，葡萄酒的市场格局进一步明朗。与其他行业不同，葡萄酒业仅仅用了两三年时间就实现了品牌的高度集中。自 1998 年起，张裕、长城、王朝 3 家就占据了 60% 左右的市场份额。杂牌洋酒组装厂家、小企业、小作坊则生存艰难，几乎没有市场。1998—1999 年，倒闭的葡萄酒厂上百家。

（3）培育市场，张裕用心良苦

张裕很清楚：与啤酒、白酒比，葡萄酒的市场规模实在太小，整个产业的市场规模充其量不到 100 亿元。现在平均每个中国人葡萄酒年消费量只有 0.3 升，是世界平均水平的 1/20。而国人以白酒为主的酒类消费习惯是历史中逐渐形成的，是中国饮食业的一大特色，短期内很难改变，引导消费须下大工夫，培养习惯也要假以时日。假如每个中国人每年消费两瓶葡萄酒（1.5 升），那么就需要 195 万吨葡萄酒，市场规模即达到 780 亿元。这表明中国葡萄酒市场还存在着巨大的发展空间，关键在于市场培育和开拓。这样，张裕公司决定投入大量人力、财力去做市场启蒙、培育和开发工作。

为了培养消费者，张裕着力于"沟通"。受价格因素限制，经常性的葡萄酒消费者，主要是中高收入阶层。另外，行政管理人士也是不可忽视的主流消费群；偶尔性消费者，则以年轻人为主。对经常性消费者而言，张裕通过一系列目标明确的整合传播，主要展示葡萄酒的健康、自然及其文化内涵——葡萄酒的品味和格调。它们通过对经常性消费者主要的信息来源，如高品位杂志、体育节目、酒店等，进行"润物细无声"文化渗透，提高葡萄酒在这些消费者心目中的亲和力，同时通过一系列品牌策略，树立起张裕东方红酒经典形象，以"传奇品质，百年张裕"作为主题，也使葡萄酒的系统传播得到了较好的效果。对偶尔性消费者而言，张裕则侧重于葡萄酒本身的时尚色彩，通过对大众传媒的控制性传播，传达各种葡萄酒的时尚资讯，营造一种氛围，即把葡萄酒作为一种身份的象征进行推广，使其成为时尚潮流中一部分。如在报纸上开辟醒目的葡萄酒消费专栏，在电视台黄金时间播葡萄酒的各类专题，举办各种葡萄酒知识讲座等。通过日积月累的渗透式传播，让消费者开始树立这么一种心态：选择葡萄酒就是在选择一种更好的生活方式。

从 1998 年起，张裕通过一个声势巨大的全国性活动，为其找到了很多新生消费者，这就是它近两年在全国各地举行的"中国葡萄酒文化展"。利用大量的图片和史实详细介绍了中国葡萄酒 2000 多年的悠久历史，投入大量资金在电视、报纸上做相应的宣传，力求取得轰动效应，张裕也因此赢得了更广泛的品牌知名度、美誉度。张裕的营销策略中，最核心的部分仍然是：培育市场，培养消费者，且一如既往"用心良苦"。

分析与讨论

1. 旧的营销观念与新营销观念分别是什么，有何异同？张裕公司旧的营销观念与新的营销观念分别是什么？张裕公司是在什么情况下转变观念的？

2. 你认为制约中国市场葡萄酒产品销售的主要因素是什么？为什么？

3. 什么是"培育市场"，"培育市场"的方法有哪些？你认为张裕公司培育市场的依据是什么？其措施对吗？有何可取之处？还有哪些需要改进的？

4. 葡萄酒与其他酒之间有无替代关系？你认为葡萄酒与其他酒之间最主要的区别表现在什么地方，如何突出其差异，重点宣传与传播的内容是什么？

5. 试用"市场＝人口＋购买力＋购买欲望"分析葡萄酒产品的前景？

6. 试用"顾客让渡价值＝顾客购买总价值－顾客购买总成本"分析如何提高葡萄酒的顾客让渡价值？

2. 宝洁推出"润妍"

1997 年，宝洁(P & C)公司酝酿在中国推出一种全新的、展示现代东方女性黑发美的润发产品，取名"润妍"，意指"滋润"与"美丽"。成功一再推广，是宝洁的一贯原则。从创意产生到产品上市，"润妍"品牌"怀胎"近 3 年。"润妍"的目标市场是成熟女性。这类女性不盲目跟风，知道自己美在哪里。宝洁最初的构思是，融传统与现代为一体的、最具表现力的黑发美，就是她们的选择。

研制产品之前，宝洁按惯例是首先分析全球流行趋势，找准目标市场的真正需求。宝洁先后请了 300 名消费者进行概念测试。理想中的黑发是什么？——"具有生命力的黑发"，绝大多数的消费者如是说。进一步的心理感受是什么？——"我就像一颗钻石，仅是蒙上了尘埃，只要将她擦亮，就可以让钻石发出光芒。"调查中进一步了解到，东方人向来以皮肤白皙为最美，头发越黑越能反衬皮肤的白皙美。经过 3 次反复测试，宝洁基本把握了消费者心中理想的护发产品——滋润而又具有生命力的黑发最美。绝大多数中国人已经习惯二合一洗发水，专门的护发产品能被广泛接受吗？宝洁认为，专门用润发露护发已是全球趋势，发达国家约 80% 消费者长期使用润发露，日本 85%，而中国不到 6%，因此有巨大的潜在市场。根据目标市场的普遍需求，宝洁开发出冲洗型和免洗型两款"润妍"。其中免洗型润发露专为忙碌的职业女性研制。宝洁没有马上投放市场，而是继续请消费者做使用测试，进行产品改进。最终推向市场的"润妍"强调：专为东方人设计，加入了独创中草药精华(含首乌)。融合了国际先进技术和中国传统中草药成分，特别适合东方人的发质和发色。同时，宝洁设立模拟货架，将产品与不同品牌、特别是竞争品牌放在一起，反复请消费者观看。然后，调查消费者究竟记住什么、忘记什么，检验包装的美观程度，据此进一步调整与改进。公司还请广告公司拍摄了一组长达 6 分钟的系列广告，组织消费者观看，选择她们认为最好的 3 组画面。根据大多数的意见，将神秘女性、头发芭蕾等画面组合。音乐通过现代旋律，配以中国传统的古筝、琵琶等，进一步呼应"润妍"现代东方美的定位。

"润妍"品牌的最终诉求，是"让秀发更黑更漂亮，内在美丽尽释放。""润妍"信奉自然纯真的美，并认为女性的美就像钻石一样熠熠生辉。"润妍"希望能拂去钻石上的灰尘和沙砾，帮助现代女性释放出她们内在的动人光彩。"润妍"蕴含了中国人使用了数千年的护发中草药——首乌，是宝洁专为东方人设计的，也是首种具有天然草本配方的润发产品。

分析讨论

1. "润妍"产品的目标市场是什么？

2. 宝洁公司为推出"润妍"产品主要做了哪些工作？

3. 宝洁公司奉行的是什么营销观念？

3. "采芝斋"的商机

在苏州观前街有一家著名的百年糖果老店——采芝斋，系河南人金荫芝于1870年创建。创业之初仅是一个巷口的小糖摊。相传，清光绪年间，慈禧太后突然染病，胸闷气喘、咳嗽痰盛，宫中御医久治无效，无奈中想到苏州名医曹沧州。曹得知太后召见，问过病情后，就到"采芝斋"买了二斤贝母糖上路。无巧不成书，慈禧吃下贝母糖后，顿觉眼目清凉，神清气爽，连称神奇。消息传到"采芝斋"，金荫之立刻察觉到这是一个百年难遇的大好商机。他抓住了这一大好商机，使"采芝斋"糖果，名播四方，盛传天下。

分析讨论

1. 金老板抓的是什么商机？
2. 请为金老板设计一个行动方案。

第二章 市场营销环境分析

学习目标

通过本章的学习，了解市场营销环境对企业的重要作用，理解市场营销环境的含义、特点及构成要素，掌握营销环境分析的内容与方法。具有分析微观环境和宏观环境的能力，为企业制订营销战略与策略提供相关依据。

第一节 市场营销环境概述

一、市场营销环境的含义

环境是指事物外界的情况和条件。市场营销环境是指与企业营销活动有关的所有不可控制力量和影响因素的集合，这些力量和影响因素对企业的生存与发展起着重要作用，约束着企业的一切营销活动，其影响主要表现在两个方面：一是为企业营销提供机会；二是对营销构成障碍和威胁。现代企业的任何营销活动都不是孤立地进行，它必然与环境各构成因素发生密切联系。企业要适应环境，才能求得更好的生存和发展。企业只有通过对环境进行深入、持续、有效的研究，自觉识别和利用市场机会，规避市场威胁，适应环境变化，才能充分发挥自身优势，努力克服劣势，制定出正确的营销战略和对策，从而顺利实现营销目标。

二、市场营销环境的特点

1. 客观性

企业营销环境不以企业或营销者的意志为转移地客观存在着，具有自己的运行规律和发展趋势，既不能强制，亦不可控制。企业的营销活动能够主动适应和利用客观环境，但不能创造、改变或违背客观环境。主观臆断营销环境及其发展态势，必然会导致营销决策的盲目和失误，造成营销活动的失败。企业只能能动地去适应环境的变化，积极寻找相应的对策。但企业又可或多或少地影响环境。

2. 差异性

营销环境的差异性不仅表现在不同的企业受不同的环境影响，还体现在同一种环境因素的变化对不同企业的影响也各不相同。例如，不同的国家、民族、地区之间在人口、经济、政治、法律、社会文化等方面存在着巨大差异。企业应根据环境的差异性，采取有针对性的营销策略。譬如，四川的白家粉丝进入江浙市场，传统的酸辣味道接受度比较低，企业就必须调整粉丝的味道，才能适应当地人的需求，可适当增加海鲜或微辣口味。

3.动态性

营销环境的动态性又叫多变性。从环境的时间性来说，组成环境的各因素不同时期均不一样，都在不断变化发展。市场营销环境是一个综合的动态系统，它始终处于不稳定的状态之中。因此，企业营销活动必须与营销环境保持动态平衡，一旦环境发生变化，打破了平衡，企业营销就必须积极地做出反应并适应变化，否则将遭到市场的淘汰。曾经是美国第五大富豪、几乎与爱迪生齐名的王安和他的电脑公司，就是由于没有紧跟上办公计算机小型化的市场更新步伐，产品不具有兼容功能而败下阵来，最终未能摆脱破产的命运。

4.相关性

营销环境各因素都不是孤立存在的，而是相互联系、相互渗透、相互影响和相互制约的，某一因素的变化，会引起相应其他因素的变化，进而形成新的营销环境。比如一个国家新的政策法律出台或经济形势的变化，就会使新的竞争者加入或部分竞争者的退出，从而形成新的市场竞争格局。又如消费者需求的改变及外来文化的侵入，人们的习惯、爱好会发生变化，新技术的出现给某些企业带来了机会，但对另一部分企业可能又是威胁。

案例 2－1

石油危机下的汽车公司

20世纪70年代西方石油危机。美国三大汽车公司通用、福特、克莱斯勒面临困境，出现亏损，原因是没有充分估计市场环境的变化。在过去，美国汽车公司长期以来生产大型、豪华、舒适但耗油量很大的汽车，石油危机的到来使有些消费者买得起汽车，但用不起油，汽车销量急剧减少。日本汽车趁机打入美国市场，因为日本汽车车型小、耗油低，很受用户欢迎，抢占了美国汽车市场相当大的市场份额。

案例 2－2

投资迅猛 销售下降——南宁市房地产市场 2011 年 1—3 月运行情况分析

2010年以来，随着北部湾经济区开放开发的进一步推进，南宁市房地产开发项目进度加快，商品房施工面积稳步扩大，建设资金充裕。但受国家宏观政策调控及市场预期、消费者观望及价格大幅度上涨等因素影响，全市商品房销售面积继续下降。南宁市的商品房销售继续延续年初的停滞态势，销售面积继续呈下降态势。据统计数据显示，1—3月全市实现商品房销售面积 92.80 万平方米，同比下降 24.35%，比去年同期减少了 29.87 万平方米，尤其是住宅类商品房销售面积大幅度减少，同比下降 28.31%。

案例 2－3

春兰集团的大发展

20世纪80年代，春兰集团只是一个固定资产仅200多万元的小厂，年产值140万元。8年后，该公司发展成了一个多元化的跨国集团，1996年资产达26亿，年总产值58亿元，他们正确估计，随着生活水平的提高人们追求生活质量，买空调的家庭会越来越多，及时转产生产空调。现在空调市场竞争激烈，他们又生产其他产品，实行多元化经营，公司得到进一步发展。

案例 2 - 4

中美史克公司危机处理

2000 年 11 月 15 日,我国下发通知:禁止含有 PPA 的药品销售。11 月 16 日中美史克公司接到天津市卫生局通知,于是立即成立危机管理小组,发布公关纲领:坚决执行政府法令,通知经销商和客户立即停止康泰克的销售,取消相关合同,立即停止广告宣传和市场推广活动。2001 年 9 月底,不含 PPA 成分的新康泰克上市。中美史克公司很好地度过危机。

案例 2 - 5

个人电脑的诞生

个人电脑的开发开始于 20 世纪的 70 年代末期,当时使用的电脑大部分是大型电脑。于是很多做电脑的人认为个人电脑没有前途。IBM 的一些人甚至认为,做个人电脑会损害其"巨人"的形象。许多企业对个人电脑不屑一顾时,独具眼光的风险投资家却大力投资于这一领域,苹果公司就是其中之一。到今天,个人电脑销售量年增长率还在 15% 以上。可见这些人当时的决策是多么英明。

三、市场营销环境的构成要素

企业的市场营销环境是由一整套相互影响、相互作用的重要参加者、市场和其他相关力量构成的,如图 2 - 1 所示。

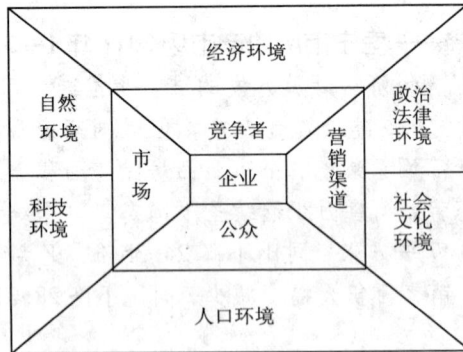

图 2 - 1　市场营销环境的构成要素

从图 2 - 1 得知,一个企业的市场营销环境一般可以分成三个层次:第一个层次是企业本身,它处在企业市场营销环境的中心;第二个层次是企业所处的微观环境,包括市场营销渠道企业(它们参与企业产品的生产和分销活动)、市场(企业的目标顾客群)、竞争者(它们也向企业所服务的市场提供产品)、公众(企业及其竞争者都会在公众的监视下,并受公众影响）等，它们直接影响企业，所以微观环境又称直接环境；第三个层次是企业所处的宏观环境，包括人口环境、经济环境、科技环境、自然环境、政治法律环境、社会文化环境，它们对所有企业或组织都会发生影响，而不是特别针对某个独特的企业，所以宏观环境又称间接环境。

第二节　市场营销微观环境

市场营销微观环境一般由六个要素构成，即企业本身、供应商、营销渠道企业、顾客、竞争者、社会公众。如图 2－2 所示。

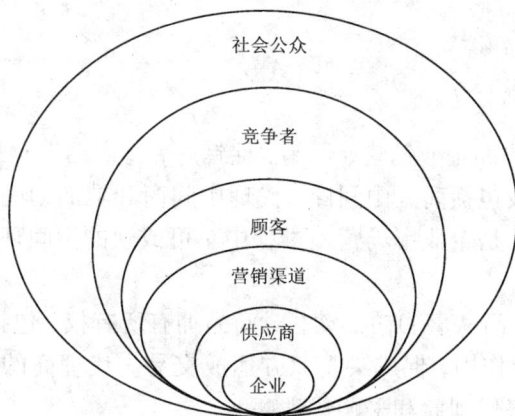

图 2－2　市场营销微观环境构成要素

一、企业内部

每一个企业都有其生产经营目标，有其具体、明确的生产经营任务。为了实现其目标或完成其工作任务，企业必须了解自身资源状况、竞争能力和市场需求，分析内部营销环境，明确优势劣势，开展某些业务活动，如生产、采购、新产品研发、财务管理和市场营销等。在此过程中，企业还要高度注意各部门间的密切配合，正确处理好营销部门与其他职能部门的关系，如妥善处理好营销部门与高层管理部门、财务部门、采购部门、生产部门、产品研发部门、人事部门、后勤部门等方面的关系，以争取他们对营销管理工作的大力支持。

企业的营销部门一般由营销经理或称营销总监、市场总监、营销副总等总负责，营销部门内部又设立销售部、广告部、公关部、调研部、服务部等若干部门。这些部门相互之间的关系也要处理好，以利于企业各项营销活动的顺利开展。

二、供应商

供应商是指向企业供应为生产或经营特定产品和劳务所需资源的单位或个人，包括提供原材料、能源、设备、劳务、资金等单位或个人。供应商对企业营销活动的影响很大，这主要表现在：第一，资源供应的可靠性和稳定性，即资源供应的保证程度和相对稳定，将直接影响到企业产品的销售量和交货期；第二，资源供应的价格水平及其变动趋势，将直接影响到企业产品的成本；第三，供应资源的质量水平将直接影响到产品的质量。因此，企业在选择资源供应商时，尽量做到选择质优价廉、数量充足、交通便利、风险较小的。

案例 2-6

企业间的亲密合作

波音公司是世界上最大的飞机制造公司，却只生产座舱和翼尖，其余零部件均由世界不同的国家与地区提供。世界知名的 IBM 公司为我国中小企业和服务性机构提供有针对性的信息化解决方案，使 IBM 公司赢得了巨大的中国市场。

三、营销渠道企业

营销渠道企业是指协助企业销售、经销、促销等，将产品卖给最终购买者的所有机构，有时又叫营销中介，一般包括商人中间商、代理中间商和辅助中间商等。它们是市场营销微观环境中的第三力量，是企业市场营销过程中不可或缺的中间环节。

1. 中间商

（1）商人中间商。专门从事购销活动，对商品拥有所有权，包括批发商、零售商。

（2）代理商。起中介作用，促成买卖双方达成交易。代理商的收入来源主要是委托单位支付的佣金，包括销售代理商和采购代理商。

案例 2-7

海尔进入美国市场

海尔进军美国市场并不容易，美国人根本不认识海尔产品。1990 年，海尔高薪聘请了美国人迈克成为海尔美国区的总裁。迈克认为，要让美国人认识海尔，最好的办法是让海尔进入沃尔玛。沃尔玛在美国有 2700 多家连锁店，每一家都摆满了来自世界各地的名牌产品。但是让沃尔玛接受这个陌生的品牌很困难，整整两年时间，迈克甚至没有机会让沃尔玛负责人看一眼海尔产品。直到有一天他想出一个办法，在沃尔玛对面竖起了一个海尔的大广告牌，这样，沃尔玛的高层每天都能看到海尔。功夫不负有心人，终于有一天，沃尔玛的采购高层对这个海尔产生了兴趣，开始约见海尔代表。进入沃尔玛以后，海尔产品从开始的一两种到现在的几十种。

2. 物流公司

物流公司主要指与经营物流相关的运输、仓储、配送等行业的公司，它们常在供货商与零售业者之间，扮演集货、理货、装卸、搬运、库存控制、订单处理等角色，协助生产企业将产品运到目的地。对于供货商而言，物流公司可以降低运输与仓储的成本，商品可以直接寄放于物流中心的仓库去出货，不必自己维持一个庞大的仓库去堆积货品，也不必自己维持货运与配送的庞大车队，以利于解决供需双方时间、距离上的背离，创造时间效用和地点效用。这对于中小型的供货商而言是有利的。

3. 营销服务公司

营销服务公司是帮助企业促进产品销售的公司，包括财务公司、调研公司、广告公司、营销咨询公司、传播公司等，企业的市场调研、广告制作、信息传播等业务均可委托这类公司为其服务，如调研公司通过市场调研，为企业的经营决策提供服务。

4. 金融中介机构

这是企业营销活动中进行资金融通的机构。包括银行、信贷机构、保险公司等。其主要功能是为企业营销活动提供融资及风险保险业务。企业的营销活动离不开这些中介机构的协助，企业应该与这些中介单位保持良好关系，加强合作，争取更大的支持。

企业应选择服务质量好、服务信誉佳、价格水平合适的营销中介单位，协助企业扩大和促进产品的销售，降低营销风险。

四、顾客

顾客是企业产品或服务购买者的总称。企业生产和销售的目的就是为了满足顾客需求，因此，企业必须深入了解顾客需要什么，需要多少，并提供良好的售后服务，争取新的顾客，稳住老顾客，赢得市场。企业要深入分析顾客需求特征，了解购买本企业产品的目标顾客是谁、这部分顾客的分布区域、他们的需求特征、对产品有什么要求、他们的经济收入水平、他们的购买动机和购买行为与方式等。

案例 2 - 8

海尔小地瓜洗衣机

海尔销往四川一带的洗衣机故障率很高。通过市场调查发现，洗衣机故障率高的原因并不在洗衣机本身，而在于当地人不仅用洗衣机洗衣服，还用洗衣机洗地瓜。由此海尔改进了产品功能设计，及时推出一款名叫"小地瓜"的洗衣机，使得洗衣机不但能洗衣服，而且也可以洗地瓜。

五、竞争者

竞争是市场经济的必然现象。在市场经济条件下，任何企业在目标市场进行营销活动时，都不可避免地会遇到竞争者的挑战。竞争者，即与本企业争夺同一目标市场的所有单位或个人，他们对企业营销活动产生重要影响，其不可小觑。所以说，企业及时正确识别竞争者，分析竞争环境，提高竞争能力十分必要。

企业面临的竞争者具体来说包括以下四类：

1. 愿望竞争者

愿望竞争者是指提供不同产品以满足不同需求的竞争者，它又叫欲望竞争者。消费者在某个时候，由于财力或其他方面的约束，同一时候只能满足某一方面，而不得不放弃另一方面，即熊掌和鱼不可兼得。比如房子和汽车，由于消费者经济收入有限，一般不可能同时购买房子和汽车，买了房子就推迟购买汽车，买了汽车就推迟购买住房。某汽车生产厂家计划将产品打入某城市，除了调查当地汽车市场外，还调查了当地的房产市场，这也有一定道理。这样，汽车厂家与房产商彼此成为愿望竞争者。

2. 属类竞争者

属类竞争者是指提供不同产品以满足同一需求的竞争者，又叫一般竞争者。不同的产品在功能及用途上可以相互替代，如茶、矿泉水、可乐等在某种意义上可相互替代，都为人们解渴，那么生产茶叶、矿泉水、可乐的企业彼此是竞争者。又如人们为锻炼身体，可打篮球、排球、羽毛球、乒乓球和踢足球、钓鱼等，那么生产不同体育用品的企业就构成属类竞争者。

3. 产品形式竞争者

产品形式竞争者是指满足同一需要的产品各种形式间的竞争。对于同一种产品，由于不同企业生产甚至同一企业生产，在规格、型号、款式、性能、质量、价格等各方面不尽相同，消费者在购买产品时，通过搜集所需信息，进行比较、权衡，选择购买适合自己需要的产品。

4. 品牌竞争者

品牌竞争者指能够满足某种需要的同质产品的不同品牌，它们多为真正的同行，竞争也最直接、最明显。如消费者购买彩电，可在海尔、康佳、TCL等名牌中作出选择。有时产品的档次和价位基本相同，只是生产厂家不同而已。例如，虽然"中华"、"玉溪"、"黄鹤楼"和"芙蓉王"等都属于高档名牌香烟，但消费者选购时却存在品牌偏好。企业可通过在消费者中培植品牌展开竞争。

前面1、2两种是属于不同行业的竞争，后面3、4两种属于同一行业的竞争。

企业除了有效甄别竞争者外，还要全面分析竞争环境，以巩固竞争优势，提高产品利润。分析企业竞争环境通常用五力模型，它是由美国哈佛大学商学院迈克尔·波特教授于20世纪80年代初提出来的。五力分别为供应商的讨价还价能力、购买者（顾客）的讨价还价能力、潜在竞争者进入的能力、替代品的替代能力、行业内竞争者现在的竞争能力。五种力量的不同组合变化会改变企业的竞争者格局，最终影响行业利润潜力的变化。五力模型如图2-3。

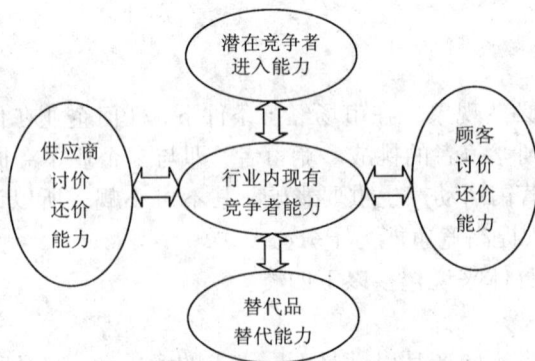

图2-3　波特的五力分析模型

案例 2 - 9

小商品、大利润的"义乌制造"

浙江义乌双童日用品有限公司是世界上最大的饮用吸管生产企业，共有 60 条生产线，公司 90% 以上的吸管销售到世界各地，日出口吸管 8 吨，一年的产量占了全球吸管需求量的 1/4 以上，每月利润达 100 万元。该公司掌门人楼仲平也被誉为"世界吸管大王"。

据了解，义乌现有塑料吸管企业近 20 家，吸管生产量约占全球 60%。小小吸管，利润虽然如此之少，但却给这些生产吸管的义乌人带来了丰厚的利润，而且市场非常稳定。

同样，义乌小商品市场上一个不起眼的小柜台，每天竟要批发销售牙签几吨甚至几十吨：以 10 吨计，也就是 1 亿根左右；按 100 根毛利 1 分钱计算，每天可获利 1 万元。

在小与大的自由王国，义乌人以小谋大，从小促大，从小做大，将小与大的辩证法融进了每一个商机，终使小饰品、小玩具、小五金、小家电千千万万个"小"企业和家庭生产单位汇成一个巨大的产业集群，托起了世界最大的小商品市场。义乌有占世界生产总量 40% 的电子钟表，占全国 70% 的饰品，占全国 50% 的胶带、40% 的拉链、35% 的袜子，国内最大的清洁球、织带、易拉罐生产企业等。目前，"义乌制造"形成了针织袜业、文体用品等 20 多个特色优势产业，创下多个中国第一乃至世界第一。

六、公众

公众是一个内涵十分广泛的概念，通常是指所有实际上或潜在的关注、影响着企业达到其目标的政府部门、社区组织、群众团体和居民等。企业面临的公众可分为以下七种：

1. 政府公众

政府公众是指有关政府部门。企业营销的成败在一定程度上取决于政府的支持。企业必须懂得政府制定的各项方针与政策，在政策许可的范围内从事生产经营活动，政府各项法律、法规、政策，对企业有约束作用，企业要利用好政策，依法从事营销活动。

2. 媒体公众

媒体公众指报社、杂志社、电视台、广播台等。作为大众传播机构，它们对企业声誉进行正、反面评价或宣传将对企业形象产生极大的影响，因为这些媒介传播的信息面广、可信度高，企业应积极保持与大众传媒的良好关系，争取其大力支持。

3. 金融公众

金融公众即银行、投资公司、证券经纪商、保险公司等，它们影响到企业资金的筹措，企业必须妥善处理好与这些金融机构的关系。

4. 群众团体。指各种环保组织、消费者权益保护组织、未成年人保护组织及少数民族组织等其他社团群体，它们在社会中具有相当的影响力，企业要重视这些力量的作用，关注环境保护，维护消费者正当利益，树立企业崇高形象。

5. 当地公众

当地公众即企业所在地区附近社区的居民群众、组织和政府官员等。企业在营销活动中要避免与周围公众发生冲突，努力为周围公众的公益事业做贡献，赢得公众的理解、支持和配合。

6. 一般公众

一般公众企业的"公众形象"是一个企业在一般公众心目中的形象，它对企业的经营发展至关重要。企业必须充分了解一般公众对其产品和活动的态度，争取在公众心目中建立良好的企业形象，这对搞好企业营销非常有利。

7. 内部公众

内部公众包括企业的董事会、经理、内部职工等。企业应大力加强文化建设，积极营造和谐氛围，加强内部沟通，提高管理效率，改善员工福利，激发员工工作的积极性、创造性，为企业成功实施营销活动提供强大的内部保障。

现代企业是一个开放的系统，上述公众都与企业的营销活动有着直接或间接关系，企业及其营销人员务必采取积极措施，正确处理与各类公众的关系，如设立公共关系部门，开展公共关系工作，维持良好的企业形象，形成协调的人际关系氛围。

第三节　市场营销宏观环境

宏观环境是大环境，由能够对微观环境产生重要影响的几大社会力量构成，反映了一个国家和社会发展的变化状况。它不单对某个企业造成影响，对所有企业组织都如此。宏观环境包括人口环境、经济环境、科技环境、自然环境、政治法律环境和社会文化环境等。

一、人口环境

人是市场的主体，企业生产的产品最终是为人服务的。因此，企业必须关注人口的现状及其发展趋势，以便利用市场机会，更好地满足消费者的需求。

人口的现状及其发展趋势呈现以下特点：人口总量不断上升，无论是世界市场还是中国市场都如此；人口出生率下降，人均寿命延长；家庭状况变化，出现晚婚晚育、子女减少、丁克、离婚率高及职业妇女增多的情况；人口出现地理上的流动，人口从寒冷地带向温暖地带流动，从乡村流向城市，从城市流向郊区，从不发达地区向发达地区流动和汇集，这主要因为不同区域的经济发展水平、气候条件、自然资源、文化条件等方面存在着差异，从而造成人口的迁移；人口受教育程度的提高等。

人口环境的诸多变化给某些行业带来机遇，也给某些行业带来威胁。从长远来看，企业必须关注人口环境的变化。人口规模（数量和增长状况）、人口密度、人口结构（性别、年龄、家庭、民族、职业和地理分布等）的变化，都会影响到市场需求和对产品的要求，企业应该多关注人口的这些变化，以采取相应营销策略。例如，随着我国人口老龄化趋势的加剧，近些年来很多地方悄然出现了老年康复理疗行业，其市场前景颇好。

二、经济环境

经济环境是企业营销活动的主要环境因素，其内容涉及经济发展阶段、地区发展水平、产业结构、货币流通状况、收入因素和消费结构等，概括起来主要包括宏观上的国家、微观上的消费者两大层面，而消费者层面主要是指其收入、储蓄信贷和消费支出等状况的变化。

1. 宏观经济环境

从国内生产总值(GDP)和国民生产总值(GNP)的增长速度来看,我国经济发展十分迅猛。改革开放30多年以来,GDP年均增长达10%左右,但从绝对值分析仍然偏低。如果按人均GDP来算则相当低。根据国际货币基金组织、世界银行等组织的人均GDP测算,2009年中国的人均国民总收入排在124位;2010年略有上升,大约100位左右。我国经济的高速发展,增强了综合国力,改善了人民生活,提高了国际影响力。然而,我国经济的发展也还存在许多问题,如经济发展不平衡、产业结构不合理、产业政策不健全、就业压力加大、市场经济体制不完善等。宏观经济环境决定了一个国家的总体购买力水平。

案例2-10

中国经济首度超日,跃居世界第二

2010年,中国GDP为39.798万亿人民币,按外汇折算约合5.88万亿美元,已首次超越日本(5.44万亿美元),成为仅次于美国(14.7万亿美元)的世界第二大经济体。其中,我国广东、江苏、山东、浙江、河南等17个省(直辖市、自治区)的GDP超过万亿人民币,广西预计2011年可迈入“万亿俱乐部”行列。

案例2-11

“家电下乡”消费火爆

2011年4月,商务部公布的家电下乡销售统计资料显示,自2008年实施到3月底,全国家电下乡产品累计销售1.5亿台,实现销售额3273.5亿元,累计发放补贴额375.6亿元。仅刚刚过去的3月份,全国家电下乡产品销售就达到了1471.5万台,实现销售额344.8亿元,同比分别增长了135%和179%。

与此同时,商务部还公布了以旧换新带动家电消费的情况,截至3月底,家电以旧换新带动销售新家电4270.1万台,去年全年共带动消费1211.1亿元,相当于每个季度销售300亿元左右。

作为全球性金融危机下国家拉动内需的特殊产业政策,家电下乡和以旧换新形成了带动国内市场家电消费的热潮,有效拉动家电消费领域的内需,盘活了家电消费产业链。以2011年“家电下乡”巡展第一站六安为例,六安自开展家电下乡工作以来,家电销量持续增长。六安市副市长王安义在巡展活动现场表示,到2011年3月,六安市累计销售家电下乡产品110.5万台,拉动家电消费27.9亿元,发放补贴资金3.3亿元。

家电下乡政策的实施,对农民的消费习惯产生了重要影响。农民家电消费观念初步形成,对于高端产品的需求大大增加,这种需求带动了家电下乡产品的升级换代,在农村市场,三门冰箱、大容量洗衣机和节能空调销售节节攀升,广阔的农村高端消费市场也成为厂商们“进攻”的重点。可以说,“家电下乡”政策让家电行业销售额屡创新高。有关部门测算认为,家电下乡政策已拉动国内消费16000亿元。

2. 消费者收入、储蓄与信贷、支出的变化

(1)消费者收入的变化。消费者收入是影响购买力的决定性因素。改革开放30多年

来，我国人均收入变化很大，2010 年我国城市与农村的年人均总收入分别是 1985 年的 45 倍、32 倍。在考虑居民购买力时，除了要考虑居民年总收入外，还要考虑个人可支配收入、可任意支配收入、物价上涨以及通货膨胀等因素。

个人可支配收入 = 个人年总收入 - 应缴税金及其他支出

可任意支配收入 = 个人可支配收入 - 生活必需支出

20 世纪 80 年代以前，鸡蛋 3 至 5 分钱一个，猪肉 0.78 元一斤；现在鸡蛋 0.5 至 1 元一个，猪肉 10 至 15 元一斤，生活必需品物价是原来的 15 倍左右。

案例 2 - 12

100 元人民币的古今购买力

100 元人民币现在约兑换 0.33 克黄金或 13.7 克白银。该黄金或白银在元朝时只能买 13.7 公斤大米，康熙年间可买 60 公斤大米，1916 年春天的北京能买 12.5 公斤大米，1936 年在太原只能吃一次便宜西餐。

但随着 2010 年以来我国物价的不断上涨，到 2011 年春季 100 元人民币则只可以消费：50 次北京地铁、30 瓶 600 毫升百事可乐、25 瓶 600 毫升和其正凉茶、8 碗马兰拉面、100 个鸡蛋、1 桶食用油、2 袋 10 公斤大米、5 个套餐、4.5 公斤五花肉、300 根香菜、波司登羽绒服的一对袖子、1/3 件中档衬衫、一条普通的棉絮或一瓶 1.2 升品质一般的橄榄油等。

(2) 消费者储蓄、信贷变化。由于人们收入水平的提高以及住房、教育、医疗保险等制度的改革，人们将自己收入的一部分用来储蓄、购买股票、购买各种形式的债券和期货或购买土地房产等，理财方式日趋多元化。储蓄是一种推迟了的消费，形成将来的购买力。我国人均收入虽然不高，但有一个良好的传统，就是舍不得花钱，有点钱就将它存起来。银行中的存款居民储蓄约占一半，另一半是企业组织单位及其他国内及国际组织的存款。但事实上，大多数人存款很少，特别是经济不发达的农村及一些贫困地区，"二八定律"在这方面同样适合，即存款的 80% 掌握在 20% 的人手中，有些个人存款达几万、几十万、几百万、几千万甚至上亿元，这说明我国多数居民的购买力还不是很强，而且彼此之间存在着较大差异。

信贷是当居民现实购买力不足时，就利用贷款、分期付款、赊销等形式来实现某种消费。比如现在盛行的住房按揭贷款、汽车信贷。信贷与储蓄刚好相反，储蓄是一种推迟的消费，而信贷是一种提前的消费，即通常所说的"花明天的钱，圆今天的梦"。西方国家很鼓励这种消费信贷方式，以刺激经济的增长，创造更多的就业机会。在我国由于现实购买力和对将来的收入预期不强，再加上诚信等问题，消费信贷目前主要局限于住房及汽车。但随着我国"十二五规划"的逐步实施，扩大内需将成为拉动国民经济增长的最重要引擎，消费信贷的政策领域将会适当放宽，操作方式也会日益灵活多样，这将为我国很多企业带来新的市场机遇。

案例 2 – 13

《2011 胡润财富报告》

2011 年 4 月 12 日，胡润百富在上海发布《2011 胡润财富报告》。报告称，截至 2010 年底，除香港、澳门、台湾之外的全国 31 个省、市、自治区中，共有 96 万千万富豪和 6 万亿万富豪，相当于全国每 1400 人中就有 1 人是千万富豪。而广西共有 5000 位千万富豪，约占总人口的万分之一，在全国排名 24，其中亿万富翁 370 位。报告显示，这些千万富豪可分为企业主、"炒房者"、"职业股民"和"金领"四类。

(3)消费者支出结构的变化。当家庭收入增加时，人们用于购买食物支出的比例会逐渐下降，而用于服装、交通、保健、文娱、教育、储蓄等方面支出的比例将适度增加，这就叫"恩格尔定律"。反映该定律的系数被称为恩格尔系数。

恩格尔系数 = 食品支出总额 ÷ 家庭或个人支出总额

恩格尔定律主要表述的是食品支出占总消费支出的比例随收入变化而变化的一定趋势。它揭示了居民收入和食品支出之间的相关关系，用食品支出占总消费支出的比例来说明经济发展、收入增加对生活消费的影响程度。恩格尔系数越大，生活水平越低、越贫困，反之则越高。研究一个国家或地区的恩格尔系数，同样可以反映一个国家或地区的经济发展水平。恩格尔系数是衡量一个国家、地区，甚至一个家庭富裕程度的重要参数。根据联合国粮农组织提出的标准，恩格尔系数在 59% 以上的为贫困，50% ~59% 为温饱，40% ~50% 为小康，30% ~40% 为富裕，低于 30% 为很富裕。

三、自然环境

自然状况作为客观环境内容之一，对消费、生产、供给状况具有基础性影响。在科技进步、生产力提高的过程中，自然状况对经济和市场的影响总体上趋于下降，但自然环境制约经济和市场状况的内容、形式不断变化。自然环境最重要的内容是自然禀赋，自然资源有可再生和非可再生两类，一个国家、地区自然资源的多寡和优劣，在市场上会充分反映出来。自然状况还包括地形、地貌和气候，它们也会影响生产、消费。所以企业从事生产经营活动离不开自然环境，并对自然环境产生一定影响。目前，我国自然环境状况主要体现在三方面：

1. 某些原材料及能源短缺

地球上的资源可分为无限供给资源(空气、水、阳光)、有限但可再生的资源(绿色植物)和有限不可再生资源(矿产品、石油、煤炭、天然气等)三大类。当前，第一类资源面临被污染的问题；第二类由于生产的有限性和生产周期长，再加上乱砍滥伐森林，导致生态失衡、水土流失、灾害频繁，影响其正常供给，有的行业需大量进口；第三类都是初级产品，且政府对其价格、产量和使用状况控制较严。这就要求人类节约资源，积极开发和合理利用新的资源。

2. 环境污染严重

工业的发展，促进了生产力水平的大幅提高和经济的快速发展，同时对环境带来极大破坏，环境污染严重，工业污染正日益成为全球性的严重问题。如土地沙漠化、二氧化碳排放量增加、全球气候变暖、水资源和空气的大量污染、水土流失加剧等。这对某些污染控制不力的企业是一种巨大的压力，它们必须采取有效措施减少污染。如何实现人类的可持续发展，环境保护问题越来越引起各国政府及一些企业的关注和重视。

    3．"绿色营销"、"生态营销"的兴起

    所谓绿色营销、生态营销是指企业充分考虑社会环境利益、生态效益，在有利于社会发展和环境保护的前提下开展的营销活动。当今社会，绿色电器、绿色食品备受消费者青睐，各行各业都十分重视环保。对于企业来说，如何开发、生产、销售安全卫生与节能降耗的优质环保产品，是企业长远发展的重大课题。

案例 2 – 14

红海家电的"绿色营销"——格兰仕绿色回收废旧家电

    2006 年 7 月 5 日，格兰仕在北京推出"绿色回收废旧家电——光波升级以旧换新"活动。消费者手中任何品牌的废旧家电，均可折换 30～100 元，用于购买格兰仕部分型号微波炉和小家电的优惠。同时，格兰仕联合专业环保公司对回收的废旧小家电进行环保处理，为绿色奥运做出自己的贡献。活动推出后，北京市场连续 3 日单日销售突破 1000 台，高端光波炉的销售同比增长 69.6%。北京电视台、北京晚报、北京青年报、中国青年报、京华时报、北京娱乐信报、中国经营报等都对活动进行了追踪报道。随后活动向山东、福建、辽宁、云南、吉林、重庆等 10 多个城市蔓延。格兰仕"绿色回收废旧家电"活动成为 2006 年淡季小家电市场的一道靓丽的风景，让红海家电上演"绿色营销"。

四、科技环境

    科学技术是第一生产力，是社会生产力中最活跃的因素。科学技术的突飞猛进，新技术、新创造发明的广泛应用，给使用新技术的行业、企业带来了新的发展机遇，同时，那些继续使用过时技术的企业被市场淘汰。比如，晶体管淘汰了电子管，复印机抢走了复写纸的大部分市场，电视冲击电影市场，数码相机争夺了传统相机的市场，DVD 淘汰了 VCD，如此种种。有人将科学技术称之为破坏性的生产力。当然，科学技术本身就是一把双刃剑，企业利用得好能带来高额营销利润，使用不当将会被市场所唾弃，甚至遭受灭顶之灾。

    企业要密切关注科学技术的变化趋势，开发和利用先进技术，如果开发有困难，要及时引进先进实用技术，在技术开发和引进方面要舍得投入，在资金、设备、场地、人员、制度等各方面，给技术开发提供相应的保证。日本二战后经济的腾飞，固然有很多原因。但其中一个重要方面，就是在技术研发和引进上投入了大量的人力与物力。

案例 2 – 15

核辐射冲击日本经济

    2011 年 3 月以来，遭海啸蹂躏后的日本，核阴影挥之不去，核辐射已严重冲击经济。日本核辐射致使全国 9 个县自来水中放射性物质含量超标，福岛县产的绿菜花、菠菜、卷心菜等 11 种蔬菜，以及茨城县产的原料奶、芹菜也已检测出放射性碘和铯超标。日本政府宣布，暂停从福岛县、茨城县、枥本县和群马县运出部分种类食品，包括菠菜和牛奶。福岛县新地町一户奶农，饲养了 48 头奶牛，日产奶达 1200 公升，却因受辐射污染被迫全部报废。为了减产，他改变了奶牛的饲料，但每隔两天还是得把 2500 公升的牛奶洒在地里。由于日本海水辐射激增，从 4 月 16 日开始我国全面停止进口日本所有地区的食品和农产品及水产品。

五、政治法律环境

政治法律环境主要是指国家的政治变动所引起的经济势态的变化，及政府通过法律手段和各种经济政策来干预社会的经济生活。它往往是市场营销必须遵循的准则。企业要高度关注国家的每一项政策和立法及其对市场营销所造成的影响。

1. 政治环境

政治环境主要指政治形势，包括政治稳定性、社会治安状况、政府更迭、方针政策衔接、政府机构作风和政治透明度等。这些因素将直接或间接影响企业的营销活动，政局稳定、社会安定、政策透明、作风清廉，有利于企业营销活动的开展。反之，如果一个国家或地区的政治局势动荡不安，暗箱操作严重，腐败成风，则会给企业带来诸多不利影响。另外，企业从事生产经营活动还要全面了解一个国家或当地的有关方针政策，取得政府支持，用活、用足相应政策。

2. 法律环境

法律环境主要指国家或地方政府颁布的各项法规、法令和条例等。它对市场消费需求的形成和实现具有一定的调节作用。企业从事营销活动时，需要研究并熟悉企业的法律环境，既可保证自身严格依法管理和经营，也可运用法律手段保障自身权益。当前，我国的中国特色社会主义法律体系已经形成，与企业营销密切相关的法律、法规或制度很多，如《反不正当竞争法》、《消费者权益保护法》、《环境保护法》、《广告法》、《商标法》、《合同法》等。此外，从事国际市场营销的企业，还必须对有关国家的法律制度和有关的国际法规、国际惯例和准则加强了解，认真学习研究并在实践中遵循。

案例 2 – 16

百事公司进入印度

20 世纪 70 年代后期，"可口可乐"和"百事可乐"相继去印度打开市场。最初，印度政府拒绝两大公司的进入，想要保护本国饮料市场。之后，印度政府提出，若要进入，就必须接受一些附加条件，如规定产品的出口份额。

百事公司答应了印度政府的三个条件：第一，保证生产产品就地取材，如所需原材料的水果和蔬菜等，以扶持当地的农副产品生产。第二，工厂开业后，将全部雇佣当地的工人或农民，为印度人民提供就业机会。第三，产品的 50% 用来出口，从而为印度创造了大量的外汇收入。

案例 2-17

缺德"无法"的企业

近年来，我国一些地区相继发生"毒奶粉"、"瘦肉精"、"地沟油"、"牛肉膏"、"染色馒头"等事件。这些恶性食品安全事件足以表明，某些企业置消费者利益于不顾，无视国家法律和法规，其诚信的缺失、道德的滑坡已经到了何等严重的地步，罪恶滔天，行径可恶。

案例 2-18

360 与腾讯之战

QQ 是中国最大的即时通讯工具，而 360 作为安全软件，在看到"QQ 医生"和"QQ 电脑管家"之后，感觉腾讯开始针对自己的业务领域发力。2010 年 9 月 27 日，360 首先发布针对 QQ 的"隐私保护器"。于是，双方从"暗战"转为直接对抗。

360 对外宣称，该"隐私保护器"能实时监测曝光 QQ 的行为，并提示用户"某聊天软件"在未经用户许可的情况下偷窥用户个人隐私文件和数据，引起了网民对于 QQ 客户端的担忧和恐慌。自此战争不断升级。腾讯对此迅速反应，当即发表声明，称该"隐私保护器"是对腾讯 QQ 安全功能的误解。"为保障用户账号安全，QQ 软件内置有安全模块，采用业内通行的技术对用户电脑进行必要的安全扫描，绝不涉及用户隐私。"

六、社会文化环境

社会文化指一个国家或地区的价值观念、生活方式、风俗习惯、宗教信仰、教育水平、语言文字、民族特征和亚文化群等因素的总和。它体现了一个国家或地区的社会文明程度，不仅影响企业营销组合，而且潜移默化消费心理、消费习惯等。不同地方的人们有着不同的历史文化背景，由于其信仰、观念、看法、习惯、价值取向、受教育程度等不一样，他们的消费心理和消费行为也存在着差异。因此，企业所生产的产品、价格水平、商标设计、广告、服务、包装等方面都应考虑当地的传统文化，尊重当地的传统，否则，不能实现营销目标。

案例 2-19

东西方文化的差异

在我国，结婚喜欢穿红衣服，以表示吉祥如意，在西方，结婚时穿白色婚纱，我国办丧事才着黑色或白色衣服，一些城市受西方文化的影响，现在也流行穿白色婚纱，而在农村结婚穿白色的极少。就东西方而言，不同的国家文化差异性也较明显。

日本人：忌讳绿色，认为绿色不吉利；忌讳荷花，认为荷花是一种不干净的花；忌讳数字 9 和 4，因为 9 在日语发音中与"苦"同音，4 的发音与"死"同音。

美国人：忌讳数字 13 和星期五（黑色星期五）；忌讳用蝙蝠的图案作商标和包装。

英国人：忌讳用大象图案，认为大象是蠢笨的象征；讨厌孔雀，认为它是祸种；忌讳百合花，认为它意味着死亡。

法国人：认为黄色的花象征不忠诚；忌讳黑桃图案，认为不吉利；忌讳仙鹤图案，认为仙鹤是蠢汉和淫妇的象征；忌讳墨绿色，因为墨绿色是纳粹军服色彩。

案例 2 - 20

失败的广告

某生产油漆类产品的公司，曾刊登一广告作品，广告中一条龙在光滑的油漆面滑落，此广告引起媒体与公众的极大争议。

西安市某私人理疗空间，曾打出这样一则广告："爱一个男人不如爱一条狗，女人应该对自己好一点"，引起广大市民的不满。

某生产火腿肠的企业，采用有猪图案的包装销往伊斯兰国家，引起当地人的极大不满，因为他们忌讳吃猪肉。

案例 2 - 21

销往国外产品命名的失败

我国有一种化妆品，名字叫"芳芳"，中文读起来顺口且有亲切感，但销往国外却遇到麻烦，"芳芳"的拼音是"FangFang"，译成英语却是"毒蛇、毒牙、狗牙"的意思，说英文国家的女士们怎么会买呢？再比如，"马戏"牌扑克是我国的名牌，它的汉语拼音是"maxi puke"，不过译成英文的意思却是"最大限度地呕吐"，令人哭笑不得。

案例 2 - 22

销往阿拉伯某国家的塑料凉鞋

1984 年，我国某企业生产塑料凉鞋，出口到阿拉伯某国家。结果，遭到当地政府查禁、销毁，原因是鞋底花纹很像当地文字"真主"字样，人家认为你将他们的上帝踩在脚下。

案例 2 - 23

一样"入乡"、不一样结局的两兄弟

很久以前，有两兄弟置办了很多货物，准备外出去做买卖。有一次，他们到了一个国家，这里的人都不穿衣服，被称为裸人国。

弟弟说："这儿与我们家乡的风俗习惯完全不同，要想在这里做好买卖可实在不容易啊！不过俗话说得好，'入乡随俗，入国问禁'。只要我们小心谨慎，按照他们的风俗习惯办事，也不会有什么问题的。"然而哥哥却不同意弟弟的看法，生气地说："无论到什么地方，礼仪不可不讲，德行不可不求。难道我们也要光着身子与他们往来贸易吗？这可太伤风败俗了！"

十多天后，弟弟先进入裸人国。在裸人国里，每月初一、十五的晚上，大家都用麻油擦头、用白土在身上涂满各种图案，然后戴上形形色色的装饰品，男男女女手拉着手唱歌跳舞。弟弟与他们一起载歌载舞，共享欢乐和愉悦。裸人国中无论是国王还是普通百姓都

十分喜欢弟弟，他们的关系非常融洽。国王因此买下了他带去的全部货物，而且付给他十倍的价钱。

哥哥也同样来这做买卖，然而他指责裸人国的人败坏风俗，引起了国王和人民的愤怒。大家把他的全部财物抢劫一空，若不是弟弟来为他说情，恐怕连性命都难保住。

第四节　市场营销环境分析与对策

市场营销工作始于分析环境。分析环境的目的在于寻求营销机会，避免环境威胁。而每个企业都会面临着许多营销机会或环境威胁，这些机会或威胁不断地影响、制约着企业的营销活动。可见，企业必须重视收集市场信息，全面分析市场营销环境，以便采取相应的对策。

一、环境威胁和市场机会

环境威胁是营销环境中对企业营销活动不利方面的总和。环境威胁可能来自多个方面：有政治方面的，如政治局势动荡、战争、国家政策的调整对企业不利的一面；有经济方面的，如经济不景气、市场萧条、居民收入减少、购买力降低；有技术方面的，如新技术的出现，而本企业又没有掌握相关技术；有自然方面的，如自然灾害、地震台风、洪水干旱；还有消费者需求及竞争方面的，如消费者需求下降、市场竞争激烈等。如果企业不及时采取果断的市场营销行动，这种威胁将会损害企业的市场地位，甚至影响企业的生存和发展。

市场机会是营销环境中对企业具有吸引力、能够给企业带来竞争优势和丰厚利益的有利因素。它主要指市场需求机会。但对企业来说具备相应的条件、资源和实力，拥有竞争优势，才算市场机会。企业要将市场机会按其吸引力大小和可能获得成功概率的高低来加以分类，然后把握有利机会，发展壮大自己。

假设，某烟草公司通过市场营销信息系统和市场营销研究，了解到影响其业务经营的动向有以下5种：

（1）有些国家的政府颁布了法令，规定所有的香烟广告和包装上都必须印上关于吸烟危害健康的严重警告。

（2）有些国家的某些地方禁止在公共场所吸烟。

（3）许多发达国家吸烟人数下降。

（4）该公司的研究实验室很快发明了用莴苣叶制造无害烟叶的方法。

（5）许多发展中国家的吸烟人数迅速增加，甚至出现低龄化趋势。

显然，动向（1）至（3）给这家烟草公司造成了环境威胁，动向（4）和（5）则给其带来了市场机会，使该公司有可能享有差别利益。

一般来说，企业营销者对环境分析的基本态度有两种：

第一，消极适应。这种态度认为，环境是客观存在、变化莫测、无规律可循的。企业只能被动地适应而不能主动利用，企业始终跟在环境变化的后面走，维持或保守经营，缺乏开拓创新精神，故而难以创造显著的营销业绩，容易被竞争激烈的市场所淘汰。

第二，积极适应。这种态度认为，在企业与环境的对立统一中，企业既依赖于客观环境，同时又能够主动地认识、适应和利用环境。营销者积极能动地适应环境，主要表现在三方面：一是认为不可控的营销环境的发展变化有规律可循，企业可借助科学的方法和现代营销研究手段，揭示环境发展变化规律，预测其趋势，及时调整营销计划与策略；二是把适应环境的重点放在研究环境发展变化的趋势上，以此为依据制定营销策略，使得环境发生实际变化时，企业不至于措手不及，跟在变化了的环境后头而被动挨打；三是通过各种宣传手段，如广告、公共关系等创造需求，引导需求，以影响环境，创造环境，促使某些环境因素向有利于企业实现其营销目标的方向发展变化。

二、威胁与机会的分析、评价

1.威胁分析

可用威胁分析矩阵图来分析，见图 2－4。

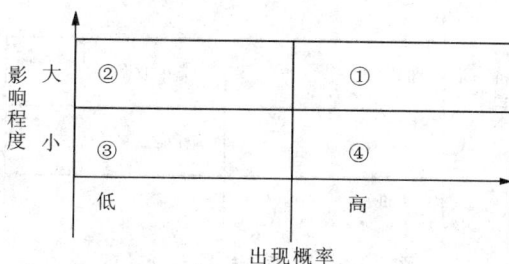

图 2－4 威胁分析矩阵图

处于①象限的威胁大，出现概率高，必须特别重视，充分关注，并制定对策。

处于②④位置也要关注，处于③象限，企业不必担心，但也不可以完全掉以轻心。

营销者对环境威胁分析，目的在于采取对策，避免不利因素带来的危害。企业对环境威胁，一般采取三种不同的对策：

减轻。通过调整营销策略改善企业对环境的适应性，以减轻环境威胁，降低风险程度。

转移。即对长远的、无法对抗和减轻的威胁，采取转移到其他的可以占领并且效益较高的经营领域或干脆停止营业。如烟草公司面临反对吸烟的环境，进入食品和饮料市场，同时减少香烟业务。

反抗。即企业通过自身的努力，扭转环境不利因素发展，限制不利环境对企业的威胁作用。

2.机会分析

主要从机会出现的概率和这种机会的盈利性两个方面来分析，见图 2－5 机会分析矩阵图。

处于①象限，盈利性高，成功可能性大，应把握时机，重点发展。

处于②象限，盈利水平高，但成功可能性小，企业要谨慎从事。

处于③象限，盈利水平低，成功可能性小，一般不考虑。

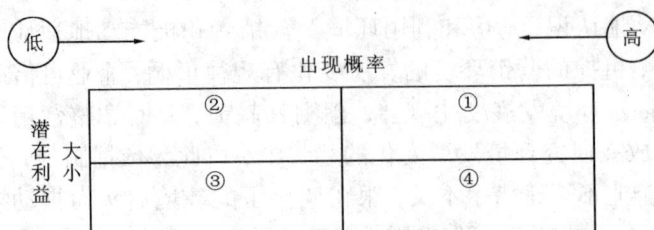

图 2-5　机会分析矩阵图

处于④象限，盈利低，但成功可能性大，企业要看是否有更好的业务和机会。

3. 威胁与机会综合分析

综合威胁分析矩阵图和机会分析矩阵图，得到环境分析综合评价图，见图 2-6：

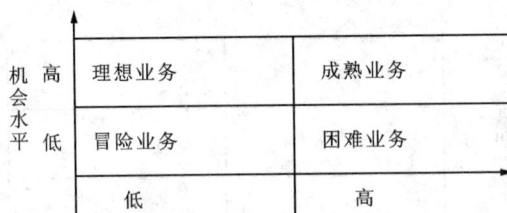

图 2-6　环境分析综合评价图

根据环境分析综合评价图，提出企业市场营销对策：

理想业务。应及时抓住机会，迅速行动，否则，贻误战机，后悔莫及。

冒险业务。既不可以盲目冒进，也不可以犹豫徘徊，应全面分析自身的优势，扬长避短，创造条件，争取发展。

成熟业务。作为企业常规业务，维持正常运转，并为理想业务和冒险业务提供条件。

困难业务。一般采取转移，摆脱的策略。

三、SWOT 分析

S、W 分别代表企业内部的优势和劣势，表现在企业的资金、技术、设备、员工素质、市场营销、管理技能、组织结构、规模大小、研究开发能力、成本水平、盈利能力、负债能力、声誉、品牌形象等。O、T 分别代表企业外部的机会和威胁，表现在：政策、原材料供应、中间商、技术、竞争状况、产品需求、顾客购买能力等。SWOT 分析方法经常用表格形式来体现。

表 2 - 1　SWOT 分析表

	优势	劣势
企业内部条件	1. 2. 3. ……	1. 2. 3. ……
企业外部环境	机会 1. 2. 3. ……	威胁 1. 2. 3. ……

对企业的内外部要素进行分析之后，可以结合 SWOT 评估矩阵确定企业的优势和劣势，并选择相应的战略。

表 2 - 2　SWOT 对策矩阵

	内部优势(S)	内部劣势(W)
外部机会(O)	SO 战略 依靠内部优势 抓住外部机会	WO 战略 利用外部机会 克服内部弱点
外部威胁(T)	ST 战略 利用内部优势 抵制外部威胁	WT 战略 减少内部弱点 回避外部威胁

通过 SWOT 矩阵，企业可以了解内部条件和外部环境的共同作用，明确自身的战略地位，并初步选定企业可能采取的竞争战略类型。

实训

一、基本概念

市场营销环境、市场营销微观环境、市场营销宏观环境、营销中介、竞争者、五力模型、愿望竞争者、属类竞争者、产品形式竞争者、品牌竞争者、SWOT、环境威胁、市场机会

二、选择题

1. 单选题

(1)与企业营销活动直接发生关系的各种力量和影响因素是企业的(　　)。

A.市场营销微观环境　　　　　　　　B.市场营销宏观环境

C.内部环境　　　　　　　　　　　　D.外部环境

(2)企业营销活动中进行资金融通的机构，包括银行、信托公司、保险公司的是(　　)。

A.中间商　　　　B.营销中介　　　　C.物流公司　　　　D.金融机构

(3) 企业内部的管理人员及一般员工属于(　　　)。

A. 社团公众　　　　　B. 社区公众　　　　　C. 内部公众　　　　　D. 一般公众

(4) 社会文化属于企业营销的(　　　)。

A. 宏观环境　　　　　B. 微观环境　　　　　C. 中观环境　　　　　D. 直接环境

(5) (　　　)是指在个人收入中扣除消费者个人缴纳的各种税款和交给政府的非商业性开支后剩余的部分。

A. 人均国民收入　　　B. 个人收入　　　　　C. 个人可支配收入

D. 个人可任意支配收入

(6) (　　　)是指当企业面临环境威胁时，通过改变自己受到威胁的产品现有市场，或者将投资方向转移来避免环境变化对企业的威胁。

A. 利用策略　　　　　B. 转移策略　　　　　C. 减轻策略　　　　　D. 对抗策略

2. 多选题

(1) 以下属于市场营销微观环境的因素有(　　　)。

A. 供应商　　　B. 顾客　　　C. 竞争者　　　　D. 科学技术　　　E. 营销中介

(2) 以下属于市场营销宏观环境的因素有(　　　)。

A. 人口　　　B. 经济　　　C. 政治法律　　　D. 社会文化　　　E. 竞争对手

(3) 市场营销环境的特点有(　　　)。

A. 可逆性　　　B. 客观性　　　C. 动态性　　　D. 差异性　　　E. 相关性

(4) 竞争者一般可分为(　　　)。

A. 品牌竞争者　B. 欲望竞争者　C. 属类竞争者　D. 产品形式竞争者　E. 自由竞争者

(5) 运用 SWOT 分析法可以分析出与企业营销活动相关的(　　　)。

A. 优势　　　B. STP 战略　　　C. 劣势　　　D. 机会　　　E. 威胁

(6) 供应商对企业营销活动的影响主要表现在(　　　)。

A. 供应的及时性和稳定性　　　B. 供货的质量保证　　　C. 供应的价格水平

D. 供应的完整性　　　E. 供应的信誉度

(7) 面对环境对企业可能造成的威胁，企业常用的对策有(　　　)三种

A. 放弃策略　　　B. 反抗策略　　　C. 转移策略　　　D. 待机利用　　　E. 减轻策略

三、简答题

1. 市场营销环境的特点及分析的意义。

2. 市场营销环境的构成要素有哪些?

3. 简述竞争者的含义及其种类。

4. 简要分析市场营销宏观环境各构成要素及其对企业营销活动的影响。

5. 简述恩格尔定律的基本观点。

四、论述题

1. 试论述五力分析模型及其启示。

2. 对于企业来说，它需要经常分析的市场营销环境有哪些? 为什么?

3. 举例说明，如房地产、家电、汽车、医药、保险、饮料、农产品等行业的营销环境现状及将来的发展趋势，试用 SWOT 分析法分析之。

五、项目实训

1. 市场营销环境内容实训

内容：讨论本院校面临的营销环境现状及发展趋势。

形式：班上同学分组讨论，达成一致意见，每个小组选代表发言，班上评议，老师总结。

2. 环境机会与威胁实训

(1) 了解环境制约因素，灵活处理事情，提高随机应变能力。

内容：一天，一名销售业务员护送一辆载着过期面包的可口可乐公司的卡车，准备到偏远的地区将这些面包销毁，但在半路上遇见了一群难民，他们十分饥饿，难民把路给堵住了，当场还有刚刚赶来的记者，那些难民知道车上有吃的。请问，你将如何处理这件事情：做到不让记者报道公司把过期的面包给人吃，又让难民吃掉这些不会影响身体的面包（注：不可以贿赂记者。）

形式：班上同学分组讨论，达成一致意见，每个小组选代表发言，班上评议，老师总结。

(2) 分析全球气候变暖的利与弊。

内容：全球气候变暖给社会带来的机会与威胁。

形式：竞赛，将这个问题交给全班每个组的同学进行讨论，小组轮流发言，看哪个组说得多且准确到位为获胜方。

3. SWOT 分析法实训

(1) 内容：利用 SWOT 分析法对自己的人生定位作一次 SWOT 分析。

形式：个人人生定位 SWOT 分析，选派学生代表发言，班上同学评议。

(2) 内容：利用自己所熟知的企业或某案例材料，对该企业进行 SWOT 分析。

形式：企业 SWOT 分析，分小组讨论，每小组选代表发言，班上同学评议。

(3) 内容：根据自己所了解的情况，对某一组织单位（如本院校）、行政区域（如广西、南宁或自己家乡所在地）进行 SWOT 分析。

形式：组织单位或行政区域 SWOT 分析，分小组讨论，每小组选代表发言，班上同学评议。

4. 市场营销环境分析文案实训

内容：试根据以下题目设计一份市场营销环境分析的方案（任选一种）。

(1) 某食品饮料（如可乐、营养液、啤酒、保健品、白酒等）公司营销环境分析。

(2) 某洗涤用品（如洗衣粉、肥皂、厨卫用品等）公司营销环境分析。

(3) 某休闲品（如胶片、相机、服装、鞋类、香烟等）公司营销环境分析。

(4) 某电子产品（如家电、手机、电脑、复印机等）公司营销环境分析。

(5) 某农产品（如水果、蔬菜、粮食等）企业营销环境分析。

(6) 某饮食（如快餐、酒店、饭店等）公司营销环境分析。

(7) 某汽车公司营销环境分析。

(8) 某房产公司营销环境分析。

形式：以小组为单位，分头搜集资料，讨论分析，然后选派代表以 PPT 形式在班上交流，班上同学打分评议，要求文案中包括市场营销环境分析的基本内容和 SWOT 分析。

六、案例分析与讨论

1. 可口可乐、麦当劳的"恐龙处境"

关于恐龙灭绝的原因，有一种说法是它们不能适应生存环境的巨大变化。而现在，碳酸饮料业、快餐业在全球也面临着生存环境的巨大变化。

现在人群中的肥胖比例越来越高。很自然地，人们将此归咎于快餐和碳酸饮料。一位白领人士说："以前我们聚会的时候总喜欢喝可口可乐，但现在不一样了，越来越多的人选择喝鲜橙多。点可乐喝只是一种习惯的反应，但可乐现在真的不太受欢迎了"。

2003 年 1 月 27 日，英国一个独立食品健康机构发表的调查报告指出，薯条、汉堡包、炸鸡、比萨饼等西式快餐食品含有糖分和盐分都超过了儿童应摄入量，不利于儿童健康成长。另据美国疾病预防中心的数据显示：61% 的美国成年人体重超标，6 岁～19 岁的青少年中有 15% 的人过胖。人们认为快餐业对美国人的肥胖问题"贡献不菲"，有人指责那些快餐巨头们是通过使消费者发胖让自己不断发展壮大。

这让可口可乐、百事可乐、肯德基、麦当劳的日子很不好过。这些老牌美企在过去被公认为是成功的典范。但在 2002 年第四季度，麦当劳公司出现了有史以来的首次季度的亏损，公司关闭了 175 家快餐店，并大举削减了成本。可口可乐公司也是连续 3 年业绩下滑。

当然，不会有公司承认人们的肥胖与自己的产品有关。但不容怀疑的是，他们已经开始悄悄行动了。

可口可乐 2004 年初在美国率先发起的包括更换商标又一轮全球市场计划，可口可乐（中国）饮料有限公司总裁包逸秋表示："我们改变的不仅是标志，也是我们与消费者的一种新的沟通方式"。

一幅漫画说：碳酸饮料、快餐杀死的美国人是香烟的 3 倍。在这样的情况下，可口可乐如何与消费者进行沟通？改变配方对可口可乐公司来说心有余悸。1985 年 4 月，可口可乐公司改变了其长达 99 年之久的传统配方，以新的可乐取而代之。但此举在美国招致了上下的反对，可口可乐公司也被迫改回老配方。

另外，可口可乐公司也不认为自己的产品会导致肥胖。可口可乐（中国）公司的王雷说，可口可乐是健康饮品，含糖与果汁饮品差不多，完全符合人体的健康需求，符合任何一个健康组织的标准。面对消费者的误解，可口可乐公司 2004 年在品牌宣传上除了沿用一贯的青春、活力外，还特别考虑到这种信息：碳酸饮料是健康的，成分符合人体正常的需求量。可口可乐公司还特别考虑到这种信息的传达，一定要借助第三方研究机构以显示其公正性。另外，在产品方面要更加吸引消费者，这主要体现在包装和促销方面。

面对消费者的"可乐类饮品中加咖啡因是为了让消费者上瘾，这对健康不利"的质询，王雷引用了美国食品及药物管理局（FDA）的证明："并未发现任何证据显示饮用含咖啡因的碳酸饮料会危害健康。"

但面对人们消费观念的转变，可口可乐不可能置之不理。王雷说，"公司要成为系列饮料公司，以满足不同消费者对不同饮料口味的需求"。可口可乐逐渐加大了对非碳酸类饮料的投入，在全球范围内向瓶装水、果汁和其他饮料积极扩张，眼下非碳酸类饮料已占到该公司销售额的 13%。在 2003 年第三季度，碳酸软饮料销量上升了 2%，而非碳酸饮料的销量上升了 27%，并且自 2002 年开始，可口可乐公司不断增加运动饮料的市场营销预算。但问题是，在饮料领域，碳酸饮料是百事可乐和可口可乐两大巨头的主要利润来源，利润率远高于非碳酸饮料的利润率。甚至有分析师认为，可口可乐最近收购的一些产品如康价的饮料用水品牌利润接近于 0。

与老对手相比，百事公司则面临严峻的挑战，因为除碳酸饮料外，休闲食品也是其主要利润来源。所以，建立在糖和脂肪上的百事帝国在消费者的压力之下正在大规模地重新定位，希望能使食品更健康。

另外，百事也在加大对非碳酸饮料的投入。日前，佳得乐说姚明已经代替美国篮球界的传奇人物迈克尔·乔丹成为其新的代言人。佳得乐是世界第一大运动饮料品牌，属百事旗下，在美国的运动饮料市场占有率达到 83%，但自 1995 年进入中国开始，一直偏重于华南和华东一角，北京市场则不见芳踪。此次佳得乐启用姚明可以证明对非碳酸饮料的重视。"这当然是基于佳得乐在美国和中国的营销战略考虑，姚明现在已经成为美国文化的一部分，牢牢地抓住了球迷的心"，市场人士表示。

但毫无疑问，百事仍将继续生产高盐、高脂肪、高糖食品。百事可乐 CEO 雷因蒙德说："人们说的是一套，做的是另一套。如果你只是根据他们说出来的需求生产，你就会破产；因为那并不是他们真正做的。"

零点调查公司的袁岳也表示同样的观点。他说："人们固然对于健康重视，但是人们在认识和表现健康的方式上，却未必同于专业健康专家的意见。但对于白领来说，那是成功的重要伴侣。作为一个群体，他们不会接受专家的意见，改而减少工作时间、吃正餐、喝凉茶、放慢走路的节奏等，相反他们实际上对于一切配合与保证他们生活节奏的产品和品牌更有兴趣。他们较少沉重、透彻地去思考专业意义上的健康价值。至少在近期的中国，这种观念依然会是主流。"

许多专家也承认，如果改变公司的标志性产品会影响消费者的口味，公司会因此失去一大批忠实的消费者，这是极大的冒险。但他们也同时认为，当消费者的观点发生变化时，如果产品不随之变化，通常又会失去许多潜在消费者和不忠实消费者，对饮料和快餐公司来说，这样的消费者生活在增长潜力巨大的亚太市场。

在健康趋势逐渐升温但人们又不愿意放弃含糖和脂肪食品的情况下，公司该如何取得平衡呢？麦当劳在做这样的努力。

从 2002 年 9 月 3 日开始，麦当劳炸薯条时用了一种新的食用油，其中含有逆态脂肪酸含量比过去降低了 50%，有害脂肪酸成分降低了 16%。这将使小包麦当劳薯条中所含的脂肪酸从 3.4 克减少到 1.8 克，同时饱和脂肪含量也下降 17%。

但新的食用油可能会影响到它早已饮誉全球的炸薯条的口味；因为其他一些快餐店也曾做过这种尝试，但都失败而归。不过，麦当劳则称到目前为止他们已经做了一系列实验，97% 的顾客尝不出低脂肪薯条和原先有何区别。麦当劳的首席营养师称该公司将不会透露炼制这种新食用油的方法。

袁岳说："当前中国消费者对于健康的重视程度有了很大的提高，但是在青少年群体中，以健康为核心的价值可能有更大的成长空间，健康是一个有价值的概念。"

分析与讨论

1. 案例中，影响可口可乐、麦当劳生存与发展的外部因素有哪些？企业如何应对？

2. 对可口可乐、麦当劳而言，其主要竞争对手有谁？针对竞争对手的经营策略，他们采取哪些对策？

3. 对饮食企业而言，在其产品的营销过程中，应注意哪些环境因素？

4. 试用 SWOT 分析法，请你对可口可乐、麦当劳的营销环境进行综合分析并提出相应的营销策略。

2. 温州鞋的海外遇挫

2004 年 9 月 17 日，"欧洲鞋都"——西班牙东部小城埃尔切的中国鞋城，约 400 名不明身份的西班牙人聚集街头，烧毁了一辆载有温州鞋集装箱的卡车和一个温州鞋商的仓库，造成约 800 万元人民币的经济损失。这是西班牙有史以来第一起严重侵犯华商权益的暴力事件。

仅仅六天后的 9 月 23 日，当地又爆发了一次针对中国商人的示威游行，示威者扬言以后将每周举行一次抗议示威，以抵抗中国商人的廉价产品给西班牙本地商人带来的不公平竞争。连续发生的上述事件让在当地经营的温州鞋商感觉到不可思议，也引起了国际多方人士的关注。

事实上，有资料显示，从 2001 年开始，温州鞋海外遭抵制事件年年都有发生，且有上升趋势：

2001 年 8 月至 2002 年 1 月，俄罗斯曾发生过一次查扣事件，温州鞋卷入其中。那次查扣货物历时最长，整个浙商损失大约 3 亿元人民币，个别企业损失达千万元以上。

2003 年冬，20 多家温州鞋企的鞋类产品在意大利罗马被焚烧，具体损失不详。

2004 年 1 月 8 日，尼日利亚政府发布"禁止进口商品名单"，温州鞋名列其中。

2004 年 2 月 12 日，俄罗斯内务部出动大量警力查抄莫斯科"艾米拉"大市场华商货物，包括温州鞋商在内的中国商人此次损失约 3000 万美元……

相关数据和背景资料显示，温州外销鞋产量早在 2001 年就猛增了 40%，接近总产量的 30%，仅从温州海关出关的皮鞋就价值 4.6 亿美元。温州排名前 10 位的鞋厂里好几家以生产外销鞋为主，如"东艺"、"泰马"等，包括"泰马"在内的几家温州鞋厂也和沃尔玛签订了生产协议，为这个全球零售业霸主大量生产供超市出售的廉价皮鞋。

我国是世界上最大的鞋类生产和出口国，目前有各类制鞋企业两万多家，出口企业超过 5000 家，2003 年全国制鞋总产量近 70 亿双，占世界总产量的 53%，鞋类出口占世界出口总量的 60% 以上，并处于主导地位，在资源、劳动力、价格等方面有比较大的优势，"中国鞋"出口的主要市场是美国和欧盟，其中美国市场占出口的 50% 以上。

从产品层次看，目前我国鞋业出口绝大部分仍是中低档品种，价格较低，一般在 10 美元～30 美元之间，很多甚至低于 10 美元。2004 年 9 月发生在西班牙的"焚鞋"事件中被烧掉的鞋平均单价只有 5 欧元。出口鞋中高档及自有品牌所占比例很小，且出口产品多以贴牌生产（OEM）方式进行。例如，我国生产的鞋类产品大都在美国的低档鞋店销售，虽然在美国的中、高档鞋店中也可觅到"中国鞋"的影子，但价位明显低于意大利、西班牙、巴西等国的产品，而且所有中国制造的皮鞋都没有自己的品牌，均使用国外商标和品牌。一些同档次鞋价格在国外市场都要低于国内产品，有些甚至低于越南、泰国等国的出口产品。从出口企业看，民营企业占绝大部分；从出口地域看，主要分布在浙江温州、福建晋江、泉州以及广东、山东、四川等地区，并已建立起多个鞋业制造基地；从出口规模看，目前出口金额在 10 万美元以下的企业超过 2200 家，占出口企业总数的近一半。

在传统东方文化"财不外露"思想的影响下，华商在国外一般本着"多一事不如少一事"的态度，只管埋头赚钱而极少"参政"。这种低调姿态刚开始还是可行，但随着当地华商数量越来越多、生意越做越大，必然会引起一系列的问题。"海外华商必须学会组织起来，用团体力量去影响当地的政治生态，如有意识地去游说当地政府，从而确保自身权益得到有效保护。"商务部研究员梅新育进一步指出，"如果海外华商能从这次事件中有所警醒，不再是一盘散沙，坏事也许可以由此变成好事。"事实上，为了使温州鞋更好地参与国际竞争，温州鞋革协会早在 2003 年就开始筹办"鞋类出口委员会"，筹备组由东艺、泰马、吉尔达等外销鞋大户组成。2003 年 3 月，鞋类出口筹备委员会在柏林进行了第一次大动作，"组织 13 家企业联手在柏林开了一个新市场，统一了价格、装修和竞争策略，这样我们就以集体的形式参与竞争，会更强一些。"温州鞋革协会秘书长朱峰表示，以后肯定要推广这一模式，"西班牙事件加速了我们的筹备进程。"

"西班牙事件中，我们更需要思考的是品牌。我们还没有世界知名品牌，这是中国鞋在国际竞争中的最大困难。"康奈常务副总经理周津淼接受记者采访时说。温州轻工业进出口公司外贸员陈伟似乎比任何人都清楚中国鞋在国际市场的品牌困境。"欧洲著名的连锁超市 BATA，有很多来自世界各地的鞋，但我从来没有发现过有超过 100 欧元的中国鞋。中国鞋在世界上根本没有品牌，只能以低档鞋参与竞争。西班牙烧鞋正是低端竞争的结果。"

目前我国鞋业生产能力过剩，出口企业数量过多，相当一部分制鞋企业，特别是一些规模不大的企业普遍存在着短视行为。一方面，企业不注重科研、开发、设计，多以来样加工或以相互模仿、抄袭为主，很少投入必要的资金研究、开发产品，很少投入时间和精力去搞系列的市场调查、分析等。这种状况导致企业在国际市场上信息不灵通、产品设计式样滞后、花色品种单一、舒适性差等问题，致使出口档次提不高，价格卖不上去，总在中低档市场徘徊。而中低档市场也已面临越南等新兴鞋类生产国的竞争，鞋类出口已经受到严重威胁。对此，一些出口企业不练内功，反而采取降价手段应对。一些新的出口企业为挤入国际市场，多以低价策略为先导，另外，"外商招标"压价成风也使得鞋价无法提高。在广交会上，中国企业自相残杀、恶性竞争，而外商从中渔利的现象并不少见。另一方面，由于企业规模小，不注重产品的开发和质量，最终使中国鞋在国际市场上长期摆脱不了低价路线。如今中国的迅速崛起正给世界利益格局、市场格局和资源格局带来深刻的变化，在这一形势下，也许这个问题更具价值、更值得探讨和反思。因为在很长一段时间里，"我们左右不了国际环境，能够改变的只有自己。"

从 2005 年 1 月 1 日起，欧盟将取消从中国进口部分鞋类产品的配额，这意味着温州鞋将在欧洲获得更为广阔的市场空间。究竟是进还是退，是摆在每一个温州鞋商面前的生死抉择。

分析与讨论

1. 温州鞋在海外被焚烧、查抄、列入禁单等，其原因有哪些？
2. 简要评价温州鞋在海外的市场环境。

3. 温州鞋商在海外的"财不外露、一盘散沙"到"统一行动、抱团取暖"说明了什么？这对其他行业有何启示？

4. 从 2005 年 1 月 1 日起，欧盟取消从中国进口部分鞋类产品的配额，你认为温州鞋商将会如何抉择？

3. 日本丰田汽车公司的营销环境

日本丰田汽车公司过去在开拓美国市场时，首次推向美国市场的车牌"丰田宝贝"仅售出 228 辆，出师不利，增加了丰田汽车以后进入美国市场的难度。丰田汽车公司面临的营销环境变化及动向是：

美国几家汽车公司名声显赫，实力雄厚，在技术、资金等方面有着别人无法比拟的优势。

美国汽车公司的经营思想是：汽车应该是豪华的，因而其汽车体积大，耗油多。

竞争对手除了美国几家大型汽车公司外，较大的还有已经先期进入美国市场的日本本田汽车公司，该公司已在东海岸和中部地区站稳了脚跟。该公司成功的原因主要有：以小型汽车为主，汽车性能好，定价低；有一个良好的服务系统，维修服务很方便，成功地打消了美国消费者对外国车"买得起，用不起，坏了找不到零配件"的顾虑。

丰田汽车公司忽视了美国人的一些喜好，许多地方还是按照日本人的习惯设计。

日美两国之间不断增长的贸易摩擦，使美国消费者对日本产品有一种本能的不信任和敌意。

美国人的消费观念正在转变，他们将汽车作为地位、身份象征的传统观念逐渐减弱，开始转向实用化。他们喜欢腿部空间大、容易行驶且平稳的美国车，但又希望大幅度减少用于汽车的耗费，如价格低、耗油少、耐用、维修方便等。

消费者已意识到交通拥挤状况的日益恶化和环境污染问题，乘公共汽车和骑自行车的人逐渐增多。

在美国，家庭规模正在变小。

分析与讨论

1. 你认为丰田面临的环境威胁和市场机会分别有哪些？

2. 试用 SWOT 分析法分析丰田的营销环境，并为丰田公司制订相应的营销策略。

第三章　消费者市场和组织市场

学习目标

通过本章的学习，理解消费者市场的含义、特点以及消费者购买行为模式；掌握影响消费者购买的主要因素和消费者购买决策过程；理解组织市场的含义、特点、类型；了解影响组织市场购买决策的主要因素，掌握组织市场购买决策过程及参与者。具有分析消费者(组织市场)购买心理、行为及决策过程的能力，能够制定科学的营销方案，满足市场需求并影响市场行为。

第一节　消费者市场与消费者行为模式

一、消费者市场的含义和特点

1.消费者市场的含义

市场是指有购买力、有购买愿望的顾客群体。按照顾客购买目的或用途的不同，市场可分为组织市场和消费者市场两大类。组织市场指以某种组织为购买单位的购买者所构成的市场，购买目的是为了生产、销售、维持组织运作或履行组织职能。消费者市场是个人或家庭为了生活消费而购买产品和服务的市场。生活消费是产品和服务流通的终点，因而消费者市场也称为最终产品市场。

2.消费者市场的特点

消费者是生活消费品的主要购买者，是社会产品的最终消费者。由于消费者的需要与偏好存在着明显的差异，因此消费者市场需求呈现出复杂化、多样化的状态，从而形成了消费者市场鲜明的需求特点：

(1)广泛性。生活中的每一个人都不可避免地发生消费行为或消费品购买行为，成为消费者市场的一员，因此，消费者市场人数众多，范围广泛。因此，营销者应采取灵活多样的销售方式和服务方式，不断提高为消费者服务的质量。

(2)分散性。消费者的购买单位是个人或家庭，一般而言，家庭人口少，商品消耗量小；家庭储藏地点小，商品存放量小；再有现代市场商品供应丰富，不必大量储存。因此，每次购买数量零星，购买次数频繁。易耗的日用品的消费尤为如此。

(3)复杂性。消费者受到年龄、性别、性格、习惯、经济、文化与环境等多种因素的影响而具有不同的消费需求和消费行为，所购商品的品种、规格、质量、花色和价格千差万别。根据消费者需求的多样性，企业营销者应注重产品开发的差异化，以满足消费者不同的市场需求。

（4）易变性。消费需求具有求新求异的特点，要求商品的品种、款式不断翻新，有新奇感。许多消费者对某个新品种、新款式的共同偏好就形成了消费风潮。随着市场商品供应的丰富和企业竞争的加剧，消费风潮的变化速度加快，商品的流行周期缩短，往往令人难以把握。

（5）发展性。人们的需求不会停留在一个水平上，随着社会生产力和科学技术的不断进步，消费者收入水平的不断提高，消费需求也就呈现出由少到多、由粗到精、由低级到高级的发展趋势。

案例 3 - 1

"三大件"的变化

有人曾经对中国人在 20 世纪不同年代的消费分别总结出三大件，这三大件也是人们当时的追求目标。20 世纪 70 年代的三大件：手表、缝纫机、自行车；80 年代的三大件：彩电、冰箱、洗衣机；90 年代的三大件：电脑、摩托车、空调。

（6）可诱导性。消费品有千千万万，消费者对所购买的商品大多缺乏专门的甚至是必要的知识，只能根据个人好恶和感觉作出购买决策，受情感因素影响大，受企业广告宣传和推销活动的影响大。由于消费者购买行为的可诱导性，企业营销者应注意做好商品的广告宣传，指导消费，传播企业、产品和服务信息，帮助消费者认识商品，引导消费者需求的变化和转移，创造新的消费时尚。

（7）伸缩性。消费需求受消费者收入、生活方式、商品价格和储蓄利率影响较大，在购买数量和品种选择上表现出较大的需求弹性或伸缩性。根据消费者市场需求的伸缩性变化，企业营销者应注意研究引起需求量变化的内外原因，并根据这些因素的变化调整产品结构和市场供应量。

（8）替代性。消费品种类繁多，不同品牌甚至不同品种之间往往可以互相替代。消费者在有限购买力的约束下对满足哪些需要以及选择哪些品牌来满足需要必然慎重地决策且经常变换，导致购买力在不同产品、品牌和企业之间流动。

（9）地区性。同一地区的消费者在生活习惯、收入水平、购买特点和商品需求等方面有较大的相似之处，而不同地区消费者的消费行为则表现出较大的差异性。

（10）季节性。分为三种情况：一是季节性气候变化引起的季节性消费，如冬天穿棉衣，夏天穿单衣；热天买冰箱，冷天买电热毯等。二是季节性生产而引起的季节性消费，如春夏季是蔬菜集中生产的季节，也是蔬菜集中消费的季节；三是风俗习惯和传统节日引起的季节性消费，如端午节吃粽子，中秋节吃月饼等。这些都是使消费需求存在明显的淡季与旺季。

二、消费者购买行为模式

消费者购买行为是一个复杂的活动过程，经过长期的营销实践，市场营销学家归纳出以下 7 个主要问题（7WH - 7Os）。

表 3 - 1　购买行为的 7WH - 7Os 模式

7WH	7Os
消费者市场由谁构成？（Who）	购买者（Occupants）
消费者市场购买什么？（What）	购买对象（Objects）
消费者市场为何购买？（Why）	购买目的（Objectives）
消费者市场的购买活动有谁参与？（Who）	购买组织（Organizations）
消费者市场怎样购买？（How）	购买方式（Operations）
消费者市场何时购买？（When）	购买时间（Occasions）
消费者市场何地购买？（Where）	购买地点（Outlets）

　　营销人员必须首先研究消费者购买行为，掌握消费者的购买习惯，然后通过各种营销活动，影响消费者的购买行为。"刺激—反应"模式（图 3 - 1）是最有代表性的消费者购买行为理论。

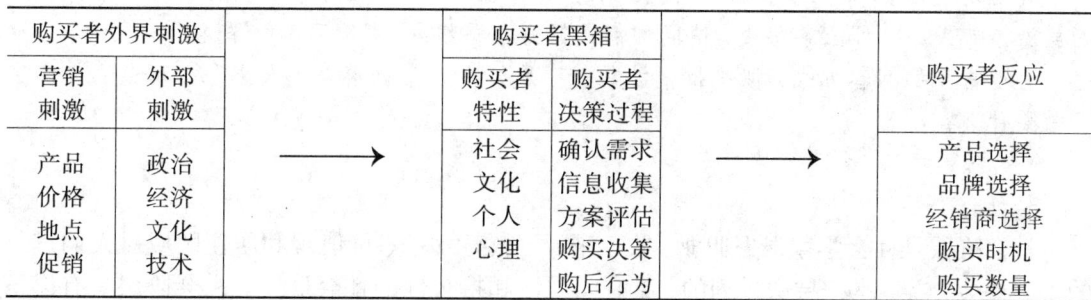

购买者外界刺激			购买者黑箱			购买者反应
营销刺激	外部刺激		购买者特性	购买者决策过程		
产品 价格 地点 促销	政治 经济 文化 技术	→	社会 文化 个人 心理	确认需求 信息收集 方案评估 购买决策 购后行为	→	产品选择 品牌选择 经销商选择 购买时机 购买数量

图 3 - 1　消费者购买行为"刺激 - 反应"模式

第二节　影响消费者购买行为的因素

　　消费者的购买行为是复杂的，它受到诸多因素的影响。影响消费者购买行为的因素基本可分为：内在因素、外在因素和企业市场营销因素。内在因素与外在因素之间也相互作用和相互影响。

　　消费者购买行为在很大程度上要受到文化、社会、个人和心理等因素的影响。

一、文化因素

1. 文化

　　文化指人类从生活实践中建立起来的价值观念、道德、信仰、理想和其他有意义的象征的综合体。文化是决定人类欲望和行为的基本因素，几乎存在于人类思想和行为的每一方面。文化虽不能支配人们的生理需要，但是可以支配人们满足生理需要的方式。文化的差异引起消费行为的差异，表现为婚丧、服饰、饮食起居、建筑风格、节日、礼仪等物质和文化生活等各个方面的不同特点。

2. 亚文化

亚文化指某一局部的文化现象。每一种文化中又包含若干不同的亚文化群,主要有:

民族亚文化群。每个国家都存在不同的民族,每个民族都在漫长的历史发展过程中形成了独特的风俗习惯和文化传统。

宗教亚文化群。每个国家都存在不同的宗教,每种宗教都有自己的教规或戒律。

种族亚文化群。一个国家可能有不同的种族,不同的种族有不同的生活习惯和文化传统。

地理亚文化群。世界上处于不同地理位置的各个国家,同一国家内处于不同地理位置的各个省份和市县都有着不同的文化和生活习惯。

此外还可以分为年龄亚文化、性别亚文化、职业亚文化、社区亚文化等。

案例 3-2

中国代表团去美国考察

中国一代表团去美国考察学习,美国方面的接待人员问领队的团长:"今晚,你们打算吃中餐还是吃西餐",团长回答:"随便";接待人员又问:"在考察之前,我们先安排一天的旅游,有 A、B、C 三条路线,请问你们选择哪条路线",团长回答:"随便"。在中国,这是一种很常见的回答方式,似乎也很礼貌,可是给人家带来麻烦,人家会心理想:你们究竟需要什么?

3. 社会阶层

社会阶层是社会学家根据职业、收入来源、教育水平、价值观和居住区域对人们进行的一种社会分类,是按层次排列的、具有同质性和持久性的社会群体。社会阶层具有以下特点:

同一阶层的成员具有类似的价值观、兴趣和行为,在消费行为上相互影响并趋于一致。

人们以自己所处的社会阶层来判断各自在社会中占有的高低地位。

一个人的社会阶层归属不仅仅由某一变量决定,而是受到职业、收入、教育、价值观和居住区域等多种因素的制约。

人们能够在一生中改变自己的社会阶层归属,既可以迈向高阶层,也可以跌至低阶层,这种升降变化的程度随着所处社会的层次森严程度的不同而不同。

案例 3-3

社会阶层的划分

美国的一些社会学家在某时期曾经对美国进行过调查,其结论为:

1. 上上层。占美国人口 1%,出身豪门望族,靠继承遗产过着极其奢侈的生活,挥金如土,购买物品只求满意,不问贵贱,最好唯我独有,他们是珠宝首饰、古玩字画、房产等贵重商品的最好市场。

2. 上下层。占总人口 2%,是一些具有专业知识和经商才干的高薪人士。他们喜欢购买显示自己身份和地位的商品，追求新奇名牌。

3. 中上层。占总人口 12%，是一些经理、律师、医生、学者等专业技术人才，他们有较高的文化素质及专业知识，重视教育。追求与自己身份相称的生活，购买与自己身份相称的产品。

4. 中间阶层。占总人口 31%，是由具有平均薪金的"白领"及"蓝领"贵族组成，有正当职业，是中档商品和少数高档产品的购买者。

5. 劳动层。占总人口 38%，一般的蓝领工人，是中低档商品的主要购买者，这个阶层分工鲜明。

6. 下层。占总人口 9%，是较贫困的"蓝领"工人，文化水平不高，是低档商品的主要购买者，工作不太稳定，不赶时髦。

7. 下下层。占总人口 7%，处在社会底层，教育水平低，收入很少，失业率高，生活贫困，是旧货市场的购买者。

二、社会因素

消费者购买行为也受到诸如参照群体、家庭、社会角色与地位等一系列社会因素的影响。

1. 相关群体

相关群体也称为参考群体或参照群体，指一个人在认知、情感的形成过程和行为的实施过程中用来作为参照标准的某个人或某些人的集合。换句话说，相关群体是个人在特定情况下作为行为向导的群体。只要某一群人在消费行为、态度或价值观等方面上存在直接或间接的相互影响，就构成一个相关群体。因此，简单地说，相关群体指能够直接或间接影响消费者购买行为的个人或集体。相关群体可按不同标准划分。

（1）按消费者影响强度分。

基本群体。对消费影响最大的群体，例如：家庭成员、亲朋好友、邻居、同事等。

次要群体。本人参加的各种组织或社团，比如：宗教、行业协会、社团组织等。消费者会受到自己所在组织的一定影响。

崇拜性群体。本人不直接参加，由于消费者对这部分群体爱慕、崇拜、他们喜欢模仿这部分人。比如：社会名流、影视明星、体育明星、歌星等。企业用名人来做广告，就是利用名人的示范效应。

（2）按照对消费者影响的性质分。

向往群体。指消费者同意、赞赏其行为并乐意加以仿效的群体。

比较群体。指人们既不赞同也不否定，只是拿来作为比较的群体。

否定群体。指那些被人厌恶的群体，消费者不会购买这类群体相关的产品。

相关群体对消费行为的影响。表现在 3 个方面：①示范性，即相关群体的消费行为和生活方式为消费者提供了可供选择的模式；②仿效性，即相关群体的消费行为引起人们仿效的欲望，影响人们的商品选择；③一致性，即由于仿效而使消费行为趋于一致。

某种相关群体的有影响力的人物称为"意见领袖"，他们的行为会引起群体内追随者、崇拜者的仿效。

相关群体对购买行为的影响程度视产品类别而定。

2. 家庭

家庭是社会组织的一个基本单位，也是消费者的首要参照群体，对消费者购买行为有着重要影响。不同的家庭成员对购买商品的实际影响力是有差异的，这往往由家庭特点来决定。

（1）家庭权威中心点。社会学家根据家庭权威中心点不同，把现实社会中的家庭分成四种不同的类型：

各自做主型。每个家庭成员都有权相对独立地做出有关自己的决策。

丈夫支配型。家庭最终决策权在丈夫手中。

妻子支配型。家庭最终决策权在妻子手中。

共同支配型。大部分决策由家庭各成员共同协商作出。

许多国家都同时存在这四种类型的家庭，但是随着社会政治经济情况的变化，"家庭权威中心"也会转移。例如，由于社会教育水平的提高和妇女就业的增加，越来越多的家庭从"丈夫支配型"变为"调和型"，有的甚至变为"妻子支配型"。

（2）家庭成员的文化与社会阶层。家庭主要成员的职业、文化不同，以及家庭成员的分工不同，使得不同家庭成员在购买决策中的作用也不同。国外学者调查，在教育程度较低的"蓝领"家庭，日用品的购买决策一般由妻子作出，耐用消费品的购买决策由丈夫作出。在科学家和教授的家庭里，贵重商品的购买决策由妻子作出，日用品的购买普通家庭成员就能决定。

（3）家庭寿命周期。家庭寿命周期是指一个家庭从产生到消亡的整个过程。根据家庭成员的数量和年龄结构的变化状况，市场营销学者将家庭寿命周期大体分为七个阶段：

未婚阶段——年轻、单身。

新婚夫妇——年轻、没有子女。

"满巢"Ⅰ——年轻夫妇，有6岁以下的幼儿。

"满巢"Ⅱ——年轻夫妇，有6岁或6岁以上的小孩子。

"满巢"Ⅲ——年纪较大的夫妇，有未独立的孩子。

"空巢"——年纪较大的夫妇，与子女已分居。

独居的未亡人——老年、单身人士。

在家庭寿命周期的不同阶段，家庭对商品的兴趣和需求会有明显的差别。比如，"满巢"Ⅰ阶段需要婴儿食品、洗衣机、干燥器等商品；而"满巢"Ⅱ阶段则需要青少年用的图书杂志、体育用品、服装、摩托车等商品。所以，家庭处于不同的阶段，家庭各成员对购买决策的影响力也有明显的区别。

三、个人因素

影响消费者购买行为的个人因素包括：消费者的经济状况、生理因素、个性与生活方式等。

1. 消费者的经济状况

消费者的经济状况指消费者可支配收入、储蓄、资产和借贷能力。经济因素是决定购买行为的首要因素，经济状况的好坏直接决定了消费者的购买力，决定着能否发生购买行为以及发生何种规模的购买行为，决定着购买商品的种类和档次。一般来说，一个千万富翁不会购买低档汽车，而一位普通职工也绝不会去买奔驰等高档产品。因此，营销人员应密切注意居民收入、支出、利息、储蓄和借款的变化，对价格敏感型产品更为重要。

2. 生理因素

生理因素指年龄、性别、体征(高矮胖瘦)、健康状况和嗜好(如饮食口味)等生理特征的差别。生理因素决定着对产品款式、构造和细微功能有不同需求。比如，儿童和老人的服装要宽松，穿脱方便；身材高大的人要穿特大号鞋；江浙人喜欢甜食，四川人喜欢麻辣味。

3. 个性

个性指个人带有倾向性的、比较稳定的、本质的心理特征的总和。它是个体独有的，并与其他个体区别开来的整体特性。个性分很多类型：外向与内向、细腻与粗犷、稳重与急躁、乐观与悲观、领导型与追随型、独立型与依赖型等。

4. 生活方式

生活方式指一个人在生活中表现出来的活动、兴趣和看法的模式。不同的生活方式群体对产品和品牌有不同的需求。生活方式也有很多类型：节俭者、奢华者、守旧者、革新者、高成就者等。营销人员应设法从多种角度区分不同个性和生活方式的群体，在设计产品和广告时应明确针对某一个性和生活方式的群体。

四、心理因素

消费者行为要受动机、知觉、学习、信念和态度等心理因素的影响。

1. 动机

消费者购买某种商品的动机十分复杂。分析购买动机，比较流行的理论是马斯洛的需要层次理论和赫茨伯格的双因素理论。

(1)马斯洛需要层次理论。第二次世界大战后，美国行为科学家马斯洛提出了需要层次理论。他将人类的需要分为由低到高的 5 个层次，即生理需要、安全需要、社交需要、自尊需要和自我实现需要(如图3 - 2)。

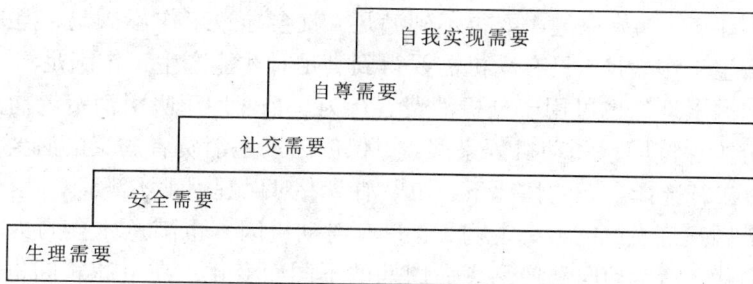

图 3 - 2　需要层次图

生理需要。指为了生存而对必不可少的基本生活条件的需要。如由于饥渴冷暖而对吃、穿、住产生需要。

安全需要。指维护安全与健康的需要。如为了人身安全和财产安全而对防盗设备、保安用品、人寿保险和财产保险产生需要；为了维护健康而对医药和保健用品产生需要等。

社会需要。指参与社会交往，取得社会承认和归属感的需要。如为了参加社交活动和取得社会承认而对得体的服装和用品产生需要；为了获得友谊而对礼品产生需要等等。

自尊需要。指在社会上受人尊敬，取得一定社会地位、荣誉和权力的需要。如为了在社交中表现自己的能力而对教育和知识产生需要，为了表明自己的身份和地位而对某些高级消费品产生需要等等。

自我实现需要。指发挥个人的最大能力，实现理想与抱负的需要。这是人类的最高需要，满足这种需要的产品主要是思想产品，如教育与知识等。

马斯洛需要层次理论概括为两大类，第一大类是生理的、物质的需要，包括生理需要和安全需要；第二大类是心理的、精神的需要，包括社交需要、自尊需要和自我实现需要。马斯洛认为，一个人同时存在多种需要，但在某一特定时期每种需要的重要性并不相同。人们首先追求满足最重要的需要，即需要结构中的主导需要，它作为一种动力推动着人们的行为。当主导需要被满足后就会失去对人的激励作用，人们就会转而注意另一个相对重要的需要。一般而言，人类的需要由低层次向高层次发展，低层次需要满足以后才追求高层次的满足。例如，一个食不果腹、衣不蔽体的人可能会向人乞讨而不考虑社会需要和尊重需要，也可能会铤而走险而不考虑安全需要。

马斯洛的需要层次理论在企业管理中，早期用来分析如何满足企业员工的多层次需要以调动其工作积极性，以后被用于市场营销中分析多层次的消费需要并提供相应的产品来予以满足。例如，对于满足低层次需要的购买者要提供经济实惠的商品，对于满足高层次需要的购买者应提供能显示其身份地位的高档消费品，还要注意需要层次随着经济发展而由低级向高级的发展变化。

(2) 双因素理论。弗雷德里克·赫茨伯格于 1959 年创立了这个理论，也称为动机保健理论。双因素理论首先应用于行为科学，其要点是把动机与工作满足联系起来，提出工作满足与不满足两类因素，前者称为动机需要，后者称为保健需要。动机需要包括成绩、承认、工作本身、个人发展和提升，这些可推动职工努力工作，从工作中获得满足。保健需要包括与工作性质无关的一些因素，如工作条件、福利待遇、管理条例、公司的经营和政策等。二者区别在于：如果保健需要得不到满足，就会导致工作不满足，但是仅仅满足保健需要却不能产生工作满足，只有动机需要得到满足时才能产生工作满足。

赫茨伯格双因素理论也可用于分析消费者行为。企业用于吸引消费者购买商品的市场营销诸因素可分为保健因素和动机因素两类，保健因素是消费者购买的必要条件，动机因素是魅力条件，在有选择余地的情况下，如果消费者对保健因素不满意，就肯定不会购买；但是仅仅对保健因素满意，也不一定购买，只有对动机因素也满意才会购买。必要条件和魅力条件随着时代、消费动向和产品寿命周期的不同而变化。在电冰箱问世的初期，制冷功能和耐用性是必要条件，而耗电少是魅力条件。随着产品的普及和更新，耗电少成为必要条件，款式成为魅力条件。分析消费者购买动机必须注意分析特定时期的保健因素和动机因素。一般而言，质量、性能和价格等属于保健因素，情感和设计等大多属于动机因素。

2. 知觉

知觉指个人选择、组织、解释信息的投入，以便创造一个有意义的外界事物图像的过程。不同的人，对于同一刺激物（比如同一广告内容、同一产品或同一销售人员）会产生不同的知觉。在营销中消费者的知觉比真实更加重要。

人们对同一刺激物产生三种认知过程：选择性注意、选择性扭曲和选择性保留。

（1）选择性注意。指在众多信息中，人们容易接受对自己有意义的信息。比如：一个人打算买电脑，他会很留意电脑方面的信息；打算买摩托车，他会很留意摩托车方面的信息；打算买汽车，会很留意汽车方面的信息。而对其他产品不怎么注意和关心。又比如：一个人打算买住房，由于经济不是很宽余，他可能很注意房子的价格及所处的路段，而对其他相关信息没那么强烈。

（2）选择性扭曲。指将信息加以扭曲，使之符合自己原有的认识，然后加以接受。由于原有认识局限性的影响，所以可能会导致对真实信息的错误判断及评价。比如：某人偏爱长虹电视机，当别人向他介绍其他品牌电视机的优点时，他总是设法挑出毛病或加以贬低，以维护自己的观点，长虹是最好的。

（3）选择性保留。指人们容易记住与自己态度和信念一致的信息。而忘记与自己态度与信念不一致的信息。比如，某人对自己家中使用的荣事达洗衣机非常欣赏，听到别人谈论荣事达洗衣机优点时，它记得很清楚，而对谈论其他品牌不怎么感兴趣。

3. 学习

学习指由于后天经验而引起个人知识结构和行为的改变。内在需要引起购买某种商品的动机，这种动机可能在多次购买之后仍然重复产生，也可能在一次购买之后即行消失。为何会重复或消失，心理学家认为来自"后天经验"，可用"学习的模式"来表述（见图3-3）。

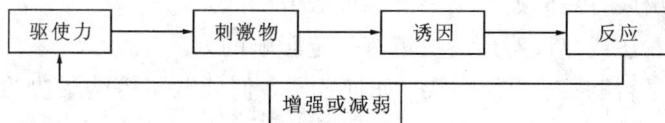

图 3-3　学习的模式

（1）驱使力。指存在于人体内驱使人们产生行动的内在刺激力，即内在需要。心理学家把驱使力分为原始驱使力和学习驱使力两种。原始驱使力指先天形成的内在刺激力，如饥、渴、逃避、痛苦等。学习驱使力指后天形成的内在刺激力，如恐惧、骄傲、贪婪等。成人会担心财产安全、交通安全、希望工作取得成就，等等，都是从后天环境中学习得到的。

（2）刺激物。指可以满足内在驱使力的物品。比如，人们感到饥渴时，饮料和食物就是刺激物。如果内在驱使力得不到满足，就会处于"紧张情绪"中，只有相应刺激物可使之恢复平静。当驱使力发生作用并寻找相应刺激物时，就成为动机。

（3）诱因。指刺激物所具有的能驱使人们产生一定行为的外在刺激，可分为正诱因和负诱因。正诱因指吸引消费者购买的因素，负诱因指引起消费者反感或回避的因素。所有营销因素均可成为诱因，如刺激物的品种、性能、质量、商标、包装、服务、价格、销售渠道、销售时间、人员推销、展销、广告等等。

（3）反应。指驱使力对具有一定诱因的刺激物所发生的反射行为。比如是否购买某商品以及如何购买等。

(4)增强或减弱。指驱使力对具有一定诱因的刺激物发生反应后的效果。若效果良好,则反应被增强,以后对具有相同诱因的刺激物就会发生相同的反应;若效果不佳,则反应被削弱,以后对具有相同诱因的刺激物不会发生反应。

4.信念和态度

通过学习,人们获得了自己的信念和态度,信念和态度又反过来影响人们的行为。

信念是指一个人对某些事物所持有的描述性思想。人们根据自己的信念做出行动,人们对某企业产品和品牌的形象持有良好的信念,并采取购买行动。如果一些信念是错误的,并妨碍了购买行为,生产者就要运用促销活动去纠正这些错误信念。

态度是指一个人对某些事物或观念长期持有的好与坏的认识上的评价、情感上的感受和行动倾向。态度能使人们对相似的事物产生相当一致的行为。一个人的态度显现为稳定一致的模式,改变一种态度就需要在其他态度方面作重大调整。

第三节 消费者购买决策过程

营销人员在分析了影响消费者购买行为的主要因素之后,还需了解消费者如何真正做出购买决策,即了解谁做出购买决策以及购买决策的类型等。

一、消费者购买决策过程的参与者

人们在购买决策过程中可能扮演不同的角色,包括:

发起者,即提出或有意向购买某一产品或服务的人。

影响者,即其看法或建议对最终决策有一定影响的人。

决策者,即对是否购买、为何购买、如何购买、何处购买等购买决策做出完全或部分最后决定的人。

购买者,即实际采购人。

使用者,即实际消费或使用产品或服务的人。

二、消费者购买行为类型

消费者购买决策随其购买行为类型的不同而变化。较为复杂和花钱多的决策往往凝结着购买者的反复权衡和众多人的参与决策。根据参与者的介入程度和品牌间的差异程度,可将消费者购买行为分为四种类型(如表3-2)。

表3-2 消费者购买行为类型

介入程度 品牌差异	高	低
大	复杂购买行为	寻求多样化购买行为
小	减少失调感的购买行为	习惯性购买行为

1. 习惯性购买行为

对于价格低廉、经常购买、品牌差异小的产品，消费者不需要花时间进行选择，也不需要经过收集信息、评价产品特点等复杂过程，因而，其购买行为最简单。消费者只是被动地接收信息，出于熟悉而购买、也不一定进行购后评价。这类产品的市场营销者可以用价格优惠、电视广告、独特包装、销售促进方式鼓励消费者试用、购买和续购其产品。

2. 寻求多样化购买行为

有些产品品牌差异明显，但消费者并不愿花长时间来选择和估价，而是不断变换所购产品的品牌。这样做并不是因为对产品不满意，而是为了寻求多样化。针对这种购买行为类型，市场营销者可采用销售促进和占据有利货架位置办法，保障供应，鼓励消费者购买。

3. 减少失调感的购买行为

有些产品品牌差异不大，消费者不经常购买，而购买时又有一定的风险，所以，消费者一般要比较、看货，只要价格公道、购买方便、机会合适，消费者就会决定购买。购买以后，消费者也许会感到有些不协调或不够满意，在使用过程中，会了解更多情况，并寻求种种理由来减轻、化解这种不协调，以证明自己的购买决定是正确的。经过由不协调到协调的过程，消费者会有一系列的心理变化。针对这种购买行为类型，市场营销者应注意运用价格战略和人员的推销战略，选择最佳销售地点，并向消费者提供有关产品评价的信息，使其在购买后相信自己做了正确的决定。

4. 复杂购买行为

当消费者购买一件贵重的、不常买的、有风险的而且又非常有意义的产品时，由于产品品牌差异大，消费者对产品缺乏了解，因而需要有一个学习过程，广泛了解产品性能、特点，从而对产品产生某种看法，最后决定购买。对于这种复杂购买行为，市场营销者应采取有效措施帮助消费者了解产品性能及其相对重要性，并介绍产品优势及其给购买者带来的利益，从而影响购买者的最终选择。

三、消费者购买决策过程

不同购买类型反应了消费者购买过程的差异性或特殊性，但是消费者的购买过程也有其共同性或一般性，西方营销学者对消费者购买决策的一般过程作了深入研究，提出了五阶段模式（见图3-4）。

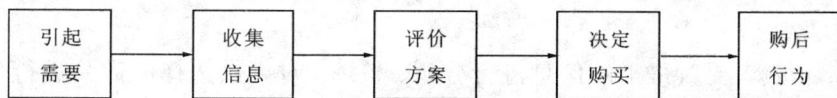

引起需要 → 收集信息 → 评价方案 → 决定购买 → 购后行为

图3-4　消费者购买决策过程五阶段模式

这个购买过程模式适用于分析复杂的购买行为，因为复杂的购买行为是最完整、最有代表性的购买类型，其他几种购买类型是越过其中某些阶段后形成的，是复杂购买行为的简化形式。

1. 认知需要

消费者购买决策过程的第一阶段是确认需要。当消费者面对实际与需求状态之间的不平衡时，就会产生需求。引起消费者认知需要的刺激可以来自两个方面：一种是人体内部的刺激，如饥饿、寒冷等；另一种是人体外部的刺激，如流行时尚、相关群体影响等。消费者对自身的各种需求加以正确认知，可以为购买决策限定范围，因而是有效决策的前提。

现代市场营销活动中，企业不能仅仅在交易行为上下工夫，而应从引起需求阶段开始，调查研究那些与本企业产品实际上和潜在的有关联的驱使力，以及善于按照消费者的购买规律，适当地安排诱因，促使消费者对本企业生产经营产品的需要变得很强烈，并转化为购买行动。

2. 收集信息

当消费者认识到自身的需求后，就会广泛搜集有关信息，包括能满足需求的商品种类、规格、型号、价格、质量、维修服务、有无替代品、何处何时有出售，等等。消费者寻求信息的积极性高低取决于需求的强弱。搜集信息的主要途径有：

个人来源，指家庭成员、朋友、邻居、熟人。

商业来源，指广告、推销员、经销商、商品包装展销会等。

大众来源，大众传媒、消费评估组织。

经验来源，消费者自身通过参观、试用、实际使用、联想、推论等方式所获得的信息。

不同信息来源对消费者的购买会产生不同的影响。一般来说，消费者经由商业来源获得的信息最多，其次为公共来源和个人来源，最后是经验来源。但是从消费者对信息的信任程度看，经验来源和个人来源最高，其次是公共来源，最后是商业来源。研究表明，商业来源的信息在影响消费者购买决定时只起"告知"作用，而"个人来源"则起评价作用。

企业通过分析和了解消费者获得商品信息的渠道，以及对所获得各种信息的信赖程度，设计有利于本企业的信息，从而影响消费者的购买决策，促使他们采取购买行动。

案例 3 – 4

广州报业的"洗楼"运动

广州报业在市场竞争空前激烈的背景下，出现了"洗楼"运动。发行商逐个到写字楼去寻找订阅者，一个新启用的写字楼的窗口一旦出现灯光，发行商便立刻前往。这种看灯光来找客户的方法，就是追求效率的做法，它既可以有效地防止空跑，又可以收集到真实可靠的市场信息。

3. 评价选择

收集信息后，消费者要对得来的信息进行分析、整理，对可供选择的商品进行分析、对比和评估，最后确定选择。

消费者的评价行为一般要涉及以下几个问题：

(1) 产品的属性。即产品能够满足消费者需要的特性。例如计算机的存储能力、图像显示能力、软件的适用性等；照相机的体积大小、摄影速度、成像清晰度等；轮胎的安全性、胎面弹性、行驶质量等；手表的准确性、式样、耐用性等，都是消费者感兴趣的产品属性。但消费者不一定将产品的所有属性都视为同等重要。市场营销人员应分析本企业产品应具备哪些属性，以及不同类型的消费者分别对哪些属性感兴趣，以便进行市场细分，对不同需求的消费者提供具有不同属性的产品，既满足顾客的需求，又最大限度地降低因生产不必要的属性所造成的资金、劳动力和时间的耗费。

（2）品牌信念。即消费者对某品牌优劣程度的总的看法。由于消费者个人经验、选择性注意、选择性曲解以及选择性记忆的影响，其品牌信念可能与产品的真实属性并不一致。

（3）效用要求。指消费者对该品牌每一属性的效用功能应当达到何种水准的要求。或者说，该品牌每一属性的效用功能必须达到何种水准他才会接受。

4. 决定购买

当消费者对搜集的信息进行综合评价后，就会形成明确的购买意图，但购买意图并不一定会导致购买行动，这一过程中还可能受到其他因素的干扰，这种干扰因素主要来自两个方面：

（1）他人态度。他人态度的影响力取决于 3 个因素：①他人否定态度的强度。否定态度越强烈，影响力就越大。②他人与消费者的关系。关系越密切，影响力越大。③他人的权威性。他人对此类产品的专业水准越高，则影响力越大。

（2）意外因素。消费者购买意向是以一些预期条件为基础形成的，如预期收入、预期价格、预期质量、预期服务等，如果这些预期条件受到一些意外因素的影响而发生变化，购买意向就可能改变。比如，预期的奖金收入没有得到，原定的商品价格突然提高，购买时销售人员态度恶劣等都可能导致顾客购买意向改变。

顾客一旦决定实现购买意向，会进一步确定购买的产品种类、品牌、时间、地点、数量、付款方式等。

5. 购后行为

消费者完成购买后，并不是购买过程的结束，消费者将体会到某种程度的满意或不满意，由此形成购后感受，这将影响消费者以后的行动，并对相关的群体产生影响。

判断消费者购买后评价，有一种理论："预期满意理论"，认为消费者对产品的满意程度，取决于预期希望得到实现的程度。用公式表示为：

$$S = f(E, P)$$

S 表示满意感或不满意感，E 代表预期希望，P 代表产品的实际效用。

若 $E = P$，则消费者会满意；若 $E > P$，则消费者不满意，若 $E < P$，则消费者会非常满意。消费者根据所获得的信息来形成产品期望。如果企业夸大其产品的优点，消费者将会感受到不能证实的期望。这种不能证实的期望会导致消费者的不满意感。在 $E > P$ 的情形下，E 与 P 之间的差距越大，消费者的不满意感也就越强烈。所以，企业应使其产品真正体现出其可觉察性能，以便使购买者感到满意。事实上，那些有保留地宣传其产品优点的企业，反倒使消费者产生了高于期望的满意感，并树立起良好的产品形象和企业形象。消费者对其购买的产品是否满意，将影响到以后的购买行为。

购后评价是购买过程中重要的信息反馈，反映了企业所经营的商品对消费者需求的满足程度，企业应重视搜集消费者的购后评价，加强售后服务，广泛征求消费者的意见，以影响消费者的购后感受，增强满意感。

第四节　组织市场购买行为

一、组织市场的概念及类型

组织市场指工商企业为从事生产、销售等业务活动以及政府部门和非营利组织为履行职责而购买产品和服务所构成的市场。组织市场类型有：

1. 生产者市场

生产者市场指购买产品或服务用于制造其他产品或服务，然后销售或租赁给他人以获取利润的单位和个人。组成生产者市场的主要产业有：工业、农业、林业、渔业、采矿业、建筑业、运输业、通讯业、公共事业、银行业、金融业、保险业和服务业等。

2. 中间商市场

中间商市场也称为转卖者市场，指购买产品用于转售或租赁以获取利润的单位和个人，包括批发商和零售商。

3. 非营利组织市场

非营利组织市场指所有不以营利为目的、不从事营利性活动的组织。我国通常把非营利组织称为"机关团体、事业单位"。非营利组织市场指为了维持正常运作和履行职能而购买产品和服务的各类非营利组织所构成的市场。

4. 政府市场

政府市场指各级政府为执行政府职能而购买或租用产品的市场。各级政府通过税收、财政预算掌握了相当部分的国民收入，形成了潜力极大的政府采购市场，成为非营利组织市场的主要组成部分。

二、组织市场的特点

与消费者市场购买行为相比，在某些方面，产业市场与消费者市场具有相似性。比如在这两个市场上，都有人为满足某种需要而担当购买者角色，制定购买决策等。但在市场结构与需求、购买单位性质、决策类型与决策过程及其他各方面，又与消费者市场有着根本区别。组织市场购买行为具有以下几个特点：

购买者少。组织市场比消费品市场的顾客少得多。如发电设备生产者的顾客是各地极其有限的发电厂，大型采煤设备生产者的顾客是少数大型煤矿，某轮胎厂的命运可能仅仅取决于能否得到某家汽车厂的订单。

购买数量大。组织市场的顾客每次购买数量都比较大，有时一张订单的金额就能达到数千万元甚至数亿元。

供需双方关系密切。组织市场的购买者通常需要有源源不断的货源，供应商需要有长期稳定的销路，每一方对另一方都具有重要的意义，因此供需双方互相保持着密切的关系。

购买者的地理位置相对集中。组织市场的购买者往往集中在某些区域，这些区域的业务量往往占据全国市场的很大比重。

派生需求。也称引申需求或衍生需求。组织市场的顾客购买商品或服务的内容和数量是由其服务对象的需求状况来决定的。因此，组织市场的需求是由消费品市场需求派生出来，并且随着消费品需求的变化而变化。例如，消费者的饮酒需求引起酒厂对粮食、酒瓶和酿酒设备的需求，连锁引起有关企业和部门对化肥、农资、玻璃、钢材等产品的需求。派生需求往往是多层次的，形成一环扣一环的链条，消费者需求是这个链条的起点，是原生需求，是组织市场需求的动力和源泉。

需求弹性较小。组织市场对产品和服务的需求总量受价格变动的影响较小。一般规律是：在需求链条上距离消费者越远的产品，价格需求弹性越小。比如，在酒类消费需求总量不变的情况下，粮食价格下降，酒厂未必就会大量购买，除非粮食是酒成本中的主要部分且酒厂有大量的存放场所；粮食价格上升，酒厂未必会减少购买，除非酒厂找到了其他代用品或发现了节约原料的方法。原材料的价值越低或原材料成本在制成品成本中所占的比重越小，其需求弹性就越小。组织市场的需求在短期内特别无弹性，因为企业不可能临时改变产品的原材料和生产方式。

需求波动大。组织市场需求的波动幅度大于消费者市场需求的波动幅度，一些新企业和新设备尤其如此。如果消费品需求增加某一百分比，为了生产出满足这一追加需求的产品，工厂的设备和原材料会以更大的百分比增长，经济学家把这种现象称为加速原理。当消费需求不变时，企业用原有设备就可生产出所需的产量，仅支出更新折旧费，原材料购买量也不增加；消费需求增加时，许多企业要增加机器设备，这笔费用远大于单纯的更新折旧费，原材料购买也会大幅度增加。有时消费品需求仅上升10%，下一阶段工业需求就会上升200%；消费品需求下跌10%，就可能导致工业需求全面暴跌。组织市场需求的这种波动性使得许多企业向经营多元化发展，以避免风险。

专业人员采购。组织市场的采购人员大都经过专业训练，具有丰富的专业知识，清楚地了解产品的性能、质量、规格和有关技术要求。供应商应当向他们提供详细的技术资料和特殊的服务，从技术的角度说明本企业产品和服务的优点。

直接采购。组织市场的购买者往往向供应方直接采购，而不经过中间商环节，价格昂贵或技术复杂的项目更是如此。

互惠购买。组织市场的购买者往往这样选择供应商："你买我的产品，我就买你的产品"，即买卖双方经常互换角色，互为买方和卖方。例如，造纸公司从化学公司大量购买造纸用的化学物品，化学公司也从造纸公司那儿大量购买办公和绘图用的纸张。

租赁。组织市场往往通过租赁方式取得所需产品。对于机器设备、车辆等昂贵产品，许多企业无力购买或需要融资购买，采用租赁的方式可以节约成本。

三、组织市场购买行为

在组织市场中，生产者市场的购买行为有典型意义，它与消费者市场的购买行为有较大差异性，特别是在市场结构与需求、购买单位性质、购买行为类型与购买决策过程等方面。供货企业不仅要了解谁在市场上购买和组织市场的特点，而且要了解谁参与工业用品购买者的购买决策过程，他们在购买决策过程中充当什么角色、起什么作用，也就是说，要了解其顾客的采购行为。

1. 组织市场购买决策过程的参与者

在任何一个企业中，除了专职的采购人员之外，还有其他一些人员也参与购买决策过程。所有参与购买决策过程的人员构成采购组织的决策单位，市场营销学称之为采购中心。企业采购中心通常包括五种成员：

（1）使用者。即具体使用欲购买的某种工业用品的人员。使用者往往是最初提出购买某种工业用品意见的人，他们对购买商品的品种、规格起重要作用。

（2）影响者。即在企业外部和内部直接或间接影响购买决策的人员。他们通常协助企业的决策者决定购买产品的品种、规格等。企业技术人员是最主要的影响者。

（3）采购者。即在企业中有组织采购工作（如选择供应商、与供应商谈判等）的正式职权的人员。在较复杂的采购工作中，采购者还包括参与谈判的公司高级人员。

（4）决策者。即在企业中有批准购买商品权力的人。不同种类的商品，决策者不一样。在标准品的例行采购中，采购者常常是决定者；而在较复杂的采购中，公司领导人常常是决定者。

（5）信息控制者。即在企业外部和内部能控制市场信息流到决定者、使用者的人员。如企业的购买代理商、技术人员等。

2. 组织市场购买者的行为类型

组织市场购买者的行为类型大体有三种：

（1）直接重购。即企业的采购部门根据过去和许多供应商打交道的经验，从供应商名单中选择供货企业，并直接重新订购过去采购过的同类工业用品。此时，组织购买者的购买行为是惯例化的。在这种情况下，列入供应商名单的供应商应尽力保持产品质量和服务质量，并采取其他有效措施来提高采购者的满意程度。未列入名单的供应商应试图提供新产品或开展令人满意的服务，以便使采购者考虑从它们那里购买产品，同时设法先取得部分供货，以后逐步争取更多的订货份额。

（2）修正重购。即企业的采购经理为了更好地完成采购工作任务，适当改变要采购的某些产业用品的规格、价格等条件或供应商。"门外的供货企业"提供了市场机会，并给"已入门的供货企业"造成了威胁，这些供货企业要设法巩固其现有顾客，保护其既得市场。

（3）新购。即企业第一次采购某种产业用品。新购的成本费用越高、风险越大，那么需要参与购买决策过程的人员就越多，需要的市场信息量就越大。这种购买行为类型最复杂。因此，供货企业要派出特殊的推销小组，向顾客提供市场信息，帮助顾客解决疑难问题。

在直接重购情况下，组织市场购买者要做出的购买决策最少；而在新购情况下，组织市场购买者要做出的购买决策最多，通常要做出以下主要决策，即决定产品规格、价格幅度、交货条件和时间、服务条件、交付条件、订购数量、可接受的供应商和挑选出来的供应商等。

3. 影响组织市场购买者决策的主要因素

组织市场购买者作购买决策时受一系列因素的影响（如图3-5）。

环境因素，即一个企业外部周围环境的因素。诸如一个国家的经济前景、市场竞争、政治法律等情况。

组织因素，即企业本身的因素。诸如企业的目标、政策、步骤、组织结构、系统等。显然，这些组织因素也会影响组织市场购买者的购买决策和购买行为。

人际因素，由于企业的采购中心通常包括使用者、影响者、采购者、决定者和信息控制者，这五种成员都参与购买决策过程。这些参与者在企业中的地位、职权、说服力以及

环境因素	组织因素	人际因素	个人因素
主要需求水平 经济形势 资金成本 供应条件 技术进步的速度 政治及法规发展 竞争性情况	目标 政策 程序 组织结构 系统	权威 地位 同感 说服力	年龄 教育 职位 个性 对风险的态度

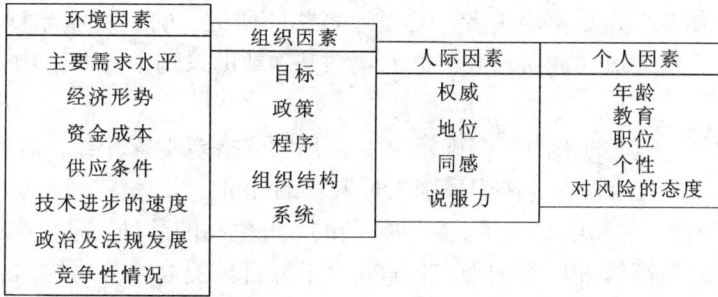

图 3-5　影响产业购买者行为的主要因素

他们之间的关系各不相同。这种人事关系也不能不影响组织市场购买者的购买决策和购买行为。

个人因素，即各个参与者的年龄、受教育程度、个性等。这些个人的因素会影响各个参与者对要采购的产业用品和供应商的感觉、看法，从而影响购买决策和购买行动。

4.组织市场购买者决策过程

供货企业的最高管理层和营销人员还要了解其顾客购买决策过程的各个阶段的情况，并采取适当措施，满足顾客在各个阶段的需要，才能成为现实的卖主。组织市场购买者购买过程的阶段多少，取决于产业购买者的行为类型的复杂程度。

在直接重购这种简单的行为类型下，组织市场购买者购买决策过程的阶段最少；在新购情况下，购买决策过程的阶段最多，要经过8个阶段(见表3-3)。

(1)认识需要。在新购和修正重购情况下，购买过程是从企业的某些人员认识到要购买某种产品以满足企业的某种需要开始的。认识需要是由两种刺激引起的：

内部刺激。诸如，企业最高管理层决定推出某种新产品，因而需要采购生产这种新产品的新设备和原料；有些机器发生故障或损坏，需要购置零部件或新机器；发现购进的某些原料质量不好，必须更换供应商等等。

外部刺激。如采购人员看广告或参加展销会等，发现了更物美价廉的其他公司的产品。

表 3-3　组织市场购买者购买决策过程

购买阶段	购买类型		
	新购	修正重购	直接重购
1.认识需要	是	可能	否
2.确定需要	是	可能	否
3.说明需要	是	是	是
4.物色供应商	是	可能	否
5.征求供应建议书	是	可能	否
6.选择供应商	是	可能	否
7.签订合约	是	可能	否
8.绩效评价	是	是	是

(2)确定需要。就是确定所需品种的特征和数量。标准品可以由采购人员独立决定。

至于复杂品种，采购人员要和使用者、工程师等共同研究，确定所需品种的特征和数量。供货企业的市场营销人员在此阶段要展开营销攻势，帮助采购中心的采购人员对本企业的产品产生兴趣。

（3）说明需要。企业的采购组织确定需要以后，要指定专家小组，对所需品种进行价值分析，做出详细的技术说明，作为采购人员取舍的标准。

（4）物色供应商，在新购情况下，采购复杂的、价值高的品种，需要花较多时间物色供应商。供货企业的最高管理层要加强广告宣传，千方百计提高本公司的知名度。

（5）征求建议，即企业的采购经理邀请合格的供应商提出建议。如果采购复杂的、价值高的品种，采购经理应要求每个潜在的供应商都提交详细的书面建议。采购经理还要从合格的供应商中挑选最合适的，要求它们提出正式的建议书。因此，供货企业的市场营销人员必须善于提出与众不同的建议书，以争取顾客的信任，取得订单。

（6）选择供应商。指组织市场用户对供应建议书加以分析评价，确定供应商。

采购中心根据供应商提供的产品质量、价格、信誉、及时交货能力、技术服务等来评价供应商，选择最有吸引力的供应商。

采购中心在做最后决定以前，也许还要和那些比较有倾向性的供应商谈判，争取较低的价格和更好的条件。

采购中心选定一个或几个供应商。许多精明的采购经理一般都宁愿有多条供应来源，以免受制于人，而且这样能够比较各个供应商提供的产品，并且可以使这些供应者展开竞争，进一步做好供应工作。

（7）签订合约，即采购经理开订货单给选定的供应商，在订货单上列举技术说明、需要数量、期望交货期等。在采购中，如果采购次数较少，每次订购批量较大，库存就会增加；反之，如果采购次数较多，库存就会减少。现在，采购经理通过和某一供应商签订"一揽子合同"，建立起长期供货关系，让供应商承诺当采购经理需要订货时即按照原来约定的价格条件随时供货，这样，库存就摆在供货企业（卖方）那里。采购单位（买方）如果需要进货，采购经理的电脑就会自动打出订货单，或者用电传打字机发订货单给供应商。因此"一揽子合同"又叫做"无库存采购计划"。

（8）绩效评价，采购经理最后还要向使用者征求意见，了解他们对购进的产品是否满意，检查和评价各个供应商履行合同的情况。然后根据这种检查和评价，决定以后是否继续向某个供应商采购产品。

四、招标与投标

为了加强对采购的管理，提高资金的使用效率，促进公开交易，组织市场开始采取招标采购方式，特别是国家机关以及事业单位使用财政性资金采购商品和服务的行为受到法律的约束和规范。

1. 公开招标与邀请招标

公开招标应当按照采购主管部门规定的方式向社会发行招标公告，并有至少三家符合投标资格的供应人参加投标。采购主管部门应当就集中采购的项目编制采购目录，并根据实际需要逐步扩大集中采购的范围。

采购项目由于其复杂性或者专门性，只能从有限的供应人处获得，或者公开招标成本过高而且与采购项目价值不相称，则可采取邀请招标的方式。邀请招标应当向三家以上的供应人发出投标邀请书，并至少有三家供应人参加投标。

2. 招标投标程序

应当进行招标采购的，采购人需委托政府采购机构。政府采购机构可以自行组织招标，也可以转托采购主管部门指定的招标代理机构组织招标。招标投标的主要程序如下：

（1）公开招标与邀请招标。公开招标的，招标机构应在投标截止日之前发布招标公告。招标公告应包括如下内容：招标项目的名称、数量；供应人的资格；招标文件的发放办法和时间；投标时间和地点。

邀请招标的，招标机构应当于投标截止日之前发布类似内容的招标邀请书。

招标机构应当根据采购人的委托编制招标文件。招标文件应当包括下列内容：供应人须知；招标项目的性质、数量、质量、技术规格；投标价格的要求及其计算方式；交货、竣工或者提供服务的时间；供应人提供的有关资格和资信证明文件；投标保证金的数额；投标文件的编制要求；提交招标文件的方式、地点和截止时间；开标、评标的时间及评标的标准和方法；采购合同格式及其条款；其他应当说明的事项。

招标文件应当经采购人确认。采购人应当对招标文件的真实性负责，自行编制标底，并封存保密，在定标前任何人不得泄露。

（2）开标、评标与现场竞投。招标机构应当在投标截止日后以公开方式开标。开标时，招标机构应当邀请评标委员会成员、供应人代表和有关单位代表参加。评标由评标委员会负责，评标委员会由采购人、招标机构的代表和技术、经济或者法律等方面的专家组成，总人数为5人以上的单数，其中专家评委应占一定的比例。与供应人有利害关系的人不得作为评标委员会成员。

评标委员会成员应当严格遵守评标规则，依法公正地履行职责，依据招标文件的要求对投标文件进行评审和比较，在满足招标文件各项要求的情况下，以低于标底的最低投标价者中标。最低投标价者为二人以上的，抽签决定中标者。技术上有特殊要求的采购项目，或者以确定供应人资格为对象的招标，经采购主管部门统一，除考虑投标价格以外，可以综合考虑其品质、性能和供应人的服务质量、经营业绩等情况，确定中标者。技术上无特殊要求的采购项目，可以采取现场竞投方式。竞投开始前，采购人应当对拟参加竞投的供应人的资格进行审查；已提交投标确认书和投标保证金并经审查符合投标资格的供应人，方可参加竞投；现场竞投时，以采购人确定的标底价为起叫价，供应人竞相应价，高于起叫价的应价无效，低于起叫价的最低应价者中标。

（3）签订采购合同与支付价款。招标活动结束后，采购人和中标人应当按照《中标通知书》指定的时间、地点，并根据招标文件和中标的投标文件签订采购合同。签订采购合同后，采购人凭采购合同办理付款手续，由财务部门根据采购合同的规定向供应人直接支付价款。

（4）监督检查。采购主管部门应当加强对采购的监督，定期对采购进行检查。检查内容如下：采购活动是否依采购计划进行；采购项目是否符合规定；采购方式和程序是否符合法律规定；采购合同的履行情况；其他应当检查的内容。

实训

一、基本概念

消费者市场、相关群体、选择性注意、动机、态度、复杂的购买行为、减少失调感的购买行为、习惯性购买行为、多样性购买行为、预期满意理论、组织市场、生产者市场、中间商市场、非营利组织、非营利组织市场、政府市场

二、选择题

1.单选题

(1)(　　)是人类欲望行为最基本的决定因素。

A.文化　　　　B.性格　　　　C.国家　　　　D.社会

(2)大多数消费者只能根据个人好恶和(　　)做出购买决策。

A.智慧　　　　B.经验　　　　C.感觉　　　　D.能力

(3)某种相关群体的有影响力的人物称为(　　)。

A."意见领袖"　B."道德领袖"　C."精神领袖"　D."经济领导者"

(4)马斯洛认为需要按其重要程度分,最低层次需要是指(　　)。

A.生理需要　　B.社会需要　　C.尊敬需要　　D.安全需要

(5)(　　)指存在于人体内驱使人们产生行为的内在刺激力,即内在需要。

A.刺激物　　　B.诱因　　　　C.反应　　　　D.驱使力

(6)消费者购买过程是消费者购买动机转化为(　　)的过程。

A.购买心理　　B.购买意志　　C.购买行动　　D.购买意向

(7)体育明星和电影明星是其崇拜者的(　　)。

A.成员群体　　B.直接参照群体C.厌恶群体　　D.向往群体

(8)对于减少失调感的购买行为,营销者要提供完善的(　　),通过各种途径提供有利于本企业和产品的信息,使顾客确信自己购买决定的正确性。

A.售前服务　　B.售后服务　　C.售中服务　　D.无偿服务

(9)消费者对于有些产品品牌差异明显,但消费者不愿花长时间来选择和估价,而是不断变换所购产品的品牌,这种购买行为称为(　　)。

A.习惯性的购买行为　　　　　B.多样性的购买行为

C.减少失调感的购买行为　　　D.复杂的购买行为

(10)组织市场需求的波动幅度(　　)消费者市场需求的波动幅度。

A.小于　　　　B.大于　　　　C.等于　　　　D.都不是

(11)生产者用户初次购买某种产品或服务称为(　　)。

A.直接重购　　B.修正重购　　C.重购　　　　D.新购

(12)认识需要是生产者用户购买决策的(　　)。

A.终点　　　　B.中间点　　　C.起点　　　　D.中介点

(13)按照不同的职能,非营利组织可分为(　　)。

A.履行国家职能的非营利组织　　　　B.促进群体交流的非营利组织

C.提供社会服务的非营利组织　　　　D.A、B和C

(14)非营利组织的采购部门通过传播媒体发布广告或发出信函,说明有关要求,邀请

供应商在规定期限内投标的购买方式叫( )。

A.公开招标选购 B.议价合约选购 C.日常选购 D.正常购买

2.多选题

(1)消费者市场的主要特点有( )。

A.广泛性 B.分散性 C.复杂性 D.易变性 E.发展性

(2)一个国家的文化包括的亚文化群主要有( )。

A.语言亚文化群 B.宗教亚文化群

C.民族亚文化群 D.种族亚文化群

E.地理亚文化群

(3)人们对刺激物产生的知觉有( )等几种层次的理解。

A.选择性注意 B.选择性扭曲

C.选择性保留 D.选择性淘汰

E.选择性理解

(4)对于寻求多样性的购买行为,市场领导者力图通过( )等方式鼓励消费者形成习惯性购买行为。

A.占有货架 B.避免脱销 C.降价 D.提醒购买的广告 E.折扣

(5)同一社会阶层的成员具有类似的( )。

A.收入 B.个性 C.价值观 D.兴趣 E.行为

(6)政府购买方式有( )。

A.公开招标选购 B.议价合约选购

C.直接购买 D.日常性采购

E.专家购买

(7)生产者用户的需要可以由( )引起。

A.内在刺激 B.外在刺激 C.精神刺激 D.物质刺激 E.以上全是

(8)确定生产者用户的需要是指通过价值分析,确定所需产品的( )。

A.品种 B.性能 C.数量 D.特征 E.服务

(9)通过生产者用户对各个供应商的绩效评价,以决定( )供货关系。

A.建立 B.维持 C.修正 D.中止 E.构建

三、简答题

1.简答相关群体对消费行为的影响。

2.简述社会阶层的特点。

3.简述组织市场的特点。

4.简答生产者购买行为的主要类型。

5.影响生产者购买决策的主要因素有哪些?

四、论述题

1.试述习惯性购买行为的主要营销策略。

2.试述消费者购买决策过程的信息收集阶段,企业需要做哪些方面的营销工作?

3.生产者有哪些主要交易导向引导其购买?

4.试述中间商购买决策过程。

五、项目实训

1. 消费者需求的差异性实训

内容：以男性服装与女性服装为例，说明男性与女性对服装的差异性要求。

形式：从班上选取男学生代表三名及女学生代表三名，分别就各自服装列出其差异性要求，班上同学评议。

2. "7WH－7Os"分析法实训

内容：以城市的"××婚纱店"、"××产品专卖店"、"××饮食连锁店"等为例，用"7WH－7Os"分析法对其加以分析。

形式：小组讨论分析，选两名学生在黑板上写出结果，并加以说明，同学评议。

3. 消费者购买决策过程实训

内容：以同学们购买电脑产品为例，分析说明消费者购买决策过程。

形式：选取两名同学上讲台，在黑板上写出其购买过程，并加以说明，同学评议。

六、案例分析与讨论

1. 老年人消费行为分析及企业的营销对策

消费心理是消费者在满足消费需要活动中的思想意识，它支配着消费者的购买行为。人进入老年后，由于生理器官的变化，必然地引起心理上的变化。研究老年人的心理特征，有助于了解老年消费者的消费心理，为企业的营销决策提供依据。

某服装企业在为老年人提供服装时采用了以下一些营销措施：

1. 在广告宣传策略上，着重宣传产品的大方实用，易洗、易脱，轻便、宽松；

2. 在媒体的选择上，主要是电视和报纸杂志；

3. 在信息沟通的方式方法上主要是介绍、提示、理性说服，而力求避免炫耀性、夸张性广告，不邀请名人明星；

4. 在促销手段上，他们主要是价格折扣和展销会；

5. 在销售现场，生产厂商派出中年促销人员，为老年消费者提供热情周到的服务，为他们详细介绍商品的特点和用途，若有需要，就送货上门；

6. 在销售渠道的选择上，他们主要选择大商场，靠近居民区，并设立了老年专柜或老年店中店；

7. 在产品的款式、价格、面料的选择上分别采用了以庄重、淡雅、民族性为主，以中低档价格为主，以轻薄、柔软为主，适当地配以福、寿等喜庆寓意的图案；

8. 在老年顾客的接待上，厂家再三要求销售人员在接待过程中要不徐不疾，以介绍质量可靠、方便健康、经济实用为主，在介绍品牌、包装时注意顾客的神色、身体语言，适可而止，不硬性推销。

某一天，在该厂设立的老年服装店里来了大约四五位消费者，从他们亲密无间的关系上可以推测出这是一家子，并可能是专为老爷子来买衣服的。老爷子手拉一位十来岁的孩子，面色红润、气定神闲、怡然自得，走在前面，后面是一对中年夫妇，中年妇女转了一圈，很快就选中了一件较高档的上装，要老爷子试穿。可老爷子不愿意，理由是价格太高、款式太新，中年男子说反正是我们出钱，你管价钱高不高呢。可老爷子并不领情，脸色也有点难看。营业员见状，连忙说，老爷子你可真是好福气，儿孙如此孝顺，你就别难为他们了。小男孩也摇着老人的手说好的好的，就买这件好了。老爷子说小孩子懂什么好坏，但脸上已露出了笑容。营业员见此情景，很快将衣服包装好，交给了中年妇女，一家人高高兴兴地走出了店门。

经过上述八个方面的努力，该厂家生产的老年服装很快被老年消费者所接受，销售量迅速上升，企业取得了很好的经济效益。

分析与讨论

1. 上述八个方面体现了老年消费者怎样的消费心理和购买行为，企业这样做的营销依据是什么，他们和青年人等在消费心理、购买行为上有什么区别，这样的心理和行为是怎样形成的？

2. 请用刺激-反应模式和需求层次理论分析老年人的购买行为。

3. 请分析这户人家不同的购买角色和营业员的销售技巧。

2. "金嗓子"唱响全国的奥秘

一、背景资料

金嗓子喉宝，一种由广西金嗓子制药厂（原柳州市糖果二厂）利用中国中草药制成的保健咽喉糖含片，问世仅仅四五年，即从强手如云、竞争激烈的咽喉含片市场中脱颖而出。它目前占据全国药店咽喉含片市场前列，畅销全国，年销售额近 3 亿元，并仍保持迅猛的发展趋势，产品知名度、美誉度名列同类产品前茅。

二、基本案情

20 世纪 90 年代初，糖果行业产品滞销，竞争加剧，成本上升，假冒产品横行，冲击市场，大部分糖果厂面临困境，一些厂已经倒闭。这时柳州糖果二厂厂长江佩珍与助手们在中央一位主管经济的领导的启发下，毅然决定开发难以假冒的高科技产品，并从糖果行业转向利润较高的制药行业，成立了金嗓子制药厂（咽喉片是与糖果行业最接近的产品）。从此转危为安，在激烈的市场竞争中站稳了脚跟。其成功的原因很多，其中主要原因有：

（一）根据市场潜在需求开发产品

1. 产品研制

20 世纪 90 年代初期和中期，咽喉片市场经过数十年的广告大战之后，各名牌均已确立统治地位，草珊瑚、西瓜霜、健民咽喉片等已占有市场的大部分份额，新产品虽层出不穷，均未能撼动它们的统治地位，如流星般退出了市场或占据很小市场份额。然而，在市场研究中发现，咽喉含片均为药粉压制而成，一含既溶，很难在咽喉部较长时间保持药效，含片一般较小，药量不足，对急性咽喉炎或不适应者如不大量施药，见效较慢，而润喉糖无治疗效果。这样，两类产品之间存在一个空缺，即中间型治疗保健产品。

由于环境污染的加剧，空气质量的恶化，气候的变化无常，吸烟嗜酒者的增多，以及卡拉 OK 的全国流行，用嗓过度者日益增多，造成咽喉患者，咽喉不适者及口腔异味者，对咽喉治疗保健药的需求大增。对潜在消费者更进一步的研究表明，一种能在短时间内产生良好的抑制咽喉不适效果，治疗急性咽喉炎，较长时间保持作用的含片是大受欢迎的产品。于是，江佩珍厂长三到上海求援，找到了华东师范大学的王耀发教授，共同开发了新产品——喉宝。

因此，一种含有多种中草药成分，能短时间对咽喉炎症产生良好效果、显效时间长和高附加值的咽喉片，根据市场需求诞生了。

　　2.产品的命名与包装

　　当时，一般同类产品均称含片或喉片，在新产品的推出上，若仍按旧的思维定势，在资金短缺、知名度为零、各方面条件无法与老牌药厂竞争的情况下，是无法打开市场并在短时间内成为名牌产品的。

　　因此，在命名上，用"喉宝"区别于普通含片，用"金嗓子"作为品牌名字，有直接强烈的功效暗示及美誉品牌作用，这样，金嗓子这个名字一诞生，便占据名字上的优势，与同类产品有明显的差别。

　　包装上，针对同类产品一般用小塑料盒装，分量不足的特点，采用了10片两包装(2盒1疗程)，用金黄色做基本色，区别于其他同类产品。

　　综上所述，金嗓子喉宝的研制、命名与包装是在了解消费者需求基础上进行的，改变了以往"我有一产品，应设法让大众接受"的观念，而是"消费者需要这样的产品，我就研制出这样的产品，并进行相应命名与包装，以满足其需求。"

　　(二)定价研究与决策

　　原有产品的定价都是计划经济的产物，因此定价极低。零售商一般为2元/盒，而进口同类产品(如渔夫之宝)价格高至16元/盒，又超过普通人消费水平。因此，进行市场调查发现人们心理上能接受的价格是5~6元/盒，从而确定了零售价为5~6元/盒，并根据其见效快、高品质的特点，将金嗓子喉宝定价为高质价优的喉宝医疗保健品。

　　(三)产品质量与疗效

　　金嗓子喉宝的产品特点是入口即见效，较刺激，有较好的医疗和保健作用。企业领导狠抓产品质量，并保持稳定，许多消费者用后都感觉效果好、见效快，后来都成为其忠实的消费者。

　　(四)消费者行为分析

　　对消费者心理及消费者倾向的研究表明：

　　1.购买地点分析

　　消费者在购买喉宝产品时，大部分从医院购买，改变消费者的消费习惯显得尤其重要。

　　2.消费者分析

　　烟酒爱好者、足球爱好者、空气污染严重地区的人群、爱好歌唱者、推销员、教师、导游等。

　　性别：男性居多。

　　年龄：不愿进医院开处方、怕麻烦的人在20~40岁之间居多。

　　性格及其他：外向、粗放、喜好卡拉OK、足球、吸烟喝酒、喜讲话(自我表现)、不爱去医院、怕麻烦、经济状况较好者。

　　3.消费者接触最多的媒体及场所分析

　　喜欢体育新闻、事实新闻、看报纸、看电视、常去球场、餐厅、卡拉OK厅。

　　4.当时国内影响最大(最风行时尚)的活动

　　时兴自我娱乐、卡拉OK；足球热，关注球市兴衰、球队命运；股市火爆，数千上万股民关注股市；喝酒吸烟热，尤其是白酒。

　　(五)市场环境分析

　　1.低文化素质人群大大高于高文化素质人群。

2. 环境污染、卡拉 OK 盛行造成用嗓过多者，原有产品存在空当，球市旺造成对这类含片的需求总量上升。

3. 各地区社会发展不平衡，民族、年龄、个性、饮食习惯的差异造成不同的地区特点。

（六）竞争对手分析

1. 领先品牌占有率高、知名度大，主要分布医院中，药店次之。

2. 牌子老、资金雄厚，占据全国各大中小城市。

3. 占据医药公司渠道，依靠国有渠道。

4. 广告宣传，以电视为主媒体，全面宣传，竞争表现在中央媒体的电视宣传上。

5. 诉求重点均放在药效及具体功效或产品形象上。

（七）便利性营销通路的形成——建立高效的营销网络

1. 根据目标消费者进行销售布点寻找真正的潜在消费者。

2. 沟通消费者，获得反馈意见，直接促销是关键环节。

3. 顺应消费潮流，便利消费者是终端策略，金嗓子喉宝进入游泳点、机场、车站、商店、药店等便利店，渗入到千家万户门口。

4. 整合动态营销传播组合

为尽快推广金嗓子喉宝的销售，在统一策划基础上，由厂长直接指挥，各地区分别开展了宣传与促销攻势，分别采用了实效促销、样品品尝、公关宣传、广告宣传等方式。大型活动组织及新闻报道等手段，并根据各地情况整合为一体，集中进行宣传与传播，有效地将销售、公关、广告、公益、大型活动、特别促销和人际传播等整合为高效、有力的传播体系，统一形象、统一诉求和高效低费取得了较好的效果。

效果评估、品牌形象提升。

结果：采用动态整合营销传播组合后，销售直线上升，每年以 100% 的速度递增（从 1995 年的 3000 万元增至 1998 年的 24000 万元）。

1. 知名度，由无名品牌到全国同类产品前列。

2. 美誉度，药店推荐为首选咽喉含片品牌之一。

3. 品牌形成与提升，经过 4 年的努力，金嗓子喉宝成为全国著名畅销品牌。但是仍以"造福人类"为宗旨，不断调整，优化品牌，提升品牌，每年都力争上一个台阶。

分析与讨论

1. 广西金嗓子制药厂重点分析了哪些环境因素，各主要环境因素的现状如何？广西金嗓子制药厂针对环境因素，采取了哪些营销策略？

2. 金嗓子喉宝与其他同类产品的主要区别是什么？你认为金嗓子喉宝成功的主要原因是什么？

3. 试用"7WH－7Os"法分析金嗓子喉宝的营销策略做得是否到位，你觉得还有什么方面值得改进？

4. 结合案例材料，谈谈影响消费者购买心理与购买行为的因素。

5. 目前我国商品大多数供过于求，市场竞争日益激烈，金嗓子制药厂成功的实践带给我们哪些启示？

第四章　市场营销调研与预测

学习目标

　　通过本章的学习，了解市场调查的含义与类型，掌握市场调查的内容与程序，掌握市场调查总体方案设计和问卷设计的方法。具有运用相关理论进行市场调查总体方案设计及设计调查问卷并实施完整调查过程的能力；具有撰写市场调查报告能力；具有市场需求预测能力。

第一节　市场营销调研

　　市场营销的重点在于识别和满足顾客的需求。营销人员为了确定顾客需求，实施以满足顾客需求为目的的营销策略与计划，需要有关顾客、竞争对手以及市场上其他有关方面的信息。近年来，许多因素导致对更详细信息需求的增加。当一个企业成长为全国性公司时，它对更远、更大市场的信息需求将增加；当消费者变得更富裕、更复杂时，营销人员需要如何使消费者对产品和其他市场供应品产生反应的更好的消息。随着竞争的加剧，营销人员需要有关营销工具的有效性的信息；由于经营环境的快速变化，他们又需要更及时地收集信息。

一、市场营销调研的概念和作用

　　调研是了解情况、认识事物、认识社会的有力武器。市场调研就是了解市场情况，认识市场现状、历史和未来。对企业来说，还包括调查了解同行其他企业的生产和经营情况。

　　市场调研，又称营销调研、市场调查、市场研究等。而且，不同国家和地区也有不同的理解。

　　德国学者 Lisowsky 的定义是：市场调研是指企业本身在经营上和推销上的各种环境影响的条件下，运用系统的科学原理和方法所获得并认识的情报。

　　美国市场调查协会认为：市场调查，是指收集、记录和分析有关生产者将货物与劳务转移及销售给消费者的各种问题的全部事实。

　　中国台湾学者樊志育认为：市场调研可分为狭义的市场调研和广义的市场调研。狭义的市场调研是：主要针对顾客所做的调研，即以购买商品、消费商品的个人或工厂为对象，以探讨商品的购买、消费等各种事实、意见及动机。广义的市场调研包括从认识市场到制定营销决策的全过程。从商品的使用及消费角度对产品的形态、大小、重量、美观、色彩、价格等进行分析，同时，对销售途径、市场营销的方法、销售组织、经营人员培训、广告作用、促销活动等问题进行分析。

总之，市场营销调研是指运用科学的方法，有目的、有计划，系统地收集、整理、分析、研究有关市场营销方面的信息，提出解决问题的建议，供营销管理人员了解营销环境、发现机会与问题，作为市场预测和营销决策的依据。当然，市场调研的观念首先就意味着对消费者的需求应该予以满足。正如美国市场营销协会对市场调研定义中所述，市场调研提供了这种重要联系，通过市场调研"倾听"消费者的声音。

企业的成功经营离不开市场营销调研。一个企业要想顺利进入消费者市场，必须以市场营销调研作为先导。市场营销调研在企业管理中的作用体现在以下几方面：

1. 发现市场营销机会，开拓潜在市场

面对一个瞬息万变，复杂多样、竞争激烈的市场，当企业决定将产品打入市场之前，必须选择对其有利的市场。要想捕捉和把握这一机会，企业首先要对这一市场进行大量调研，详细掌握了解市场的资料和信息，从中寻求未满足需求的营销机会，选择有利的新市场，并稳定扩大产品的市场范围，避免不必要的费用支出及盲目的营销行为，避免损失。

案例 4 - 1

向洋葱认输

麦当劳是世界上最大的快餐连锁店，2009 年 10 月 31 日午夜，麦当劳在冰岛结束这一天营业的同时，也结束了在冰岛长达 16 年的营业史，全面退出了冰岛市场，甚至没有表示会有重新开张的一天。

麦当劳总部对此发表声明说，在冰岛开展业务是一项非常大的挑战。然而与此同时，麦当劳在冰岛的总经销商欧曼德森却表示，麦当劳在冰岛的生意一直十分兴隆："每到就餐时间，汹涌的人潮是任何一个地方都没有的！"

既然生意这样好，那又是什么原因使麦当劳选择了退出呢？谁也想不到的是，让麦当劳认输的，竟然不是同行的竞争，而是冰岛的洋葱！

在冰岛这个位于大西洋中的岛国，农业不发达，大部分农作物都来自德国，包括麦当劳许多食物里必不可少的原料——洋葱！然而，麦当劳于 1993 年决定在冰岛开设分店时，并没有对此做过仔细的调查，麦当劳总部想当然地认为，洋葱是一种随处可见的便宜蔬菜。到开张之后才发现，冰岛的洋葱简直贵得出奇，购进一个普通大小的洋葱，需要卖掉十几个巨无霸汉堡才够本！

既然开张了，麦当劳只能选择坚持。长期以来，麦当劳在冰岛的生意虽然看上去红火，但利润实在是薄之又薄。冰岛的麦当劳特许营运商奥格蒙德森用一句话描述了这十几年来的经营状况："我一直在不断亏钱！"此次的金融风暴使冰岛克朗大幅贬值，欧元逐渐走强，加之进口食品税率提高，导致成本上升，更加大了麦当劳的经营难度。在冰岛首都雷克雅未克，一个巨无霸的售价为 650 冰岛克朗，但如果要获得哪怕是必需的利润，就必须让价格上涨到 780 冰岛克朗，如果是这个价格，那么，麦当劳就根本不会成为人们的选择！而要购买一个普通的洋葱，按欧曼德森的话来说："要花掉购买一瓶上等威士忌的钱。"

因为洋葱的高价，使麦当劳这个几乎是所向披靡的全球快餐巨无霸，在冰岛低头认了输！

有人说这是因为冰岛不产洋葱所导致的，也有人说这是让金融危机给害的，这些观点不能说全错了，但最为根本的原因，是麦当劳在决定开拓冰岛这片市场的时候，忽略了一个细节：冰岛的洋葱从哪儿来？

2. 企业制定市场营销决策的依据

找到一个有潜力的市场，只是为产品销售指出了一个正确方向，并不意味着产品一定能为该市场的消费者所接受，能在市场上畅销。因此，还必须进一步进行市场调研，为企业制定合理的产品、价格、分销和促销等策略，提供具体信息和结论，使企业产品能逐步占领市场。

首先，通过市场营销调研可以了解与把握市场的现实和潜在变化，即具体了解市场顾客对产品品种、规格、型号、功能以及交货期、产品售后服务等方面的需求，使企业产品价格策略更具有针对性。

其次，通过市场营销调研，可以了解目标顾客对产品价值的需求及同行业竞争者的价格策略，以便企业进行科学的定价策略。

再次，通过市场营销调研，可以了解目标市场存在哪些销售渠道和哪些商业机构，顾客对何种分销方式及分销机构感兴趣，这将有利于企业做好分销决策。

最后，通过市场营销调研，能够了解目标市场存在哪些促销方式，采用哪些形式进行广告宣传，消费者习惯有哪些等，从而有利于促销方式的选择。

案例 4 - 2

兰美抒的成长

中美天津史克制药有限公司生产的兰美抒产品药力非常好，但消费者不清楚，所以精信广告公司通过各种渠道进行市场调查，为兰美抒产品进行品牌策划。调查组通过调查取得了大量的关于脚气市场消费者、行业现状及竞争对手西安扬森公司以及其产品达克宁的文案资料，这些文案资料为其进行科学市场决策提供了依据和基础。精信广告公司了解到的脚气市场的情况为：30%的中国人都有脚气药的需要，在这个 10～15 亿元的市场，达克宁占有 60%的市场份额，拥有绝对的领导地位，另外，西安扬森公司实力雄厚，在通路和医院都有很好的基础。达克宁不仅占据绝对市场份额，而且在消费者心目已经占据相当重要的位置，82%的消费者对达克宁是满意的。但是，中国很多脚气患者是不治的，用药方面也有惰性，所以克服消费者的惰性，才是最重要的切入点。同时，调查组也了解到中国脚气市场大致可以分成六个人群。每个人群有不同的用药的习惯和心理上的特征，有些叫困窘人群，有些刚刚发病，有些人是漠不关心的，还有些是容易受到感染的。在所有人群里面中美天津史克制药有限公司锁定一个急迫的人群，他们对脚气的关注度最高，会主动寻求更好的解决方案。

在明确自身的弱点和优势情况下，中美天津史克制药有限公司确定目标消费者人群，进行品牌的策划和形象宣传。药店零售方面，发动 200 多个城市展开大规模的推广活动，进行了全面的店员培训工作；调动大量人力走进医院，对医生进行推广，获取他们专业的认可；在 20 个城市里招募首批患者，并对他们的疗效进行跟踪，让医生和患者进行完全交流。通过各种活动，自 2002 年 3 月份上市到 2002 年底，兰美抒总体上已快速成长为整体市场第二位的品牌，达克宁的市场份额在下降，兰美抒占有了一定的市场空间。

3. 监测与评价销售活动的实践

在市场营销活动中，企业的决策者要经常了解购买本企业产品的对象及需求变化，及时掌握产品在市场所占市场份额的变化情况，摸清竞争对手的行为，通过仔细地研究当前的市场信息，来衡量本企业的市场营销活动是否按计划实施。现实经济生活中常常会出现有些本来应该销路很好的产品，却因为市场营销方法有错误而滞销。例如，纸尿裤的发明，无疑给现代母亲带来了很大的方便，但奇怪的就是打不开市场。美国宝洁公司对此做了一个市场调查，了解顾客迟疑不买的原因。调查中发现：过去的广告重点一直强调纸尿裤的方便性，是现代妈妈的福音，能使她们在照顾宝宝的时候更轻松、愉快。对当时的年轻妈妈而言，当然欢迎这种产品，但在购买的时候，心里却有一种罪恶感，因为她们害怕一旦使用纸尿裤被父母或丈夫发现，可能会被认为奢侈浪费或是懒惰。在找出问题后，宝洁公司的纸尿裤广告表现有了一个突破性的改变，即除了指出这种新产品更吸水、更柔软、更舒适的优点，还将重点放在这种产品不只是带给母亲便利，而且是带给婴儿舒爽健康。这个新的广告改变了母亲买纸尿裤的心情，给她们一直理直气壮的购买"借口"，也使纸尿裤从此销路大开。有针对性的市场营销，可以找出上述情况发生的原因，使企业对营销策略进行必要的评估和修正，调整营销方案。

4. 预测未来变化

通过市场调研，可以寻找事件发生之前的预兆和非正常现象，预测未来的变化趋势或可能结果，及时制定合理的营销计划和措施以应付可能发生的变化，使企业在市场竞争中掌握主动权，立于不败之地。同时，对这些变化的把握，企业可以发现、评估新的利润机会。如根据一国经济增长率、人口增长率，支出状况等重要的经济和社会发展指标，企业就可以准确预测一国的市场规模和市场潜力的变动趋势，以便企业及时调整市场的经营战略和策略。

二、市场营销调研的类型及内容

1. 市场营销调研类型

根据组织实施市场调研的目的，我们可以把市场调研分为两个基本类型：

（1）问题识别调研。问题识别调研是为了识别存在的问题而进行的研究，这些问题也许表面上并不明显，但确实存在或即将发生。问题识别调研的内容包括市场潜力、市场份额、公司或品牌形象、市场特征、销售分析、近期预测、远期预测和商业趋势分析等。例如，市场容量下降意味着公司可能无法实现其增长目标，如果市场容量上升而公司却失去市场份额的话，同样也有问题。对有关经济、社会、文化趋势进行预测，例如对消费者行为变化的认识，有助于发现潜在的问题。

（2）问题对策调研。一旦发现了问题或机遇，就需要进行问题对策调研，以便找到解决问题的对策。问题对策调研的结果用于制定具体营销问题的营销决策，多数公司均开展问题对策调研。表4-1列出了问题对策调研所涉及的各种问题，包括市场细分、促销、产品、分销和定价研究。

表 4 - 1　问题对策调研

市场细分研究	促销研究	产品研究	分销研究	定价研究
确定市场细分标准 估算不同细分市场 的潜力及反应 选择目标市场并描 述其生活方式及人 口、媒体和产品形 象特征	促销预算优化 销售促进关系 促销组合优化 促销文案决策 媒体决策 广告创意测试 赠券兑现确认 广告效果评估	概念测试 确定最佳产品设计 包装测试 产品改进 品牌定位与再定位 试销	确定分销方式 渠道成员态度 批发、零售的覆盖 密度 渠道价差 批发、零售点选址	价格对品牌选择的 影响 价格决策 产品线定价 需求的价格弹性 价格变动与对价格 变动的反应

将市场调研分为两种主要类型，不仅在理论上而且在实践上都有意义。然而，问题识别调研和问题对策调研是密不可分的，某一调研项目可能将两项合在一起进行。例如某公司通过对一项有关市场份额下降的研究，发现原因是竞争对手的促销力度的加剧（问题的识别），解决办法是推出针对市场细分的新产品（问题对策）。

2. 市场调研的内容

（1）市场容量。市场对某类产品或服务的现有和潜在的最大需求数量或金额。

（2）需求特点。产品调研：质量要求的情况、产品特性、规格、种类、式样、包装要求，等等。

价格调研：目标消费者可能接受的价格限度及条件。

促销调研：企业应采用什么样的促销方式（广告、人员推销、销售促进、公共关系）或各方式如何组合来促进产品的销售，开展相应的调查。

分销调研：企业的产品应通过什么样的销售渠道，将产品分销推广出去。

（3）主要竞争对手及潜在竞争者。对主要竞争产品的品牌、产量、质量、价格、市场占有率、竞争企业实力的调查分析。

对可能的潜在竞争者及其特征进行调查分析。

对可能的替代产品及其特征进行调查分析。

（4）目标顾客。调查确定本企业产品的目标顾客及其特征，了解目标顾客的消费习惯、爱好、年龄、职业和文化等综合因素。

（5）市场环境。市场环境包括经济环境、人口环境、技术环境、自然环境、政治法律环境和社会文化环境等。

将上述调研结果进行整理分析，对未来市场的发展趋势进行预测，找出影响市场发展的主要因素，分析可能的市场机会及威胁情况，确定该产品在市场上的地位，明确主要优缺点，进行市场细分，确定目标市场，并提出企业今后应采取的营销策略及建议。

三、市场调查的方法

1. 固定样本连续调查

用抽样方法，从母体中抽出若干样本组成固定的样本小组，在一段时期内对其进行反复调查以取得资料。可采用个别面谈、问卷调查、消费者日记或观察记录调查。固定样本连续调查能掌握事项的变化动态，分析发展趋势。但如持续时间长，被调查者会感到厌烦。所以，对一般问题的调查，往往采用一次性调查，其方法包括观察法、实验法和询问法。

2. 观察调查

由调查人员到现场对调查对象的情况，有目的的有针对性地观察记录，据以研究被调查者的行为和心理。这种调查多是在被调查者不知不觉中进行的，除人员观察外，也可利用机械记录处理。如广告效果资料，国外多利用机械记录器来收集。直接观察所得的资料比较客观，实用性也大；其局限在于看到事态的现象，往往不能说明原因，更不能说明购买的动机和意向。

案例 4-3

"太子"奶的跨行经营

2002 年底，位于北京市密云工业开发区的"太子"童装生产基地开始试产首批童装。引人关注的是，投资方不是什么服装企业，却是国内最大的乳酸菌企业湖南太子奶集团。无独有偶，国内的饮料巨头们均不甘寂寞，纷纷上演"串行"戏：娃哈哈卖上了方便面，统一进军白酒市场，如今太子奶集团又做起了童装。据了解，如此大规模、行业性的"串行"在饮料行业还是第一次。其实早在几年前，就有饮料巨头"百事可乐"大胆跨入运动服饰行业成功"串行"的先例。但像这样几家企业先后行动，却极为少见：先是"娃哈哈"紧锣密鼓地为设在河南的方便面厂招兵买马，然后是"统一"企业与吉林白酒集团签约进军白酒市场，到湖南太子奶集团在京投资数亿元建成"太子"童装生产基地。这种"大串行"现象，是与市场调查和预测分不开的。

经过周密的市场调查和预测，太子奶集团发现童装市场需求大，前景看好，于是做出了大胆的跨行经营举动。据有关部门统计，我国目前 16 岁以下的少年儿童约有 3.2 亿，占全国人口的 27%，国内儿童服装生产企业共有 4000 多家，年生产儿童服装 6 亿多件，而真正叫得响的儿童品牌服装也只有 200 家左右，整个儿童服装市场从数量到品质远远不能满足市场的需求。据悉，新落成的"太子"童装公司占地 320 多亩，投资数亿元，拥有数万平方米的现代化标准厂房和宽大的智能物流中心，世界先进的全智能电脑制衣生产线，独家从日本、法国进口符合当今国际流行色彩和环保要求的面料，据说每季可以推出至少 200 个以上流行款式。

3. 实验法

在给定的条件下，通过实验对比，对营销环境与营销活动过程中某些变量之间的因果关系及其发展变化进行观察分析。如通过一项推销方法在特定的地区及时间的小规模实验，并用市场营销原理分析其是否值得大规模的推行，即销售实验。

案例 4-4

美国某公司改进咖啡杯设计的市场实验

美国某公司准备改进咖啡杯的设计，为此进行了市场实验。首先，他们进行咖啡杯选型调查，他们设计了多种咖啡杯子，让 500 个家庭主妇进行观摩评选，研究主妇们用干手拿杯子时，哪种形状好；用湿手拿杯子时，哪一种不易滑落。调查研究结果，选用四方长腰果型杯子。然后对图案等，也同样进行造型调查。接着他们利用各种颜色会使人产生不同感觉的特点，通过调查实验，选择了颜色最合适的咖啡杯子。他们的方法是，首先请了30多人，让他们每人各喝4杯相同浓度的咖啡，但是咖啡杯的颜色，则分别为咖啡色、青色、黄色和红色4种。试饮的结果，使用咖啡色杯子的人都认为"太浓了"的占2/3，使用青色杯子的人都异口同声地说"太淡了"，使用黄色杯子的人都说"不浓，正好"，而使用红色杯子的10人中，竟有9个说"太浓了"。根据这一调查，公司咖啡店里的杯子以后一律改用红色杯子。该店借助于颜色，既可以节约咖啡原料，又能使绝大多数人感到满意。结果这种咖啡杯投入市场后，与市场上的通用公司的产品开展激烈竞争，以销售量比对方多两倍的优势取得了胜利。

4. 询问调查

按预先准备好的调查提纲或调查表，通过口头、电话或书面方式，向被调查者了解情况，收集资料。口头询问不仅能当面听取被调查者的意见，还可以观察其反应，发现新问题，能在较短时间内获得可靠的资料。缺点是花费的时间和人力较多，调查结果还会受被调查人员的询问技术及主观因素的影响。电话调查取得信息最快，回答率也较高，同城电话费用也比较低，不足之处是被调查者对象限于通话者，对问题只能得到简单的回答，有时不易得到被调查者合作。通讯调查一般是将所要收集的资料设计成问卷，调查面宽，能深入城乡各地，被调查者也有充分的时间考虑。缺点是回收率低、周期长，有时因误解问卷或不愿认真回答造成较大误差。

四、市场营销调研步骤

市场调查的目的和要求不同，其实施步骤也不尽一致，一般可分为四个阶段，即调查设计阶段、调查资料的搜集阶段、资料的处理阶段和追踪阶段。

1. 市场调查设计阶段

所谓调查设计就是根据市场调查的目的要求，对调查工作各方面和各环节所作的全面部署和安排。这一阶段的具体内容包括发现问题、明确调查目的、确定调查对象和调查单位、确定调查项目、确定资料来源渠道和获取方法、设计调查表格、制定调查费用预算。

（1）发现问题。进行市场调查必须有的放矢，要针对存在的问题进行调查。发现问题先要从企业的外部环境、内部条件和经营目标三者是否协调中寻求问题的蛛丝马迹。如企业现在明显的困难有哪些，潜在的困难是什么，有哪些市场机会等。发现问题有各种渠道，如领导人员的观察；管理人员、业务人员或其他人员同消费者的接触和沟通；对其他问题的调查中发现的线索；市场信息系统所提供的资料，等等。发现问题迹象，并不说明已经找出了问题，因此调查人员还必须对这些迹象进行一般性的初步调查（即摸底调查）。例如，可以组织非正式的探测性调查，或利用文案资料了解情况，探索问题的症结所在，发现各影响因素之间的相互关系等。

（2）明确调查目的。调查目的是指市场调查所要取得的预期效果。发现了问题，弄清了问题产生的背景，接着就要确定调查目的。明确调查目的能为调查工作指明方向，找出调查工作的重点，使调查人员有的放矢地进行工作。

（3）确定调查对象和调查单位。调查对象是指市场调查所要研究的市场现象的整体。企业所面临的现实和潜在市场问题以及调查目标确定之后，接下来就要明确调查对象，搞清楚对什么进行调查，调查的范围是什么。调查范围直接影响着调查工作量的大小和调查工作效率的高低，如果范围不清，调查工作便无从开展。一般情况下，可以从商品销售市场入手确定市场调查区域的范围，也可以从商品的购买和使用对象入手确定调查的群体范围。

调查对象确定之后，还要进一步深入分析调查对象的性质和特点，确定调查单位。调查单位是指构成调查对象的每一个单位，是调查项目的承担者。

（4）确定调查项目。调查项目是进行市场调查的具体内容，是根据调查目的、调查对象、调查单位本身的性质和特点设计出来的。调查项目的设计，必须从满足调查目标的需要出发，对各调查项目进行必要的分析、排队，选择那些能够反映调查单位本质特点的项目作为调查项目，决不能不分主次轻重，眉毛胡子一把抓。在实际工作中，要考虑调查目的对实现调查目标的实际价值，结合在现有条件下获取所需资料的难易程度以及费用开支的多少等因素，对调查项目作必要的筛选和取舍。

（5）确定资料来源渠道和获取方法。调查项目确定之后，就应考虑相关资料的来源渠道和获得资料的方法。一般来说，调查资料的来源有两大类，一类是文案资料（又称第二手资料），另一类是实地调查资料（又称第一手资料）。

文案资料是他人收集并经过整理的资料，这些资料比较容易取得。资料来源包括企业内部和外部两个方面。企业内部资料主要是有关经营活动的各种记录、报告等。企业外部的资料有公开出版的图书、报刊，政府公布的统计资料，研究机构的调查报告与研究报告，广告商、中间商提供的情报、行业协会的刊物、经济年鉴手册等。文案资料收集的方法有直接查阅、购买、交换、索取以及通过情报网搜集和复制等。

实地调查资料是市场调查人员直接从顾客、生产企业、中间商和竞争者等方面搜集来的原始资料，其搜集方法有询问法、观察法和实验法三种。选择哪种方法，应根据所需资料的性质、精确程度、调查时间、费用预算等来决定。

（6）设计调查表格。为了方便市场调查工作，常常需要根据调查项目之间的逻辑关系，按一定的顺序，将调查项目放入一个调查表中。这样做，一方面能够方便被调查人员填写，避免发生这样那样的差错，另一方面，也可以大大加快对调查资料进行汇总和整理的速度，提高调查工作的效率。

调查表的设计并没有统一的格式，调查目的不同，调查对象和调查单位的性质和特点不同，调查表的内容也就不一样。

（7）制定调查费用预算。调查费用对调查效果的影响很大。合理的支出是保证调查顺利进行的重要条件。企业应根据调查的目的要求、调查的规模及方法、企业的经济实力估算并合理分配调查费用。

2.调查资料的搜集阶段

拟定调查方案和调查工作计划，经主管或企业管理者审查批准后，就进入到调查资料的搜集实施阶段。这个阶段是调查工作的重点，主要任务是组织调查人员深入实际，按照调查方案的要求和工作计划的安排，系统地搜集各种资料和数据。在调查工作中首先要收集文案资料，当文案资料不能满足需要时，就要进行实地调查。实地调查是市场调查的主体，是市场调查能否取得成功的关键，也是花费财力和人力最多而且最容易产生差错的阶段。

调查结果的及时性和可靠性同市场调查人员的素质密切相关，因此，要挑选和培养一批有一定文化和专业知识又有一定调查经验的人员，共同组成调查队伍进行调查。

3. 调查资料的处理阶段

调查资料的处理是将收集到的分散零星的资料进行归类整理与分析，向企业有关部门及决策者提供有参考价值的信息资料的过程。它包括以下两个阶段：

(1) 整理分析资料。当取得大量的市场调查资料后，还需要对其进行审核、校正、筛选和分类汇总，使之成为系统的、完整的和可靠有用的资料。

(2) 提出调查报告。市场调查报告要根据调查的目的和所搜集到的信息资料，经过分析研究，作出判断性结论，提出建设性意见，使其在实际工作或理论研究中发挥应有的作用。调查报告的内容一般有以下五个方面：

第一，提出问题，说明调查的目的及意义。

第二，说明调查对象及其范围、调查单位、调查项目、资料来源及收集方法等。

第三，对经过整理的各种数据和资料作归纳性的分析。

第四，对调查结果作出结论，并提出建议与意见。

第五，其他需要说明的事项包括需要提供的有关详细资料、各种统计图表以及参考资料。

调查报告一般有两种类型。一种是技术性报告(又叫专业性报告)，读者对象是市场研究人员，要求内容详尽具体，并介绍调查的全过程，说明采用何种方法，对信息资料怎样进行取舍，怎样得出调查结论。另一种是一般性报告，它的读者对象是经济管理部门、职能管理部门的管理人员、企业的领导者。这种报告要求重点突出，介绍情况客观、准确，简明扼要，避免使用调查的专业性术语。

4. 追踪调查阶段

调查报告提出以后，调查工作基本上可以告一段落。但为了了解调查建议和意见是否被采纳及实施后的结果，调查部门还应进行追踪调查，调查的内容有以下四个方面：

第一，调查报告所提供的数据和建议是否真实可靠，是否有效、是否会对决策产生消极影响。如果发现问题，应实事求是地予以修正，或重新组织调查，以便采取必要的补救措施，防患于未然。

第二，调查意见是否被决策者所采纳。如果发现正确的意见由于种种原因未被决策者采纳，首先要检查调查结果表达是否清楚，是否符合决策者的需要，其次要查明意见未被采纳的原因，以便有针对性地向决策者提出补充说明。

第三，在实际执行过程中，执行人员的行动是否与被决策者所采纳的调查意见相违背，或者是否曲解调查人的意图。总之，追踪调查的目的在于发现问题，纠正错误，以免造成不必要的损失。

第二节 市场需求的预测

企业从事销售预测，一般要经过三个阶段，即环境预测、行业预测和企业销售预测。环境预测就是分析通货膨胀、失业、利率、消费者支出和储蓄、企业投资、政府开支、净出口以及其他一些重要因素，最后作出对国民生产总值的预测。以环境预测为基础，结合其他环境特征进行行业销售预测。最后，根据对企业未来市场占有率的估计，预测企业销售额。由于产品种类不同，情报资料来源、可靠性和类型的多样性，加上预测目标不同，因而有许多不同的预测方法。但实际上预测的情报基础只有三种：

第一，人们所说的。是指购买者及其亲友、推销人员、企业等方面的意见。预测方法有购买者意向调查法、销售人员综合意见法和专家意见法。

第二，人们要做的。建立在"人们要做的"基础上的预测方法是市场试验法，即把产品投入市场进行试验，观察销售情况及消费者对产品的反应。

第三，人们已做的。建立在"人们已做的"基础上的方法，是用数理统计等工具分析反映过去销售情况和购买行为的数据，这包括两种方法，即时间序列分析法和统计需求分析法。

一、购买者意向调查法

市场总是由潜在购买者构成的，预测就是预估在给定条件下潜在购买者的可能行为，即要调查购买者。这种调查的结果是比较准确可靠的，因为只有购买者自己才知道将来会购买什么和购买多少。

在满足下面三个条件的情况下，购买者意向调查法比较有效：购买者的购买意向是明确清晰的；这种意向会转化为顾客购买行动；购买者愿意把其他意向告诉调查者。

对于耐用消费品，如汽车、房屋、家具、家用电器等的购买者，调查者一般要定期进行抽样调查。另外还要调查消费者目前和未来个人财力情况以及他对未来经济发展的看法。对于产业用品，企业可以自行从事顾客购买意向调查。通过统计抽样选取一定数量的潜在购买者，访问这些购买者的有关部门负责人，通过访问获得的资料以及其他补充资料，企业便可以对其产品的市场需求作出估计。尽管这样费时费钱，但企业可从中间接地获得某些好处。首先，通过这些访问，企业分析人员可以了解到在没有公开出版资料的情况下考虑各种问题的新途径。其次，可以树立或巩固企业关心购买者需要的形象。最后，在进行市场总需求的预测过程中，也可以同时获得各行各业、各地区的市场需求估计值。如日本三菱电机公司第五任总经理近藤贞和，20世纪70年代为扭转家电的困难局面，亲自调查了全国3000多个销售点。店主们对产品提出了许多意见，有的店主向他抱怨，有的对产品的缺点抓住不放。近藤贞和再三道歉，并表示要加以改进。由于取得了确切的信息，企业及时改进了生产，使得三菱电机公司的销售翻了10倍。如今三菱电机已经主宰了日本整个家电市场，近藤贞和被人们誉为"三菱霸主"。

用购买者意向调查法预测产业用品的需要，其准确性比用在消费品方面要高。因为消费者的购买动机或计划常因某些因素（如竞争者的市场营销活动等）的变化而变化，如果完全根据消费动机作预测，准确性往往不是很高。一般来说，用这种方法预测非耐用消费品需要的可靠性较低，用在耐用消费品方面稍高，用在产业用品方面更高。

二、销售人员综合意见法

在不能直接与顾客见面时，企业可以通过听取销售人员的意见估计市场需求。销售人员综合意见法的主要优点是：

第一，销售人员经常接近购买者，对购买者意向有较全面深刻的了解，比其他人有更充分的知识和更敏锐的洞察力，尤其是对受技术发展变化影响较大的产品。

第二，由于销售人员参与企业预测，因而他们对上级下达的销售配额有较大的信心完成。

第三，通过这种方法，也可以获得按产品、区域、顾客或销售人员划分的各种销售预测。

一般情况下，销售人员所作的需求预测必须经过进一步修正才能利用，这是因为：

第一，销售人员的判断总会有某些偏差，受其最近销售成败的影响，他们的判断可能会过于乐观或过于悲观，即常常走极端。

第二，销售人员可能对经济发展形势或企业的市场营销总体规划不了解。

第三，为使其下一年度的销售大大超过配额指标，以获得升迁或奖励的机会，销售人员可能会故意压低其预测的数字。

第四，销售人员也可能对这种预测没有足够的知识、能力或兴趣。

尽管有这些不足之处，但是这种方法仍为人们所利用。因为各销售人员的过高或过低的预测可能会相互抵销，这样使预测总值仍比较理想。有时，有些销售人员预测时的偏差可以预先识别并及时得到修正。

三、专家意见法

企业也可以利用诸如经销商、分销商、供应商及其他一些专家的意见进行预测。由于这种方法是以专家为索取信息的对象，用这种方法进行预测的准确性，主要取决于专家的专业知识和与此相关的科学知识基础，以及专家对市场变化的洞悉程度，因此专家必须具备较高的水平。

利用专家意见有多种形式。如组织一个专家小组进行某项预测，这些专家提出各自的估计，然后交换意见，最后经过综合，提出小组的预测。这种方式的缺点是，小组成员容易屈从于某个权威或者大多数人的意见（即使这些意见并不正确），不愿提出不同的看法；或者虽认识到自己的意见错了，但碍于情面不愿意当众承认。

现在应用较普遍的方法是德尔菲法。其基本过程是：先由各个专家针对所预测事物的未来发展趋势独立提出自己的估计和假设，经企业分析人员（调查主持者）审查、修改、提出意见，再发回到各位专家手中，这时专家们根据综合的预测结果，参考他人意见修改自己的预测，再开始下一轮的估计。如此反复，直到各专家对未来的预测基本一致为止。

专家意见法的主要优点是：预测过程迅速，成本较低；在预测过程中，各种不同的观点都可以表达并加以调和；如果缺乏基本的数据，可以运用这种方法加以弥补。

专家意见法的主要缺点是：专家意见未必能反映客观现实；责任较为分散；一般仅适用于总额的预测，而用于区域、顾客群、产品大类的预测时，可靠性较差。

美国洛克希德飞机制造公司进行销售预测时，把专家意见法略做了改动。一组洛克希德公司的经理人员扮作该公司的主要顾客，十分认真冷静地评价公司的销售条件(包括产品、价格、售后服务等)同竞争者的条件。接着每人模拟顾客做出购买什么和向哪里购买的决策。把各"顾客"向本公司购买的数量加起来，并与其他独立的统计预测协调，就是公司的销售预测值。

四、市场试验法

企业搜集到的各种意见的价值，不管是购买者、销售人员的意见，还是专家的意见，都取决于获得各种意见的成本、意见的可得性和可靠性。如果购买者对其购买并没有认真细致的计划，或其意见变化不定，或专家的意见也并不十分靠拢，在这些情况下，就需要利用市场试验这种预测方法。特别是在预测一种新产品的销售情况和现有产品在新的地区或通过新的分销渠道的销售情况时，利用这种方法效果最好。

五、时间序列分析法

很多企业以过去的资料为基础，利用统计分析和数学方法分析预测未来需求。这种方法的依据是：

第一，过去的统计数据之间存在着一定的关系，而且这种关系利用统计方法可以揭示出来。

第二，过去的销售状况对未来的销售趋势有决定性影响，销售额只是时间的函数。因此，企业利用这种方法预测未来的销售趋势。

时间序列分析法的主要特点是，以时间推移研究和预测市场需求趋势，不受其他外界因素的影响。不过，在遇到外界发生较大变化，如国家政策发生变化时，根据过去已发生的数据进行预测往往会有比较大的偏差。

产品销售的时间序列，可以分成四个组成部分：

1. 趋势

它是人口、资本积累、技术发展等方面共同作用的结果。利用过去有关的销售资料描绘出销售曲线就可以看出某种趋势来。

2. 周期

企业销售额往往呈现出某种波状运动，因为企业销售一般都受到宏观经济活动的影响，而这宏观经济活动呈现出某种周期性波动的特点。周期因素在中期预测中尤其重要。

3. 季节

季节指一年内销售量变动的形式。"季节"这个词在这里可以指任何按小时、月份或季度周期发生的销售量变动形式。这个组成部分一般同气候条件、假日、贸易习惯有关。季节形式为预测短期销售提供了基础。

4. 不确定事件

不确定事件包括自然灾害、战争恐怖、一时的社会流行风尚和其他一些干扰的因素。这些因素一般无法预知，属不正常因素。应当从过去的数据中剔除这些因素的影响，考察较为正常的销售活动。

时间序列分析就是要把过去的销售序列 Y 分解成为趋势(T)、(C)、(S)和不确定因素

(E)等部分,通过对未来这几个因素综合考虑,进行销售预测。这些因素可构成线性模型,即

$$Y = T + C + S + E$$

也可构成乘数模型,即

$$Y = T \times C \times S \times E$$

也可以是混合模型,如

$$Y = T \times (C + S + E)$$

六、直线趋势法

直线趋势法是运用最小平方法进行预测,用直线斜率来表示增长趋势的一种外推预测方法。

其预测模型为:

$$y = a + bx$$

式中:

a——直线在 y 轴上的截距;

b——直线斜率,代表某时期平均增长率;

y——销售预测的趋势;

x——时间。

根据最小平方法原理,先计算 $y = a + bx$ 的总和,即

$$\sum y = na + b \sum x$$

然后计算 $\sum xy$ 的总和,即

$$\sum xy = a \sum x + b \sum x^2$$

上述二式共同因子是 $\sum x$。为简化计算,可将 $\sum x$ 取0,其方法是:若 n 为奇数,则取 x 的间隔为1,将 $x = 0$ 置于资料期的中央一期;若 n 为偶数,则取 x 的间隔为2,将 $x = -1$ 与 $x = 1$ 置于资料期的中央上下两期。

当 $\sum x = 0$ 时,上述二式分别变为

$$\sum y = na$$

$$\sum xy = b \sum x^2$$

其中 n 为年份的数目,由此可计算出 a、b 的值为

$$a = \sum y / n$$

$$b = \sum xy / \sum x^2$$

【例】　假如某企业 2006 – 2010 年的销售额分别为 480,530,570,540,580 万元,现需运用直线趋势法预测2011年的销售额。由于 $n = 5$ 为奇数,且 x 的间隔为1,故可将 $x = 0$ 置于资料期的中央一期(即2008年),x 的取值依次为 -2,-1,0,1,2,xy 依次为 -960,-530,0,540,1160,x^2 依次为 4,1,0,1,4,所以

$$\sum y = 2700$$

$$\sum xy = 210$$

$$\sum x^2 = 10$$

将有关数据代入计算公式,则得:

$$y = \frac{2700}{5} + \frac{210}{10} \cdot x = 540 + 21x$$

因此预测 2011 年的销售额将为 603 万元。

七、统计需求分析法

时间序列分析把过去和未来的销售都看作是时间的函数,即仅随时间的推移而变化,不受其他任何现实因素的影响。然而,任何产品的销售都要受到很多现实因素的影响。统计需求分析就是运用一整套统计学方法发现影响企业销售的最重要的因素以及这些因素影响的相对大小。企业经常分析的因素主要有价格、收入、人口和促销等。

统计需求分析将销售量 Q 视为一系列独立需求变量 X_1, X_2, $\cdots$, X_n 的函数,即

$$Q = f(X_1, X_2, \cdots, X_n)$$

但是,这些变量同销售量之间的关系一般并不能用严格的数学公式表示出来,而只能用统计分析来揭示和说明,即这些变量同销售量之间的关系是统计相关。多元回归技术就是这样一种数理统计方法。它运用数理统计工具在寻找最佳预测因素和方程的过程中,可以找到多个方程,这些方程均能在统计学意义上符合已知数据。

在运用统计需求分析法时,应充分注意影响其有效性的以下四方面问题:

(1)观察值过少。

(2)各变量之间高度相关。

(3)变量与销售量之间的因果关系不清。

(4)未考虑到新变量的出现。

需要说明的是,需求预测是一项十分复杂的工作。实际上只有特殊情况下的少数几种产品的预测较为简单,如未来需求趋势相当稳定,或没有竞争者存在(如公用事业),或竞争条件比较稳定(如纯粹垄断的产品生产)等。在大多数情形下,企业经营的市场环境是在不断变化的,由于这种变化,总市场需求和企业需求都是变化的、不稳定的。需求愈不稳定,愈需要精确的预测。这时准确地预测市场需求和企业需求就成为企业成功的关键,因为任何错误的预测都可能导致诸如库存积压或存货不足。

在预测需求的过程中,所涉及到的许多技术问题需要由专业技术人员解决,但是市场营销经理应熟悉主要的预测方法以及每种方法的主要长处和不足。

第三节 市场营销调研与预测活动流程的组织

一、市场调查与预测的原则和工作程序

1. 市场调研过程中应遵循的基本原则

(1)真实性。市场营销调研的基本出发点,是用数据和实证资料真实、准确地反映市

场营销的客观情况。因此，在进行营销调研时，必须脚踏实地地搜集反映客观事实的数据和资料，实事求是地进行整理和分析，切忌主观臆断、以偏概全，更不能凭上级或主观意图，隐瞒真相，夸大事实。所以，调查人员必须有公正的立场、严肃的态度和一丝不苟的工作作风。

（2）目的性。市场营销调研要根据决策需要来进行。在每一项具体的决策制定中应当搜集什么资料、弄清楚哪些问题，都要形成对相应市场营销调研任务和目标的具体规定。只有有的放矢、有针对性的进行，市场营销调研才具有实践价值。

（3）系统性。市场是不断变化运动的，影响市场的诸多因素，不仅是相互联系和相互影响的，而且也是在不断变化的。企业是经济大系统中的一个局部，它受政治、经济、法律、道德、风俗习惯等社会因素的制约。在进行市场调研时，必须全面分析和掌握市场经济现象之间的内在联系，要注意信息追踪，不可一劳永逸，更不应该浅尝辄止。

（4）效益性。市场调查需要动用到一定的人力、物力、财力。在市场调查中，要做到费时最少、费用最省、效果最佳，就要有周密的调查计划，采用科学的调查方案和调查方法，充分利用第二手资料及多方面的力量。并且，要结合企业自身经济能力和完成任务的可能性来安排。

（5）实效性。市场营销调研必须及时，要做到搜集资料及时，拖延时间往往会失去价值。

2. **市场调研的工作程序**

要高效、高质量地获得调研结果，必须借助一套科学、严谨的工作程序。一项调研工作的开展一般要依据四个步骤循序渐进地进行，其中包括明确调研问题并研究调研目标，列出所需信息并制定调研计划，执行调研计划并分析整理数据以及分析调研结果并撰写调研报告。

（1）明确调研问题并研究调研目标。首先要根据企业的经营目标或当前需要解决的营销问题确定营销调研需要解决的问题。影响企业营销活动的因素有许多，既有内部因素，也有外部因素。由于企业受时间、精力和财力的限制，不可能对每一因素都逐个地进行详细调查，必须在最短时间内，根据企业目前掌握的资料做出正确判断，找出影响最大的因素，尤其是关键因素，来明确所要调研的范围和调研的主题，以确定具体的调研目标。

（2）列出所需要信息并制定调研计划。一旦明确了问题，确立了调研目标，调研人员就必须列出所需的信息。调研计划内容包括：调研的背景和目标，所要开展调研的市场，调研的具体项目、资料的搜集和分析方法的确定、调研费用和时间安排等。

（3）执行调研计划并分析整理数据。执行调研计划包括搜集信息、处理和分析数据资料等工作。搜集资料是整个市场调研过程的核心工作。从市场调查得到的资料，大多数是分散、零星的，有些可能是片面的。要使杂乱资料变成有价值的情报，必须对搜集到的资料进行分类、核对、换算、整理、分析和编校。

（4）分析调研结果并撰写调研报告。针对分析结果，写出调研报告，对调研结果进行系统阐述和解释，并提出结论、建议或意见，提交给营销主管决策人，供其决策时参考。

二、市场调查与预测过程中的管理与控制

1.确保企业的调研目标、调研计划和行动的一致

营销调研的基本目标是为管理层提供进行更为准确决策所需的信息资料。为达到这一目标所制定的调研计划是一份书面的、用于指导调研项目中的各项活动开展的具体方案。一份周密的调研计划可以使企业的决策人员在管理问题、信息处理和调研方法等方面保持一致。所以对调研过程进行有效的管理和控制应首先制定良好的调研计划，为控制提供目标和标准。企业的决策人要按调研计划来监督、检查和控制调研过程。

2.调研人员的管理

开展一项调研活动，最重要的投入是人力，做好调研过程人员的合理分工、明确责任、保质保量，做好资料收集、记录等方面的管理工作。

(1)确保调研人员数量。根据搜集资料的数量、难度和时间要求，确保所需人员的数量。

(2)做好调研人员的分工。在调研人员数量较多、调研任务较大的情况下，对调研队伍应当给予以适当分工，以便有效利用人力、物力，快速、圆满地完成调研任务。对调研人员的分工可以按照国家、地区范围，按客户类型和调研方法与资料类型来进行。

(3)调研人员的素质要求。搜集和处理市场营销情报资料是技巧性很强的工作，对调研人员素质，尤其是对情报资料的意识力、敏感力及获取力有很高要求。市场调研人员必须具备以下三个方面的能力：对调研市场的文化有相当的了解；具有修正调研结果的创造力；在处理原始及二手资料时有一定的分析和判断能力。

(4)调研人员的监督和管理。调研人员的素质是市场调研工作成败的关键。企业不仅应在选择和聘用调研人员上严格把关，还须在调研过程中对他们进行有效的监督和管理，以保证他们在调研工作中尽职尽责。对调研人员的管理，主要包括以下方面：定期检查调研人员的调研日记、调研报告；根据调查时间表，及时检查调研工作的进度；对调研人员提供的资料进行核查、复核，确认这些资料是否符合要求，以及调研人员是否存在欺诈行为；对调研人员进行必要的评估、比较，对于不合格者及时更换或重新进行培训；给予调研人员适当的激励，增强他们的工作积极性。

3.调研质量的管理

调研质量管理主要是指明确规定调研人员的工作质量，建立质量管理制度，加强监督，搞好质量评估和实施奖惩等活动。

4.费用预算与控制

在调研计划中，往往只能提出总的调研费用概算和要求，对它们的具体控制应在调研实施过程中来完成。一定的调研费用是开展调研工作所必备的条件，对费用的控制应着眼于如何以最小的投入来完成调研目标的要求，或是在费用既定的条件下，如何进行合理分配。

调研费用包括直接和间接的人工、材料、交通、管理费用及其他费用开支。对费用的具体控制应以计划费用总额为基准，将正式调研过程分为若干阶段，对每一阶段分别进行费用的预算和核算，使费用的调研实施在各个阶段得以严格控制。例如，在进行案头调研时，应考虑的费用由管理费用、调研人员信函往来的费用、资料的复印费用、人员的工资

报酬等。因此，对费用的考虑应全面而具体。

5. 时间安排与控制

在调研全过程中，从调研计划制定、资料的搜集和整理到调研报告的完成，都必须以一定的时间作为保证。由于营销调研的结果具有较强的时效性，每一项调研工作都应力图以最少的时间获得有效的结论。所以，企业应在保证必要调研时间的同时，努力将时间压缩到最短。在实践中，每个调研课题都有它自己的侧重点，各个阶段花费的时间比例必然不同。调研人员在安排时间进度时，应充分考虑到这一因素，将有限的时间合理地分配给各个阶段。在对时间的控制和管理中还要注意充分把握灵活性。因为随着调查的深入和对问题的不断发掘，全新的调查途径可能会展现，这就必须为追加的案头调研和实地调研工作及分析的修改留出必要时间。对于每个阶段的时间安排，定期检查，定期总结，才能更好地控制调研工作的每个环节。

6. 市场调研报告的基本结构

一项正式的调研工作，经过资料的搜集、整理和分析，取得调研结果，最终必须以文字报告形式将这些结果及建议准确、有效地传递给决策人员，为决策工作提供依据。市场调研报告的内容一般是根据所呈现的对象来确定。但不管何种报告，在撰写过程中都应遵循共同的原则：简明、逻辑、有理有据。

市场调研报告通常由前言、主体以及附录三大部分组成。

(1)前言。主要介绍调研课题的概况，包括标题、目录、调研的目的、范围和摘要。

(2)主体。首先对选用调研的方法进行说明，然后对搜集资料的过程的具体实施情况进行简要叙述，最后通过对资料的论证和分析，得出调研的结果，并说明结果对其调研课题的意义，提出结论及建议。另外，还应该说明调查过程中的缺点以及资料的来源和范围。

(3)附录。包含两部分，一是全部调查所用的工具、参考资料等，二是计算处理结果。

在调研报告的写作中应注意一些技巧，尤其注重使用简单的图或表格。图表不仅能提供简明的形式，便于读者系统考查资料，协助读者把握事物的对比、趋势和关系，而且还能吸引读者的注意力，使报告生动而具有说服力。

附：市场调查报告一般结构

1. 标题页(封面)

关于×××××××××××的调查报告

委托单位：×××××××××××

调查机构：×××××××××××

报告时间：××年××月××日

2. 目录

3. 概要

(1)简要说明调查目的：通过对 ××××× 的调查，了解×××××××，为×××××××提供依据。

(2)介绍调查对象和调查内容：

调查时间：××年××月××日——××年××月××日

调查地点：×××××

调查对象：×××××

调查范围：××市××区

调查内容：

×××××的调查

×××××的调查

······

（3）简要介绍调查研究方法：由于××××××，故采用×××××为主，××××××为辅的调查方法。

4.正文

（1）引言

按×××××要求，受××××××委托，对×××××问题进行调查，以了解××××××

（2）调查结果（按调查内容逐条叙述，并配合运用表格、图形等作直观的说明。）

①×××××调查分析

②×××××调查分析

······

（3）结论与建议

①×××××

②×××××

5.附件

实训

一、基本概念

市场调查、市场预测、探测性调查、描述性调查、访谈法、专家法、小组实验法、市场试验法、观察调查、促销调研、价格调研、产品调研、渠道调研、费用预算与控制

二、选择题

1.单选题

（1）市场调查要尊重客观事实，不要主观、片面，反映了市场调查原则中的（   ）。

A.实事求是的原则   B.全面系统的原则   C.深入反馈的原则   D.勤俭节约的原则

（2）市场预测中预测依据、预测方法、预测分析、预测判断的有机结合称为（   ）。

A 预测过程   B.预测机构   C.预测系统   D.预测部门

（3）通过试用或试销产品，分析效果后再决定是否作大规模推销的方法称为（   ）。

A.实验法   B.观察法   C.顾客意见法   D.询问法

（4）市场预测的第一步是（   ）。

A.收集资料   B.明确预测目的   C.判断分析   D.作出预测

（5）业务人员意见综合法的特点是，提供预测的人员（   ）。

A.有经理、管理人员和业务人员   B.仅限于企业内部的业务人员

C.都是管理人员   D.包括企业内外的业务人员

(6)在市场预测中(　　)。

A.只能由领先指标预测迟行指标　　　　B.只能由迟行指标预测领先指标

C.既可以由领先指标预测迟行指标,也可以由迟行指标预测领先指标

D.领先指标与迟行指标在预测中相互无关

(7)时间序列分析法预测未来的前提是(　　)。

A.假定事物过去的规律会同样延续到未来　　B.假定事物过去的规律不会延续到未来

C.假定事物的未来是不会有变化的　　　　　D.假定事物的未来是有规律变化的

(8)对市场经济现象之间的因果关系进行质的分析,即分析说明市场经济现象之间因果关系的(　　)。

A.因果关系函数式　　B.确定性函数关系　　C.定义关系　　　　D.质的规定性

(9)如果研究的因果关系只涉及一个因变量和一个自变量,这种回归分析法称为(　　)。

A.一元回归分析　　B.一元线性回归分析　　C.二元回归分析　　D.二元线性回归分析

(10)根据决策主体的构成不同,可以把决策分为(　　)。

A.战略、战术和业务决策　　　　　　　　B.个人决策和集体决策

C.决策主体和决策客体　　　　　　　　　D.集中决策和分散决策

2.多选题

(1)市场信息具有的一般信息所共有的基本特征包括(　　)。

A.目的性　　　B.可存贮性　　C.可转换性　　D.可识别性　　E.有序性

(2)市场调查收集资料的基本方法有(　　)。

A.访问法　　　B.观察法　　　C.实验法　　　D.态度测量表法

E.时间序列法

(3)非抽样误差的产生的主要原因有(　　)。

A.抽样方法选择不当　　　　　　　B.调查计划不周,划分范围不准

C.调查项目设计不当　　　　　　　D.样本数目确定不当

E.记录、计算、汇总误差

(4)市场预测过程包含的基本要素有(　　)。

A.预测依据　　B.预测方法　　C.预测分析　　D.预测系统　　E.预测判断

(5)从系统角度分析,经营决策是由多个要素相互结合构成的有机系统,这些要素包含(　　)。

A.决策主体　　B.决策客体　　C.决策手段　　D.信息咨询　　E.决策方案

三、简答题

1.简述市场营销调研的类型与内容。

2.试列举五种常用的市场调查方法。

3.试设计市场调查计划、市场调查问卷、市场调查报告的格式框架。

4.定性预测与定量预测有何区别?各有哪些方法?

四、论述题

1.试述市场调查的程序。

2.试述市场预测的程序。

五、项目实训

1. 专家意见法实训

内容：选择一种产品（比如：电脑、手机、小汽车、商品房、数码相机等），从班上选 6 位学生，1 位作为主持人，另 5 位作为专家，就某种产品进行需求预测。

形式：按专家意见法的操作流程进行。

2. 市场调查计划、市场调查问卷、市场调查报告、市场预测报告的设计实训

内容：从班上请 4 位同学，到黑板上分别设计市场调查计划、市场调查问卷、市场调查报告、市场预测报告的框架结构。

形式：全班同学评议，老师总结。

3. 定量预测实训

内容：某公司从 2007 年至 2010 年的 A 产品销售额与广告费如下表，试分别用简单算术平均法、加权平均法（权数依次取 0.1、0.2、0.3、0.4）、几何平均法、一元直线回归法（若 2011 年的广告费为 1100 万元），预测 2011 年该公司 A 产品的销售额。

年份	广告费（万元）	销售额（万元）
2007 年	100	1000
2008 年	300	5000
2009 年	800	9000
2010 年	1000	16000

形式：从班上请两位同学，分别用上述预测方法对该公司的 A 产品进行预测，同学们评议，老师总结。

4. 市场调查基本方法实训

内容：某公司希望了解某产品的需求情况，同学们利用面谈调查法、电话调查法、邮寄调查法、问卷调查法、观察法，设计一份调查提纲，比较全面地把握某产品的市场信息需求情况。

形式：同学们事先拟好调查提纲后，由一方同学扮演调查者，另一方扮演被调查者，分别就调查提纲的内容开展市场调查。

六、案例分析

清凉啤酒公司的经理正在考虑改进啤酒包装，采用 250 毫升的小瓶并采用 4~6 瓶组合包装出售的策略。这样做的目的第一方面是方便顾客，因为小瓶容量小，适合单人饮用，不需另用杯子，也不会造成浪费。第二方面是希望对更多的人具有吸引力，使小瓶装啤酒进入一些大瓶装啤酒不能进入的社交场合。第三方面是方便顾客购买并促进销售。这种啤酒在国外早已流行。为此，经理必须获得以下问题的答案：新包装是否有足够的市场？目标市场是什么？一般在什么时候饮用？顾客希望在哪类商店购买？

研究目的有以下几个方面：

测试消费者对小瓶组合包装啤酒接受的可能性；

辨别小瓶组合包装啤酒的潜在购买者和使用者；

辨别小瓶组合包装啤酒的使用场合；

判断顾客希望在哪类商店买到这种啤酒；

判断潜在的市场大小。

样本将是18岁以上的饮用啤酒的人。信息收集将通过在百货公司等地方拦截顾客并以面谈访问方式进行，这样做可以向被调查者出示新包装啤酒的图片和样本。

清凉啤酒调查问卷

亲爱的女士、先生：

您好！

我是××市场调研公司的员工，我们正在进行有关啤酒市场的调查，可以占用您几分钟时间问您几个问题吗？您所提供的信息对我们这次调查的结果相当重要。

谢谢您的合作！

××市场调研公司

1. 您已经18岁了吗？（视情况发问）

是（　　） 否（　　）

2. 您喝酒吗？

是（　　） 否（　　）

3. 您喝什么类型的酒？

白酒（　　） 葡萄酒（　　） 香槟酒（　　） 啤酒（　　）（到问题5）

其他（　　）

4. 您喝啤酒吗？

是（　　） 否（　　）（询问结束）

5. 您认为啤酒适合在正规场合还是非正规场合喝？

正规场合（　　） 非正规场合（　　） 两者都行（　　）

6. 您多长时间喝一次啤酒？

天天喝（　　） 一星期（　　） 半个月（　　） 一个月（　　）

一年几次（　　）

7. 您在什么场合喝啤酒？

日常进餐（　　） 特别节日（　　） 来客人（　　） 周末假日（　　）

聚会（　　） 郊游（　　） 感到轻松愉快时（　　） 其他（　　）

8. 您知道酒类用多个小瓶组合包装出售吗？

是（　　） 否（　　）

9. 您认为将小瓶（250毫升）的啤酒6个一组包装在一起销售这种方法如何？

好主意（　　） 不好（　　） 无所谓（　　）

为什么？ _____

10. 您喝过××啤酒吗？

是（　　） 否（　　）

说明：清凉啤酒公司现在正准备改进啤酒包装，采用小瓶（250毫升）6个一组专门包装在市场推出。

11. 如果价格不比单瓶装增加的话，您愿意购买这种包装的啤酒吗？

愿意(　　)(到 14 题)　　可能(　　)　　不愿意(　　)　　不知道(　　)

为什么?＿＿＿＿＿＿＿＿＿＿＿＿＿＿＿＿＿＿＿＿＿＿＿＿＿＿＿＿＿＿

12.您会在哪些场合使用这种小瓶装啤酒?

日常进餐(　　)　　特别节日(　　)　　小型聚会(　　)　　周末(　　)

大型聚会(　　)　　休息放松(　　)　　体育运动后(　　)　　野餐(　　)

其他(　　)

13.您希望在哪类商店买到这种包装的啤酒?

食品商店(　　)　　专门酒店(　　)　　百货公司(　　)　　连锁商店(　　)

其他(　　)

14.您觉得这种包装的啤酒应该与哪些酒类摆在一起?

白酒(　　)　　香槟酒(　　)　　葡萄酒(　　)　　其他啤酒(　　)

饮料(　　)　　其他(　　)

分析

1.问卷初稿和研究设计是否符合研究目的?

2.可否用其他问题了解顾客态度和购买意向,可用什么方法获得有用的信息?

3.对问卷中的内容,还有哪些需要修改的地方?

第五章　目标市场战略

学习目标

通过本章的学习，掌握市场细分及目标市场与市场定位的含义、消费者市场与生产者市场细分的标准和方法、选择目标市场的模式及战略、市场定位的方法与战略，具有进行市场细分、选择目标市场和制定市场定位战略的能力。

第一节　市场细分战略

一、市场细分的含义、产生与发展

1.市场细分的含义

市场细分是指根据需求的差异性，按照一定的标准将一个大市场划分为若干个需求特征相同或相似的小市场的过程。每个小市场可看作是一个细分市场。考虑到市场细分的有效性，市场细分并不是越细越好。可以说，市场细分是一个求大同存小异的过程。

2.市场细分战略的产生和发展

市场细分由20世纪50年代中期美国市场营销专家温德尔·史密斯提出，其产生与发展大体经过了三个阶段。

（1）大量营销阶段。19世纪末20世纪初，企业面对所有消费者大量生产、分销、促销单一产品，其理由是：这种战略可使成本最低、价格最低，从而占领最大的潜在市场，获得更多的利润。大量营销产生的历史背景是经济不够发达、生产力水平不高、物质匮乏的年代。我国在计划经济时代，基本上属于大量营销阶段。

（2）差异营销阶段。20世纪30年代，发生了震撼世界的资本主义经济危机，市场迫使企业转变经营观念，营销方式就从大量营销转向产品差异化营销。这时企业生产销售多种具有不同特性、外观、式样、质量、规格的产品。产品差异化营销与大量营销相比是一种进步，但企业当时并未研究顾客需求，缺乏明确的目标市场。

（3）目标营销阶段。20世纪50年代以后，在科技革命的推动下差异营销已不能解决企业所面临的市场问题，它不得不转向以市场需求为导向的目标市场营销。这时，企业首先要分清众多细分市场之间的差别，然后从中确定一个或几个作为目标市场，最后根据每一目标市场的特点制定产品计划和营销计划，于是市场细分战略应运而生。从20世纪90年代以来我国在朝着这一目标迈进。

案例 5 –1

海尔集团的目标市场营销

海尔集团的前身是一家濒临倒闭的生产普通家电产品的小厂。1985 年，海尔股份有限公司成立。经过 20 多年的发展，海尔集团已成为中国家电行业的特大型企业。在海尔的发展过程中，它成功地运用了目标市场营销战略。

海尔集团根据市场细分的原则，在选定的目标市场内确定消费者需求，有针对性地研制开发多品种、多规格的家电产品，以满足不同层次消费者的需求。例如，在洗衣机市场上，海尔集团根据不同地区的环境特点，考虑不同的消费者需求提供不同的产品，如针对我国江南地区梅雨天气较多，湿衣不容易干的情况，及时开发了集洗涤、脱水、烘干于一体的海尔三合一全自动洗衣机。针对我国北方水质较硬的情况，海尔集团开发了专利产品"爆炸"洗净的气泡式洗衣机，即利用气泡爆炸破碎软化作用，提高洗净度20%以上。针对农村市场，研制开发了下列产品：大地洗衣机，适应盛产红薯的西南地区农民图快捷省事，用洗衣机洗红薯的需要；"小康"系列洗衣机，针对较富裕的农村地区；"小神螺"洗衣机，价格低、宽电压，非常适合广大农村市场。

二、市场细分的标准

市场细分的标准，总体来说是需求的差异性。不同类型的企业，采取的细分标准会有所不同。

1. 消费者市场细分的标准

消费者市场细分标准一般可概括为四个：地理标准、人口标准、心理标准、行为标准。每个标准又包括许多细分变量因素，如下表所示。

表 5 –1　消费者市场细分的标准

细分标准	细分变量因素
地理标准	区域、地形、气候、城镇规模、人口密度、交通条件等
人口标准	性别、年龄、收入、职业、文化、家庭状况、宗教、民族等
心理标准	性格、生活方式、购买动机、消费偏好等
行为标准	购买时机 、购买数量、使用频率、使用量、品牌忠诚度等

（1）地理标准。按消费者所在的不同地理位置将市场加以划分，是大多数企业采取的主要标准之一。这是因为该因素相对其他因素表现得较为稳定，也容易分析。由于不同环境、气候条件、社会风俗等因素影响，同一地区的消费者需求具有一定的相似性，不同地区的消费者需求则具有明显的差异性。如对有防暑降温、御寒保暖之类需求的消费者按照不同气候带细分市场很有意义。

应该指出，按照国家、地区、南方北方、城市农村、沿海内地、热带寒带细分市场是必需的。但是，地理环境是一种静态因素，同一地理位置的消费者仍然存在很大的差异。因此，企业还必须采取其他因素进一步细分市场。

（2）人口标准。这是市场细分惯用、最主要的标准，它与消费者需求及许多产品的销售有着密切联系，而且这些因素又往往容易辨认和衡量。按人口细分是一个多变量细分法，企业可同时结合几个变量来细分市场，使企业的目标顾客群体更加明朗。比如，某服装厂按年龄、性别、收入细分后，可选择成年男性高收入市场。

案例 5－2

零食消费男女有别，细分市场大有潜力

北京一家调查公司对儿童零食消费市场进行了一次调研。调查结果为：

一、女孩偏爱果冻和水果，男孩偏爱饮料和膨化食品。

调查显示，女孩爱吃果冻和水果的比例均比男孩高出 8 个百分点左右，另外对于冰淇淋、巧克力和面包，女孩的喜爱率也分别高出男孩 5.2 至 6.8 个百分点；相对而言，男孩更偏爱饮料和膨化食品，喜爱率比女孩分别高出近 3 个百分点和 1 个百分点。

二、9 岁以下儿童喜爱吃饼干和饮料，10 岁以上儿童偏爱巧克力和膨化食品。

调查显示，不同年龄的儿童对零食的偏好也有所不同。年龄小的儿童爱吃饼干和饮料，年龄大的孩子爱吃巧克力和膨化食品。7 至 9 岁爱吃饼干和饮料的儿童比 10 至 12 岁爱吃饼干和饮料的儿童均多出 9 个百分点以上；10 至 12 岁爱吃巧克力和膨化食品的儿童比 7 至 9 岁爱吃巧克力和膨化食品的儿童分别多出 7 个和 5 个百分点以上。

三、零食消费中果冻独占鳌头，城市儿童对果冻有特别的偏好。

果冻食品以其新鲜的口味、科学的营养成分及细腻爽滑的口感，成为城市儿童最喜爱吃的零食。调查显示，六成以上的儿童表示平时爱吃果冻；其次是水果，占 57.2%；表示爱喝饮料的儿童占 51.7%。

（3）心理标准。不同地理区域、不同人口变量的消费者对同种产品的消费心理必然存在差别，即使同一地理区域、同一人口变量的消费者对同种产品的消费心理也有明显差别。心理细分主要考虑消费者的心理个性，根据心理个性差别来塑造有个性的品牌。服装、化妆品、家具、餐饮、旅游等企业越来越重视按照生活格调来细分市场。例如，某男士牛仔裤厂商为几种特定生活方式的消费者设计牛仔裤"传统家居型"、"蓝领阶层的户外劳动者"、"放纵自我型"和"企业家"等。

企业可以将具有类似个性、价值观念的消费者划分为一个群体，作为一个细分市场，有针对性地制定营销战略。

（4）行为标准。不同的消费者有不同的购买行为。消费者的行为变量最直观、最直接。因此也有人认为，行为标准是进行市场细分的最佳依据。企业可以将具有类似购买行为的消费者划分为一个群体，作为一个细分市场，有针对性地制定营销战略。

市场细分的主要目的是为了明确企业产品的销售地区和购买群体，从而有针对性地制定相应的营销战略。从表 5－1 中随意抽取一个或几个标准与变量进行组合，根据排列组合理论，就可以形成若干个细分市场。这个思路，对于企业如何找到目标市场具有重要意义。

2. 组织市场细分的标准

组织市场细分除了使用消费者市场的细分标准外，还要根据组织市场的特点进行细分，细分标准与涉及的变量见表5 - 2。

表5 - 2　组织市场细分的标准

细分标准	细分变量因素
用户要求	商品的规格、型号、品质、功能、价格等
用户规模	（大、中、小）用户、购买次数（频率）、购买力等
用户地点	企业地理位置、交通运输、通信条件、自然环境等

（1）用户要求。不同用户对同一工业品的规格、性能、质量等方面的要求往往不同。如用于飞机的轮胎比拖拉机所用轮胎质量标准高。同样是半导体，军事用户特别重视产品质量，价格不是主要因素；商业用户则特别在乎价格。依据用户要求来细分市场，便于企业制定相应的营销战略。

（2）用户规模。许多生产企业以用户的规模为标准，把客户分为大量用户、中量用户、小量用户。大量用户数量虽少，但购买力大；小量用户则相反，户数甚多，但购买力不大。大量用户对产品质量、供货期以及运输方式一般要求苛刻，供货厂家竞争也比较激烈，但是一旦达成协议，就具有相对的稳定性；小量用户采购的批量较小，购销关系不稳定。企业通过市场细分，掌握不同规模用户的特点，采取不同的经营方式。对大量用户一般直接供货，并在价格上给予一定的优惠；对小量用户则通过中间商渠道供货，以保证一定的市场覆盖面。

（3）用户地点。由于用户地点涉及企业地理位置、自然环境、通信条件等，对于货物运输关系很大，所以这也是市场细分的标准之一。对于用户较为集中的，企业可以采取直接销售的方式，降低销售成本；对于较为分散的用户则可充分利用中间商网络进行分销。

三、市场细分的原因

1. 需求的差异性

消费者由于所处的地理环境、社会文化、性别、年龄、收入等方面的不同，对于同一类产品的需求存在或多或少的差别。企业要设法满足消费者不同的需求，就要对市场进行细分。

2. 买方市场的形成和卖方竞争激烈

产品供过于求形成买方市场，消费者处于主导地位，卖方即企业之间势必会竞争激烈，企业只有创造出有特色的产品，才能吸引消费者，在竞争中处于有利地位。

3. 企业资源的有限性

任何一个企业的资源都是有限的，企业不可能满足所有人的需要，只能满足部分市场的需要，因此需要对市场进行细分。

四、市场细分的作用

市场细分可以反映出不同消费者需求的差异性，为企业在市场营销活动过程中认识市场、选择目标市场提供依据，从而更好地满足消费者的需要，并取得企业的经营利润。具体地说，市场细分对企业的作用主要表现在以下几个方面。

1. 有利于企业发现市场机会

市场机会就是还没有得到满足的市场需求。消费者的需求千差万别，只有进行市场细分，才能及时发现竞争者没有占领或不愿涉足的市场，才能发现市场机会，进而选择出最有效的目标市场。

案例 5－3

日本钟表进驻美国

日本钟表欲进驻美国市场，原来一直以为美国消费者只需要名表，对美国手表市场需求了解不够。经过一番调查后发现，美国市场上的手表需求有三类不同的消费群体：

31% 的消费者要求手表名贵，认为手表是身份的象征。

46% 的消费者要求计时准确、耐用、价格适中。

23% 的消费者要求价格低廉、计时准确。

美国本地钟表厂商和瑞士手表厂商一心只关注第一类消费者，着眼于生产和经营优质名牌、价格昂贵的手表，而近 70% 的消费者需求都未得到满足。日本钟表厂商发现了这个市场机会，以式样新颖、售价便宜的电子表占领"价格低廉、计时准确"的细分市场，取得了巨大成功。

2. 有利于企业有针对性地开发新产品和制定投资组合策略

企业开发新产品，进行投资生产都是为了满足消费者的需求。经过市场细分后，企业的目标市场明确，企业新产品开发和项目投资就有了针对性，而不是盲目的，毫无意义的。

3. 有利于合理使用企业资源

任何企业，即使是大型企业或跨国公司，其人力、物力、财力、技术资源终究是有限的，都不可能满足所有消费者不同的需要。企业只有把有限的资源集中到目标市场上，做到有的放矢，才能取得较好的经营效益。

4. 有利于企业制定有效的营销组合策略

营销组合，即产品、价格、渠道、促销四个因素的优化组合，它需针对具体的目标市场进行设计。企业生产什么产品、产品价格确定在什么水平、通过什么渠道销售产品、采用什么方法促进产品的销售，都与产品的销售对象相关。企业进行了市场细分，就可以明确目标市场及目标消费者群体，就可以有效制定产品、价格、渠道和促销组合策略。

企业只有进行了市场细分，选择了有效的目标市场，才可能发掘并利用市场机会，有针对性地开发新产品，优化企业的资源配置，制定有效的营销组合策略，从而提高企业竞争力。

五、市场细分的条件

企业可依照各种标准进行市场细分，但并不是划分出来的所有细分市场都有效。要使细分后的市场对企业有用，必须遵循以下原则：

1. 可进入性

可进入性是指企业可以合法进入，能够占领并能开展有效的经营活动。有的细分市场尽管有很大的吸引力，但根据有关政策法规，企业不可以生产经营，这种市场细分就没有现实意义。

2. 可衡量性

可衡量性是指细分市场的规模及其购买力是可以被测量的，也就是说在这个细分市场上可获得足够的有关消费者特性的资料，以帮助企业决定以多大的投入来满足市场的需要。

3. 效益性

效益性是指企业所选定的细分市场的规模和购买力可使企业有利可图，取得经济效益。如果细分的市场很小，不能给企业带来足够的经济效益，就不值得细分。因此，市场细分并不是越细越好。

4. 可实施性

可实施性是指企业有相应的资源条件和实力在目标市场上开展市场营销活动。如果企业规模太小，人、财、物、技术资源缺乏，无法实施，则细分无效。

六、市场细分的方法

1. 单一因素法

单一因素法就是根据影响消费者需求的某一个重要因素进行市场细分。如奶粉企业按年龄细分市场可分为婴儿、儿童、中老年等奶粉市场。

2. 多因素法

多因素法是指根据影响消费者需求的两种或两种以上的因素进行市场细分。消费者的需求差别常常极为复杂，只有从多方面去分析、认识，才能更准确、全面地把他们区别为不同特点的群体。如鞋业企业可按年龄、性别、收入三个变量细分市场，如图 5-1 所示。

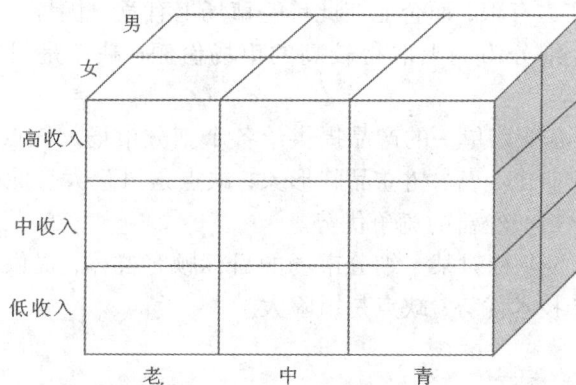

图 5-1　鞋业企业三维市场细分法

3. 系列变量因素法

系列变量因素法是指根据两种或两种以上的因素，且按照一定的顺序，由粗到细依次对市场进行细分，下一阶段的细分是在上一阶段选定的子市场中进行，细分的过程就是比较、选择细分市场的过程。此方法可使目标市场更加明确，有利于企业更好地制定相应的市场营销策略。如图 5-2 所示摩托车市场细分。

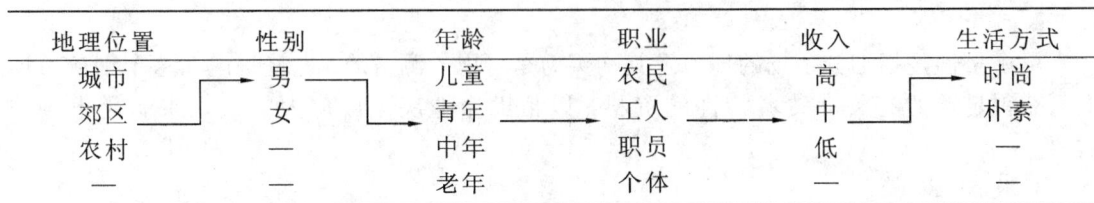

地理位置	性别	年龄	职业	收入	生活方式
城市	男	儿童	农民	高	时尚
郊区	女	青年	工人	中	朴素
农村	—	中年	职员	低	
—		老年	个体	—	

图 5-2　摩托车市场细分

第二节　目标市场战略

市场细分是为了选择目标市场。在市场细分的基础上，企业首先要认真评估各细分市场，然后根据自身的资源和目标，选择对本企业最有吸引力的一个或多个细分市场作为目标市场，有针对性地开展营销活动。

一、选择目标市场的模式

1. 目标市场的含义

目标市场是指企业希望占领的细分市场，或企业希望为之服务的顾客群体。

2. 选择目标市场的模式

企业选择目标市场一般有五种基本模式：

(1) 市场集中化。企业向某单一细分市场提供单一类别的产品。采用此战略的条件，一般来说是企业资源实力有限，而企业在此单一市场上有竞争优势。其优点是经营对象单一，可集中力量在一个细分市场上取得较高的市场份额；缺点是目标市场狭窄，经营风险高。

(2) 产品专业化。企业以单一的产品提供给各个细分市场。优点是产品专业化，可将产品做精做细做好、专业化经营、树立品牌形象；缺点是风险大。此模式的条件是资源实力有限、有产品专业化生产经营的竞争优势。

(3) 市场专业化。企业针对某一细分市场的目标顾客群体，提供多种产品。优点是产品相互关联，发挥生产技术优势；缺点是风险大。

案例 5-4

金利来——男人的世界

"金利来"服饰主要针对 25~45 岁，事业成功、追求卓越、具有国际品位且充满都市活力的成功男士。其品类涉及上班一族的正装系列、运动休闲的高尔夫系列、全套家居服、内衣系列及皮具、皮鞋系列，照顾到新世纪男士的每一种需要。金利来产品系列包括：

正装系列：衬衫、T恤、西装、西裤、夹克、棉褛、毛衣及服饰(含领带、皮具、领带夹、礼盒等)。

高尔夫、运动休闲系列：衬衫、T恤、休闲裤、休闲衣、夹克、毛衣等。

家居服及内衣系列：男女内衣、内裤、家居服、睡衣、浴袍等。

皮具系列(特许经营)：男女皮鞋、皮包。

(4)选择专业化。企业针对不同的目标市场提供不同的产品。优点是分散风险。应用此模式的条件是企业有较强的资源实力和营销能力。

案例 5 - 5

宝洁公司的洗发水满足不同人群的需要

美国宝洁(Procter & Gamble)公司，简称 P&G，是世界上最大的日用消费品制造商之一。宝洁公司实施的是多品牌战略，仅在中国销售的洗发水品牌就有"海飞丝"、"飘柔"、"潘婷"、"沙宣"、"伊卡璐"，不同的品牌满足了不同的消费者需要：

"海飞丝"：有头皮屑的消费者；

"飘柔"：需简单柔顺秀发的消费者；

"潘婷"：想保养头发的消费者；

"沙宣"：对美发要求更高的消费者；

"伊卡璐"：染发的年轻消费者。

(5)市场全面化。企业生产多种产品，满足各类顾客群体的需要。采用此模式的条件是资源雄厚、实力强大的大企业。

选择目标市场的模式如图 5 - 3 所示(M = Market   P = Product)：

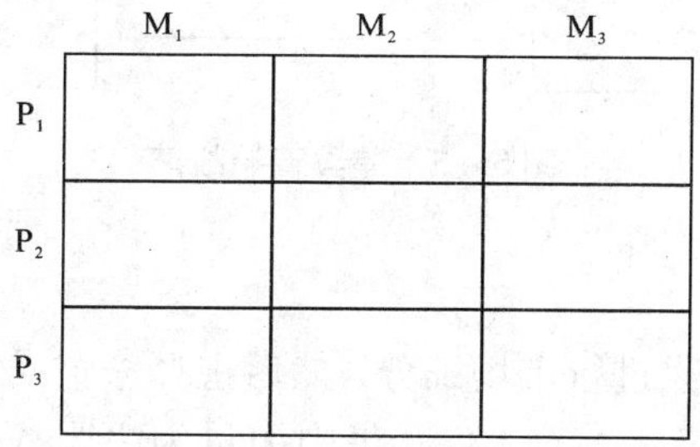

图 5 - 3 选择目标市场的模式

在现实经济生活中，企业运用这五种目标市场模式时，一般总是首先进入最有利可图的细分市场，只有当条件和机会成熟时，才会逐步扩大目标市场范围，进入其他细分市场。

二、目标市场营销战略

企业选择的目标市场不同，提供的商品和劳务不同，进入目标市场的营销战略也不同。企业在确定其目标市场战略时有三种选择。

1. 无差异营销战略

无差异营销战略是指企业将各细分市场之间的差异忽略不计,推出一种产品,运用一套营销组合方案,为整个市场服务。无差异营销战略的核心是针对需求的共性开展市场营销。

这种战略的优点是成本的经济性,可以节约生产、储存、运输、广告宣传等费用,从而降低成本。缺点是局限性大,只对少数企业或少数产品适用。

采用这一战略的条件是:产品供不应求,即使生产无差异产品,企业同样可以销售出去;或者产品本身同质性高,各个企业的产品并无多大差异,没必要实行差异营销战略。如图5-4所示。

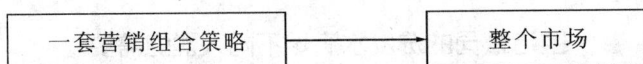

```
┌──────────────┐        ┌──────────────┐
│ 一套营销组合策略 │ ─────→ │   整个市场    │
└──────────────┘        └──────────────┘
```

图5-4　无差异营销战略

2. 差异营销战略

差异营销战略是指企业先进行市场细分,然后根据企业的资源实力,选择多个细分市场作为目标市场,生产不同的产品,采用不同的营销组合策略,满足不同细分市场的需求。

这种战略的优点是产品多样化,提高市场占有率,分散经营风险,提高企业的竞争能力。缺点是生产成本和经营费用大。

随着市场竞争进一步加剧,市场分得越来越细,差异化营销是趋势。如图5-5所示。

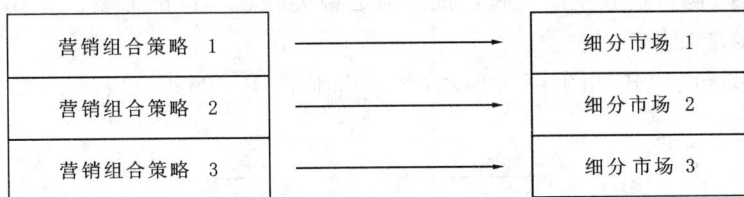

```
┌──────────────┐        ┌──────────────┐
│ 营销组合策略  1 │ ─────→ │  细分市场  1  │
├──────────────┤        ├──────────────┤
│ 营销组合策略  2 │ ─────→ │  细分市场  2  │
├──────────────┤        ├──────────────┤
│ 营销组合策略  3 │ ─────→ │  细分市场  3  │
└──────────────┘        └──────────────┘
```

图5-5　差异营销战略

3. 集中营销战略

集中营销战略是指企业先进行市场细分,然后选择一个或少数几个性质相似的细分市场作为目标市场,制定一套营销组合方案,集中力量为之服务,试图在较少的细分市场取得较大的市场占有率。

这种战略的优点是企业能较深入地了解目标市场的需要,实行专业化生产和经营,树立企业形象。缺点是市场狭窄,风险较大。

这一战略适合初次进入某细分市场的大企业,以及资源有限的中小企业。如图5-6所示。

```
┌─────────────────┐          ┌─────────────┐
│  一套营销组合策略  │ ───────→ │  某细分市场  │
└─────────────────┘          └─────────────┘
```

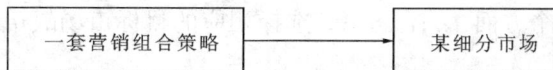

图5-6　集中营销战略

案例5-6

"奥普浴霸"——只有有所不为，才能有所为

澳大利亚奥普卫浴电器(杭州)有限公司是专业从事卫浴电器研发、生产和营销的国际企业。其代表产品"奥普浴霸"(浴室取暖设备)在国内外颇受欢迎，仅此一项奥普公司在中国地区的年销售额便超过2亿元。在中国市场，奥普公司靠"奥普浴霸"系列产品而成名，"浴霸"(浴霸两个字变成了浴室取暖设备的代名词)因奥普公司在中国内地的引进和发展而成为一个行业。

奥普公司认为，作为一个企业，必须集中所有优势，在一个专业的领域上开发经营，这样才能把工作做得系统，做得细致。因此，奥普集中了所有的技术优势、资源优势、品牌优势，定位于卫浴电器产品的开发和推广。

三、选择目标市场战略需考虑的因素

上述三种战略，各有利弊，企业选择哪种战略，主要需考虑以下因素：

1. 企业资源

大型或资源雄厚的企业，可实行无差异营销战略或差异营销战略；而资源有限的企业，则宜采用集中营销战略。

2. 产品差异性

如果产品本身差异性不明显，如面粉、白糖、食盐等，可采用无差异营销；而对差异性大的产品，如服装、家电、食品等，则适合采用差异营销战略或市场集中战略。

3. 产品生命周期

当产品处于投入期，企业投入市场的产品品种较少，竞争者少，企业宜采用无差异营销战略；当产品进入成长或成熟期时，竞争者增多，为了在竞争中取胜，宜采用差异营销战略；当产品进入衰退期后，企业为了集中力量对付竞争者，则宜采用集中营销战略。

4. 市场同质性

市场同质性主要是指消费者需求偏好等方面的类似程度。如果消费者需求偏好大致相同，对市场营销刺激的反应也基本相同，宜采用无差异营销战略；反之，若消费者的需求偏好差异较大，对市场营销刺激的反应也不一致时，则宜采用差异性或集中性市场营销战略。

5. 竞争者战略

如果竞争对手采用无差异营销战略，则本企业可考虑采用差异营销战略或集中营销战略；如果竞争对手已采取差异营销战略而且竞争力强，则本企业可采用对等的或更深层次的差异或集中营销战略。

　　企业应结合上述五个方面，综合考虑，选择相应的目标市场战略，如表 5 – 3 所示：

表 5 – 3　选择目标市场需考虑的因素

考虑因素		选择战略
企业资源	雄 厚	无差异、差异
	有 限	集 中
产品	差异性小	无差异
	差异性大	差异、集中
产品生命周期	投入期	无差异、集中
	成长期	差异、集中
	成熟期	差异、集中
	衰退期	集 中
市场	同 质	无差异
	异 质	差异、集中
竞争者	无差异	差异、集中
	差 异	差异、集中
	集 中	差异、集中

第三节　市场定位战略

　　企业选择目标市场后，必须考虑市场定位，为本企业以及产品在市场上树立鲜明形象，显示一定特色，并争取目标顾客的认同。

一、市场定位的含义

　　市场定位是指树立本企业产品在目标顾客心目中的形象和地位。
　　市场定位的核心是差异化，即保持本企业产品的差异化，使企业所提供的产品具有一定特色，能给顾客留下深刻印象，并与竞争者的产品有所区别。所以，市场定位战略可以大致理解为差异化战略。

二、市场定位战略

1. 产品差别化战略
　　产品差别化战略是从产品质量、款式等方面实现差别化。具体可表现为：
　　(1) 质量差别化。企业生产高品质的产品，如一些名牌产品就采用这一战略，产品质量比大多数竞争者好，如奔驰、金利来、宝洁、老人头等，产品品质比大多数同类产品优。
　　(2) 价格差别化。与竞争对手保持不一样的价格，可以是高价、中价、低价。

（3）款式差别化。采用独特的款式，如服装、家具等产品很注重款式差别。

（4）功能差别化。与竞争对手保持不同的产品功能，或者功能更加优化。一些技术含量高、发展快的产品，如手机、电脑、家电等很注重功能的差别化。

（5）顾客群体差别化。针对某一顾客群体进行定位，如劳力士手表定位于事业有成的人士；一些名牌化妆品定位于高收入的中年女士。

（6）使用场合差别化。某些产品特别强调在某种特殊场合下使用，如金六福酒、永恒婚纱多在喜庆场合使用。

（7）分销渠道差别化。建立本企业独特的分销渠道体系，如格力空调采用的代理模式便与其他空调生产企业不同。

（8）广告等促销方式的差别化。采用与竞争者不同的促销方式。

可以说，产品整体概念里包含的每一个要素，都可以与竞争者有所差别。作为企业来说，要将各种差别化进行有效的组合。在上述多种形式的差别化中，质量、价格、款式的差别化是企业运用最普遍的，也是消费者最熟悉的定位。

2. 服务差别化

服务差别化是本企业向目标市场提供与竞争对手不同的优质服务。现代企业的竞争，既是产品的竞争，也是服务的竞争。特别是技术含量高的产品，如家电、汽车、电脑等，消费者非常注重服务。如果生产的产品，价格相当，质量并无多大的差别，竞争就体现在服务水平上。如果企业把服务要素融入差别化体系，就可在许多领域建立其他企业的"进入屏障"。

企业打造服务差别化，可以从及时准确地传递产品信息、订货的便利性、交货及时与方便性、帮助顾客安装调试、为客户提供培训、客户咨询、维修等方面考虑。

3. 企业形象差别化

企业形象差别化战略是在产品的核心部分与竞争者类同的情况下，塑造不同的企业形象以获取差别优势实现差别化。企业形象泛指企业的厂容厂貌、建筑、产品、标志、经营理念、价值观念、广告等，它在消费者的心目中是一个总体印象。想要成功塑造形象，需要具有创造性的思维和设计，需要持续不断地利用所有传播工具。其中，将具有创意的标志融入某一文化氛围是实现形象差别化的重要途径，如麦当劳的金色"M"标志就是人们很熟悉的一个例子。

4. 人员差别化

人员差别化战略是指通过聘用和培训比竞争者更优秀的人员获取差别化优势。市场竞争归根到底是人才竞争，一旦拥有了这项竞争优势，企业就会在众多领域具有明显的竞争优势。

三、市场定位方式

如上所述，市场定位的核心是差异化，这种差异化体现在与竞争者的差别上。因此，可以说市场定位是一种竞争战略，显示了一种产品或一家企业和类似的产品或企业之间的竞争关系。定位方式不同，竞争态势也不同。

1. 避强定位

避强定位是指企业力图避免与实力最强或较强的其他企业直接发生竞争，而将自己的产品定位于另一市场区域内，使自己的产品在某些特征或属性方面与最强或较强的对手有比较显著的区别。

　　这是一种避开强有力竞争对手的市场定位。其优点是能够在市场上迅速站稳脚跟，并在消费者或用户心目中迅速树立一种形象。由于这种定位方式市场风险较小，成功率较高，常常为多数企业所采用。但是避强也往往意味着企业必须放弃某个最佳的市场位置。

　　2. 对抗定位

　　对抗定位是指企业根据自身的实力，为占据较佳的市场位置，不惜与市场上占支配地位的、实力最强或较强的竞争对手发生正面竞争，而使自己的产品进入与对手相同的市场位置。

　　这是与强大的竞争对手"对着干"的定位方式。显然，这种定位具有较大的风险，可能会遭到竞争对手的报复。但是，一旦成功就会取得巨大的市场优势。

案例 5 - 7

便宜有什么用?

　　在中国联通和中国电信咄咄逼人的进攻下，中国移动曾推出其有史以来最大的一系列以"便宜有什么用"为主题的广告战。在广告表现中，其针对对手的便宜很明确地提出"一用户手持手机到处找信号的旁白：找什么，找信号；掉什么，掉线；打一个电话掉五六次线，一点不省钱"，通过强化其核心竞争力"网络好"，极为有力地回应对手的进攻；而在上海市场，中国移动甚至启动中国联通广告的原班人马，让父亲教训在中国联通广告片中要换手机的年轻人："换什么换?! 即使在环保标准最为严格的欧洲，GSM 仍然是绝大多数人的选择，咱就不换!"

　　3. 比附定位

　　比附定位就是攀附名牌的定位战略，企业通过各种方法和同行中的知名品牌建立一种内在联系，借名牌的影响力使自己的品牌在消费者心目中迅速占据一个牢固的位置。

案例 5 - 8

蒙牛甘当内蒙古第二品牌

　　蒙牛刚启动市场时只有1300多万元，在伊利、草原兴发这两个资本大鳄面前显得非常弱小。从竞争层面上看，兴发和伊利联手干掉蒙牛，是完全可能的。但是，蒙牛充分并巧妙地利用"傍依"策略，从产品的推广宣传开始就与伊利联系在一起，如蒙牛的第一块广告牌子上写的是"做内蒙古第二品牌"；宣传册上闪耀着"千里草原腾起伊利集团、蒙牛乳业……我们为内蒙古喝彩"；在冰激凌的包装上，蒙牛打出了"为民族工业争气，向伊利学习"的字样，这与阿维斯出租汽车公司强调"我们是老二，我们要进一步努力"的策略是一致的。蒙牛利用伊利的知名度，无形中将蒙牛的品牌打了出去，提高了品牌的知名度。

　　4. 重新定位

　　重新定位是指企业调整产品特色，改变目标顾客对其原有的印象，使目标顾客对其产品新形象有一个重新认识的过程。企业在遇到以下情况时则应考虑重新定位：

（1）竞争者推出的产品定位于本企业产品的附近，侵占了本企业产品的部分市场，使产品市场占有率下降。

（2）消费者的偏好发生变化，从喜爱本企业产品转移到喜爱竞争者的产品。

（3）原来的定位过宽、过窄或模糊。

案例 5 - 9

王老吉：从 1 亿到 120 亿

长期以来，凉茶都只局限于中国南方的区域市场，维持在小规模内、不温不火的销售状态。2003 年开始，王老吉一路飙红，制造出了爆炸式增长的市场奇迹：销售额从 2002 年的 1.8 亿元增至 2003 年的 6 亿元。2004 年突破 14.3 亿元，2005 年超过 25 亿元，2006 年近 40 亿元，2007 年近 90 亿元，2008 年近 120 亿元。

王老吉是如何取得市场突破的呢？靠的是重新定位。王老吉在消费者心中原有的定位是"药茶"。当成"药"服用，无须也不宜经常饮用，消费者有心理障碍且用量有限。从战略定位入手，将王老吉从"药茶"重新定位为"预防上火的饮料"，明确红罐王老吉是一种功能饮料，为王老吉从区域市场走向全国市场和挖掘潜在需求扫除了障碍。

四、市场定位的步骤

市场定位的关键是企业要设法在自己的产品上找出比竞争者更具竞争优势的特性。因此，企业市场定位的全过程可以通过三大步骤来完成，即分析竞争对手定位状况、识别本企业竞争优势、明确显示本企业独特的核心竞争优势，如图 5 - 7 所示。

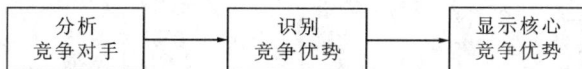

图 5 - 7　市场定位的步骤

1. 分析竞争对手定位状况

这一步骤的中心任务是要回答以下几个问题：谁是本企业的竞争对手？竞争对手的产品定位如何？目标顾客得到满足的程度如何及还需要什么？针对竞争者的市场定位和潜在顾客的需要，企业应该且能够做什么？企业市场营销人员必须通过调研回答以上问题，才可从中把握并确定自己的竞争优势。

2. 识别本企业竞争优势

这一步骤是与竞争者相比较的过程。通常的做法是分析、比较企业与竞争者在以下 7 个方面哪些是强项，哪些是弱项：

（1）经营管理方面。主要考察领导能力、决策水平、计划能力、组织能力以及个人应变的经验等指标。

（2）技术开发方面。主要分析技术资源、技术手段、技术人员能力和资金来源是否充足等指标。

（3）采购方面。主要分析采购方法、存储及运输系统、供应商合作以及采购人员能力等指标。

（4）生产方面。主要分析生产能力、技术装备、生产过程控制以及职工素质等指标。

（5）市场营销方面。主要分析销售能力、分销网络、市场研究、服务与销售战略、广告、资金来源是否充足以及市场营销人员的能力等指标。

（6）财务方面。主要考察长期资金和短期资金的来源及资金成本、支付能力、现金流量以及财务制度与人员素质等指标。

（7）产品方面。主要考察可利用的特色、价格、质量、包装、服务、市场占有率、信誉等指标。

在与竞争者比较后，企业的竞争优势一般集中体现在两个方面：成本优势和产品差别化优势。成本优势是企业能够以比竞争者更低的价格销售相同质量的产品，或以相同的价格销售质量更高的产品。产品差别化优势是指产品独具特色的功能与顾客需要相适应的优势，即在产品的质量、功能、品种、规格、外观等方面比竞争者更有优势。

3. 显示本企业独特的核心竞争优势

这一步骤的主要任务是企业要通过一系列的宣传促销活动，使企业独特的竞争优势准确地传播给潜在顾客，并在顾客心目中留下深刻的印象。为此，企业首先应使目标顾客了解、认同、喜欢和偏爱本企业的市场定位，在顾客心目中建立起与该定位相一致的形象。其次，企业通过加强对目标顾客的了解，稳定目标顾客的态度，加深目标顾客的感情等努力来巩固与市场相一致的形象。最后，企业应注意目标顾客对其市场定位理解出现的偏差，或由于企业市场定位宣传上的失误而造成的误会和目标顾客认识的模糊、混乱，及时纠正与市场定位不一致的形象。

实训

一、基本概念

STP 营销、大量营销、差异营销、目标营销、市场细分、目标市场、无差异营销战略、差异营销战略、集中营销战略、市场定位、避强定位、对抗定位、比附定位

二、选择题

1. 单选题

（1）总的来说，市场细分的依据是（　　）。

A. 产品的差异性　　B. 需求的差异性　　C. 企业性质的差异性

（2）企业在调查研究市场和对市场进行细分的基础上，结合自己的资源与优势，选择其中最具吸引力和最能有效为之服务的细分市场，作为本企业的目标市场。这种市场细分战略是（　　）。

A. 大量营销　　　B. 差异营销　　　　C. 目标营销

（3）企业针对某一细分市场的目标顾客群体，提供多种产品，这种选择目标市场的模式是（　　）。

A. 市场集中化　　B. 产品专业化　　C. 市场专业化　　　D. 选择专业化

E. 市场全面化

（4）企业将整体市场划分为若干小市场后，只选择其中一个或有限的几个细分市场作为目标市场，并制定一套相应的营销组合策略。这种选择目标市场的战略是（　　）。

A.无差异营销战略　　B.差异营销战略　　　C.集中营销战略

（5）市场定位的核心是（　　）。

A.差异化　　　　　　B.无差异化　　　　　C.集中化　　　　　　D.分散化

（6）本企业与强大的竞争对手采用相同的定位方式，这种市场定位战略是（　　）。

A.避强定位　　　　　B.对抗定位　　　　　C.比附定位　　　　　D.重新定位

2.多选题

（1）市场细分的主要标准有（　　）。

A.地域细分　　　　　B.人口细分　　　　　C.心理细分　　　　　D.行为细分

（2）市场细分的原因有（　　）。

A.需求差异性　　　　B.企业间竞争激烈　　C.企业资源有限　　　D.产品差异性大

（3）市场有效细分的条件有（　　）。

A.可衡量性　　　　　B.可进入性　　　　　C.效益性　　　　　　D.可实施性

（4）选择目标市场的模式有（　　）。

A市场集中化　　　　B.产品专业化　　　　C.市场专业化　　　　D.选择专业化

E.市场全面化

（5）差异营销战略的优点有（　　）。

A.产品多样化，满足不同的需求　　　　　　B.提高市场占有率

C.成本低　　　　　　　　　　　　　　　　D.分散经营风险

E.提高企业的竞争能力

（6）选择目标市场战略的依据有（　　）。

A.企业资源　　　　　B.产品差异化　　　　C.产品生命周期　　　D.市场同质化

E.竞争者战略

三、简答题

1.简述市场细分、目标市场、市场定位的关系。

2.如何理解市场细分是一个求大同存小异的过程？

3.企业进行市场细分有何作用？

4.在产品生命周期各阶段应分别采用怎样的目标市场战略？为什么？

5.什么情况下企业需要重新定位？

6.市场定位的步骤有哪些？

四、论述题

1.论述消费者市场细分的依据和条件。

2.论述目标市场选择各模式的优缺点及适用条件。

3.论述目标市场选择各战略的优缺点及适用条件。

4.论述市场定位的方法。

五、项目实训

1.市场细分实训

实训内容：选择一种消费品（如服装、鞋子、洗衣粉、牙膏、洗发水、饮料、啤酒、电

脑、手机、彩电、空调、冰箱、洗衣机等），运用系列变量因素法进行市场细分，并选择目标市场。

实训形式：以小组为单位进行讨论分析，形成一致性意见，每组选派代表上台板书、发言，学生考评员进行评议，教师点评、总结。

2. 差异营销实训

内容："农夫果园"产品上市并不长，但取得很好的业绩，试从其产品差异化方面加以分析。

形式：同学们事先从各种媒体收集相关信息，分小组讨论形成一致性意见，在课堂上，每小组选代表发言，班上同学评议，老师总结。

3. 市场定位实训

内容：以化妆品、牙膏、奶粉等产品为例，以产品的功能为细分依据，分别说明其市场细分的标准，对应的目标市场及市场定位。

形式：同学们事先从各种媒体收集相关信息，分小组讨论形成一致性意见，在课堂上，每小组选代表发言，班上同学评议，老师总结。

六、案例分析与讨论

1. 动感地带——年轻人的地盘

2003年12月13日，由中国移动发起的"'动感地带'2003中国大学生街舞挑战赛总决赛暨颁奖晚会"在京举行，该活动历时三个多月，直接影响了600万大学生，最后海南职业技术学院和华东理工大学最终凭借动感出众的编舞、挥洒自如的舞姿、高难度的动作技巧脱颖而出，分别获得BREAKING BATTLE和HIP-HOP的第一名，成为"动感地带"的第一代街舞舞王。

"动感地带"面世以来的一系列活动吸引了众多注意力，促使"动感地带"的知名度和市场占有率迅速提升。一位广告界人士说："动感地带是中国移动通讯领域的第一个真正意义上的品牌。"系列广告中周杰伦现身说法，展现出品牌新奇、时尚、好玩、探索的个性，吸引年轻的消费者融入"动感地带"的天地，拓展出一方属于自己的领地。

"动感地带"是中国移动继"全球通"、"神州行"之后推出的第三个品牌，与前两个品牌对所有的消费者大包大揽不同，"动感地带"一推出就确定了自己的目标市场和定位。它的目标市场是15-25岁年龄段的，崇尚新奇事物的年轻一代，通过提供时尚、好玩、探索的移动服务，拉近与消费者的距离，使自己成为消费者生活的一部分。

背景分析

"动感地带"推出前的中国移动通信市场可谓狼烟四起，中国联通借着CDMA网络的升级，向中国移动发起了猛攻，通过自己的价格优势和网络覆盖的逐步完善，与"全球通"展开了肉搏战。中国电信也不甘示弱，"小灵通"打入国内封锁最严的市场——上海和北京，基本上完成了全国的布局，与"神州行"一起争夺低端市场。为了保持公司业绩的持续增长，必须找到突破口。早在2000年，中国移动就看到数据增值业务的广阔前景，因此推出了"移动梦网"业务，期望成为中国的DOCOMO，但是增值业务始终无法担负新的经济增长点的重任，到2002年底，梦网业务的收入仍仅占中国移动销售收入的1%。

2001年底，中国移动在广州开始进行"动感地带"的试点运行，在传统的梦网服务中加入更多时尚和年轻的元素，并配合进行了价格的调整。一年后，广州动感地带用户超过100万，中国移动认为时机成熟，于2003年3月开始全国推广。

市场分析

今天的手机已成为人们日常生活的普通沟通工具，伴随着3G浪潮的到来，手机将凭借运营网络的支持，实现从语音到数据业务的延伸，服务内容更将多样化，同时更孕育着巨大的市场商机。而同其他运营商一样，中国移动旗下的全球通、神州行两大子品牌缺少差异化的市场定位，目标群体粗放，大小通吃。内容的同质化无法获得消费者的认同和忠诚，这也是竞争者的可乘之机，中国移动作为中国通讯市场的领导者，终于决定向自己发起挑战，通过消费者的细分，寻找有潜力的目标市场，用差异化的服务和产品吸引目标客户，提升客户忠诚度，把过去传统的业务竞争提升到品牌竞争的高度，通过品牌价值获得新的增长点。

麦肯锡对中国移动用户的调查资料表明，中国将超过美国成为世界上最大的无线通讯市场，从用户绝对数量上说，到2005年中国的无线电话用户数量将达到1.5亿~2.5亿户，其中将有4 000~5 000万用户使用无线互联网服务。

从以上资料可看出，25岁以下的年轻新一代消费群体将成为未来移动通信市场最大的增值群体，因此，中国移动将以业务为导向的市场策略率先转向了以细分的客户群体为导向的品牌策略，在众多的消费群体中锁住15~25岁年龄段的学生、白领，产生新的增值市场。

相得益彰的市场推广

"动感地带"摸准了年轻人的心理，斥巨资邀请周杰伦作为其形象代言人，在全国范围内进行了立体式媒体轰炸。周杰伦被称为"飘一代"的代言人，他以个性飞扬和青春叛逆深受年轻人的疯狂追捧。"动感地带"广告语"我的地盘，我做主"也极具煽动性和个性的挑战，反映了年轻人追求独立、叛逆、自主的个性，《新周刊》杂志社主办的"2003年度新锐榜"全面启动。"年度艺人"周杰伦榜上有名，广告语——"我的地盘，我做主"也被评为"年度最佳广告语"，中国移动的"动感地带"获得了双丰收。

"动感地带"定位在年轻人的品牌，做年轻人喜欢做的事，为了不断地迎合动感年轻人的爱好和消费特征，从最初的"以信会友"到现在的"以舞会友"，再到"动感地带"与麦当劳联合推出动感套餐的"以吃会友"，并且计划在上海淮海路最繁华的地段建立最大、最全、最专业的业务与服务展示、体验平台———旗舰店，"动感地带"品牌店：宽敞、明亮，甚至带点奢侈的味道。"动感地带"这一系列大手笔的举动不断地给动感一族带来惊喜和兴奋。

在短短的时间内，"动感地带"的用户在全国目前已达1 000万，它是中国唯一针对时尚、富于变化的年轻一代的所推出的客户品牌，自从推出以来，一路高歌，充满活力，为价格战打得如火如荼的移动通信市场增加了新的元素，并把移动通信的竞争从价格战提升到品牌战。中国联通也把目标投向了年轻一族，以时尚、叛逆为个性的"动感地带"能否将动感进行到底呢？

分析与讨论

1. 市场细分的标准有哪些？"动感地带"运用了哪些标准和因素进行市场细分？

2. "动感地带"为什么要对市场进行细分？

3. "动感地带"的目标市场是什么？中国移动为什么选择这一目标市场？

4. "动感地带"的市场定位是什么？你认为中国移动邀请周杰伦作为其形象代言人，对市场定位的传播起什么作用？

5.阅读了该案例，你有什么启示？

2.战略细分，江中抢占儿童助消化用药市场

前言

2003年底，江中药业股份有限公司（以下简称江中公司）在对儿童助消化药市场进行全面研究分析后，决定实施战略细分，推出儿童装江中牌健胃消食片，以对江中牌健胃消食片（日常助消化药领导品牌）的儿童用药市场进行防御；

2004年中，上市前铺货、电视广告片拍摄等市场准备工作基本完成；

2004年底，销售额过2亿元，并初步完成对儿童市场的防御。

2007年，儿童装江中牌健胃消食片销量达3.5亿元。

对于一个OTC（非处方药）新品，面市3年，就在全国范围全线飘红，完成超过3.5亿的销售额。这样一份成绩，充分证明了实施战略细分的强大威力。

危机

2003年4月，山东省的百年老厂宏济堂，在中央电视台六套等媒体，投放了神方牌小儿消食片的一条新广告片，具体情节如下：

在一个电视广告拍摄现场中，男主角从产品包装瓶中，探出头来，说"孩子不吃饭，请用消食片"，此时突然传来导演的"cut（停），是小儿消食片"，于是男主角再演一遍"孩子不吃饭，请用小儿消食片"，接下来画外音"神方牌小儿消食片，酸酸甜甜，科技百年，济南宏济堂制药。"

此时的江中健胃消食片，横跨成人、儿童助消化药两个市场。由于这两个市场在消费者、竞争者各方面，均存在一定的差异，对成人而言，江中健胃消食片主要解决"胃胀、腹胀"的问题，而对于儿童，则主要解决"孩子不吃饭"（儿童厌食）的问题，所以江中公司针对成人和儿童市场，分别进行不同的广告诉求，其中针对儿童市场的广告是"孩子不吃饭，请用江中牌健胃消食片"。不难看出宏济堂此次行动的用意——直接针对江中健胃消食片，细分其儿童市场。

江中公司对此极为重视，因为神方小儿消食片直接细分的儿童市场，是江中健胃消食片的核心市场之一，而江中健胃消食片又是江中公司最主要的利润来源。何况，作为山东的强势地方品牌，选择央视这样一个全国性媒体，也体现了其欲进军全国的企图。不难想象，这条宣战式的广告片在江中公司上下引起怎样的轩然大波。

对策

江中非常清楚，如果静观其变——让我们再看看形势如何发生，看看对手的行动是否奏效，或者看对手广告还能维持多久这类的做法，将丧失宝贵的时机，因为一旦等到神方小儿消食片在消费者心中建立第一印象，就如同坚固的堤防被撕开了一道口子，滔天洪水将破堤而入。到时只怕江中健胃消食片想要补救都来不及，更遑论封锁竞争了。因此，作为其战略合作伙伴，江中第一时间委托成美营销顾问展开专项研究，制定应对策略。

通过对江中信息部门提供的各类情报进行分析研究，很快，成美提交了题为《如何抵御神方小儿消食片》的研究报告，其主旨是建议处于领导地位的江中健胃消食片，运用财力法则，实施封锁竞争。江中公司依此方案进行了实施：在宏济堂的大本营山东、安徽、

河南等地,加大江中健胃消食片的推广力度,其中电视广告投放量增加到 3 倍,并进行大规模、长时间的江中健胃消食片的"买一赠一"活动,以期通过综合打压其销量,断其现金流的方式阻止其向全国扩张。

同时,成美提出后续方案,建议江中公司借此契机,主动细分市场,加快儿童专用助消化药品的上市,趁儿童助消化药市场的竞争尚不激烈,尚无竞争品占据消费者的心中,全力将新品推向全国市场,使自己成为儿童助消化药这个新品类的代表品牌,从而巩固其市场主导权。

未待江中全面出击,神方小儿消食片很快偃旗息鼓了。但神方小儿消食片的突袭,使江中公司第一次真切地感受到,江中健胃消食片在儿童用药市场的份额随时可能失去,推出儿童助消化药新品已是势在必行。

2003 年底,在技术、生产等各部门的全力配合下,儿童装江中牌健胃消食片正式面市。儿童装江中健胃消食片为摆脱"成人药品"的影响,完全针对儿童进行设计。片型采用0.5g(成人则为 0.8 g),在规格和容量上也更适合儿童。药片上还压出"动物"卡通图案,口味上则是采用儿童最喜爱的酸甜味道,同时在包装上显眼处标有儿童漫画头像以凸现儿童药品的身份……这些改进使儿童装健胃消食片的产品从各方面都更好满足儿童的需求,并不断提示家长这是儿童专用产品。

由于儿童装江中健胃消食片是江中健胃消食片的产品线扩展,为了更好关联江中牌健胃消食片的领导地位,及让原有儿童消费者更放心的转移,成美提出在突出"儿童专属性"的同时,应该与江中健胃消食片紧密关联。所以,在包装的设计上,沿用了江中牌健胃消食片的整体风格,而且药片的形状同样为三角形,口味则稍为加重酸甜味。山东神方牌小儿消食片的事件,至此方告一段落。

2004 年初,成美再向江中公司提交了关于未来一年江中健胃消食片增长来源的研究方案,题为《2004 年,江中健胃消食片的销售增长从哪里来》。方案中通过翔实的数据和论证分析,指出"儿童助消化药"是一个全新、待创建的品类市场,拥有巨大的市场前景,必须对儿童助消化药新品,实施战略细分,第一个创建、开拓该品类,使之成为品类的代表。相应的,江中牌健胃消食片将重新定位在"成人助消化药物"。

江中公司对方案进行了认真仔细地研究,很快认同了"儿童助消化药市场将是未来增长最快,值得占据的细分市场"这一重要研究成果,决定实施战略调整,对资金重新分配。出于2004 年销售增长及时间的现实压力,结合中药的品类特性,公司决定让已基本完成铺货的儿童装江中健胃消食片承载起这个任务,并迅速在资金、人员上进行了重新的配置,将原计划用于其他产品的部分费用,分配给儿童装江中健胃消食片,同时增设了新的产品经理。儿童装江中健胃消食片的命运从此峰回路转,获得了集团公司在财力、物力等多方面支持。

后记

儿童装江中健胃消食片面市不久,其销量在全国范围都呈现飞速攀升的态势,面市 3年,完成超过 3.5 亿元的销售额。这极大加强了江中公司对儿童装的信心。因此,在随后的几年里,江中公司在资金分配上,将儿童装江中健胃消食片作为优先保障产品,拨出巨额推广费用,全力抢占"儿童助消化药"的心智资源。

分析与讨论

1. 市场细分的原因有哪些? 江中公司为什么要进行市场细分?

2. 江中公司运用了哪些标准和因素进行市场细分?

3. 江中公司面临竞争时, 主动进行了市场细分。"与其被竞争对手细分, 不如自行细分", 现今已成为大多数企业的共识。你如何看待这一观点?

4. 江中公司的目标市场是什么? 这些目标市场的需求有什么差异? 江中公司是如何满足不同目标市场的需求的?

5. "健胃消食"运用的是哪种市场定位方法? 为什么?

6. 阅读完该案例, 你有什么启示?

第六章　战略规划与市场营销管理过程

学习目标

通过本章学习，了解公司战略规划及其四个制定步骤，掌握规划公司业务组合以及制定成长和缩减战略内容与方法，掌握营销管理过程及其影响因素，能够运用企业战略的基本原理知识，分析与解决现实中的市场营销问题。

第一节　企业战略规划

企业战略规划是指在组织目标、技能和各种变化的市场机会之间建立与保持一种可行的适应性管理过程。企业战略具有以下特性：全局性，战略主要考虑的是涉及到企业总体如何发展，而不是局部性问题；长远性，战略是谋取企业长远的生存和发展，以适应外部环境变化；方向性，战略为企业未来指明发展方向，应当采取的基本方针、重大措施和基本步骤，具有行动纲领的意义，必须通过展开、分解和落实，才能变为具体的行动计划。

在公司的层面上，制定公司战略规划的第一步是确定企业任务和公司目标（见图6－1），并把这个目标分解为具体的支持性的目标，来引导公司的发展。接着决定哪个业务和产品组合对于公司来说是最好的，以及每个业务和产品需要给予多少支持，然后为每个业务和产品制定具体的营销以及相关部门计划来支持整个公司的方案。因此，在每个业务单位、产品和市场的层次上都有营销计划，通过针对具体的营销机会制定的具体计划，来支持公司的整个战略规划。

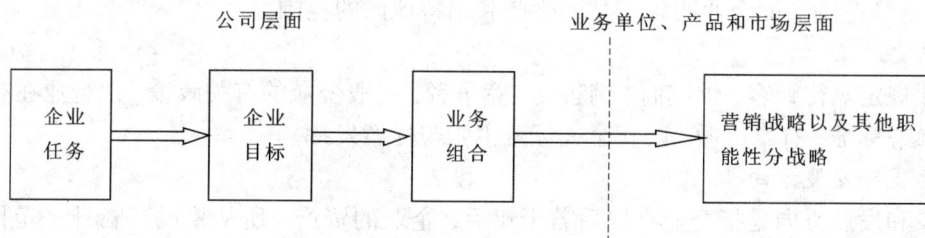

图 6-1　战略规划步骤

一、确定企业任务

企业任务是有关企业做什么的总概括，它包括了企业正在做的事情或想要做的事情。

制定企业发展战略的第一步就是要确定自己的任务。一些企业能够通过检查它们的任务书来看一看是否从一开始就保持了其战略适应性。但是，绝大多数企业都不能对企业的任务做一个最初的、正式的说明，就给定的资源和技术而言，这些企业显然没有回答好以下几个问题：第一，我们现在做的是什么生意？第二，我们应该做什么生意？第三，我们希望能够做什么生意？

如果这些问题得不到清楚的答复，企业的管理人员发现，他们是带着同企业真正的任务不一致的意向在工作，结果不可能使系统的战略计划得到实现。因此，对于每一个企业来说，都应当首先确定自己的任务，这是非常重要的战略性问题。

企业的高层管理者在确立任务时要顾及诸多因素，其中必须考虑的主要方面有：第一，企业以往突出的特征和历史背景条件；第二，企业的主业和上级主管部门的意图；第三，企业周边环境的发展变化；第四，企业的资源技术情况；第五，企业的专长及特有的能力。

除此之外，要写出一份正式的任务报告书，任务报告书一般包括以下基本要素：

1. 活动领域

活动领域说明企业拟在哪些方面发挥作用、参与竞争。

（1）企业入行。确定企业在哪个行业从事生产经营。行业可分为工业、农业、服务业等。每个行业还可以继续细分，比如工业行业，它还可以分为家电、饮料、保健品、汽车、机械机器、钢铁、化肥、石油等。如果确定在工业行业做，进一步确定在哪个工业行业做。企业确定自己的应从事的行业，要考虑上述四个因素，如果行业选择不对，满盘皆输。根据美国竞争管理专家迈克尔·波特的观点，在一个行业中，存在五种基本的竞争力量，即潜在的加入者、替代品制造者、购买者、供应者及现行业中现有竞争者的抗衡。这五种基本力量的状况及综合强度，引发行业内部经济结构的变化，从而决定着行业内部竞争的激烈程度，决定了行业中获得利润的能力。企业在决定进入哪个行业时，要充分分析行业结构。

（2）产品（或业务）范围。确定企业生产什么样的产品或者从事什么样的业务。

（3）顾客范围。即企业明确向哪些单位或哪些人销售产品（或业务），即目标顾客群体是谁。

（4）地理范围。即企业明确产品的生产和销售地区的范围。

2. 主要政策

企业规定对待顾客、供应商、销售商、竞争者、一般公众的有关政策，使企业在有关行动上有参考标准，有章可循，防止个人任意主张与任意发挥。

3. 远景和发展方向

远景和发展方向是指企业在以后若干年后，企业的资产、所从事的经营业务范围、产量规模等将达到何种程度。

一个有效的任务报告书应具备以下条件：

第一，以市场为导向。即顾客需要什么，企业就生产什么，顾客需要多少，企业就生产多少，企业以满足顾客需求为目的，所以要充分地分析顾客需求，把握顾客需求。否则，企业生产的产品，就不会有人要，产品就卖不出去，无法实现销售与利润的目的。

第二，切实可行。企业所确定的任务是企业应该可以做到的，任务报告书要根据本企业的资源的特长来规定和表述其经营业务范围。不要把任务定得太窄或者太宽，任务太窄，不能充分利用企业的资源；任务太宽，企业没有能力做到。也不要定得太笼统，否则，会使企业的员工感到方向不明确。所以企业在确定自己的任务时，要符合企业的实际情况，充分发挥资源优势，而且是可以做到的，是明确清晰的。

第三，富有鼓动性。对于企业使命，可以用一句简单明了的语言对其加以概括，使员工感到自己作为社会的一分子、企业的一名员工，有充分的自豪感，感觉到为社会、为国家、为民族、为企业组织等做出了贡献。通过此种方式，提高员工士气，鼓励全体员工为实现企业的任务而努力奋斗。

第四，具体明确。这就是说，企业最高管理层在任务报告书中要规定明确的方向和指导路线，以缩小各个员工自由处理权限的范围，对企业的任务有一个清楚的认识。

在确定企业任务时，要考虑以下因素：

（1）需求。企业或经营单位所选择的行业，生产的产品要有足够的需求水平。

（2）资金。企业或经营单位要有相应的资金选择在这个行业做，可以生产这种或这类产品。

（3）技术及人才：掌握生产这种产品的相关技术，有这方面的技术和管理人才。

（4）盈利：选择在这个行业做，生产这种产品或从事这个业务，可获得预期的利润。

案例 6-1

IBM 的新使命——从"大型机"到"顾客解决方案"

IBM 曾看不到顾客的需求。当顾客需求改变时，IBM 没有随之改变，所以它的经营业绩出现下滑。从此以后，IBM 进行了显著的改革，它的新任 CEO 郭士纳给 IBM 带来了更新的以顾客为中心的理念。

在计算机世界里，顾客从 IBM 购买的远远不止硬件和软件，他们购买的是对更令人迷惑的信息技术问题的解决方案，这促使 IBM 对自身业务进行根本性定义。现在 IBM 向顾客提供信息技术问题的解决方案。

因此，在极短的时间内，IBM 把自己从"销售计算机硬件和软件的公司"转变成为"向顾客传递 IT 解决方案的公司"，市场上反应很强烈。截至郭士纳 2002 年退任时，IBM 的市场资本已经增长了六倍，股票价值上升了七倍。通过以满足顾客需求销售产品的方式来定义自己的使命，IBM 已经从一个过时的蓝色巨人转变成为技术服务发电站。正如一个认可 IBM 的观察者所说，IBM 现在"极力定位于将来的发展"。

二、设定公司目标

企业目标，是指企业在未来一定时期内所要达到的一系列具体目标的总称。企业任务一旦确定，就要把它具体化为企业各管理层的目标，形成一套完整的目标体系，可以分为短期目标和长期目标。一年或二年之内要达到的目标，一般称之为短期目标；三年以上，甚至十几年才能达到的目标，称之为长期目标。

企业目标具体包括：产品销售额和销售增长率、产品销售地区、市场占有率（市场份额）、利润和投资收益率、产品质量和成本标准、劳动生产率、产品创新、企业形象，等等。

其中，一定的利润和投资收益率是企业最重要的核心目标。

投资收益率，是指一定时期内企业所获得纯利占该企业全部投资的百分比。它是衡量、比较企业利润水平的一项重要指标。投资收益率越高，表明运用单位投资获得的利润越多。努力提高投资收益率，具有重要意义。

因此，较高的投资收益率就成为企业追求的核心目标之一。

市场占有率，是指一定时期内本企业某种产品的销售额（或销售量）在某一特定市场上同类产品销售总额（总量）中所占的百分比，又叫市场份额。市场占有率与企业获利水平密切相关。其他条件一定，市场占有率越高，销售额就越大，单位产品费用会越低，实现的利润就会越多，投资收益率也会随之相应提高。同时，市场占有率的高低也关系到企业的知名度，影响着企业的形象。因此，努力提高市场占有率，是企业的重要战略目标之一。

销售增长率，是指计划期产品销售增长额与上期产品销售额的对比关系，即：

销售增长率 =（计划期销售额 − 上期销售额）÷ 上期销售额

其他条件一定，产品销售额的增长意味着企业能够实现更多的利润。因此，追求一定的销售增长率也是企业的重要目标之一，尤其是在新产品进入市场之后的一段时期内。但是在许多情况下，销售增长率的提高并不必然会导致投资收益率的提高，有时前者提高了，后者并未提高，甚至还会下降。例如，当成本提高、价格不变时，就有可能出现这种情况。所以，企业不能单纯追求销售增长率的提高，而应该有选择地实现有利可图的销售增长率的提高。

另外，产品创新、塑造产品与企业的良好形象，也是企业的重要战略目标。实现这些目标对于提高竞争力、拓展市场、扩大销售、企业稳定和长远发展起到重大作用。

企业目标应当明确、可靠、重点突出、易于把握，并且经过努力可以实现。为此，制定企业目标一般应符合以下要求：①多重性，是指企业应有若干具体目标，而不能只规定单一的目标。②时限性，是指各个具体目标只在一定期限内是恰当的，必须明确规定时间界限。③数量化，是指尽可能使目标数量化，从而易于把握和核查，实在不能量化的则用定性的条件来表达。④可靠性，是指选择的目标水平是从实际出发的，与企业的资源条件和市场环境相适应。⑤层次化，是指要按照轻重缓急程度、主次从属关系区分多种目标各自的地位，而不是并列在一起。⑥阶段性，不少长期目标应当分阶段提出具体要求。⑦协调性，是指各项具体目标之间应是协调一致的，而不是相互矛盾、相互抵触的。⑧社会一致性，是指企业目标应当有益于增进社会整体利益，与社会经济发展目标相协调。

确立的目标体系应被用来指导企业各个层次的管理工作和作为测定企业行为的对照标准。各级管理人员都要有自己明确的目标，做到心中有数，并且对目标的实现完全负责，实现目标管理。正如美国管理学权威彼得·杜鲁克所说："管理人员应当由所要达到的目标而不是由他的上级来指挥和控制。"这便是企业发展战略中要确立企业目标的意义所在。

三、设计业务组合

在明确了企业任务和目标的基础上，企业的最高管理层还要对产品（业务）组合进行分析和评价，确认产品（业务）的命运和前途问题，是发展、维持，还是缩减、淘汰？以作出相应的投资安排，规划自己的业务组合——构成公司业务和产品的集合。最好的业务组合应该使公司优势和劣势与环境中的机会相适应。业务组合规划包括两个步骤。第一，公司应该分析现有的业务组合，决定哪个业务组合应该得到更多、更少或者零投资；第二，公司应该为企业发展和精简制定战略，形成业务组合。

1. 划分战略业务单位

战略业务单位指拥有独立使命和目标，可以不受公司其他业务影响，独立进行计划的业务单位。一个战略业务单位可以是一个公司部门，部门内的产品线，或者有时是单个产品或品牌。

许多战略的制定要求企业把产品分为产品大类。例如，像美国通用电气公司（GE）有25万种不同的产品，3M公司有大约6000种不同的产品。显然，没有一个人能坐下来考虑有关的每一种产品并且决定支持哪种产品，淘汰哪种产品。因此，最普遍的做法就是把企业的产品组合为战略业务单位。每一类战略业务单位应该有自己独特的使命，应有自己的竞争对手，应有自己的执管小组或领导，并且它们有各自的利润责任。有利润责任意味着管理者能够依据利润高低分辨出它们的工作好坏。

战略业务单位的定义不是非常清楚，这也是此种方法的问题之一。战略业务单位的定义和划分随着企业的不同也在不断变化。不过，许多大企业仍旧以划分战略业务单位作为他们安排产品（业务）组合的重要一项。企业应当注意的是，不要有太多或太少的战略业务单位。如果太多，企业会发现这么多分散的战略业务单位，每一个都有自己的计划、管理和运作责任，这会带来沉重的负担。如果太少，战略计划将依然是低效的。

2. 分析和评估战略业务单位

一旦企业设立了它的战略业务单位，企业便像由一个个单独的战略业务单位所构成的项目组合文件那样被审阅，就是对划分好的每一个战略业务单位的成效进行评估和分析，考察其经营效果，作出资源配置决策。

管理部门评估各战略业务单位的吸引力，决定每个业务单位应该得到多少支持。大多数公司最好集中投资于公司核心理念和能力紧密相符的产品和业务，一些公司则擅长广泛、多元化的业务组合。一个很好的例子是通用电气（GE），通过对业务组合技巧性的管理，通用电气抛弃了许多业绩不好的业务，比如空调和家具用品，而仅仅保留了那些在行业中数一数二的业务。同时，它还购买了广播、财务服务和其他几个行业中的盈利业务。

战略规划的目的是使公司能充分利用优势和环境中有吸引力的机会。因此，大多数标准的组合分析方式都在两个重要维度上评价战略业务单位：一个是战略业务单位的行业或市场吸引力；另一个是战略业务单位在市场或行业中的定位优势。最著名的组合规划方式是由波士顿咨询集团管理咨询公司所开发的。

采用波士顿咨询公司模型（BCG法），公司可以根据图6-2中的成长-份额矩阵来划分所有的战略业务单位。纵坐标上的市场增长率衡量的是市场吸引力，横坐标上的相对市场份额衡量的是公司在市场上的优势。成长-份额矩阵定义了四种类型的战略业务单位：

明星类。明星类（stars）是指市场增长率高而且市场份额也高的业务或产品，它们通常需要投入大量资金来维持高速市场增长率，最终它们的增长会降低，成为金牛类业务或产品。

金牛类。金牛类（cash cows）指市场增长率低，但相对市场占有率高的战略业务单位。它为企业提供大量现金，以支持其他产品的发展，属于企业的"当家产品"，越多越好。

问题类。问题类（question marks）是指市场增长率高，但相对市场占有率低的战略业务单位。多数产品最初都属于此类,前途命运未卜,需投入大量现金才有可能转为明星类,但要考虑是否合算,是支持发展、精简合并,还是断然淘汰,企业管理者应慎重定夺。

瘦狗类。瘦狗类(dogs)是指市场增长率和相对市场占有率都低的战略业务单位。属微利、保本甚至亏损的产品,不可能提供大量现金。

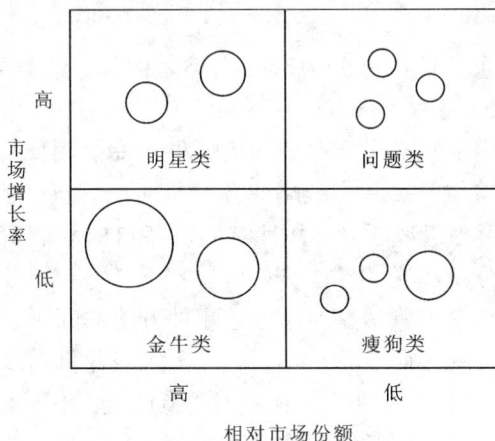

图6-2　波士顿咨询集团业务矩阵

图6-2中十个圆圈代表某公司现在的十个战略业务单位,这个公司分别有两个明星类、两个金牛类、三个问题类和三个瘦狗类产品。圆圈的大小与战略业务单位的销售额成正比。可以看出,这个公司的状况还可以,但是并不是很好。公司想在更有前途的问题类产品上投资,使之成为明星类产品;保持明星类产品,当市场成熟时使之成为金牛类产品。幸运的是,它有两个大型的金牛类产品,来自金牛类产品的收入可以帮助公司投资于问题类、明星类和瘦狗类产品;关于瘦狗类和问题类产品,公司应该采取一些果断的行动。如果这个公司没有明星类产品,而是有更多的瘦狗类产品,或者如果公司仅仅有一个很弱的金牛类产品,那么图中的情形会更糟糕。

3.确定对各个战略业务单位的投资决策

在对各类战略业务单位进行评估分析后,企业应制定出业务组合计划,确定对各个战略业务单位的投资战略,决定如何向其分派资金。哪些战略业务单位能在投资后产生最大的回收潜力?哪些已不再是企业中的有效部分而应当被撤除?哪些应当被保留,但从整个企业来讲,不应当再对它进行过多的投资?

具体可供选择的战略有四种:

(1)发展。目标是提高产品的市场占有率,必要时须放弃短期利润,适用于问题类中有希望转为明星类的产品。

(2)维持。目标是维持产品的市场占有率,适用于金牛类产品,特别是大的金牛,使它继续为企业提供大量现金。

(3)收获。目的在于增加产品的短期现金收入,而不顾长期效果,主要适用于金牛类中前景暗淡的弱小产品,对于某些还没有计划放弃的问题类产品和瘦狗类产品也适用。

(4)放弃。目的是清理、变卖现有产品,不再生产,把企业资源转移到那些盈利的战略业务单位上,适用于给企业造成很大负担、没有发展前景的瘦狗类产品和问题类产品。

随着时间的推移,战略业务单位在成长-份额矩阵中的地位也会发生变化,每个战略业务单位都有生命周期。它们从问题类开始,如果成功的话可以转向明星类,随着市场增长率的下降变成金牛类,最终成为瘦狗类,走向其生命周期的终点。公司需要不断地增加新的产品和业务单位,来保证其中一些成为明星类,进而成为金牛类,为公司提供投资于其他业务单位的资金。

波士顿和其他正式的模型彻底变革了战略规划,然而这些模型也有局限性。它们要实施起来很难,而且耗时和成本很高。公司难以划分这些战略业务单位,也难以衡量市场份额和增长率。另外,这些模型集中于对现有业务进行分类,但是没有对将来的规划提供建议。

正式的规划模型也过度地强调了市场份额增长,或者通过进入具有吸引力的新市场而带来的增长。采用这些模型,很多公司投入到不相关但是增长率高的业务中,但是不知道如何去管理。同时,这些公司通常很快就放弃、出售或收获了健康发展的成熟业务。因此,过去很多过度多元化的公司,现在都集中注意力,回到他们最了解的一个或几个行业中。

四、确定开发新业务的战略

对现有投资业务重新组合后,公司必须开发新的业务领域来弥补撤出部分的差额,并求得公司业务的新扩展。怎样选择新的投资方向,也就是公司制定发展战略的过程。

公司的发展战略(也称为增长战略)有三大类,每一类又各含三种形式,见表6-1。

表6-1　公司发展战略

密集性增长	一体化增长	多角化增长
市场渗透	后向一体化	同心多角化
市场开发	前向一体化	横向多角化
产品开发	水平一体化	混合多角化

1.密集性增长

企业在现有的业务领域里寻找未来发展的新机会,对于尚有盈利潜力的现有产品和市场可采取密集性增长战略。那么,怎么样从现有的业务里寻找各种机会呢?在此,我们通过一个模型,即战略机会矩阵,又称安索夫矩阵,得出结论,它的使用简单而且十分流行。见图6-3所示。

安索夫矩阵表明:企业可以从了解的产品和熟悉的市场上去寻找未来的发展机会,也可以从新的产品和新的市场去寻求它。这一矩阵能帮助企业有序地思考,分别通过市场渗透、市场开发、产品开发、多元化等不同增长战略,找到额外的销量所在。但它也提醒企业要注意这样一个事实:

选择不同的战略会相应面临不同程度的风险。一般来说,人们从熟悉和了解的事物,即企业现有的产品和市场去寻找未来的发展机会,相应伴随的风险程度是最低的。沿着矩阵,从现有熟悉的事物顺着序号移动,无论是在市场,还是在产品方向,离得越远,企业所

	现有产品	新产品
现有市场	市场渗透战略	产品开发战略
新市场	市场开发战略	多元化战略

图 6-3 安索夫矩阵

面临的风险也就越大。最具风险性的便是多元化战略,就是当为新市场开发和投放新产品的时候,风险性最大。

在安索夫矩阵中,除了多元化是我们下面要介绍的第三条途径外,市场渗透、市场开发、产品开发都属于密集性市场机会——密集性增长。

(1)市场渗透。即设法在现有市场上扩大销售,提高市场占有率。如刺激现有顾客更多地使用、购买本企业现有产品;吸引竞争对手的顾客购买本公司的产品;或是劝说原来不使用、购买该种产品的顾客产生购买欲望,并成为现实的购买者。

(2)市场开发。用企业现有的产品去满足一些新市场的需要。可以采取种种措施,努力把现有产品打入新的市场。如从地方市场扩大到全国市场,或从国内市场发展到国外市场,等等。市场开发无论从销售的地域,还是从销售的对象上来说,它具体的发展方向是以现有市场定位于何处为基础的,关键是开辟销售的领域、范围及渠道。

(3)产品开发。在现有产品的基础上发展一些新的特色,以满足现有市场的需要。可以通过提供各种改型变异产品,像增加花色品种,增加规格档次,改进包装,增加服务等,达到扩大销售的目的。如装有流质的中药、果酱、饮料的瓶子,原来是为了改进包装,提高密封度和卫生性能,现在由于瓶子可用做办公室和旅途的茶杯,这就为中药、果酱、饮料的生产打开了销路。因此,企业在制定产品开发的增长战略时应考虑一种产品满足消费者各方面需要的可能性,发现和探索产品的新用途,提高产品的销售量和企业的生存能力。

案例 6-2

星巴克咖啡——这里的一切都令人振奋

星巴克咖啡连锁店开创了享受咖啡的先河,它销售的不仅仅是咖啡,更是销售"星巴克体验"。今天,星巴克在曾经只有廉价商品存在的行业中是一个优秀的品牌。在品牌不断上升的同时,星巴克的销售额和利润也不断上升。

为了在咖啡过度竞争的市场上保持显著增长,星巴克已经策划了一个雄心勃勃的多头增长战略。下面我们来看看这个战略的主要因素:

商店数量增长策略:星巴克几乎85%的销售额都来自它的商店,因此星巴克以极快的速度增加商店的数量。除了开新店之外,星巴克还增加每个商店的食品供应种类。

新的零售渠道策略:美国绝大部分咖啡都是在商店和家里消费,为了抓住这些需求,星巴克咖啡也挤进了超市的货架。然后,为了避免与巨头们正面竞争,星巴克与卡夫采取了联合品牌策略。在联合策略下，星巴克继续生产和包装咖啡，而卡夫负责咖啡的营销和分销。两家公司都能从中获利。星巴克很快地打开了超市市场；而卡夫获得了进入快速增长的高品质咖啡市场的渠道。

新产品和新商店理念：星巴克与几个伙伴结盟，把它的品牌延伸到新的品类上。例如，它与百事可乐达成协议，把星巴克的品牌贴到法布奇诺饮料的瓶子上；与 Dreyer's 共同营销的星巴克冰激凌目前已经是咖啡冰激凌中的主导品牌。

2. 一体化增长

如公司某一战略业务单位通过把自己的经营范围向前、向后或横向延伸、扩展，能够减少摩擦、提高效率、获得规模效益的话，公司即可采取一体化发展战略。一体化发展有以下三种形式：

（1）后向一体化。企业向后控制供应商，使供应和生产一体化，实行供产一体化。企业可以通过自办、契约、联营或兼并等形式，对它的供给来源取得控制权或干脆拥有所有权。例如，汽车制造商由原来向其他厂商购买汽车轮胎，改为自己开办轮胎厂或通过收购股份，参与控制原有的轮胎企业；一家零售商向批发商方向发展，实行批零兼营；一家餐馆连锁集团扩展经营领域合并从事养殖业的农场。这些都是利用后向一体化的市场机会，实现了后向一体化增长。

（2）前向一体化。企业向前控制分销系统（批发商、代理商或零售商），实行产销一体化。企业可以通过收购或兼并若干商业企业，拥有或控制其分销系统来实现前向一体化。例如，汽车制造商可以自己设批发销售机构；一家批发企业决定增设或接办几个零售商店，等等。再例如，制作塑料原料和增塑剂的化工厂，同时生产塑料制品；钢管厂生产钢管的同时又加工钢架结构与玻璃组合的茶几、钢架结构与帆布塑料板组合的桌椅。这些都属于实现了前向一体化增长。

（3）水平一体化。企业收购、兼并或控制竞争者的同类产品的企业，或在国内、国外与其他同类企业合资经营。例如，实力雄厚的汽车公司收购或控制弱小的汽车公司，或去其他的国家和地区合资生产同类型产品；一家成功的化妆品生产企业兼并若干其他化妆品企业。

3. 多元化增长

企业向本行业以外发展，扩大业务范围，实行跨行业经营。通常只是在利用密集性市场机会或一体化市场机会争取进一步的增长受到限制，或遇到某些障碍时，企业才会打破行业界限，利用经营范围之外的市场机会，新增与现有业务有一定联系或毫无联系的产品业务，实行跨行业的多样化经营，以实现企业的业务增长。具体有以下三种形式：

（1）同心多样化。企业利用原有技术、特长、条件等发展新产品，犹如从同一圆心向外扩大业务范围，以寻求新的增长。例如，汽车制造厂生产拖拉机、推土机，半数以上的零部件可以利用原来生产汽车的零部件。这种多样化经营有利于发挥企业原有的设备技术优势，风险较小，易于成功。

（2）横向多样化。企业利用原有市场，开发某种能满足现有市场（顾客）所需要的新产品，以扩大业务经营范围，寻求新的增长。例如，食品机器公司，除了生产食品加工机器外，还生产农用收割机，现在又生产农业化肥，为原有顾客提供新产品，利用原有的产品渠道销售。实行这种多样化经营，意味着向其他行业投资，有一定风险，企业应具备相当实力；但由于是为原有的顾客服务，易于开辟市场，同时有利于塑造企业的信誉和形象。

（3）混合多样化。企业发展与原有产品、技术和市场毫无关联的新产品，吸引新顾客，开辟新市场。发达国家的许多大公司，像美国的通用汽车公司、通用电气公司、杜邦公司、国际电报电话公司，日本的三井物产、三菱、伊藤忠、住友、丸红商社等，都是实行集团多样化经营。通过投资或兼并等形式，把经营范围扩展到多个新兴部门或其他部门，寻求新的增长机会。然而，这种混合多样化要冒极大的风险。这种战略对于大多数企业，尤其是中小企业来说，一般不宜采用，或者只能在低层次、小范围内采用。相对来讲，财力雄厚、拥有专家、具有相当声望的大公司采用这种战略比较稳妥。

虽有上述三类发展战略，但一般说，公司应先从密集发展战略入手，再尝试一体化发展，最后才是选择多元化发展战略。

案例 6 – 3

多元化经营之陷阱——巨人集团的兴衰

史玉柱，1962 年生，安徽怀远人。1984 年本科毕业于浙江大学数学系，1989 年 1 月研究生毕业于深圳大学软科学管理系，随即下海创业。1989 年，推出桌面中文电脑软件 M – 6401，4 个月后营业收入超过 100 万元。随后推出 M – 6402 汉卡。1991 年，巨人公司成立。推出 M – 6403，实现利润 3500 万元。38 层的巨人大厦设计方案出台，后因头脑发热一改再改，从 38 层蹿至 70 层，号称当时中国第一高楼，所需资金超过 10 亿元。史玉柱基本上以集资和卖楼花的方式筹款，集资超过 1 亿元。

1993 年，中国电脑市场风云突变。随着西方 16 国集团组成的巴黎统筹委员会的解散，西方国家向中国出口计算机的禁令失效，康柏、惠普、IBM 等国际著名电脑公司大举入境，被称为中国硅谷的北京中关村一时风声鹤唳。

1995 年，巨人推出 12 种保健品，投放广告 1 个亿。

1996 年巨人大厦资金告急，史玉柱决定将保健品方面的全部资金调往巨人大厦，保健品业务因资金"抽血"过量，再加上管理不善，迅速盛极而衰。巨人集团危机四伏。

1997 年初巨人大厦未按期完工，国内购楼花者天天上门要求退款。媒体"地毯式"报道巨人财务危机。不久，只建至地面三层的巨人大厦停工。

第二节　市场营销管理过程

市场营销战略的制定和实施是通过市场营销管理过程来完成的。市场营销管理过程，是指企业识别、分析、选择和利用市场机会，以实现企业的任务、目标的管理过程，即企业与它最佳的市场机会相适应的过程。市场营销管理过程包括四个步骤：①分析市场机会；②选择目标市场；③设计营销组合；④管理营销活动。

一、分析市场机会

市场营销管理者要通过营销调研对市场营销环境、市场需求及购买行为等进行分析，找出市场营销运作的优势（Strength）、弱势（Weakness）、机会（Opportunity）和威胁（Threat），进行必要的SWOT分析。

二、选择目标市场

市场营销管理者在选择目标市场时，要进行市场细分，从而选择目标市场，进行市场定位。即设定营销目标，搞清向何种市场、何种类型的顾客提供产品，并找出自己产品的差别优势，以利于在市场和顾客心目中进行产品定位。

1. 市场细分

市场包括很多类型的消费者、产品和需求，营销者要决定哪个细分市场可以为公司目标的实现提供最好的机会。消费者可以基于地理因素、人口统计因素、心理统计因素或者行为因素等不同的方式来划分。市场细分是把一个市场分为不同购买者群体，这些群体有不同的需求、特征、行为，或可能要求独立的产品和市场营销组合。

每个市场都有市场细分，但是并非所有市场细分的方式都同样有效。例如，普拿疼（Panadol）公司如果按照使用者的身材高矮来细分市场，且这些消费者对营销努力反应都一样的话，该公司就不能从中获利。一个细分市场包含着对既定市场努力反应比较相似的消费者群体。例如，在汽车市场上，不考虑价格，而只选择最大、最舒服的汽车消费者构成一个细分市场，而主要关心价格和性价比的消费者构成另一个细分市场。一个汽车模型很难满足两个市场上的需求，明智的公司会努力去满足不同市场上的不同需求。

案例 6-3

QQ营销——以文化的名义

"奇瑞QQ卖疯了"，在北京亚运村汽车交易市场，2003年9月8日至14日的单一品牌每周销售量排行榜上，奇瑞QQ以227辆的绝对优势荣登榜首！奇瑞QQ能在这么短的时间内拔得头筹，归结为一句话：这车太酷了，讨人喜欢。

奇瑞QQ成功的关键是做好市场细分工作，将目标客户定位为收入并不高但有知识有品位的年轻人，同时也兼顾有一定事业基础、心态年轻、追求时尚的中年人。一般大学毕业两三年的白领都是奇瑞QQ潜在的客户。人均月收入2000元即可轻松拥有这款轿车。

奇瑞公司有关负责人介绍说，为了吸引年轻人，奇瑞QQ除了轿车应有的配置以外，还装载了独有的"I-say"数码听系统，成为了"会说话的QQ"，堪称目前小型车时尚配置之最。据介绍，"I-say"数码听是奇瑞公司为用户专门开发的一款车载数码装备，集文本朗读、MP3播放、U盘存储多种时尚数码功能于一身，让QQ与电脑和互联网紧密相连，完全迎合了离开网络就像鱼儿离开水一样的年轻一代的需求。

2. 目标营销

在公司定义了细分市场之后，可以进入一个或多个细分市场。目标营销指公司评价每个细分市场，选择一个或多个细分市场。一个公司应该选择能够产生最大的顾客价值的细分市场并保持这种优势。资源有限的公司可能仅仅选择进入一个或几个特别的市场或者"补缺市场"。这种战略的营销额是有限的，但是盈利往往很高。公司也可能选择几个相关的细分市场——在这些细分市场上，消费者的类型可能不同，但是基本需求相同。一个大的公司还可能决定提供不同类型的产品，为所有细分市场服务。

很多公司在进入新的市场时，只选择为一个细分市场服务，但公司获得成功时，会增加更多的细分市场。大公司(如丰田、现代和尼桑)最终都想全面覆盖市场，他们通常设计不同产品来满足每个市场上的特殊需求。

3. 市场定位

当公司决定进入哪些细分市场之后，必须对每个市场上的定位做出决定。一个产品的定位是相对于竞争者而言，产品在消费者心目中所占据的位置。营销者希望为自己的产品制定独特的市场定位策略。如果一个产品在市场上被认为和其他产品完全一样的话，消费者将不会购买。市场定位是通过对产品的设计，相对于竞争者的产品而言，在目标消费者心目中占据一个清楚、差异化和满意的位置。例如，丰田的经济型车 Echo 陈述："不是你，而是车。"凌志宣称："对出色的激情追求。"捷豹定位为："性能是艺术。"而梅赛德斯说："在完美的世界中，每个人都开梅赛德斯。"豪华的宾利承诺："18 英尺，工艺精细，无比豪华。"这些陈述形成了产品营销战略的核心内容。

在产品定位的时候，公司首先识别定位所基于的可能的竞争优势，为了获得竞争优势，公司必须向目标消费者传递更高的价值，这可以通过比竞争者收取更低的价格或者提供更多的利益来实现。但如果公司把产品定位为提供更高的价值，它就必须传递更高的价值。因此，有效的定位实际上从差异化公司的产品或服务开始，才能给顾客带来更多的价值。

案例 6 – 5

联通 CDMA 的市场定位路在何方？

联通 CDMA 定位于中高端用户，其主要原因是从现有的 GSM 网络考虑。GSM、CDMA 双网经营是国际性难题，联通需要平衡二者关系，避免两网抢夺客户。而联通 GSM 网络现有客户主要是低端客户，那么 CDMA 网络建成以中高端客户为主自然成为理想目标。从技术和市场角度来讲，CDMA 的现存市场定位也具有一定的合理性。但是，它现在定位的"中高端用户"通常是移动通信业务的最早使用者，也是电信企业利润的最大贡献者。目前的情况是 90% 以上的高端用户已经建立了对中国移动的品牌忠诚，如果改投联通 CDMA，将会有诸多的不便令顾客难以接受。同时，考虑到目前的网络不完善和用户量小，2G 阶段的联通 CDMA 实际可提供给用户的价值可能还要小于中国移动。因此，联通 CDMA 的市场定位成为争议最多的问题。

三、设计营销组合

营销组合是指一套可控制的战术性营销工具——产品、价格、渠道(地点)、促销，公司用这些营销工具组合来得到它想要的目标市场的反馈。营销组合包括公司所做的影响产品需求的一切行为，所有可能的行为被概括为四组变量，也就是"4P"：产品(product)、价格(price)、渠道(place)和促销(promotion)。图 6 – 4 显示了每个 P 下的具体营销工具。

产品是指公司向目标市场上提供的产品和服务组合。丰田的花冠车包括螺丝和螺帽、火花塞、活塞、前灯和数千种零件。丰田的花冠车有几种款式和很多的型号选择，汽车的服务周到，综合保修如排气管一样也是汽车的一部分。

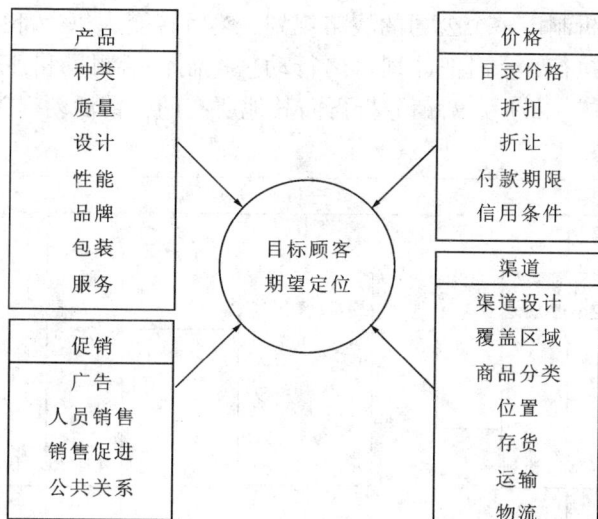

```
┌─────────────┐                    ┌─────────────┐
│     产品     │                    │     价格     │
│     种类     │                    │   目录价格    │
│     质量     │                    │    折扣      │
│     设计     │                    │    折让      │
│     性能     │        ╲           │   付款期限    │
│     品牌     │         ╲          │   信用条件    │
│     包装     │      ┌──────┐      └─────────────┘
│     服务     │──────│目标顾客 │
└─────────────┘      │期望定位 │      ┌─────────────┐
                     └──────┘      │     渠道     │
┌─────────────┐         ╱          │   渠道设计    │
│     促销     │        ╱           │   覆盖区域    │
│     广告     │                    │   商品分类    │
│    人员销售   │                    │    位置      │
│    销售促进   │                    │    存货      │
│    公共关系   │                    │    运输      │
└─────────────┘                    │    物流      │
                                   └─────────────┘
```

图 6 – 4　营销组合中的 4P

价格是消费者获得产品而支付的现金数量。丰田公司会为经销商计算每一款花冠车的建议零售价,但是丰田车的经销商很少按照标价全部收取。他们会与每一个顾客谈判价格、提供折扣、交易折让和赊销付款条件,这些行为针对现在的竞争情形调整了价格,使之与顾客感知的汽车价值相符。

渠道包括了公司为使目标顾客能接近和得到产品而进行的各种活动。丰田与很多独立的经销商合作,销售很多不同款式的汽车,丰田谨慎地选择经销商,并对他们大力支持。经销商保留丰田汽车的库存,向潜在顾客展示汽车性能,协商管理,达成交易和进行售后服务。

促销包括了公司传播其产品的优点并说服目标顾客购买而进行各种活动。丰田花钱做广告,向消费者传递公司和产品的信息,经销商的销售人员协助说服潜在的购买者:丰田是他们最好的选择。丰田和经销商都开展特别促销——降价、现金折扣和低贷款利率——作为额外的购买奖励。

一个有效的营销方案应把营销组合的所有因素进行协调,通过给消费者传递价值来实现公司的营销目标,营销组合构成了公司在目标市场上建立市场定位的策略组合。

一些批评家认为 4P 可能忽略或不够重视一些重要的因素。例如,他们会问:"怎么没有服务呢?"他们不是以 P 开头的,但是也不应该被忽视。我们的答案是服务(比如银行、航空和零售服务)都属于产品范畴,我们可以叫它们为服务产品。他们也许还会问:"怎么没有包装呢?"营销者回答他们把包装看成了很多产品决策的其中一种,正如图 6 – 4 所示,很多看起来被营销组合所忽视的营销活动,实际上都包含在 4P 之中。

四、管理营销活动

公司希望制定出能够在目标市场上最好地实现目标的营销组合,并且付诸行动。图 6 – 5 显示了四个营销管理功能之间的关系——营销分析、营销计划、营销执行和营销控制。公司首先通过分析制定整个公司的战略规划，然后转变为每个部门、产品和品牌的营销和其他计划。通过执行，公司把计划付诸行动。控制包括测量和评估营销活动的结果，且必要时采取纠正措施。最后，营销分析再向其他所有的营销活动提供信息和进行评价。

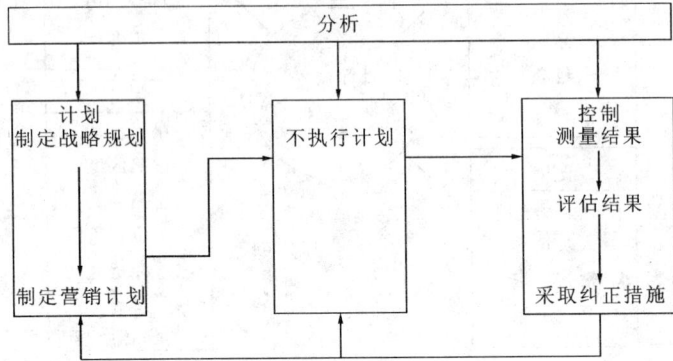

```
┌──────────────────────────────────────────────────────────┐
│                           分析                             │
└──────────────────────────────────────────────────────────┘
    ┌──────────┐      ┌──────────┐       ┌──────────┐
    │   计划    │      │          │       │   控制    │
    │制定战略规划│      │ 不执行计划 │       │  测量结果  │
    │          │      │          │       │          │
    │          │      │          │       │  评估结果  │
    │制定营销计划│      │          │       │采取纠正措施│
    └──────────┘      └──────────┘       └──────────┘
```

图 6 – 5　营销分析、营销计划、营销执行和营销控制之间的关系

1. 营销分析

通过对公司所处的背景进行彻底分析，公司必须分析它的市场和营销环境，找到有吸引力的机会，同时避免环境威胁。公司在分析现有和可能的营销活动时，还要分析公司的优势和劣势，来决定应该抓住哪些机会。

2. 营销计划

通过战略规划，公司决定在每个业务单位上如何去做。营销计划包括决定帮助公司达到整体战略目标的营销战略，每个业务单位、产品和品牌都需要具体的营销计划。

（1）营销计划的性质。营销计划是企业战略管理的最终体现。有的时候，营销计划意味着企业计划；有的时候，它仅仅是企业计划的一部分。事实上，企业需要大量的计划，它们中间的每一个都包括着分量很重的营销内容。这里至少有以下八种涉及营销内容的不同计划，即公司计划、事业部计划、产品线计划、产品计划、品牌计划、市场计划、产品—市场计划和职能部门计划。

上述这些计划都涉及营销内容。事实上，营销计划不仅是十分必要的，而且在公司计划的制定过程中经常处于优先的位置。公司的计划工作常常从"我们希望有多大的销售量才能获得利润"这个问题开始，而这个问题只有通过营销分析和制定营销计划才能解决。当营销计划被批准后，非营销经理们才能开始制定他们的制造、财务和人事计划，以支持营销计划的顺利展开。因此，营销计划是企业其他行动计划工作的起点。

（2）营销计划的内容。营销计划包括的内容，将随着最高管理层想从它的经理处得到多少详细细节的不同而不同。大多数的营销计划，特别是产品和品牌计划，将包含下列各项：经理摘要、当前营销状况、机会和问题分析、目标、营销战略、行动方案、预计的损益表和控制。这些内容和目的如表 6 – 2 所示。

表6－2 营销计划内容

部分	目的
经理(厂长)摘要	为使高级管理层迅速了解计划的要点面对主要目标和建议作出的简短总结。
当前的营销状况	描述目标市场和公司在目标市场上的定位,包括市场消息、产品性能、竞争和分销情况。这一部分包括: ● 市场状况:描述整体市场和主要细分市场的情况,评价顾客需求和营销环境中可能影响顾客购买行为的因素 ● 产品状况:列出了产品线中的主要产品的营销额、价格和毛利润 ● 竞争状况:识别主要竞争者,评价他们的市场定位及其在产品质量、定价、分销和促销方面战略 ● 分销状况:评价主要分销渠道中最近的销售趋势和其他进展
威胁和机会分析	评估产品可能面对的主要威胁和机会,帮助管理层预期可能对公司或战略产生影响的正面或负面的发展
目标和问题	阐述公司在计划的期限内想要实现的营销目标;讨论影响目标实现的主要问题。
营销战略	描述为实现计划目标而采用的主要营销策略、方法
行动方案	回答怎样实施计划,即为实现计划而必须采取的措施
预期的损益表	概述计划所预期的财务收益情况
控制	说明将如何监控该计划

(3)营销计划的编制步骤。

第一步,分析现状。对当前市场现状、竞争对手及其产品、分销渠道和促销工作等,进行详细的调查和分析。经过周密的分析,销售调研部门开始进行销售预测,预测出销售数量和金额。这种预测必须和其他营销部门相配合。例如,广告的宣传效果,是预测销售量的一个重要因素,销售调研部门必须与广告宣传部门协作,搞清楚广告预算的可行性。

第二步,确立目标。销售部门应当把前一计划期的执行情况、对现状的分析和预测结果三者结合起来,提出下一计划期的切实可行的销售目标。

第三步,制定战略与策略。确立目标以后,企业各部门要制定出几个可供选择的战略策略方案,以便从中进行评价选择。

第四步,评价和选定战略与策略。评价各部门提出的战略策略方案,权衡利弊,从中选择最佳方案。例如,产品计划部门提出为了达到预期目标,有两个方案:①可以改革原有产品。②可以试制新产品。如果经过评价,认为改革原有产品既节省成本,又能有效地满足市场需要,那么改革原有产品就是最佳方案。

第五步,综合编制营销计划。由负责销售的副总经理负责,把各部门编制的计划汇集在一起,经过统一协调,形成企业的市场营销计划。

第六步,执行计划。计划一经确定,各部门就必须按照既定的战略和策略执行,以求实现营销目标。

第七步,检查效率,进行控制。在执行计划过程中,要按照一定的评价和反馈制度,了解和检查计划的执行情况,评价执行的效率,也就是分析计划是否在正常执行。通常市场会出现意想不到的变化,甚至会出现意外事件,如水灾等。这时就要及时修正计划,或改变战略策略，以适应新的情况。许多企业的事件证明，修订计划是必要的、正常的；计划不可能一成不变，要具有一定的灵活性。在营销计划的控制与执行过程中，采取滚动式的计划与修改方法，是比较实用的。

3. 营销执行

好的战略规划仅仅是成功营销的开始，如果公司不能正确地执行战略，那么再明智的战略也没有用。营销执行是指把营销战略和计划变为营销行动，来实现营销战略目标的过程，执行需要每天、每月把营销计划付诸行动。营销计划提出营销活动要做什么，为什么要这样做；而执行解决谁去做，在哪里做，什么时候做和如何去做的问题。

执行（正确地做事）和战略（做正确的事）对成功都很关键。公司能通过有效的执行获得竞争优势，即使一个公司的战略大体上与其他公司相同，它也可以通过更快或更有力的执行来赢得市场。

在联系不断加强的今天，营销体系中各个层面的人必须共同执行营销计划和战略。在一些公司，营销执行需要组织内外数千的人员日复一日的决策和行动，营销经理在目标市场的选择、品牌、包装、定位、促销和分销方面做出决定，与公司的其他人员沟通，获得他们对产品和方案的支持，这需要与工程师讨论产品的设计，与生产部门讨论生产和存货的问题，与财务部门讨论资金和现金流的问题。他们还和公司外面的人员进行沟通，比如与广告代理讨论如何去拟订广告计划，与媒体讨论如何获得公众的支持。

成功的营销执行取决于公司如何很好地把人员、组织结构、决策和薪酬体系、公司文化整合成协调的支持战略的行动方案。在各个方面公司都需要有技巧、动力和个性的员工，公司的决策与薪酬体系和正式组织结构一样，在实施营销战略中占有重要地位。例如，如果一个公司的薪酬体系看重短期利润结果，他们将没有动力追求长期市场目标。

最后，为了能够在执行上取得成功，公司营销战略必须与公司文化、组织中员工的价值和信念体系相适应。

4. 营销部门组织

公司必须设计一个营销组织来执行营销战略和计划。如果公司很小的话，一个人可能做所有的事情，包括调研、销售、广告、顾客服务和其他营销工作；当公司不断成长时，则需要营销部门来筹划和执行营销活动；在大公司里，营销部门有很多专业人士。

现代营销部门有几种方式，最常见的形式是职能组织，不同的营销活动由不同职能的专业人士来领导，如销售经理、广告经理、营销调研经理、顾客服务经理或者新产品经理。在全国或者全球销售的公司通常采用地域性组织，销售和营销人员被指派到具体的国家、地区或区域，地域性组织可以让销售人员在某个地域安置下来，了解他们的顾客、节省许多出差时间和成本。

产品或品牌差异很大的公司通常采用产品管理组织，在这种方式下，一个产品经理为特定的产品管理组织。然后，营销环境中最近发生的变化使得很多公司重新考虑产品经理的作用，很多公司发现，今天的营销环境更为重视顾客而非品牌。他们正在向顾客权益管理转变，即从管理产品的盈利性到管理顾客的盈利性。

有些公司面对的市场非常不同，面对的顾客需求和偏好差异化很大，然而公司只销售同一产品线的产品，对于这些公司来说，市场或顾客管理组织可能更适合。市场管理组织与产品管理组织相似，市场经理负责开发针对特定市场或顾客的营销战略和计划，这个体系的优势在于公司以特定的顾客群为中心来组织活动。

对于那些在不同地域市场或者顾客市场上销售不同产品的公司而言，他们通常采取职能、地理、产品和营销组织的结合体，来保证管理层能够关注每个职能、产品和市场，然而这种方式也会增加昂贵的管理成本和降低组织的灵活性。

案例 6-6

三株集团组织结构变脸

三株集团创建伊始，子公司的定位就是集团的外派职能部门，而非利润中心。管理采用高度中央集权，形同国家的行政和管理。子公司不必自己找市场，不用考虑价格，集团总部统一计划，划拨广告费和产品，这种营销组织的好处是保证了集团公司利益最大化，资金快速周转。但随着集团的急剧发展，子公司内不讲效率不问效益盲目投入的现象越来越严重。1997 年 7 月，三株不得不实行转轨，进行组织体制改革，但习惯听命于集团指令性计划的子公司却像笼中鸟，被关的时间长了，失去了飞翔的能力，无法适应市场要求。

在组织结构上，已经成为大企业的三株，同时染上了国有大企业那种可怕的"恐龙症"——机构臃肿，部门林立，等级森严，程序复杂，官僚主义，对市场信号反应严重迟钝。集团内各个部门之间画地为牢，原来不足 200 人的集团公司机关一下子增至 2000 人，子公司如法炮制。各个办事处已变成了小机关，办事处主任养得白白胖胖，没人干工作，整个三株公司的销售工作是由临时工来干，执行经理以上的人员基本上不搞销售。

认识到营销组织的弊端后，三株自上而下地进行了一系列整顿，砍掉机关中的富余人员，减人增效，把 2000 人缩至几百人，或"下岗"或充实第一线，加强子公司自负盈亏的能力。

5. 营销控制

因为公司在营销执行过程中会发生很多意外，营销部门必须实施持续的营销控制。营销控制是指度量和评价市场营销战略、计划的结果，采取纠正措施来保证目标的达成。图6-5 显示了营销控制包括四个步骤：管理层首先设计具体的营销目标，然后衡量市场业绩，评价实际业绩和预期业绩不同的原因，最后管理层采取纠正措施来消除实际业绩与目标的差异，这可能需要改变行动方案甚至改变目标。

运营控制指根据年度计划来检查进行中的业绩表现，必要时采取纠正措施，保证公司实现年度计划中设定的销售额、利润和其他目标；运营控制还包括确定不同产品、地域、市场和渠道的盈利性。

战略控制可以检查公司的基本战略是否与市场上的机会相匹配，营销战略和方案可能会很快过时，每个公司应定期重新评估市场整体策略。战略控制的一个主要工具是营销审计，即对公司环境、目标、战略和活动进行综合、系统、独立和定期检查，发现问题和机会，营销审计为制定行动方案，提高公司市场营销绩效提供有用信息。

营销审计不只是审查出了问题的地方，而是全面的审计，但侧重方向性、战略性、全局性的问题。审计内容可分为 6 个主要方面：

营销环境审计，主要分析宏观和微观环境中与企业目标相关的因素，如竞争对手、经济形势、消费者行为、中间商。

营销战略审计，考察企业营销战略、目标与当前及预期环境变化相适应的程度。

营销组织审计，考察营销组织结构、工作效率及在实施企业战略、计划的能力。

营销系统审计，分别考察营销信息、计划、控制、新产品开发等系统的工作情况及效率。

营销效率审计，考察各营销单位的营利情况及达到的成本/销售额比。

营销组合要素审计，包括对产品、定价、促销、分销策略及实施效果的审查。

营销审计最好由企业以外的独立机构承担。一方面，专业咨询公司有指导大量同类型企业的丰富经验；另一方面，这样做更能保证营销审计的客观性和独立性。

营销审计是一项颇为庞大的"工程"，要花费一定的时间、人力和资金，但其带来的好处也是巨大的；保证企业至少不犯大的错误；不致在错误的道路上走得太远；能为一些陷入困境的企业带来希望；使那些卓有成效的企业更上一层楼。总之，帮助企业抓住机会，防止大的谬误。

实训

一、基本概念

企业战略规划、战略业务单位、市场渗透战略、市场开发战略、产品开发战略、多元化战略、后向一体化、前向一体化、水平一体化、同心多样化、横向多样化、混合多样化、市场营销管理过程、市场细分、目标营销、市场定位、营销组合

二、选择题

1. 单选题

(1)"适应企业界解决问题的需要"，这是 IBM 公司为自己规定的(　　)。

A. 企业的短期目标　B. 企业的任务　　　C. 企业的经营策略　D. 企业的计划

(2)某油漆公司不仅生产油漆，并拥有和控制 200 家以上的油漆商店，这叫(　　)。

A. 前向一体化　　　B. 后向一体化　　　C. 水平一体化　　　D. 多元化

(3)企业市场营销管理过程的第一步是(　　)。

A. 规定企业任务　　B. 确定营销组合　　C. 管理营销活动　　D. 分析企业市场机会

(4)军工企业兼搞民品生产与销售，这种做法属于(　　)策略。

A. 市场渗透　　　　B. 多角化　　　　　C. 产品开发　　　　D. 市场开发

(5)企业能通过增加花色、品种、规格、型号等，向现有的市场提供新产品或改进产品，这种发展业务的方法叫做(　　)。

A. 市场渗透　　　　B. 产品开发　　　　C. 市场开发　　　　D. 多角化

(6)一个战略业务单位应具有的特征是(　　)。

A. 只能是单独的业务　　　　　　　　　B. 只能是一组有关的业务

C. 有相同的任务　　　　　　　　　　　D. 可以独立计划其他业务

(7)在市场增长率和相对市场占有率矩阵中，低市场增长率和低相对市场占有率的战略业务单位称为(　　)。

A. 问题类　　　　　B. 明星类　　　　　C. 金牛类　　　　　D. 瘦狗类

(8)一个战略经营单位是企业的一个(　　)。

A. 部门　　　　　　B. 车间　　　　　　C. 产品　　　　　　D. 环节

（9）明星类单位的市场增长率降到（　　）以下，但有较高的相对市场占有率，便成为金牛类单位。

A.50%　　　　　　　　B.30%　　　　　　　　C.10%　　　　　　　　D.5%

2.多选题

（1）企业的任务报告应当做到以下几点（　　）。

A.确定营销费用　　　　　　　　B.贯彻市场营销观念

C.切实可行　　　　　　　　　　D.鼓舞人心

E.既高度概括又具体明确

（2）企业实行市场渗透策略可用的措施有（　　）。

A.留住老顾客　　　　　　　　　B.争取新顾客

C.吸引竞争者的顾客　　　　　　D.进入新的细分市场

E.增加产品的花色品种

（3）某企业经营多年，但发现尚未能完全开发潜伏在现有产品和市场的机会，这时企业可考虑采取的增长策略是（　　）。

A.市场渗透　　　B.产品发展　　　C.市场发展　　　D.市场细分　　　E.一体化经营

（4）以下哪些属于一体化增长战略的表现形式（　　）。

A.集团多样化　　B.前向一体化　　C.后向一体化　　D.水平一体化　　E.水平多样化

（5）企业多角化成长战略包括（　　）。

A.纵向多角化　　B.垂直多角化　　C.同心多角化　　D.横向多角化　　E.混合多角化

（6）下列哪些战略类型的市场增长率较高（　　）。

A.问题类　　　　B.金牛类　　　　C.弱小的金牛类　　　D.明星类　　　　E.瘦狗类

（7）市场增长率/市场占有率矩阵将经营单位划分为（　　）几种类型。

A.明星类　　　　B.金马类　　　　C.金牛类　　　　D.问题类　　　　E.瘦狗类

三．简答题

1.简述企业战略规划的制定步骤。

2.简述设计业务组合的步骤。

3.简述市场营销计划的内容。

4.简述市场营销计划的制定程序。

5.简述可供选择的企业发展战略。

四、论述题

1.论述市场营销组合概念的理解与意义。

2.试述企业营销管理的一般过程。

3.试述如何规划企业的总体战略？

4.请分别对"成长"与"份额"矩阵中的四类战略业务加以说明；对这四类战略业务单位应分别采取何种投资决策？

5.什么是后向一体化、前向一体化和水平一体化？举例说明如何运用这几个增长战略。

五、项目实训

1.营销战略实训

内容：根据所学营销战略的基本知识，学生自选一家企业，在分析企业的基本情况后，为该企业制定一个年度营销计划。

形式：班上同学分小组完成战略制定，代表发言，班上评议，老师总结

2. 设计业务组合实训

内容：除了评估现有的业务之外，设计业务组合还包括找出公司将来可能考虑的业务和产品。利用安索夫矩阵，为下列公司准备一份新的业务和产品创意方案：(1)海尔；(2)富士胶片公司；(3)佐丹奴商店；(4)吉利汽车公司。所制定的方案需包括安索夫矩阵中所有方格的业务。

形式：每个小组同学对选定的公司进行讨论、分析制作出创意方案，代表发言，班上评议，老师总结。

3. BCG 法实训

内容：某公司有 A、B、C、D 四种产品，有关资料如下表，试运用 BCG 法对这四种产品进行评价，分析该公司产品结构是否合理，并规划公司的战略发展方案。

产品	销售增长率(%)	销售额(万元)	同行业最大竞争对手销售额(万元)
A	18	10	40
B	20	30	10
C	6	60	15
D	3	10	50

形式：请两位同学到黑板上做方案并加以解释，同学们评判，老师总结。

4. 多角化实训

内容：我国企业界有一种现象，紧密跟随消费热点的变化实施多角化经营，简直是无所不能。电视机、空调、冰箱热时，全国 120 多条生产线竞争；电动自行车热时，全国有 700 多家企业生产电动自行车；电脑消费热时，企业立刻推出自有品牌电脑；手机消费热时，企业立刻推出手机；汽车消费热时，立刻推出汽车，等等，试联系实际分析企业多角化经营的有利的一面和不利的一面。

形式：班上同学分小组讨论，达成一致意见，每个小组选代表发言，班上评议，老师总结。

六、案例分析与讨论

1. 湖南菲达实业集团的战略规划

湖南菲达实业集团是按照现代企业的运作规范，朝专业化、规模化、现代化方向发展的、集科、工、贸于一体的经济联合体。而宜穿灵实业有限公司是菲达集团的核心企业之一，也是国内屈指可数的几家专业从事保健服饰生产的企业之一。

作为一个民营独资企业，从菲达集团的成长经历可以很明显地看出，它同我国许多企业一样在市场经济的大潮中，时而在浪尖，时而在谷底，随着浪流涨落而兴衰，既有收获的喜悦，也有失落的苦痛。但菲达人并没有随波逐流，而是不断地探究、摸索、总结、寻求；反思以往，告别幼稚，终于找到属于自己的一片蔚蓝天空。所有这些得益于菲达人勇于反省的胸襟和气魄。

1993 年菲达实业公司在湖南长沙成立。在后来一年多的时间里，菲达先后投资组建了长沙市菲达汽车贸易公司、华中汽车交易中心、菲达建材实业公司、菲达礼宾车租赁公司、菲达鞋帽服装公司、慧尔五洁具厂、菲达汽贸邵阳市出租车公司、常德市宏利莱娱乐公司、冷水江市宏利莱娱乐公司等 13 家子公司。此外，还着手筹建总投资 3.6 亿元，楼高 38 层的菲达大厦，后来又将菲达大厦的规模改为总投资 6.4 亿元，楼高 63 层。由于多元化经营，加上"房地产热"骤然降温，他们遇到了一定的挫折，从而不得不进行产业结构的调整和经营思想的重新定位。

菲达通过反思认识到，企业必须经过市场调查和科学论证，选准一个行业，再经过科学策划，形成一套比较完整的经营思路，有近期目标和远景规划，从而才能规范地发展。因为，涉及到企业全局性、长远性、方向性的战略规划能描绘出企业将来的方向和重点。从战略的角度讲，它是一条命脉，企业一切工作和业务都要服从于战略规划。

通过反复的实践和认识，菲达人总体战略意识加强，在投资决策方面趋于成熟。经过几年的市场调查和科学论证，他们选择了根据高科技原理研制开发的保健服饰产品作为重点发展方向。

由大规模进行多元化经营转为重点发展某种高科技产品，这种经营思路的转变并不是突发奇想。高科技产品很多，而为何偏偏选择保健服饰产品？作出这种抉择也是由来已久，菲达人有自己的论断。"穿"和"吃"一样，是人类最基本的生活需要，为了满足这种需要，人们必须获得衣着消费品。这种消费品新陈代谢的速度很快，消费周期比较短。菲达应该集中资金专注于开发和生产服装这类人们经常消费的产品，又必须避开激烈竞争。如果研制一种具有保健功能的袜子，就会既有广大的市场需求，又能避开低层次的恶性竞争。我国南方，许多人有各种各样的脚病，如果这种袜子能够治疗这些脚病，就能在袜子的市场竞争中独占鳌头。

带着这种想法，菲达人开始寻访有关专家教授。专家教授们提供了有关资料和他们的研究成果。从这些资料中得知，研制和生产保健服饰是 20 世纪后期世界上出现的一种新趋势。

但是，保健服饰受到人们的欢迎，必须确实具有保健效果。前些年，我国市场出现过一种治脚气病的保健鞋垫和少数几种保健服饰产品，是依靠在纺织品中渗入一定的药物来实现保健作用的。因药力不持久，保健效果不是很好。对此，菲达人心里明白，要想有所突破，解决这一问题，必须进行高科技开发。为此，他们寻访到从事这方面研制、拥有国家级科技成果的专家教授，由他们提供的研究成果是根据物理学中的高科技原理研制成的抗菌纤维。这是一项在国际上都处于领先水平的高科技成果。菲达人认准了这项成果，决定投资近千万元资金进行开发和生产，经过几年的努力，一个具有划时代意义的高科技开发成果———"菲达健康纤维"终于诞生了，随之将这种纤维与国际上流行的纺织材料结合，织出的一系列"宜穿灵"保健服饰问世。这种极有市场潜力和竞争性的产品受到社会各界的关注。

为了今后的发展，菲达人制定了自己的总目标：树立名牌、创造顾客、占领中国市场、进入国际百强。并且为宜穿灵制定了跨世纪的发展战略规划：①用 3 年时间把宜穿灵实业有限公司建设成为中国保健服饰产业的支柱企业集团，5 年实现集团国际化。②3 年创"宜穿灵"中国名牌，5 年创"宜穿灵"世界名牌。③力争在 5 年内开发 20 个系列，产品近千种。

④5 年实现销售收入 180 亿元，利税 60 亿元。⑤力争在 3 年内宜穿灵产品市场占有率达到 60% 以上。⑥宜穿灵实业有限公司将在全国范围内建立省级代理机构 30 个，地级代理连锁机构 240 个，县级连锁店 3000 个。目前，"宜穿灵"产品已打入美国、新加坡等海外市场，具有自省精神，勇于否定过去，自信面向未来的菲达人正在为企业的明天而不懈努力。

分析讨论

1. 根据湖南菲达实业集团发展历程，分析多元化的利弊。
2. 你认为"宜穿灵"市场前景如何？为什么？

2. "炭"里寻商机

我们都知道白居易笔下有个卖炭翁，在北京朝阳区东四北大街 151 号，却有一家当代"卖炭翁"。

店主李晶，是位精干的女士。涉足过广告行业的她，为何会看上并不起眼的黑竹炭，并认定其有巨大市场呢？

一次偶然的机会，李晶在是在一本杂志上看到关于"卖炭翁"介绍。一心想创业的她，对陶吧、咖啡厅都有过考虑，但技术和资金的壁垒成为李晶实现理想的障碍。关于"卖炭翁"的介绍引起了她的注意。李晶同先生一道来到了其总部——杭州遂昌县。在那里，李晶亲自验证了竹炭的功效。坚定了她把经营竹炭作为自己创业方向的信心。此前，李晶不知道炭除燃烧外，还有其他功能。"我认为，这就是潜在的市场。"

2004 年 4 月 24 日，第一家"卖炭翁"终于落户北京，店主就是李晶。令李晶欣慰的是：在开张前三天，店面还在装修时，就创造了近 400 元的营业额。"那时，我还在忙着装潢。就有不少顾客十分好奇，知道是竹炭产品后，他们都很感兴趣。甚至都不管店面是否开张，就买了我的商品。现在，他们几乎都是我的常客。而回头客带来的收益，几乎占到总营业额的 60%。"李晶说起来特开心。

当然，也有让李晶费心的事。"卖炭翁"经营的竹炭产品属于新面孔，加上配套的市场宣传滞后，李晶不得不耐心地就顾客提出的诸多问题做出仔细解答。一女士听说竹炭能与饭一同蒸煮，便担心会不会把饭煮黑，一男士也对一张炭制凉席标价 500 元而耿耿于怀。李晶对每个问题都细心回答，"只有顾客了解了这一产品，才可能去买它！"

李晶对产品前景充满信心：竹炭产品，利用最多的是其吸附和除湿。吸附除味，除湿保健——这都与老百姓生活贴近，冰箱有味了、鱼缸水质变坏了都能用竹炭改善。

商店开张后，李晶非常注重质量和服务。一次，一女士反映：她所购买的竹炭腰带尺寸太小，根本无法佩带。李晶在收回该顾客的商品后，便向总公司反馈，要求解决这一问题。"不要看只是一个顾客，他的背后是一个市场。"

开业第六天，北京通县的顾客就表示想加盟。随后，怀柔、回龙观等 5 处也相继有了加盟店。"卖炭翁"的市场在不断地扩大，麻烦事也在增多。由于"卖炭翁"系列刚涉足市场，产品有待完善，如该产品包装过于简单，导致产品价位不能提升，包装袋上也没有生产日期。顾客难免心中嘀咕：这炭怎么这么贵？没有生产日期会不会过期？李晶坦言：如果我是顾客，也会这样想。但她说，一个竹炭风铃制作过程需一个月，价格自然要高一些。"如能换上精美的包装，价格高一点顾客应该能接受。"

李晶特别善于打开市场。有些顾客对竹炭不很了解，她坚持以诚动人："您只要花几块钱，就会知道产品的好坏。我没有必要为这点小钱，砸自己的市场。"就这样，李晶凭着一股拼劲，把"卖炭翁"经营得井井有条，并逐步在北京打开了市场，获得了可观的盈利。李晶正是因为找准了市场，抓住了市场机会，获得了经营的成功。

分析讨论

1. 李晶为什么能获得经营上的成功？

2. 从这个故事谈谈你对"市场机会"这一概念的理解。为什么识别和选择市场机会是企业营销管理过程的首要任务？

第七章　市场竞争战略

学习目标

通过本章学习，了解企业在竞争行业内所处的地位、分类和特性，识别竞争者的方法，了解企业的竞争战略与分析竞争优势，掌握企业通用的竞争战略，能根据企业的具体情况制定相应的竞争战略。

第一节　竞争者分析

竞争是商品经济的基本特性，只要存在商品生产和商品交换，就必然存在竞争。企业在目标市场进行营销活动的过程中，不可避免地会遇到竞争对手的挑战，只有一个企业垄断整个目标市场的情况是很少出现的，即使一个企业已经垄断了整个目标市场，竞争对手仍然有可能想参与进来。只要存在需求向替代品转移的可能性，潜在的竞争对手就会出现。

一、竞争者分析的基本框架

1. 行业及行业结构

竞争者行为分析中，行业是一组提供一种或一类可相互替代产品的卖方的集合。不同的行业，竞争特点和竞争者行为是不同的。影响竞争状况和竞争者行为的因素主要有：竞争者的数量、产品的同质性(即相似性)或异质性(即差异性)、企业规模等。根据这些因素可将行业分为不同类型，称行业结构类型。具体可分为以下几种：

(1)完全竞争。完全竞争行业由许多提供相同产品的企业构成。企业提供的产品没有差别，可以完全替代，竞争者的价格将是基本相同的。

(2)垄断竞争。在垄断竞争行业中，卖方提供的产品不是同质的，而是存在一定的差别，但是，这些有差别的产品之间又有一定的替代性。

(3)寡头垄断。寡头垄断可分为纯粹寡头垄断和差别寡头垄断。在纯粹寡头垄断行业中，由几家企业生产同一种类的产品(如石油、钢铁)。差别寡头垄断行业由几家生产部分有差别的产品(如汽车、照相机)的企业组成。

(4)完全垄断。在完全垄断行业中，只有一个企业，提供一种或一类产品，没有或有较少的替代品(如电力或煤气公司)。

2. 行业集中度

行业集中度是指行业中企业的市场份额的分布情况。经济学家用集中度指数表示行业集中度。

3. 进入、退出障碍

阻止企业家在某个行业建立新企业的因素构成进入障碍。进入障碍包括：对资本的要求、规模经济、专利、原料供应、分销渠道的控制、政府政策等。退出障碍包括：对顾客、债权人和员工存在的法律和道义上的义务，高度纵向一体化，资产的高度专用性等。

4. 竞争战略和战略集团

竞争战略指企业在一定时期内采用的打击对手和保护自身、谋求竞争优势的主要手段和措施。我们把行业中采取相同或相似战略的企业群体叫战略集团。

战略集团的划分是非常有意义的。第一，通过战略集团的划分，企业可以判断行业中不同企业采取的竞争战略的差异程度，确定企业在行业中的战略地位。第二，通过战略集团的划分，企业可以发现影响竞争地位的关键性因素，如技术、服务、产品质量、价格等，不同行业，影响竞争格局的决定性因素不同。第三，战略集团的划分可以使企业明确自己的竞争对手，或明确自己进入哪一个战略集团对自己有利。

5. 竞争目标

通过对战略集团的划分，了解主要对手的战略目标。在市场上，每个竞争者的目标和动力是不同的。从企业管理的角度，其目标主要有：

（1）生存。企业在市场中生存下去的基本条件是以收抵支。为实现以收抵支的目标，企业必须增强到期偿还债务的能力，减少破产的风险。

（2）发展。企业的发展集中表现为扩大收入。企业要扩大收入，除了具备物质基础外，更重要的是采取正确的战略措施。

（3）获利。获利不但是企业的出发点和归宿，而且是衡量企业所有管理活动绩效的一个综合性目标。

但是，企业利润目标是通过不同的时期实现的。有的企业的目标是长期的，有的企业的目标是短期的。了解竞争者的目标，有利于企业采取合适的方式参与竞争，或者采取合适的应对措施。竞争者的目标还取决于企业的规模、历史、经营环境等因素。

6. 顾客价值分析

顾客价值就是顾客从某一特定产品或服务中获得的一系列利益。顾客价值分析就是识别和分析企业提供的产品或服务的属性、利益和特点对顾客的重要性以及与竞争对手比较相对的优势和劣势，目的在于建立发挥企业竞争优势。

顾客价值分析的主要内容和步骤如下：

（1）顾客购买产品或服务的主要动机和影响顾客购买行为的主要因素。通过市场调查了解顾客购买与企业有关的产品或服务的动机，影响他们选择产品的主要功能利益或产品特色。

（2）估计这些因素的重要性。

（3）对企业和竞争对手的产品或服务的性能及其绩效进行比较分析。通过市场调查，了解消费者对市场上各种品牌的主要性能及其绩效的看法、态度、偏好。

（4）调查和分析企业战略集团中的竞争对手的产品与本企业的产品主要性能及绩效的差别。通过对战略集团内部各企业的产品性能、属性及绩效的对比分析，了解在各个细分市场的企业获得竞争优势的关键。

（5）在上述分析的基础上，企业还要不断追踪顾客价值。

二、识别竞争者

识别竞争者是一项重要工作。一个企业可能被新出现的对手打败或者由于新技术的出现和需求的改变而被淘汰。

1. 按不同层次对竞争者进行分类

根据产品的替代性程度，可把竞争对手分为不同层次：

(1) 品牌竞争者。企业把同一行业中以相似的价格向相同的顾客群提供类似产品或服务的所有企业称为品牌竞争者。

(2) 行业竞争者。行业是提供一种或一类密切相关产品的企业。企业把提供同一类或同一种产品的企业看作广义的竞争者，称行业竞争者。

(3) 需要竞争者。我们把满足和实现消费者同一需要的企业称为需要竞争者。

(4) 消费竞争者。企业把提供不同产品，但目标消费者相同的企业看作消费竞争者。

2. 根据竞争者的反应模式进行分类

在竞争中，不同企业对竞争的态度和行为，即反应模式是不同的。企业应辨别竞争者的心理状态，甄别它们的反应，针对不同竞争者采取不同的攻击手段。

(1) 从容型竞争者。从容型竞争者认为，顾客对自己品牌的忠诚度高，认为顾客不会因为竞争对手的攻击而改变品牌选择，因此，对竞争对手的行动没有反应或没有强烈反应。但是，竞争对手没有反应还可能有其他原因，企业一定要弄清楚竞争对手从容不迫行为的原因。

(2) 选择型竞争者。有些企业不是对竞争对手的任何攻击行为都有反应，而是有选择性地回应。这类竞争者属于选择性竞争者。企业要分析竞争对手在哪些方面会有强烈的反应，然后选择相应的攻击手段。

(3) 凶狠型竞争者。凶狠型竞争者对向其经营的业务范围发起的任何形式的进攻都会做出最为强烈的反应。

(4) 随机型竞争者。这种类型的竞争者的反应模式不确定，对某一攻击行动可能采取反击，也可能不采取任何行动。

3. 根据竞争者在同一目标市场中的地位进行分类

在同一目标市场中，竞争者所占有的市场份额不同，决定它们在竞争中所处的地位不同，采取的竞争策略也不同。根据企业在目标市场中的地位，可将它们分为市场领导者(market leader)，市场挑战者(market challenger)、市场追随者(market follower)和市场补缺者(market nicher)。

(1) 市场领导者。多数行业都有一个占有最大市场份额的市场领导者。

市场领导者在市场中的行为对其他企业起着广泛的影响。它往往是市场竞争行为中的先行者，其他企业要么向它提出挑战，要么对它的行为进行模仿或者绕道而行。市场领导者在市场中也会面临各种挑战。处于领导地位的竞争者，通过三种方法保持其地位：扩大总需求、保持市场份额和扩大市场份额。

与其他竞争者比较，市场领导者通过扩大总需求，得到的好处最多。市场领导者通过寻找产品新的用户、增加产品新的用途、增加现有顾客的产品使用量来增加总需求。

市场领导者在扩大市场的同时，还要进行防御，设法保持其市场份额。市场领导者通过下列方法进行防御：

阵地防御，即设法巩固现有产品和市场地位，防御竞争者的进攻；

侧翼防御，即通过治理薄弱环节来防止竞争者乘虚而入，或在前沿阵地建立一些次要业务以防止对手进攻；

先发制人，即在对手发起进攻之前，先向对手发动进攻，达到以攻为守的目的；

反击式防御，关注竞争者的进攻态势，在适当的时候通过强有力的反击阻断对手的进攻；

运动防御，即通过拓展业务范围或实施多角化经营开拓新的业务领域，来扶持老业务的发展；

收缩性防御，即有计划地放弃部分没有发展前途的业务，以加强主要业务的实力。

市场领导者还通过扩大市场份额的方法来加强其地位。

案例 7 – 1

联想的促销

20 世纪 90 年代前期，电脑在我国是一个新生事物，有人认为电脑有用，但觉得操作太复杂，难以掌握，不敢问津，于是联想集团派出宣传车和电脑专家，到大学、机关、医院、研究所和工商企业，普及电脑知识，使潜在顾客产生购买意愿。

案例 7 – 2

化妆品进入新群体

在过去，化妆品行业，主要是卖给女性，许多企业认识到，随着化妆品行业竞争日趋激烈化，如果只针对女性，市场空间终将有限，所以，一些化妆品企业设法开拓男性市场，并向青少年和老年人进军。大宝就是明显的例子。

案例 7 – 3

异地投资好赚钱

一些发达国家为什么愿意去发展中国家投资呢？原因是多方面的，比如：发展中国家劳动力、原材料成本低并且来源可靠、政府的优惠政策等，但有一个重要的原因，即发展中国家对于某种产品，存在巨大的需求。一些产品在发达地区也许十分饱和，但在不发达地区，可能又十分需要。市场需求在不同区域，存在不均衡性。同一种产品，在不同地区，其所处的寿命周期的阶段是不一样的。比如：彩色电视机在城市基本饱和，但在农村依然有广阔的市场空间。

案例 7 – 4

产品新用途

我国有不少农民买了洗衣机以后，用来洗带泥的山芋，海尔公司发现后，生产出专门用来洗山芋的洗衣机，结果，受到广大农民朋友的欢迎。

美国的小苏打制造厂阿哈默公司，发现有顾客把小苏打当作冰箱除臭剂使用，开展大规模的广告宣传活动，宣传这种用途，使得美国 1/2 的家庭把装有小苏打的开口盒子放进了冰箱。

美国的著名公司杜邦公司，发明了尼龙，尼龙的最初用途是用来作飞机降落伞的绳子，市场空间范围十分小，后来拓展到尼龙袜子、尼龙衣服、尼龙地毯、窗帘。

20 世纪 90 年代，电视上播出一则新闻，一名记者采访了一名长发披脚的女性，原来是用淘米水洗发，常年使用，结果使头发亮丽，可惜目前，还没有公司开发这类产品。近几年，在社会上一些地方，流行用水果养颜，于是一些爱美的女性，将西瓜皮、南瓜皮、黄瓜皮、橘子皮，什么样的皮都往脸上贴，将鸡蛋清和鸭蛋清往脸上抹。

(2)市场挑战者。在行业中位居第二、第三或名次稍低的企业称为市场挑战者。

市场挑战者首先要选择合适的攻击对象。它可以攻击市场领导者，攻击与自己实力相当的对手，还可攻击实力弱小的中小竞争者。

市场挑战者往往采取正面进攻、侧翼进攻、包围进攻、绕道进攻、游击进攻等策略。

案例 7-5

百事可乐"挑战"可口可乐

营销史上最著名的挑战要算百事可乐挑战可口可乐。这场世纪大战几乎震惊了整个营销界。可口可乐是世界上第一可乐品牌，于 1886 年诞生于美国，如今可口可乐在全世界有数以亿计的消费者，是"世界饮料之王"。百事可乐同样诞生于美国，时间比可口可乐的问世晚了 12 年。

可口可乐长期以来一直是饮料市场的霸主。但是，就在可口可乐如日中天时，百事可乐同样高举"可乐"大旗，向其发出强烈的挑战，宣称要成为"全世界顾客最喜欢的公司"。最终的结果是，百事可乐与可口可乐形成了分庭抗争的局面。

百事可乐在第二次世界大战以前一直不见起色，曾两度处于破产边缘。尽管 1929 年开始的大危机和二战期间，百事可乐为了生存，不惜将价格降至 5 美分/镑，是可口可乐价格的一半，以至于差不多每个美国人都知道"5 美分可以多买 1 倍的百事可乐"的口头禅，百事可乐仍然未能摆脱困境。在饮料行业中，可口可乐和百事可乐一个是市场领导者，一个是市场挑战者。

二战后，美国诞生了一大批年轻人，他们没有经过大危机的战争洗礼，自信乐观，与他们的前辈有很大的不同，这些年轻人逐步成为美国的主要力量，他们对一切事物的胃口既大且新，这为百事可乐对"新一代"的营销活动提供了基础。

但是，这一切都是在 1960 年百事可乐把客观存在的广告业务交给 BBDO 广告公司以后才明白过来的。当时，可口可乐以 5 比 1 的绝对优势压倒了百事可乐。BBDO 公司分析了消费者构成消费心理的变化，将火力对准了可口可乐的"传统"形象，做出种种努力来把百事可乐描绘成年轻人的饮料。经过 4 年的酝酿，"百事可乐新一代"的口号正式面市，并一直沿用了 20 多年。

10 年后，当可口可乐试图对百事可乐俘获下一代的广告作出反应时，它对百事可乐的优势已经减至 2 比 1 了。而此时，BBDO 又协助百事可乐制定了进一步的战略，向可口可乐发起全面进攻，被世人称为"百事可乐的挑战"。其中两仗打得十分出色。第一个漂亮仗是品尝实验和其后的宣传活动。

1975年，百事可乐在达拉斯进行了品尝活动，将百事可乐和可口可乐都去掉商标，分别以字母M和Q作上暗记，结果表明，百事可乐比可口可乐更受欢迎。随后，BBDO公司对此大肆宣扬，在广告中表现的是，可口可乐是无人问津。广告宣传完全达到了百事可乐和BBDO公司所预期的目的：让消费者重新考虑他们对"老"可乐的忠诚，并把它与"新"可乐相比较。

百事可乐的销售猛增，与可口可乐的差距缩小为2比3。1983年底，BBDO广告公司又以500万美元的代价，聘请迈克尔·杰克逊拍摄了两部广告片，并组织杰克逊兄弟进行广告旅行。这两位红极一时的摇滚乐歌星为百事可乐赢得了年轻一代狂热的心，广告播出才一个月，百事可乐的销量就直线上升。

在百事可乐发起挑战之后不到3年，美国《商业周刊》就开始怀疑可口可乐是否有足够的防卫技巧和销售手段来抵御百事可乐的猛烈进攻。

这次市场争夺战发生在美国本土，但事实上，百事可乐不仅在美国国内市场上向可口可乐发起了最有力的挑战，还在世界各国市场上向可口可乐挑战，而且这种策略一直沿用到今天。可口可乐在世界各地都遭受了百事可乐的强大的挑战。

（3）市场追随者。市场追逐者指那些在产品、价格、渠道、促销、技术、管理等各方面，模仿或跟随市场领导者的公司。市场追随者有三种类型：追随、有距离的追随和有选择的追随。

（4）市场补缺者。市场补缺者是为了避免与大型企业的正面冲突，走差异化的道路，选择那些未被满足和实现需要的部分市场，提供专门服务，以求得生存与发展。市场补缺者选择的是"拾遗补缺"的市场。所谓"拾遗补缺"的市场是指必须具备下列条件的市场：有足够的规模和成长潜力；不被大竞争者重视；企业本身有能力为其服务；能建立起顾客信誉，从而能有力地抵御进攻者的进入；能获取利润。市场补缺者的战略目标是成为"小市场的巨人"。

4.根据竞争者特性进行分类

根据竞争者的特性，企业可以将竞争者分为强竞争者与弱竞争者；良性竞争者与恶性竞争者。

（1）强竞争者与弱竞争者。一般来讲，企业采取挑战策略时，攻击的首选目标应该是实力较弱的对手。

（2）良性竞争者与恶性竞争者。良性竞争者通过根据需求波动，提供互补产品，降低反垄断风险以及提供成本保护等，给企业带来战略上的好处。

良性竞争对手还可以使企业提高差异化的能力，获得竞争优势。企业把竞争对手作为参考标准，为顾客发现和创造新的价值，提供新的利益，使产品更具有独特性，强化企业的核心能力。

良性竞争者还可以改善行业环境，使整个经营环境良性化。

良性竞争者在一些新兴行业或在经历演变的行业中，给企业带来许多好处。竞争对手能够帮助企业分担新产品或新技术的市场开发成本。合适的竞争对手还可以改善整个行业的形象，从而增加整个行业的信誉，良好的行业信誉将给行业中的每个企业带来好处。因此，当信誉良好的著名企业，进入某一行业时，将会对行业中的其他企业产生良好的影响。

良性竞争对手还有助于遏制其他对手的进入。良性竞争者可以增加潜在竞争者的进入困难程度，增加报复的可能性和报复强度。

以下几点可以作为企业区分良性竞争者和恶性竞争者的参考依据：可信和可存活；有明显的弱点；了解和遵守竞争的"游戏规则"；战略适度；采取改善产业结构的战略；规模适度的战略观念；风险规避者。

第二节　市场竞争战略

一、竞争战略与竞争优势

竞争战略的选择由两个中心问题构成。一个中心问题是企业在其产业中的相对地位。地位决定了企业的盈利能力是高于还是低于产业中的平均水平。一个地位选择得当的企业即使在产业结构不利、产业的平均盈利能力水平不高的情况下，也可以获得较高的收益率。另一个中心问题是从长期盈利能力和决定长期盈利能力的因素来看各行业所具有的吸引力。各个行业并非都提供同等的持续盈利机会，一个企业所属行业的内在盈利能力是决定这个企业盈利能力的一个要素。

一个企业与其竞争者相比可能有无数个长处和弱点，基本的竞争优势却体现为两种，即低成本或别具一格。也就是说，一个企业拥有的一切长处或弱点的重要性，最终是它对相对成本或产品的特点产生影响的一个函数。成本优势和别具一格又来源于产业结构，它们是由一个企业比其竞争对手更擅长于应付五种竞争力量的能力所决定的。

1.五种基本的竞争力量

(1)现有企业之间的竞争。影响产业竞争激烈程度的主要因素有：竞争对手大量存在或势均力敌；行业增长缓慢；高固定成本或高库存成本；差异或转换成本欠缺；大幅度增容；高战略利益；退出壁垒高。

(2)潜在进入者的威胁。对于一个行业来讲，进入威胁的大小取决于当前的进入壁垒和进入者可能遇到的现有企业的反击。如果壁垒高筑，新进入者认为严阵以待的现存企业会坚决地报复，那么，这种进入威胁就会较小。进入壁垒主要有：经济规模；产品差异化；资本需求；转换成本；获得的分销渠道；其他与规模无关的成本优势；政府政策。

(3)替代品的威胁。替代品是指在功能上能部分或全部代替某一产品的产品，如甜菜糖或玉米糖是甘蔗糖的替代品。替代品与现有产品之间存在着较高正值的需求弹性因此而互为竞争品，特别是当顾客对它们的需求非此即彼时更是如此。因此，可以说一个行业的所有企业都与生产替代产品的行业形成竞争。替代品设置了行业中企业可谋取利润的定价上限，从而限制了一个行业的潜在收益。替代品不仅限制平时情况下的利润，而且在行业繁荣时也使可获的丰厚利润减少。

(4)供方谈价的压力。行业中企业与其供应商之间，供应商们的提价或降低所购产品或服务的质量对企业施加压力。供方压力可以迫使一个行业因无法使价格跟上成本的增长而失去利润。

(5)买方谈价的压力。买方的压力来自于买方采取压低价格、要求较高的产品质量和索取更多的服务项目等竞争手段，并且从竞争者彼此对立的状态中获利，所有这些都是以行业利润作为代价的。

2.通用的竞争战略

在与上述五种竞争作用力抗争中形成的两种基本的战略优势——低成本和别具一格。可具体体现为三种通用的战略方法：成本领先战略、差异化战略和集中化战略。

（1）成本领先战略。成本领先战略是指企业通过实现规模经营，提高劳动生产率，强化管理，千方百计地降低和控制总成本，使自己在产业内平均总成本最低化，以创造和赢得竞争优势的战略。如彩虹集团是全国最大的彩管生产基地。过去彩管供不应求，彩虹在国内市场居于垄断地位，经营环境比较宽松。1997年前后，十多家彩管企业先后建成投产，市场迅速饱和。以彩电价格战为导火线，彩管大幅度降价，加之东南亚金融危机导致彩管出口受阻，彩虹出现了大面积亏损，部分生产线停工、30%的员工面临下岗压力。面对这一局面，彩虹果断地选择了成本领先战略，迅速扭转了被动局面，1998年综合成本比1997年降低20%，1999年综合成本在1998年的基础上再降低18%。实施成本领先战略，就是要通过发挥规模效应和挖掘内部潜力在同行业中保持整体成本领先，从而使企业在竞争中处于优势地位。

案例 7 - 6

格兰仕微波炉

格兰仕集团生产的微波炉是我国一号品牌，市场占有率在60%以上，它采取的战略思想就是成本领先战略。从1996年至2000年先后5次大幅度降价，每次降价幅度都在20%以上，不断扩大市场占有率。为什么能够不断地降价，关键是通过规模的扩大，从而降低了单位产品的成本。

（2）差异化战略。差异化战略是指千方百计地使自己有别于竞争者，凸现和形成鲜明的个性和特色，以创造和提升企业竞争优势的战略。这种战略的重点是创造被全行业和顾客都视为是独特的产品和服务。差异化的方法多种多样，如产品的差异化、服务差异化和形象差异化等。差异化的手段因产业不同而不同。它可以建立在产品本身的基础上，也可以以产品销售的交货系统、营销做法及其范围广泛的其他种种因素为基础。

案例 7 - 7

农夫果园差异化营销

农夫山泉推出农夫山泉矿泉水取得成功后，再推出农夫果园，同样取得了很大的成功。它所采取的营销战略是典型的差异化营销战略。具体表现为以下几个方面：

产品设计差异化。选择混合果汁作为突破点，是农夫果园差异化营销的第一步。原来，在市场上果汁饮料口味繁多，但多数是单一口味，如统一的"鲜橙多"，汇源的"真鲜橙"等。而农夫果园推出的两种产品分别含有：橙、胡萝卜、苹果和菠萝、芒果、番石榴，两种都是混合果汁。

产品命名的差异化。在果汁饮料行业，常见的是以水果类别来命名，例如"鲜橙多"、

"蜜桃多"、"葡萄多"等。而农夫山泉针对混合果汁的特点，将果汁系列命名为"农夫果园"。

广告诉求的差异化。"农夫果园，喝前摇一摇"，这是它独特的广告词，并加上相应的动作，增强趣味性和对消费者的记忆度。"摇"这一动作也暗示了果汁中有"货"。

包装上的差异化。其表现为：一是包装瓶签是三种水果横剖面图，色彩艳丽，而且上面描述一个果农怀抱一大筐水果，洋溢着丰收的气氛；二是瓶口特大，一般果汁的包装瓶口是 28 mm，而农夫果园瓶口是 38 mm，在终端货架上更能引人注目；三是农夫果园的瓶盖是运动盖，当瓶子掉地时，瓶盖可以自动关闭，保证饮料不会溢出。

容量上的差异化。市面上一般的果汁饮料的容量，大多为 500 mL 或 350 mL，而农夫果园的容量为 600 mL 和 380 mL，比一般的多 100 mL 和 30 mL。

浓度上的差异化。农夫果园包装标签上，"果汁含量30%"的字样特别醒目，突出其货真价实的品质。

价格策略的差异化。农夫果园终端的销售价格在 3.5～4 元之间，明显高于同类果汁饮料，质量高势必价格高。

(3)集中化战略。集中化战略是指将经营重点集中在市场或产品的某一部分，在此特定市场或部分中独领风骚而成王者的竞争战略。这一战略的前提条件是：企业能够以更高的效率、更好的效果为某一狭窄的战略对象服务，从而超过更广范围内的竞争对手。结果是，企业或者通过较好满足特定对象的需要实现了差异化，或者在为这一对象服务时实现了低成本，或者二者兼得。尽管从整个市场的角度看，集中战略未能取得低成本和差异优势，但它确在狭窄的目标市场中获得了一种或两种优势地位。

案例 7-8

美国西南航空公司

在美国，西南航空公司是一个规模较小的航空公司，但它却是从 1973 年以来每年都赢利的航空公司。为什么它会取得成功？关键是它采用了市场集中战略，其具体做法有：

第一，做好市场细分。西南航空公司专注于短途运输，不搞大城市之间的长途运输，并且不断地开发短途运输航线。做短途运输的航空公司较少，而做长途运输的航空公司较多，这样西南航空公司可以减少竞争。并且它通常选择其他航空公司收费高而服务并不太好的市场。

第二，价格低但服务好。西南航空公司的票价只有其他航空公司票价的 1/5～1/3，另一方面尽管它的服务项目不多，但每项服务，都尽可能做到使顾客满意。

第三，成本低。其做法有：一是只使用一种型号的飞机；二是尽量选择二流机场；三是减少服务项目，因为收费低，消费者没什么意见；四是减少消费者等待时间等。

二、处于不同竞争地位的企业的竞争战略

市场竞争实力的强弱和竞争地位的高低，决定了企业产品竞争战略的内容。根据企业在目标市场中的地位，可将它们分为市场领导者、市场挑战者、市场追随者和市场补缺者。

相应地就出现了不同类型的企业产品竞争战略：

1. 市场领导者的竞争战略

市场领导者为了进一步扩大市场占有率，积极巩固和发展市场的主导地位，就必须采取全方位进攻和以先防后攻为中心内容的攻势产品战略。先防后攻的攻势产品战略内容包括充实和完善产品线、产品项目，进行阵地防御；提高产品质量，进行侧翼防御；多产品经营，进行运动防御；注册商标、申请专利，进行先发防御；通过降价和强化产品宣传，进行反攻防御。

2. 市场挑战者的竞争战略

市场挑战者的竞争战略善于发现其竞争对手的弱点，从中寻找进攻的机会，以提高市场占有率。其攻击对象一是市场领导者，创造出更好的产品，夺取市场领导地位。二是与自己实力相当者，要注意避实就虚。三是比自己弱小者，通过兼并或夺取它们的顾客来壮大自己。

3. 市场追随者的竞争战略

市场追随者要对市场领导者采用有选择、有距离地跟随。它攻击的对象是比自己弱小者和实力相当者。通过成功的经营，市场跟随者可能成为市场挑战者。它的攻势产品战略主要是仿效，如产品设计仿效、质量仿效、服务手段仿效等，模仿和跟随市场领导者，以求在市场竞争中稳定发展。

4. 市场补缺者的竞争战略

市场补缺者是指那些专门钻市场空隙，生产某类产品专门满足细小市场需要的企业。由于它们常常寻找一个或者几个既安全又有利的市场空位，一旦发展壮大，就可能成为市场挑战者。其攻击对象是比自己弱或与自己实力相当者。如生产玩具、保健品等。二是专门为一两个大企业作配套服务，如安装、维修等。三是专门生产某种特殊高档或低档产品，如奢侈品或经济品。四是专门生产某种产品的某些零件。五是专门按订单生产客户预定的产品。

实训

一、基本概念

行业集中度、竞争战略、顾客价值、竞争者、品牌竞争者、需要竞争者、市场领导者、市场挑战者、市场追随者、市场补缺者、总成本领先战略、差异化战略、集中化战略

二、选择题

1. 单选题

(1) 识别竞争者并非是一件简单而易行的事，通常可从(　　)来识别企业的竞争者。

A. 产业和市场两个方面　　　　　　　　B. 市场方面

C. 产业方面　　　　　　　　　　　　　D. 竞争环境方面

(2) 提供同一类产品或可相互替代产品的企业，构成一种(　　)。

A 行业　　　　　　B. 市场　　　　　　C. 产业　　　　　　D. 战略群体

(3) 在进行竞争者分析时，首先要(　　)。

A 建立企业竞争情报系统　　　　　　　B. 判断竞争者的市场反应

C. 确定竞争者的目标与战略　　　　　　D. 识别企业的竞争

(4)企业决定进入某一战略群体时,首先要明确(　　)。

A.自己的竞争优势是什么　　　　　B.自己的竞争战略是什么

C.谁是主要的竞争对手　　　　　　D.竞争者的优势及劣势

(5)某奶制品生产企业的一些竞争者总是对其降价竞销强烈反击,但对其增加广告预算、加强促销活动等却不予理会,那么这类竞争者属于(　　)。

A.从容不迫型竞争者　B.选择型竞争者　C.凶猛型竞争者　D.随机型竞争者

(6)按行业规则行动,按合理的成本定价,有利于行业的稳定和健康发展的竞争者属于(　　)。

A.有道德的竞争者　B.领先的竞争者　　C.良好的竞争者　　D.理性的竞争者

(7)日本富士通公司以补贴价格和差异很小的产品攻击IBM的核心市场,对IBM而言它属于(　　)。

A.理性的竞争者　　B.破坏性的竞争者　C.良好的竞争者　　D.不正当的竞争者

(8)企业建立竞争情报系统的第三步是(　　)。

A.评价分析　　　　B.传播反应　　　　C.收集数据　　　　D.建立系统

(9)美国汽车市场的通用公司、电脑软件市场的微软公司、照相机行业的尼康公司、推土机行业的卡特彼勒公司、软饮料市场的可口可乐公司等,在相关产品的市场上占有率最高,这类公司是(　　)。

A.市场主导者　　　B.市场挑战者　　　C.市场跟随者　　　D.市场开拓者

(10)市场占有率高于40%的企业其平均投资收益率相当于市场占有率低于10%者的(　　)倍

A.5　　　　　　　　B.4　　　　　　　　C.3　　　　　　　　D.2

(11)企业提高市场占有率时不必考虑的因素是(　　)。

A.引起反垄断活动的可能性

B.争夺市场占有率时所采用的市场营销组合战略

C.市场占有率与投资收益之间的关系

D.为提高市场占有率所付出的成本

(12)市场挑战者如果要向市场主导者和其他竞争者挑战,首先必须确定(　　)。

A.战略目标和挑战对象　　　　　　B.竞争策略

C.竞争者的优劣势　　　　　　　　D.市场规模

(13)为了向亚洲的主要金融市场东京发起挑战,香港和新加坡采取的策略是向顾客收取更低的费用,提供更自由的管理,努力克服官僚主义作风等。香港和新加坡的这种做法属于(　　)。

A.攻击与自己实力相当者　　　　　B.攻击市场主导者

C.攻击地方性市场　　　　　　　　D.攻击潜在竞争者

(14)市场挑战者集中优势力量攻击对手的弱点,佯攻正面,实攻背面的策略属于(　　)

A.正面进攻　　　　B.侧翼进攻　　　　C.包围进攻　　　　D.迂回进攻

(15)对于市场挑战者而言,(　　)是一种最有效和最经济的战略形式

A.正面进攻　　　　B.侧翼进攻　　　　C.包围进攻　　　　D.迂回进攻

(16)跟随在其他主导者之后自觉地维持共处局面的企业属于(　　)。

A. 市场补缺者   B. 侧翼挑战者   C. 市场跟随者   D. 市场主导者

(17)每个行业几乎都有些小企业,它们专心关注市场上被大企业忽略的某些细小部分,在这些小市场上通过专业化经营来获取最大限度的收益。这种有利的市场位置被称为( )。

A. 补缺基点   B. 盈利基点   C. 市场基点   D. 市场缝隙

(18)只对一个或几个主要客户服务,如美国有些企业专门为希尔斯公司或通用汽车公司供货,这种专业化方案属于( )。

A. 最终用户专业化   B. 特定顾客专业化

C. 服务项目专业化   D. 顾客规模专业化

(19)市场挑战者最间接的进攻攻略是( )。

A. 正面进攻   B. 侧翼进攻   C. 包围进攻   D. 迂回进攻

(20)当富士在美国向柯达公司发动攻势时,柯达公司报复的手段是以牙还牙,攻入日本市场。柯达公司的这种做法属于( )。

A. 阵地防御   B. 以攻为守   C. 反击防御   D. 运动防御

2. 多项选择

(1)以下关于战略群体的描述,正确的有( )。

A. 根据所采取的主要战略的不同,可将竞争者划分为不同的战略群体

B. 进入各个战略群体的难易程度不同

C. 实力雄厚的大型企业则可考虑进入竞争性强的群体

D. 同一战略群体内存在激烈竞争

E. 不同战略群体之间不存在竞争

(2)根据对降价、促销、推出新产品等市场竞争战略的反应,可以将竞争者划分为( )

A. 从容不迫型竞争者   B. 选择型竞争者

C. 凶猛型竞争者   D. 随机型竞争者

E. 克制型竞争者

(3)企业通常根据哪些情况来决定对不同竞争者采取相应的对策( )。

A. 竞争者的强弱   B. 竞争者与本企业的相似程度

C. 竞争环境的变化   D. 竞争者的数目

E. 竞争者表现的好坏

(4)现代市场营销理论根据企业在市场上的竞争地位,把企业分为( )。

A. 市场主导者   B. 市场挑战者   C. 市场开拓   D. 市场补缺者   E. 市场跟随者

(5)市场主导者为了维护自己的优势,保住自己的领先地位,通常采取的战略有( )

A. 开发新客户   B. 保护市场占有率   C. 提高市场占有率   D. 开辟新用途

E. 增加使用量

(6)香水企业可以通过哪些战略来找到新的用户( )。

A. 地理扩展   B. 产品创新   C. 扩大产品线   D. 市场开发   E. 市场渗透

(7)美国有一家公司把它的经营范围从"地面覆盖"扩展到"房间装饰",取得很大成功,该公司的战略为( )。

A. 市场扩大化   B. 运动防御   C. 市场多角化   D. 纵向一体化   E. 以攻为守

(8)在确定了目标和进攻对象之后，市场挑战者可以采取的进攻战略包括(　　)。

A.正面进攻　　B.侧翼防御　　C.包围进攻　　D.迂回进攻　　E.游击进攻

(9)市场跟随者不是被动地单纯追随主导者，它必须找到一条不致引起竞争性报复的发展道路，其可以选择的跟随战略包括(　　)。

A.紧密跟随　　B.距离跟随　　C.选择跟随　　D.钳形跟随　　E.侧翼防御

(10)一个最好的"补缺基点"应具有的特征包括(　　)。

A 有足够的市场潜量和购买力

B.利润有增长的潜力

C.对主要竞争者不具有吸引力

D.企业具备占有此补缺基点所必要的资源和能力

E.企业既有的信誉足以对抗竞争者

三、简答题

1.如何识别竞争者。

2.行业进入与流动性障碍指什么？行业退出与收缩障碍指什么？

3.竞争者的反应类型有哪几种？其含义是什么？

4.市场竞争总体战略是什么？试简述之。

5.市场(领导者、挑战者、追随者、补缺者)的战略分别有哪些？

6.什么是战略？如何划分战略群体？其特征是什么？

7.如何评估竞争者实力？

8.你认为竞争者最准确的定义是什么？

四、论述题

1.简述竞争者分析的内容与步骤。

2.企业面临的竞争力量有哪几种？它们各自有什么表现？

五、项目实训

1.市场挑战者战略实训

内容：收集"百事可乐"挑战"可口可乐"相关材料，说明"百事可乐"成功挑战"可口可乐"事实。

形式：同学们先从各种媒体收集相关信息材料，小组形成统一意见，每小组选代表发言，班上同学评议，老师总结。

2.市场领导者战略实训

内容：同学们收集"沃尔玛"相关材料，说明"沃尔玛"如何保持其市场领导地位事实。

形式：同学们先从各种媒体收集相关信息材料，小组形成统一意见，每小组选代表发言，班上同学评议，老师总结。

3.市场补缺者战略实训

内容：同学们收集市场补缺者某成功案例事实，说明其成功原因。

形式：同学们先从各种媒体收集相关信息材料，小组形成统一意见，每小组选代表发言，班上同学评议，老师总结。

六、案例分析及讨论

1. 王老吉 VS 可口可乐土洋饮料之战开锣

王老吉的"可口可乐"梦想

一瓶红色的易拉罐和一句"怕上火，喝王老吉"的广告语红遍了大江南北，从 2002 年销售 1.8 亿元到 2005 年销售 30 亿元，这一源自岭南的凉茶饮料实现了质的跨越。包括王老吉在内的广东凉茶今年销量预计可达 400 万吨，而 2005 年可口可乐在中国内地的销量是 317 万吨，这是凉茶市场份额首次超过中国内地可口可乐的市场份额。而王老吉在产品包装、品牌运作、渠道策略上都把可口可乐作为标杆，在终端视觉识别管理方面已经成为很多本土品牌的榜样。王老吉的独特销售主张(USP)："怕上火，喝王老吉"以及致力于成为凉茶饮料品类代表的品牌定位，实践证明这一市场策略是成功的，以健康饮料概念打击非健康碳酸饮料可乐类产品。生产王老吉红色易拉罐产品的广东加多宝已计划仿效可口可乐的扩张方式，目前正在研究开发凉茶原汁的生产，下一步将在国内各地市场分区域开设罐装厂，"可口可乐"梦想离王老吉越来越近。可口可乐的本土反击面对王老吉等广东凉茶品牌的咄咄攻势，以及基于可口可乐在全球重点推广非碳酸饮料的决心，可口可乐公司收购了香港"健康工房"。"健康工房"是香港传统凉茶馆"同治堂"旗下品牌，现为香港即饮草本饮料市场的知名品牌。可口可乐目前推出的"健康工房"系列草本饮料有两个口味："清凉源"和"美丽源"，邀请张学友出任健康大使，目标直指凉茶市场，包装规格除了类同王老吉热卖的易拉罐外，还增加了凉茶市场所罕见的 PET 瓶包装，与王老吉等凉茶品牌更大的区别是：更现代、更时尚、更健康的诉求，而不是中国传统历史凉茶的诉求方式。

王老吉 VS 可口可乐

王老吉和可口可乐"健康工房"谁更有机会胜出？谁将引领中国草本饮料市场的发展？我们从以下几个方面进行分析：一、产品层面：王老吉以易拉罐产品为核心产品，利乐装产品借势发展，这两种产品分别为两家公司所拥有，市场拓展缺乏合力；可口可乐"健康工房"以两种口味、两个规格包装进入市场，尤其 PET 瓶设计独特，并且是饮料的主流包装，可口可乐在产品上略显优势。二、价格层面：王老吉面对的现状非常尴尬，利乐装产品因为价格很低打击了易拉罐产品的销量，而可口可乐"健康工房"两种口味、两个规格包装价格一致，在销售上可起到相互支撑的作用。三、渠道层面：虽然王老吉经过这几年的迅猛发展，在全国建立了很好的渠道网络，但在饮料行业，可口可乐的渠道依然是最强势的，并且由于可口可乐产品线丰富，所以渠道成本分摊后很低，而王老吉由于产品单一，渠道成本自然很高。四、推广层面：王老吉以中国传统凉茶为主基调，"怕上火，喝王老吉"为核心的功能诉求，体现了专业的功能饮料；可口可乐"健康工房"以"亲近自然、感觉自然健康"为诉求点，并邀请张学友出任健康大使，体现了时尚的健康饮料，其目标消费群体比王老吉更为庞大。通过简单的 4P 分析和比较，我们可以发现可口可乐"健康工房"略显优势，但实际市场运作会怎么样？还要看两者的造化了，毕竟王老吉在凉茶饮料市场更专业、资源更集中、船小好调头；而可口可乐资源分散，并不一定能全力做好这个产品。给本土草本饮料的发展建议：一、品牌上应该在中国传统历史凉茶的基础上，寻求更健康、更现代、更时尚的突破，让青少年这一主力饮料消费群体更愿意接受本土草本饮料；二、在市场推广上，应采用多种整合传播手段，以提升品牌价值；三、行业应有序发展，禁止品牌的恶性竞争。

分析与讨论

1. 分析可口可乐与王老吉在目标市场中的地位并判定其属于何种竞争者？
2. 可口可乐应采取何种竞争战略？
3. 王老吉应采取何种竞争战略？

2. 减肥产品的市场竞争状况

【摘要】本案例介绍了我国减肥产品市场的竞争状况，通过广泛的市场调研资料，分析了市场上国内外的产品竞争者及市场现存的问题，启示读者明确在识别市场竞争者的基础上，了解竞争者的特点，并应用相关原理分析了该市场的竞争者分类及竞争战略。

【说明】深刻认识企业在进行营销活动中，了解市场竞争状况；从本案例的学习，掌握市场竞争者的识别方法和竞争者的类型，应用相关原理分析与企业相关市场的竞争者分类及其竞争战略。

一、背景资料

2002 年中国减肥市场的业内专家经过对减肥品市场的初步分析认为：2003 年，中国的减肥产品将要经受严峻考验。只要粗略地翻看每天的各种报纸，减肥产品广告整版整版地犹如雪片纷飞，热闹非凡，减肥仪、减肥药、减肥霜，药品减肥、保健品减肥、运动减肥、器械减肥。食谱减肥、电脑减肥等、国产的、进口的、各种品牌应有尽有。据统计，我国目前减肥保健品每年仍在以 15% ~30% 的速度增长，明显高于发达国家 7% ~8% 的增长速度。随着第三代"洋品牌"的进入，专家预计，安全、自然、健康的国际减肥趋势将成为今年的主流，国内减肥市场上的竞争将变得更加激烈。

那么 2003 年国内减肥品市场的发展趋势将会怎样？消费者究竟会选择什么样的产品？经销商如何看待今后的减肥市场？这个市场目前还存在什么问题？2002 年末北京周世纪福来传播机构对中国四大城市的减肥品市场现状进行了调查研究。调查研究包括，一是在北京、上海、广州、重庆四个城市各抽取 500 个样本进行访谈，有效样本总量共计 1886 人，根据减肥产品的消费特性，其中 80% 的样本为女性；二是向全国 300 家减肥品经销商发出行业调查问卷，了解他们对减肥产品的选择取向及行业看法，共计回收有效问卷 205 份。

二、调查结果分析

对本次调查结果的数据统计，归纳有以下几个特点。

1. 数据一：八成以上市民不知如何选择减肥品

统计数字表明，我国目前有近 7 000 万人受到肥胖病的困扰，减肥产品年产值将近 100 亿元人民币。近年来，随着国内减肥热的兴起，减肥品市场已在不断升温。自 1996 年开始，我国卫生部共批准了 100 多个减肥保健品。减肥产品的新品牌、新品种日新月异，五花八门；减肥方法如药品减肥、保健品减肥、运动减肥、器械减肥、食谱减肥、血型减肥、电子减肥、电脑瘦身等可谓应有尽有，各显神通。但基本上中国减肥品市场是三分天下。第一类是减肥保健品、药品，其市场份额约占 65%；第二类是特妆字外用减肥品，其市场份额约占 20%；第三类是减肥、美体医疗器械，其市场份额约为 15%。

据监测统计，2002 年，在北京市场上的各种减肥用品就多达 300 多种，此次调查中有 83% 的消费者明确表示"不知该如何选择适合自己的减肥产品"，又有 46% 的消费者承认

"只能根据广告进行购买决策"。

2. 数据二：购买主力集中于 25 ~ 45 岁的女性之间

调查发现，随着人们精神生活和物质生活质量的提高，以及工作节奏加快、社会交际活动丰富等多种因素，目前在全国城乡青壮年中，超重或肥胖的人群约占23%，其中北京高达10%以上；沿海经济发达地区甚至达到50%，直赶欧美发达国家。减肥已成为当今中国城市人群的社会性问题。

再者，近年来大众对保健、健康的意识大大增强，对减肥的观念也逐渐普及。本次调查中对问及"是否曾经减过肥"，其回答内容的统计结果是，在被调查的目标人群中，承认自己曾经减过肥或使用过某种减肥方法的，其比例是男性占28%，女性占72%。这组数据充分说明了减肥方法正越来越被人们重视，减肥观念也正越来越深入人心。

在减肥主力队伍中女性消费者占了绝对强势。本次调查的统计数据表明，减肥美体产品的消费者中有92%是女性；有85%的女性对自己的体形不满意，希望通过各种方法达到瘦身和健美身材的目的。

调查还发现，减肥市场最具购买力的女性消费者其年龄段集中在25 ~ 45 岁，这些消费群体又大多从事着较体面的职业，有较稳定的收人，因此消费购买力较强，而且她们往往偏爱品牌产品，选择产品受消费潮流的影响。这部分女性无疑是减肥市场的主力大军。

3. 数据三：减肥品使用者的满意率仅占 10%

减肥市场的产品种类之多、品牌之多、拥有率之多，但与此相对应的是，减肥产品的功效如何却令人深思。在本次被调查的人群中，表示"对减肥效果感到满意"的只占10%；而明确表示"对减肥效果不满意"的竟占80%以上。其数据反差之大不得不让人震惊和担忧。有关业内专家表示，这种两极分化的现象将是影响未来减肥市场健康发展的潜在因素，其负面影响不容忽视。

4. 数据四：超过半数消费者愿意尝试减肥产品的进口品牌

调查显示，有65%的消费者曾经试用过至少两种（类）以上的减肥产品。由于效果不佳，或是品牌多、品种多而无从选择，绝大多数消费者承认在选购减肥产品时以市场导向和购买潮流为主。有73%的消费者认为现在国内市场上缺乏领导品牌；又有83%的消费者表示目前的各种减肥品都缺乏公信力；并已有56%的消费者表示，针对目前国内减肥产品五花八门、品种繁多的局面，消费者认为对国内的减肥产品信心不足，更愿意尝试国外进口的、有信誉、有影响力的品牌。

5. 数据五：减肥产品的效果如何是消费者选择购买的最主要因素

被调查群体中，几乎100%的消费者认为，减肥产品的效果如何是决定选择产品的最主要因素。其次依次为产品功效、品牌形象、产品价格、广告承诺。尽管医学上不赞成快速减肥，专家也提醒快速减肥不利于健康，但不少消费者仍然希望在可预期的时间内让自己减肥让自己身材俊美。但是从科学角度讲，减肥靠单一产品显然是不能达到完美效果的，减肥产品应该包含给消费者提供科学、合理的减肥理念和减肥组合方式，让消费者真正感受到健康减肥的效果。

三、目前减肥市场亟待解决的若干问题

1. 效果

调查中，几乎100%的消费者认为，产品效果怎么样是选择什么产品的最主要因素；同时，消费者认为，减肥产品需要给消费者提供更科学的减肥理念和组合方式，让消费者真正得到实效。

2．广告

目前减肥市场上不乏生命力短暂和昙花一现的产品，让这些减肥产品不具生命力的原因并不主要是市场的因素，而是一些减肥产品的广告夸大其辞、虚假宣传所造成的恶果。

3．安全

诺美亭和御芝堂事件曾经制造了一起"减肥品吃死人"的恶性案件，给消费者心里留下最恐怖的重创，对消费者的诚心和信心是极其沉重的打击。国内医学专家指出，目前国内许多减肥保健食品采用的"替代型"产品机理很不科学，减肥品生产企业应该学习当前国际上倡导的"运动＋辅助保健品＋科学饮食"的科学的减肥方式。

4．品牌

减肥产品的生命力维持，其生存空间和时间必须依靠品牌的自身品质来依托，而从本次调查情况反映出，目前国内绝大多数减肥品生产企业对品牌投资和塑造显得相当乏力。

5．实力

根据有关统计资料可以发现，我国减肥品企业仍停留在一个较低的层面上，生产规模普遍偏小，投资额为 100 万元的企业仅占 41.89%，而投资小于 10 万元的作坊式中小企业占 12.6%！企业缺乏实力和资金支撑的先天不足，往往导致了众多减肥品在低水平上重复竞争，随着竞争的进一步加剧，可以预见，中小企业将难觅生存空间。

四、分析减肥产品的进口品牌

在调查中研究人员发现，2002 年，国外品牌已经在不声不响中占据了 38% 的市场份额，且呈上升趋势。目前已是第三代"洋减肥品"登陆中国市场，显然是有备而来。

第一代"洋减肥品"以"V26 减肥沙填"为代表。当时，我国的减肥市场才刚刚起步，消费者消费观念还很不成熟。V26 以"速减"为卖点，在市场上掀起了一定的波澜。

第二代以"美生肥克"为代表。从客观的角度上看，第二代减肥品在质量上还是很过硬的。但由于第二代产品不了解当时中国的市场状况，在定位上过高。在宣传上也不肯大量投入，使其产品并没有被消费者完全认知。

与"洋"品牌前两次进入相比，第三代的进入则显得更加理性。"国际化的品质，本土化的营销"，使第三代产品在中国的市场上表现出了相当强的竞争力。国外进口主要以减肥药为主，且品牌不是很多。营养保健集团推向中国市场的"维德尔美美减肥片"被业内人士认为是第三代"洋减肥品"的代表。该减肥品曾经连续 7 年在美国畅销，被全球最大超市——沃尔玛评为最佳合作伙伴。目前，在中国市场上，与之争锋的还有医疗器械类的联邦欧美雅及山浦减肥仪，减肥茶类的康尔寿、更姣丽、宁红，减肥霜类的莎拉娜、索芙特（市场上比较火）等。

资料来源：陈信康主编．市场营销学案例集．上海财经大学出版社，2003 年 6 月。

分析与讨论

1．国产减肥品如何在市场上适者生存，中小减肥品企业如何壮大自己的实力，如何应对洋品牌的进入，诸如此类严峻的问题，你通过上述的调查资料可以作出大致的决策吗？

2．根据资料分析市场存在的问题及竞争状况，如何进入该市场？

3. 宝丽来相机进入中国市场

一次成像的宝丽来相机刚进入中国市场时，曾与某营销策划公司探讨宝丽来的市场机会何在。相对普通相机而言，宝丽来有着很多的产品独特性：快捷、简便、私密性以及不可伪造性。但是宝丽来真正能够战胜普通相机的特性到底是什么呢？就简捷或简便而言，现在普通相机已发展出高度智能化的全傻瓜型相机，冲洗胶卷的时间最快已达 20 分钟。就私密而言，普通相机的胶卷往往要送到专业店冲洗，对于一些不便公开的照片确实是个障碍。而宝丽来一次成像的特性好像避免了此类尴尬，也可以忠实的为主人保守秘密。然而，摄像机也具备这种功能。所以，宝丽来最终还是选择了不可伪造的特性，瞄准了证件照市场。事实证明，宝丽来的定位是正确的，因为只有不可伪造性，才是其他照相器材无法比拟的优势。

分析与讨论

1. 对于新进入中国的宝丽来相机，其在市场上处于什么样的地位？为了改变这种地位，它采取了什么样的进攻战略？

2. 这种战略的成功点在哪里？为了改变市场地位，宝丽来公司还可以采取什么样的进攻战略？

第八章 产品策略

学习目标

通过本章的学习，掌握产品整体概念的含义及营销意义、产品组合相关概念及优化、产品寿命周期各阶段的特点和营销策略、新产品开发的程序、品牌管理及策略、商品包装策略等，树立产品整体概念观念，具有评估和优化产品组合的能力、根据产品寿命周期各阶段的特点制定相应的营销策略的能力、正确规划新产品开发程序能力、制定品牌策略及包装策略的能力等。

产品是市场营销组合中最重要的因素。企业在制定营销组合策略时，首先需要回答的问题是发展什么样的产品来满足目标市场需求。产品策略的研究，将使这一问题得到全面、系统的回答。营销组合中的其他三个因素，也必须以产品为基础进行决策，因此，产品策略是整个营销组合策略的基石。

第一节 产品整体概念

一、产品整体概念

产品是指能提供给市场，用于满足人们某种欲望和需要的任何事物，包括实物、服务、场所、组织、思想、创意等。产品整体概念包含核心产品、形式产品和附加产品三个层次。

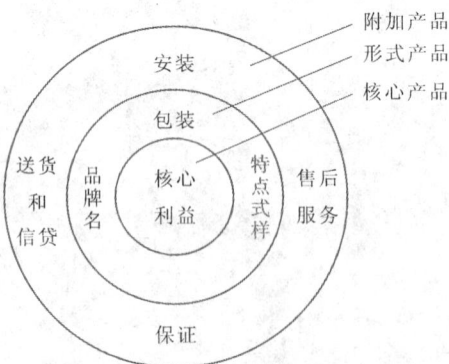

图 8-1 整体产品的三个层次

1. 核心产品

核心产品指消费者购买某种产品时所追求的利益，是顾客真正要买的东西，因而在产品整体概念中也是最基本、最主要的部分。消费者购买某种产品，并不是为了占有或获得产品本身，而是为了获得能满足某种需要的效用或利益。比如，人们购买空调不是为了获取空调本身，而是为了在炎热的夏季满足凉爽舒适的需求。

2. 形式产品

形式产品指核心产品借以实现的形式或目标市场对某一需求的特定满足形式，是核心产品的载体。因为核心产品只是一个抽象的概念，产品设计者必须把它转化为具体形式的产品。形式产品由五个特征所构成，即品质、式样、特征、商标及包装。由于产品的基本效用必须通过特定形式才能实现，因而市场营销人员在着眼于对顾客能产生核心利益的基础上，还应努力寻求更加完善的外在形式以满足顾客的需要。

3. 附加产品

附加产品指顾客购买形式产品时所获得的全部附加服务和利益，包括提供信贷、免费送货、保证、安装、售后服务等。附加产品的概念来源于对市场需要的深入认识。因为购买者的目的是为了满足某种需要，因而他们希望得到与满足该项需要有关的一切。附加产品是引起消费者购买欲望的有力促销措施。

案例 8-1

无锡小天鹅的服务

无锡小天鹅股份有限公司坚持做到上门服务随叫随到，并且提出了"12345"服务规划。"1"表示进了用户的门必须换一双干净鞋；2表示进门后说两句道歉语："对不起"，"给您添麻烦了"；"3"是表示使用三块抹布，一块是用来铺在地上垫机器，一块用来擦机器，一块用来自己擦手；"4"表示维修时做到四不，即不抽用户烟、不喝用户茶、不吃用户饭、不收用户钱；"5"表示如果按预约晚去一天，厂家罚维修人员5元钱。

产品整体概念是市场经营思想的重大发展。对于企业的经营具有重大意义。产品整体概念是以顾客的需求为中心，要将消费需求视为一个整体系统，没有产品整体的概念，不以顾客为中心，就不可能真正贯彻现代营销的观点。随着科学技术的不断进步，人们的需求日益多样化，产品整体概念也在不断扩大，企业生产和销售产品应加强对不同层次购买者的各种售后服务，必须提供相应的附加价值，才能适应市场的需要。

二、产品分类

随着经济的不断发展，在现代市场营销观念下，每一个产品类型都有与之相适应的市场营销组合策略。所以，要制定科学的市场营销策略就必须对产品进行科学的分类。

1. 按产品的耐用性和有形性划分

按产品的耐用性和有形性可将产品划分为：耐用品，指在正常情况下能够多次使用的物品，如汽车、电视机、冰箱、空调等。非耐用品，指在正常情况下消费者只能使用一次或几次的有形物品，如食品、化妆品等。服务，非物质实体产品，是为出售而提供的活动或利益，如修理、理发、旅游等。

2. 根据消费的购买者的习惯和特点分

根据消费的购买者的习惯和特点，一般可将消费品区分为便利品、选购品、特殊品和非渴求品四种类型。

(1) 便利品。指顾客频繁购买或需要随时购买的产品，例如烟草制品、肥皂和报纸等。便利品可以进一步分成常用品、冲动品以及救急品。常用品是顾客经常购买的产品。例如，"可口可乐"、"佳洁士"牙膏。冲动品是顾客没有经过计划或搜寻而顺便购买的产品。救急品是当顾客的需求十分紧迫时购买的产品。救急品的地点效用很重要，一旦顾客需要能够迅速实现购买。

(2) 选购品。指顾客在选购过程中，对适用性、质量、价格和式样等基本方面要作认真权衡比较的产品。例如家具、服装等。

(3) 特殊品。指具备独有特征和(或)品牌标记的产品，对这些产品，有相当多的购买者一般都愿意做出特殊的购买努力。例如立体声音响、摄影器材等。

(4) 非渴求品。指消费者不了解或即便了解也不想购买的产品。传统的非渴求品有：人寿保险、百科全书等。对非渴求品需要开展广告和人员推销等大量营销努力。

3. 产业用品分类

各类产业组织需要购买各种各样的产品和服务。产业用品可以分成三类：材料和部件、资本项目以及供应品与服务。

(1) 材料和部件。指完全转化为制造商产成品的一类产品，包括原材料、半制成品和部件。如农产品、构成材料(铁、棉纱)和构成部件(发动机、轮胎)。农产品需进行集中、分级、储存、运输和销售服务，易腐又有季节性的特点，要采取特殊的营销措施。构成材料与构成部件通常具有标准化的性质，因此，价格和供应商的可信性是影响购买的最重要因素。

(2) 资本项目。指部分进入产成品中的商品。包括装备和附属设备。装备包括建筑物(如厂房)与固定设备(如发电机、电梯)。该产品在售前需要经过长时期的谈判；制造商需使用一流的销售队伍；设计各种规格的产品和提供售后服务。附属设备包括轻型制造设备和工具以及办公设备，它们在生产过程中仅仅起辅助作用。这种设备的市场的地理位置分散、用户众多、订购数量少。质量、特色、价格和服务是用户选择中间商时所要考虑的主要因素，人员推销比广告重要得多。

(3) 供应品和服务。指不构成最终产品的那类项目。比如打字纸、铅笔等。供应品相当于方便品，顾客人数多、区域分散且价格低，一般通过中间商销售。由于供应品的标准化，顾客对它无强烈的品牌偏爱，价格因素和服务就成了影响购买的重要因素。服务包括维修或修理服务和商业咨询服务，维修或修理服务通常以签订合同的形式提供。

第二节　产品组合

一、产品组合及相关概念

产品组合是指一个企业提供给市场的全部产品线和产品项目的组合或结构，即企业的业务经营范围。企业为了实现营销目标，充分有效地满足目标市场的需求，必须设计一个优化的产品组合。

产品线是指产品组合中的某一产品大类,是一组密切相关的产品。

产品项目是指产品线中不同品种及同一品种的不同品牌。

例如,某自选采购中心经营家电、百货、鞋帽、文教用品等,这就是产品组合;而其中"家电"或"鞋帽"等大类就是产品线;每一大类里包括的具体品牌、品种为产品项目。

产品组合包括四个衡量变量:宽度、长度、深度和相关性。

产品组合的宽度是指产品组合中所拥有的产品线的数目。

产品组合的长度是指产品组合中产品项目的总数。

产品组合的深度是指产品项目中每一品牌所含不同花色、规格、质量产品数目的多少。

产品组合的相关性是指各条产品线在最终用途、生产条件、分销渠道或其他方面相互关联的程度。

案例 8 - 2

P&G 的产品组合

清洁剂	牙膏	条状肥皂	纸尿布	纸巾
象牙雪 1930	格利 1952	象牙 1879	帮宝适 1961	媚人 1928
德来夫特 1933	佳洁士 1955	柯克斯 1885	露肤 1976	粉扑 1960
汰渍 1933		洗污 1893		旗帜 1982
快乐 1950		佳美 1926		绝顶 1100 1992
奥克雪多 1914		爵士 1952		
德希 1954		保洁净 1963		
波尔德 1965		海岸 1974		
圭尼 1966		玉兰油 1993		
伊拉 1972				

深度(纵向)　　宽　　　度(横向)

该公司有清洁剂、牙膏、条状肥皂、纸尿布、纸巾五大类产品(宝洁部分产品),该公司的产品组合宽度为5;产品组合中共有25个产品项目;产品组合的总长度为25;公司的产品线平均长度为25÷5=5;所以它的产品线深度是5。

二、优化产品组合的分析

产品组合状况直接关系到企业销售额和利润水平,企业必须对现行产品组合做出系统的分析和评价，并决定是否加强或剔除某些产品线或产品项目。优化产品组合的过程，通常是分析、评价和调整现行产品组合的过程。

优化产品组合包括产品线销售额和利润分析以及产品线市场地位分析。

三、产品组合决策

1. 扩大产品组合

包括开拓产品组合的宽度和加强产品组合的深度，前者指在原产品组合中增加产品线，扩大经营范围；后者指在原有产品线内增加新的产品项目。当企业预测现有产品线的销售额和盈利率在未来可能下降时，就须考虑在现有产品组合中增加新的产品线，或加强其中有发展潜力的产品线。

2. 缩减产品组合

市场繁荣时期，较长或较宽的产品组合会为企业带来更多的盈利机会。但是在市场不景气或原料、能源供应紧张时期，缩减产品线反而能使总利润上升，因为剔除那些获利小甚至亏损的产品线或产品项目，企业可集中力量发展获利多的产品线和产品项目。

3. 产品线延伸决策

产品线延伸策略指全部或部分地改变原有产品的市场定位。每一企业的产品都有特定的市场定位。产品线延伸策略具体有三种实现方式：

（1）向下延伸。即企业把原来定位于高档市场的产品线向下延伸，在高档产品线中增加低档产品项目。

适用条件：利用高档名牌产品的声誉，吸引购买力水平较低的顾客慕名购买此产品线中的廉价产品；高档产品销售增长缓慢，企业的市场范围有限，资源设备没有得到充分利用，为赢得更多的顾客，企业将产品线向下伸展；企业最初进入高档产品市场的目的是建立厂牌信誉，然后再进入中、低档市场，以扩大市场占有率和销售增长率；补充企业的产品线空白。

实行这种策略也有一定的风险，如处理不慎，会影响企业原有产品特别是名牌产品的市场形象，还将大大增加企业的营销费用开支。

案例 8 - 3

派克钢笔向下延伸的失败

匈牙利人拜罗兄弟发明了圆珠笔，一举击败了派克公司一统市场的局面。由于圆珠笔造价低廉，使用方便，更实用，一问世就深受广大消费者的欢迎。面对拜罗兄弟圆珠笔的冲击，1982 年派克公司新任总经理詹姆斯·彼特森开始对公司进行改革，决定转轨和经营每支售价在 3 美元以下的钢笔。

在世界市场上，派克笔是高档产品，是身份体面的标志。彼特森把主要精力放在争夺低档钢笔市场上，派克公司不仅没有顺利地打入低档钢笔的市场，反而使高档钢笔市场的占有率下降到 17%。

（2）向上延伸。即原来定位于低档产品市场的企业，在原有的产品线内增加高档产品项目。

适用条件：高档产品市场具有较大的潜在成长率和较高利润率的吸引；企业的技术设备和营销能力已具备加入高档产品市场的条件；企业要重新进行产品线定位。

采用这一策略也要承担一定的风险，要改变产品在顾客心目中的地位是相当困难的，处理不慎，也会影响原有产品的市场声誉。

（3）双向延伸。即原定位于中档产品市场的企业掌握了市场优势以后，向产品线的上下两个方向延伸。

第三节　产品生命周期

一、产品生命周期的概念及其阶段划分

所谓产品生命周期（product life cycle，PLC），是指产品的市场生命周期，即产品从进入市场到最后退出市场所经历的市场生命循环过程，一般分为介绍期、成长期、成熟期和衰退期四个阶段。在产品生命周期的各个阶段，销售额和利润随产品进入市场时间不同而发生变化，通常用销售额和利润的曲线来表示（如图8-2）。

产品的介绍期是新产品投入市场的初始阶段，销售量和利润的增长都比较缓慢，由于销售量低、成本高，利润一般为负。

产品进入成长期后，市场销量和利润均迅速增长，成本开始下降，公司开始盈利，竞争者也开始加入。

产品进入成熟期，销售和利润的增长率降低，其市场销售量和利润逐步达到顶峰，然后开始下降，竞争趋于激化。

产品进入衰退期，其销售量和利润迅速下降，产品逐步退出市场。

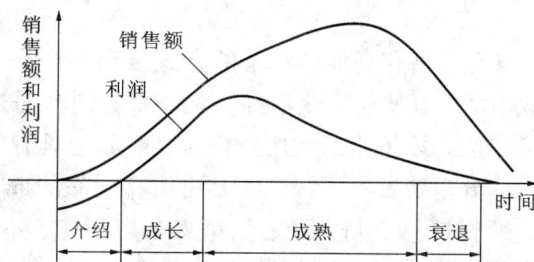

图8-2　PLC及其阶段划分

产品生命周期是一种理论抽象，在现实经济生活中，并不是所有产品的生命历程都完全符合这种理论形态。除上述的正态分布曲线，还有以下几种形态（如图8-3）。

二、产品生命周期各阶段的特点和营销策略

在产品生命周期的不同阶段，产品的销售量、利润等都具有不同的特点。因此，企业应对产品的生命周期进行准确的划分，在产品生命周期的不同阶段采取不同的营销竞争策略，以实现产品在整个生命周期中利润最大化。

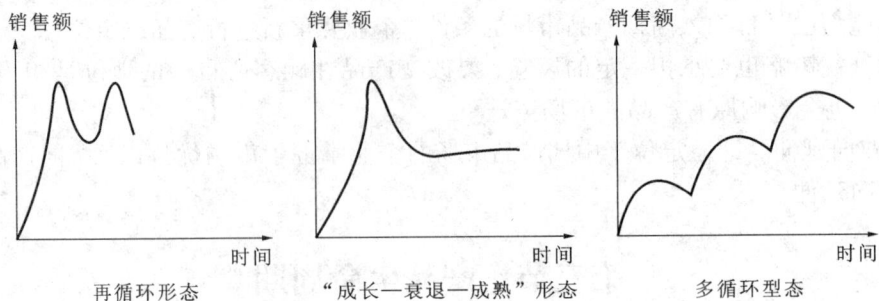

图8-3 常见产品的生命周期形态

1.介绍期的营销策略

在产品介绍期，消费者对产品不太了解，销售量低，且增长缓慢；由于产品开发和投放市场成本高，利润往往为负；一般没有竞争者。这时企业的营销目标是使产品顺利进入市场，建立分销渠道，加强促销，促进消费者对产品的了解，促使那些具有超前意识和革新精神的消费者购买产品。因此，企业应综合考虑产品、价格、渠道和促销等因素，做好产品的整体营销策划。特别要处理好价格与促销的关系。

表8-1 价格促销组合矩阵

价格 ＼ 促销费用	高	低
高	快速掠取策略	缓慢掠取策略
低	快速渗透策略	缓慢渗透策略

（1）快速掠取策略。以高价格和高促销水平的方式推出新产品。即企业制定一个高于预期的价格，将产品投放市场，以便尽快获取高额的利润；同时通过大量的促销来吸引目标顾客购买，以加快市场渗透。该策略的使用条件是：产品为具有较高科技含量的专利型新产品，目标市场上的大部分消费者不了解，也无法估算产品的成本；产品对目标市场消费者具有较强的吸引力，顾客愿意支付高价；竞争者难以模仿，不易在短期内进入市场。该策略的使用，有利于企业快速进入市场、尽快回收投资、获取利润、建立品牌偏好，且具有较大的主动权和降价空间；但也具有较大的风险。

（2）缓慢掠取策略。以高价格和较低促销水平的方式推出新产品。这一策略的促销费用低，企业可以获得较高的利润。该策略的使用条件是：消费者所期待、并有所了解的产品，如具有高性能的新一代产品，消费者愿意支付高价。

（3）快速渗透策略。以低价格和高促销水平的方式推出新产品，以求达到最快速的市场渗透和最高的市场份额。这种策略适用于市场容量足够大、消费者不了解这种新产品，但对价格反应敏感、潜在竞争很激烈、产品成本将随生产规模的扩大和学习经验的增加而下降。

（4）缓慢渗透策略。企业以低价格和低促销水平的方式推出新产品。这种策略可以在市场容量大、市场上该产品的知名度较高、购买者的价格弹性大而对促销弹性很小和存在某些潜在的竞争的情况下采用。

2. 成长期的营销策略

在成长期阶段，消费者已了解该产品，销售量和利润迅速增长；生产规模扩大，生产成本下降；已建立稳定的分销渠道，单位促销费用大幅下降；竞争者开始加入，市场上同类产品增多，竞争逐步加剧。这一阶段营销的重点为抓住时机，扩大市场份额，树立品牌形象。此时，企业可采取的策略包括：

根据用户需求和其他市场信息，不断提高产品质量，努力发展产品的新款式、新型号，增加产品的新用途，体现本企业产品的差异性，以提高产品的竞争力。

加强促销环节，树立强有力的产品形象。促销策略应从以建立产品知名度为中心转移到以树立产品形象为中心，主要目标是建立品牌偏好，争取新的顾客。

重新评价渠道选择决策，巩固原有渠道，增加新的销售渠道，开拓新的市场，扩大产品销售。

在价格决策上，应选择适当的时机调整价格，以争取更多顾客。对价格敏感的潜在购买者要适当降低价格。

3. 成熟期的营销策略

产品经过成长期的迅速增长，销售增长的速度会开始下降，产品进入成熟期。在成熟期，销售量增长缓慢，逐步达到最高峰，然后开始缓慢下降；市场竞争十分激烈，各种品牌的同类产品和仿制品不断出现；企业利润稳中有降；绝大多数属于顾客的重复购买，只有少数迟缓购买者进入市场；本阶段是产品生命周期中最长的一个阶段。成熟期的营销重点是建立品牌忠诚，巩固市场占有率，并设法延长产品的生命周期。这时期可采取的主要策略有：

调整目标市场，放弃一些已达到饱和、不具有比较优势的市场；寻找一些具有发展前景的新兴市场。

努力改进产品质量性能和品种款式，以适应消费者的不同需求。

改进市场营销组合，积极开展促销活动；适当采取价格竞争手段；调整渠道成员。

发现产品的新用途或改变促销方式来开发新的市场。

保持老顾客对品牌的忠诚，吸引新用户，提高原有用户的使用率。

适时研制和开发新产品，准备产品的更新换代。

还可将成熟期分为三个阶段：

（1）成长中的成熟期。各销售渠道基本呈饱和状态，增长率开始下降，还有少数后续的购买者继续进入市场。

（2）稳定中的成熟期。由于市场饱和，消费水平平稳，销售增长率一般只与购买者人数成比例。

（3）衰退中的成熟期。销售水平显著下降，原有用户的兴趣已开始转向其他产品和替代品；全行业产品出现过剩，竞争加剧，销售增长率下降，一些缺乏竞争能力的企业将渐渐被淘汰；竞争者之间各有自己特定的目标顾客，市场份额变动不大，突破比较困难。

4. 衰退期的营销策略

企业总是尽量延长产品的成熟期，但大多数产品最终还是要进入衰退期。在衰退期，产品销量急剧下降，利润也迅速下降甚至出现亏损；消费者的消费习惯发生改变或持币待购；市场竞争转入激烈的价格竞争，很多竞争者退出市场。此时主要的工作是处理好处于衰退期的产品，确定引入新产品的步骤。主要的选择有：

（1）放弃策略。即放弃那些迅速衰落的产品，将企业的资源投入到其他有发展前途的产品上来。企业既可以选择完全放弃，也可以部分放弃。但使用该策略时应妥善处理现有顾客售后服务问题，否则企业停止经营该产品，原来用户需要的服务得不到满足，会影响他们对企业的忠诚。

（2）维持策略。在衰退期，由于有些竞争者退出市场，市场留下一些空缺，这时留在市场上的企业仍然有盈利的机会。具体的策略包括：继续沿用过去的营销策略；将企业资源集中于最有利的细分市场，维持老产品的集中营销；大幅度削减营销费用，让产品继续衰落下去，直至完全退出市场。

（3）重新定位。通过产品的重新定位，为产品寻找到新的目标市场和新的用途，使衰退期的产品再次焕发新春，从而延长产品的生命周期，甚至使它成为一个新的产品。这种策略成功的关键就是要正确找到产品的新用途。

表 8 – 2　PLC 各阶段的特点与营销目标

	导入期	成长期	成熟期	衰退期
销售量	低	剧增	最大	衰退
销售速度	缓慢	快速	减慢	负增长
成本	高	一般	低	回升
价格	高	回落	稳定	回升
利润	亏损	提升	最大	减少
顾客	创新者	早期使用者	中间多数	落伍者
竞争	很少	增多	稳中有降	减少
营销目标	建立知名度，鼓励试用	最大限度地占有市场	保护市场，争取最大利润	压缩开支，榨取最后价值

第四节　新产品开发

一、新产品的概念及种类

新产品是一个相对的概念，不同的层次有不同的定义。从市场营销学角度来看，所谓新产品，是指与旧产品相比，在结构、功能、用途或形态上发生了改变，推向了市场，能满足新的顾客需求的产品。新产品大体上包括以下四种基本类型：

1. 全新产品

全新产品是指采用新原理、新结构、新技术、新材料，开创全新市场的新产品。据统计，在美国市场，这类新产品占到新产品总数的 10% 左右。

2. 换代型新产品

换代型新产品是指在原有产品基础上，部分采用新技术、新材料、新工艺，使其性能获得显著提高的新产品。

3. 改进型新产品

改进型新产品是指在原有产品基础上，通过技术革新，使产品功能有所增强或改变其外观、包装、款式，对新产品重新定位而得到的新产品。改进后的产品或性能更加优良，或结构更加合理，或精度更加提高，或功能更为齐全，或特征更加突出。

4. 仿制型新产品

仿制型新产品是指产品的市场业已存在，本企业模仿生产并推向市场的新产品。

换代型产品和改进型产品都是以原有产品为基础实行产品开发，对企业资源要求不高，风险较小，开发出的产品也容易为市场所接受，一般可作为企业产品开发的重点。

二、新产品开发的必要性

企业必须大力开发新产品，理由如下：

1. 产品生命周期理论要求企业不断开发新产品

产品生命周期理论表明，任何产品的生命都有限，企业要想维持旺盛的生命力就必须不断地开发新产品，以保证企业长期稳定地发展。

2. 消费者需求的变化要求企业不断开发新产品

随着经济的发展和收入的增加，消费需求将发生很大的变化。无论是消费需求本身，还是消费水平、消费结构以及消费的选择性都将发生深刻的变化。这一方面给企业带来了威胁，另一方面也给企业提供了机会。企业为了更好地满足消费者的需求，只有不断开发新产品，才能适应消费者变化了的需求。

3. 科学技术的日新月异也推动企业不断开发新产品

科学技术的迅速发展给企业提供了无限创新的机会。新技术、新材料、新工艺等的出现，加快了企业产品更新换代的速度；技术的进步有利于企业开发性能更好、功能更全、质量更高的产品，来满足消费者的需要。如果一个企业不具备利用新技术进行创新活动的能力，那么这个企业注定要被市场遗弃。

4. 市场竞争的加剧促使企业不断开发新产品

企业要在日益激烈的市场竞争中立于不败之地，只有不断提高企业的竞争能力。企业必须不断创新，努力为市场开发新的产品，更好地满足消费者的需求，使企业在市场上保持竞争优势。这是企业在竞争中求生存、求发展的客观要求。

因此，当代企业把开发新产品，作为关系企业生死存亡的战略重点。

三、开发新产品应遵循的原则

1. 市场原则

企业的根本任务就是要生产适销对路、符合市场需要的价廉物美的产品，以取得良好的经济效益。因此，企业在开发新产品时，首先要依据经济发展的需要，适应社会经济生活的需要，研究开发适销对路的新产品。这就要求在开发新产品前，进行必要的市场预测，弄清楚市场在哪里，有多大需求量。要着重分析消费者对产品的品质、性能、式样和花色以及价格等要求，做到有的放矢，使新产品一问世，便在市场上有立足之地。

2. 特色原则

作为新产品要有区别于老产品的新特色。"新"是为了适应消费者要求的变化，否则，对消费者就没有吸引力。所以开发新产品时，一定要在"新"这一特色上下工夫，使消费者感到与其他产品确实有不同之处，从而产生购买欲望。从现在产品发展的趋势来看，产品开发主要在节能型、多功能型、轻微型、工艺型、安全型和智能型等方面谋求新的突破。

3. 量力而行原则

量力而行原则是指企业在开发新产品时要有相应的能力。也就是说，开发新产品，要有生产条件、技术力量、必要的资金和原材料供应来作保证，并据此确定新产品的质量和生产规模。产品的竞争归根到底是质量的竞争，新产品上市，要有更高的质量，才能在市场上立于不败之地。反之，质量低下的产品难以打开市场销路。

4. 效益原则

提高企业经济效益是开发新产品的根本出发点之一。因此，新产品的开发要使经济效益比原有产品有较大的提高。对企业而言，开发新产品要充分利用现有生产能力，综合利用原材料，并制订适当的价格，以增加企业盈利；对消费者而言，要使用方便、维修简便，并充分考虑到产品的功能与费用配比问题；对社会而言，要节约能源，并能够开发利用新能源，要有利于保持生态平衡，严格防止造成新的污染。

四、新产品开发的程序

新产品开发是一项艰巨而又复杂的工作，不仅要投入大量的资金，要冒很大的风险，而且直接关系到企业的经营成败。因此，为了减少新产品的开发成本，取得良好的经济效益，必须按照科学的程序来进行。开发新产品的程序因企业的性质、产品的复杂程度、技术要求及企业的研究与开发能力的不同而有所不同。一般说来要经过以下 8 个阶段：

1. 寻求创意

新产品研发过程是从寻求创意开始的。所谓创意，就是开发新产品的设想。虽然并不是所有的设想或创意都可变成产品，但寻求尽可能多的创意却可为开发新产品提供较多的机会。所以，现代企业都非常重视创意的开发。新产品创意的主要来源有：顾客、科学家、竞争对手、企业推销人员和经销商、企业高层管理人员、市场研究公司、广告代理商等。此外，企业还可以从大学、咨询公司、同行业的团体协会、有关的报刊媒体那里寻求有用的新产品创意。一般说来，公司应当主要靠激发内部人员的热情来寻求创意。这就要求建立各种激励制度，对提出创意的职工给予奖励，而且高层主管人员应当对这种活动表现出充分的重视和关心。

2. 甄别创意

取得足够创意之后，要对这些创意加以评估，研究其可行性，并挑选出可行性较强的创意，这就是创意甄别。创意甄别的目的就是淘汰那些不可行或可行性较低的创意，使公司有限的资源集中于成功机会较大的创意上。甄别创意时，一般要考虑两个因素：一是该创意是否与企业的战略目标相适应，表现为利润目标、销售目标、销售增长目标、形象目标等几个方面；二是企业有无足够的能力开发这种创意，这些能力表现为资金能力、技术能力、人力资源、销售能力等。

3. 形成产品概念

经过甄别后保留下来的产品创意还要进一步发展成为产品概念。产品创意是指企业从自己的角度考虑能够向市场提供的可能产品的构想。产品概念是指企业从消费者的角度对这种创意所作的详尽的描述。而产品形象，则是消费者对某种现实产品或潜在产品所形成的特定形象。比如，一块手表，从企业角度来看，主要包括这些因素：齿轮、轴心、表壳、制造过程、管理方法（市场、人事方面的条件）及成本（财务状况）等。而从消费者的角度看，他们不会考虑上述因素，他们只考虑手表的外形、价格、准确性、是否保修、适合什么样的人使用等。企业必须根据消费者的要求把产品创意发展为产品概念。确定最佳产品概念，进行产品和品牌的市场定位后，就应当对产品概念进行试验。产品概念试验，就是用文字、图画描述或者用实物将产品概念展示于一群目标顾客面前，观察他们的反应。

4. 制定营销战略

形成产品概念之后，需要制定市场营销战略，企业的有关人员要拟定一个将新产品投放市场的初步的市场营销战略报告书。报告书由三个部分组成：描述目标市场的规模、结构、行为，新产品在目标市场上的定位，头几年的销售额、市场占有率、利润目标等；简述新产品的计划价格、分销战略以及第一年的市场营销预算；阐述计划长期销售额和目标利润以及不同时间的市场营销组合。

5. 营业分析

在这一阶段，企业市场营销管理者要复查新产品将来的销售额、成本和利润的估计，看看它们是否符合企业的目标。如果符合，就可以进行新产品开发。

6. 产品开发

如果产品概念通过了营销分折，研究与开发部门及工程技术部门就可以把这种产品概念转变成为产品，进入试制阶段。只有在这一阶段，文字、图表及模型等描述的产品设计才变为实体产品。这一阶段应当搞清楚的问题是，产品概念能否变为技术上和商业上可行的产品。如果不能，除在全过程中取得一些有用副产品即信息情报外，所耗费的资金则全部付诸东流。

7. 市场试销

如果企业的高层管理者对某种新产品开发试验结果感到满意，就着手用品牌名称、包装和初步市场营销方案把这种新产品装扮起来，把产品推上真正的消费者舞台进行实验。这是新产品的市场试销阶段。其目的在于了解消费者和经销商对于经营、使用和再购买这种新产品的实际情况以及市场大小，然后再酌情采取适当对策。市场试验的规模决定于两个方面：一是投资费用和风险大小；二是市场试验费用和时间。投资费用和风险较高的新产品，试验的规模应大一些；反之，投资费用和风险较低的新产品，试验规模就可小一些。从市场试验费用和时间来讲，所需市场试验费用越多，时间越长的新产品，市场试验规模应越小一些；反之，则可大一些。不过，总的来说，市场试验费用不宜在新产品开发投资总额中占太大比例。

8. 批量上市

在这一阶段，企业高层管理者应当作以下决策：

（1）何时推出新产品。指企业高层管理者要决定在什么时间将新产品投放市场最适宜。例如，如果某种新产品是用来替代老产品的，就应等到老产品的存货被处理掉时再将这种新产品投放市场，以免冲击老产品的销售，造成损失；如果某种新产品的市场需求有高度的季节性，就应在销售季节来临时将这种新产品投放市场；如果这种新产品还存在着可改进之处，就不必仓促上市，应等到完善之后再投放市场。

（2）在何地推出新产品。指企业高层管理者要决定在什么地方（某一地区、某些地区、全国市场或国际市场）推出新产品最适宜。能够把新产品在全国市场上投放的企业是不多见的，一般是先在主要地区的市场推出，以便占有市场，取得立足点，然后再扩大到其他地区。因此，企业特别是中小企业须制定一个市场投放计划。在制定市场投放计划时，应当找出最有吸引力的市场先投放。选择市场时要考察这样几个方面：市场潜力、企业在该地区的声誉、投放成本、该地区调查资料的质量高低、对其他地区的影响力以及竞争渗透能力等。此外，竞争情况也十分重要，它同样可以影响到新产品的商业化成功。

（3）向谁推出新产品。指企业高层管理者要把它的分销和促销目标面向最优秀的顾客群。这样做的目的是要利用最优秀的顾客群带动一般顾客，以最快的速度、最少的费用，扩大新产品的市场占有率。企业高层管理者可以根据市场试验的结果发现最优秀顾客群。对新上市的消费品来讲，最优秀的顾客群一般应具备以下特征：他们是早期采用者、他们是大量使用者、他们是观念倡导者或舆论领袖，并能为该产品做正面宣传。当然，完全具备这几个特征的顾客为数很少，企业可以根据这些标准对不同的顾客群打分，从而找出最优秀的顾客群。

（4）如何推出新产品。企业管理部门要制定开始投放市场的市场营销战略。这里，首先要对各项市场营销活动分配预算，然后规定各项活动的先后顺序，从而有计划地开展市场营销管理。

五、新产品的采用与扩散过程

1. 新产品采用过程

人们对新产品的采用过程，客观上存在着一定的规律性。美国市场营销学者罗吉斯调查了数百人接受新产品的实例，总结归纳出人们接受新产品的程序和一般规律，认为消费者接受新产品一般可分为下列5个发展阶段：

（1）知晓阶段。消费者通过无意识地接触有关该产品的广告宣传或实物，对该创新产品有所觉察，并从感性上逐步认识该创新产品的新的功能，但并没有掌握关于它的系统信息。

（2）兴趣阶段。消费者不断受到有关该产品的信息的激发，进一步认识到了该创新产品的功能和用途，逐步对该产品产生了喜爱和占有该种产品的愿望。此时消费者进入了理性认识阶段，开始有意识地通过各种渠道系统收集有关该产品的信息，以避免购买风险。此时，企业的广告和人员推销应提高消费者对产品的认知程度。

（3）评价阶段。在充分掌握有关信息的基础上，消费者对创新产品将有确定性认识，通过对产品特性的分析和认识，消费者会多次在脑海里"尝试"着使用该创新产品，考虑该怎样使用该产品，如何解决操作中的难题，它究竟是否适合自己的情况。开始考虑，是决定采用还是拒绝采用该种创新产品？并开始关注相关产品的信息，与相关产品进行比较，考虑选择该创新产品是否明智？此时，企业市场营销人员应积极主动地向消费者进行介绍和示范，并提出自己的建议。

（4）试用阶段。在初步决定采用该创新产品之后，消费者开始谨慎地小规模试用该创新产品。通过试用，进一步审视自身决策是否正确；并进一步通过与相关产品的比较，决定是否进一步重复使用和大规模使用。此时，该创新产品的功能、质量是最具说服力的因素。

（5）采用阶段。消费者决定全面和经常地使用该创新产品，并会告诉朋友们自己采用该创新产品的明智之处，成为企业产品的"口碑"宣传者。倘若他无法说明采用决策是正确的，或采用后出现后悔现象，那么就可能中断采用。

通过采用过程分析，可以启发新产品的营销人员如何促使消费者顺利通过这些阶段，成为本公司的忠实用户。

2. 新产品扩散过程

在新产品的扩散过程中，由于社会地位、消费心理、价值观念、个人性格、文化背景、受教育程度等因素的影响，不同顾客对新产品的反应有很大的差异。

罗杰斯根据采用新产品的快慢将消费者划分成五种类型，即创新采用者、早期采用者、早期大众、晚期大众和落后采用者（如图8-4所示）。

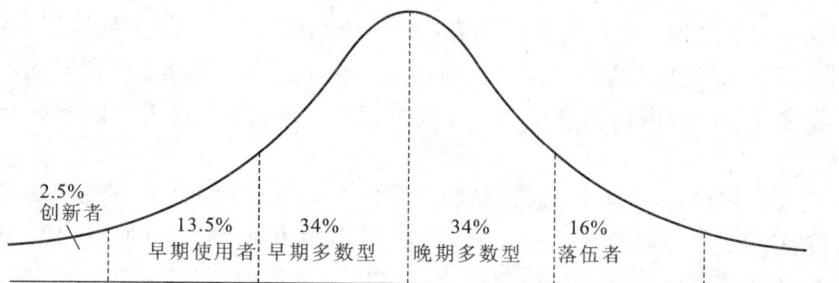

图8-4 激光唱机（CD Player）的扩散采用过程（罗杰斯模式）

（1）创新采用者。通常富有个性，受过高等教育，勇于革新冒险，性格活跃，消费行为很少听取他人意见，经济宽裕，社会地位较高。广告等促销手段对他们有很大的影响力。这类消费者是企业投放新产品时的极好目标。

（2）早期采用者。一般也接受过较高的教育，年轻富于探索，对新事物比较敏感，并且有较强的适应性，经济状况良好，他们对早期采用新产品具有自豪感。这类消费者对广告及其他渠道传播的新产品信息很少有成见，促销媒体对他们有较大的影响力。但与创新者比较，他们一般持较为谨慎的态度。这类顾客是企业推广新产品极好的目标。

（3）早期大众。一般较少保守思想，接受过一定的教育，有较好的工作环境和固定的收入；对社会中有影响的人物、特别是自己所崇拜的"舆论领袖"的消费行为具有较强的模仿心理；他们不甘落后于潮流，但由于他们特定的经济地位所限，在购买高档产品时，一般持非常谨慎的态度。他们经常是在征询了早期采用者的意见之后才采纳新产品。但早期大众和晚期大众构成了产品的大部分市场。因此，研究他们的心理状态、消费习惯，对提高产品的市场份额具有很大的意义。

（4）晚期大众。较晚跟上消费潮流的人，其工作岗位、受教育水平及收入状况往往比早期大众略差；他们对新事物、新环境多持怀疑态度，对周围的一切变化抱观望态度；他们的购买行为往往发生在产品成熟阶段。

（5）落伍者。这些人受传统思想束缚很深，思想非常保守，怀疑任何变化，对新事物、新变化多持反对态度，固守传统消费行为方式。因此，他们在产品进入成熟期后期以至衰退期才能接受。

第五节 品牌策略

一、品牌的含义

品牌是由产品名称、文字、标记、符号、图案、颜色等要素构成的集合，是本企业的产品区别于竞争产品的一个标志。

品牌是一个集合概念，它包括品牌名称和品牌标志两部分。品牌名称是指品牌中可以用语言称呼的部分，也称"品名"，如奔驰（BENZ）、奥迪（Audi）等；品牌标志，也称"品标"，是指品牌中可以被认出、易于记忆但不能用言语称呼的部分，通常由图案、符号或特殊颜色等构成，如，三叉星圆环和相连着的四环分别是奔驰和奥迪的品牌标志。

品牌，就其实质来说，它代表着销售者（卖者）对交付给买者的产品特征、利益和服务的一贯性的承诺。久负盛名的品牌就是优质质量的保证。不仅如此，品牌还是一个更为复杂的符号，蕴含着丰富的市场信息。为了深刻揭示品牌的含义，还需从以下6个方面透视：

1. 属性

品牌代表着特定的商品属性，这是品牌最基本的含义。例如，奔驰牌轿车意味着工艺精湛、制造优良、昂贵、耐用、信誉好、声誉高、再转卖价值高、行驶速度快，等等。这些属性是奔驰生产经营者广为宣传的重要内容。多年来奔驰的广告一直强调"全世界无可比拟的工艺精良的汽车"。

2. 利益

品牌不仅代表着一系列属性，而且还体现着某种特定的利益。顾客购买商品实质是购买某种利益，这就需要属性转化为功能性或情感性利益。或者说，品牌利益相当程度地受制于品牌属性。就奔驰而言，"工艺精湛、制造优良"的属性可转化为"安全"这种功能性和情感性利益；"昂贵"的属性可转化为情感性利益："这车令人羡慕，让我感觉到自己很重要并受人尊重"；"耐用"属性可转化为功能性利益："多年内我不需要买新车"。

3. 价值

品牌体现了生产者的某些价值感。例如奔驰代表着高绩效、安全、声望等。品牌的价值感客观要求企业营销者必须分辨出对这些价值感兴趣的购买者群体。

4. 文化

品牌还附着着特定的文化。从奔驰汽车给人们带来的利益等方面来看，奔驰品牌蕴含着"有组织、高效率和高品质"的德国文化。

5. 个性

品牌也反映一定的个性。如果品牌是一个人、一种动物或一个物体，那么，不同的品牌会使人们产生不同的品牌个性联想。奔驰会让人想到一位严谨的老板、一只勇猛的雄狮或一座庄严质朴的宫殿。

6.用户

品牌暗示了购买或使用产品的消费者类型。如果我们看到一位 20 来岁的女秘书驾驶奔驰轿车就会感到很吃惊。我们更愿意看到驾驶奔驰轿车的是有成就的企业家或高级经理。

我们不应只注重品牌属性而忽视其他,实际上,购买者应更重视品牌利益。

品牌最持久的含义是其价值、文化和个性。它们构成了品牌的基础,揭示了品牌间差异的实质,奔驰的"高技术、绩效、成功"等是其独特价值和个性的反映。若奔驰公司在其品牌战略中未能反映出这些价值和个性,而且以奔驰的名称推出一种新的廉价小汽车,那将是一个莫大的错误,因为这将会严重削弱奔驰公司多年来苦心经营所建立起来的品牌价值和个性。

案例 8 - 4

名车品牌

1.宝马(BMW)·德国

中间的蓝白相间图案,代表蓝天、白云和旋转不停的螺旋桨,喻示宝马公司渊源悠久的历史,象征公司一贯宗旨和目标:在广阔的时空中,以先进的精湛技术、最新的观念,满足顾客的最大愿望。

2.大众(VW)·德国

大众汽车公司是德国最大也是最年轻的汽车公司,总部在沃尔斯堡。德文 Volks Wagenwerk,意为大众使用的汽车,标志中的 VW 为全称中头一个字母。标志像是由三个用中指和食指作出的"V"组成,表示大众公司及其产品必胜—必胜—必胜。

3.沃尔沃(VOLVO)·瑞典

又称为富豪,1924 年创建。"VOLVO"为拉丁语,是"滚动向前"的意思。喻示着汽车车轮滚滚向前、公司兴旺发达和前途无限。

4.别克(Buick)·美国

别克的商标图案是三把刀,它的排列给人们一种起点高并不断攀登的感觉,象征着一种积极进取,不断登攀的精神。

二、品牌的作用

品牌的作用可从多个方面来透视。以下就品牌对消费者、对企业的不同作用分别加以阐述。

1.品牌对营销者的重要作用

对从事市场营销活动的企业来说,品牌的有益作用主要表现在以下几方面:

(1)品牌有助于促进产品销售,树立企业形象。品牌以其简洁、明快、易读易记的特征而使其成为消费者记忆产品质量、产品特征的标志,也正因如此,品牌成为企业促销的重要基础。借助品牌,消费者了解了品牌标识下的商品;借助品牌,消费者记住了品牌及商品,也记住了企业(有的企业名称与品牌名称相同,更易被消费者记忆);借助品牌,即使产品不断更新换代,消费者也会在其对品牌信任的驱使下产生新的购买欲望。在信任品牌的同时，企业的社会形象、市场信誉得以确立并随品牌忠诚度的提高而提高。

（2）品牌有利于保护品牌所有者的合法权益。品牌经注册后获得商标专用权，其他任何未经许可的企业和个人都不得仿冒侵权，从而为保护品牌所有者的合法权益奠定了客观基础。

（3）品牌有利于约束企业的不良行为。品牌是一把双刃剑，一方面因其容易为消费者所认知、记忆而有利于促进产品销售，注册后的品牌有利于保护自己的利益；另一方面，品牌也对品牌使用者的市场行为起到约束作用，督促企业着眼于企业长远利益、消费者利益和社会利益，规范自己的营销行为。

（4）品牌有助于扩大产品组合。适应市场竞争的需要，企业常常需要同时生产多种产品。值得注意的是，这种产品组合是动态的概念。依据市场变化，不断地开发新产品、淘汰市场不能继续接受的老产品是企业产品策略的重要组成部分，而品牌是支持其新的产品组合（尤其是扩大的产品组合）的无形力量。若无品牌，再好的产品和服务，也会因消费者经常无从记起原有产品或服务的好印象而无助于产品改变或产品扩张。而有了品牌，消费者对某一品牌产生了偏爱，则该品牌标识下的产品组合的扩大即容易为消费者所接受。

（5）有利于企业实施市场细分战略。不同的品牌对应不同的目标市场，针对性强，利于进占、拓展各细分市场。

2. 品牌给消费者带来的益处

（1）品牌便于消费者辨认、识别所需商品，有助于消费者选购商品。随着科学技术的发展，商品的科技含量日益提高，对消费者来说，同种类商品间的差别越来越难以辨别。由于不同的品牌代表着不同的商品品质、不同的利益，所以，有了品牌，消费者即可借助品牌辨别、选择所需商品或服务。

（2）品牌有利于维护消费者利益。有了品牌，企业以品牌作为促销基础，消费者认牌购物。企业为了维护自己品牌的形象和信誉，都十分注意恪守给予消费者的利益，并注重同一品牌的产品质量水平同一化。如此，消费者可以在厂商维护自身品牌形象的同时获得稳定的购买利益。

（3）品牌有利于促进产品改良，有益于消费者。由于品牌实质上代表着销售者（卖者）对交付给买者的产品特征和利益的承诺，所以，企业为了适应消费者需求变化，适应市场竞争的客观要求，必然会不断更新或创制新产品，以变更、增加承诺。这是厂商的选择，也是消费者的期望。可见，迫于市场的外部压力和企业积极主动迎接挑战的动力，品牌最终会带给消费者更多的利益。

品牌的作用，还表现在有利于市场监控、有利于维系市场运行秩序、有利于发展市场经济等方面。

案例 8－5

白加黑——黑白分明的药片

"白天吃白片，不瞌睡；晚上吃黑片，睡得香"，是"白加黑"表现的诉求，这一诉求是通过把感冒药分成白片和黑片（感冒药中的镇静剂"扑尔敏"放在黑片中）来实现的。打开"白加黑"的包装，12 粒片剂展现眼前，其中白色药片 8 粒，黑色药片 4 粒，包装精美的外盒上清楚地写着：白天服白片，晚上服黑片，非常好懂易记，而又富有韵味！这一黑片、白片的区分，首先在品牌的外观上与竞争品牌形成很大的差别；其次，黑白分明的药片大大方便了消费者，不言自明地体现出厂家对消费者细致入微的关切。第三，黑白之分充分发挥了产品颜色的心理功能。消费者白天吃白色药片时，看到白色会产生减轻感冒症状的联想；晚上吃黑色药片时，看到黑色会产生安定、沉稳的联想。这小小的黑片、白片成为消费者接受的品牌传播支撑点。

三、品牌资产

品牌资产是与某一特定的品牌紧密联系着，超过商品或服务本身利益以外，通过为消费者和企业提供附加利益来体现的价值。品牌资产是企业财产的重要组成部分。品牌资产有如下基本特征：

1. 无形性

品牌资产是一种特殊的资产，是一种无形资产。既然是一种资产，它的所有权是如何确定的呢？有形资产通常是通过市场交接的方式取得其所有权，而品牌资产则是经由品牌或商标使用者申请注册，由注册机关按照法定程序确立其所有权。由于品牌资产的这种无形性，人们很难直观把握。目前在我国相当一部分企业还未能对品牌资产给予足够的重视，甚至没有把品牌资产提升到与有形资产同样重要的高度。

2. 使用中增值

一般有形资产，其投资与利用往往存在着明显的界限。投资即会增加资产存量，利用就会减少资产存量，而品牌资产则不同。品牌资产的投资与利用难以截然分开。品牌资产的利用并不必然是品牌资产减少的过程，而且不但不会因利用而减少，反而会在利用中增值。大家所知道的海尔，它由生产电冰箱开始，逐渐扩大到生产电脑，以及其他行业。

3. 难以准确计量

品牌的重要价值已广泛为人们所认知，但品牌资产的计量难于一般有形资产的计量。

4. 波动性

品牌从无到有，从消费者感到陌生，到消费者熟知并产生好感，品牌运营者需要长期努力。但这并不表明品牌资产只增不减。如果企业品牌决策失误，竞争者品牌运营的成功，都有可能使企业品牌资产发生波动，甚至是大幅度下降。

5. 品牌资产是衡量营销绩效的主要指标

品牌资产在很大程度上反映了企业营销的总体水平。

四、品牌与商标的区别

品牌与商标是极易混淆的一对概念，两者有联系，品牌与商标都是用以识别不同生产经营者的不同种类、不同品质产品的商业名称及其标志，不过二者还是有区别的。

企业在政府有关主管部门注册登记以后，就享有使用某个品牌名称和品牌标志的专用权，这个品牌名称和品牌标志受到法律保护，其他任何企业都不得仿效使用。因此，商标实质上是一种法律名词，是指已获得专用权并受法律保护的一个品牌或一个品牌的一部分。我国习惯上对一切品牌不论其注册与否，统称商标，但有"注册商标"与"非注册商标"之分。《中华人民共和国商标法》规定，注册商标是指受法律保护、所有者享有专用权的商标。非注册商标是指未办理注册手续、不受法律保护的商标。在商标法的保护下，卖者对使用品牌名称享有独占的权利。

商标专用权，是指品牌经政府有关主管部门核准后独家享有其商标使用权。

国际上对商标权的认定，有两个并行的原则，即"注册在先"和"使用在先"。

在具体的商标权认定实践中，对以上两种原则进行主次搭配、混合使用，有"使用优先辅以注册优先"和"注册优先辅以使用优先"两种原则。

在品牌运营的实践中，还应注意商标续展和品牌的自我保护。

商标侵权即是指在同一种商品或类似商品上使用与某商标雷同或近似的品牌，可能引起欺骗、混淆或讹误，损害原商标声誉的行为。

五、品牌策略

1. 品牌设计

一个好的品牌名称是品牌被消费者认知、接受、满意乃至忠诚的前提，品牌的名称在很大程度上影响品牌联想，并对产品的销售产生直接的影响，因而是品牌的核心要素。品牌命名除应符合法律规定外，一般应坚持以下几个基本原则：

（1）简洁醒目，易读易记。为了便于消费者认知、传诵和记忆，品牌设计的首要原则就是简洁醒目，易读易记。适应这个要求，不宜把过长的和难以诵读的字符串作为品牌名称，也不宜将呆板、缺乏特色感的符号、颜色、图案用作品标。

（2）构思巧妙，暗示属性。（奔驰）以汽车发明人名字命名奔驰（BENZ）车，这个品牌深入人心。那个构思巧妙、简洁明快、特点突出的圆形的汽车方向盘似的特殊标志，已经成了豪华优质高档汽车的象征。这个品名与品标的有机结合，不仅暗示品牌所标定的商品是汽车，而且是可以"奔驰"的优质汽车。

（3）富蕴内涵，情意浓重。品牌大多都有其独特的含义。有的就是一个地方的名称，有的就是一种产品的功能，有的或者就是一个典故。富蕴内涵、情意浓重的品牌，因其能唤起消费者和社会公众美好的联想，而使其备受厂商青睐。比如，"红豆"作为一个品牌，年轻的情侣通过互赠"红豆"服装表示爱慕之意，离家的游子以红豆服装寄托其思乡之情，同时也表达了企业对消费者的关爱。红豆服装正是借"红豆"这一富蕴中国传统文化内涵、情意浓重的品牌"红"起来的。

案例 8 - 6

金利来品牌

在国内市场很有名气的金利来产品及商标，最初的名字叫金狮。一次，金利来（远东）有限公司的董事长曾宪梓先生，将两条上等的金狮领带送给一个亲戚，结果人家不高兴地说："我才不戴你的领带呢，尽输，尽输，什么都输掉了。"原来，香港话的狮与输读音相同。曾先生彻夜未眠，绞尽脑汁想出一个万全之策：将金狮的英文 Goldlion 用音译与意译相结合的方法，演变成新的名字，即把 Gold 意译为"金"，lion 音译为"利来"，合称为金利来。这样，"输"变成了"利来"，既符合中国人的文化心理，又保持了名称的稳定性，曾先生以金利来这个吉祥的名字创造了一个"男人的世界"。

（4）避免雷同，超越时空。品牌设计最害怕雷同。在我国，由于企业的品牌意识还比较淡薄，品牌运营的经验还比较少，品牌的雷同现象更为严重。据统计，我国以"熊猫"为品牌名称的企业就有 311 家。

2. 品牌决策

科学合理地制定品牌策略，是企业品牌运营的核心内容。根据企业品牌运营的程序与环节看，品牌策略主要包括：

（1）品牌有无决策：即公司是否一定要给产品标上品牌名称。尽管品牌能够给品牌所有者、品牌使用者带来很多好处，但并不是所有的产品都必须一定有品牌，要视品牌运营的投入产出而定。实践中，有的营销者为了节约包装、广告等费用，降低产品价格，吸引低收入购买者，提高市场竞争力，也常采用无品牌策略。在超市里就有无品牌产品，它们多是包装简易且价格便宜的产品。当然，商品无品牌也有对品牌认识不足、缺乏品牌意识等原因。另外，商品有无品牌不是一成不变的。我国企业品牌化程度不断提高。

（2）品牌归属决策：企业有三种可供选择的策略，其一是企业使用属于自己的品牌，这种品牌叫做企业品牌或生产者品牌；其二是企业将其产品售给中间商，由中间商使用他自己的品牌将产品转卖出去，这种品牌叫做中间商品牌；其三是企业对部分产品使用自己的品牌，而对另一部分产品使用中间商品牌。

（3）品牌统分决策。品牌，无论归属于生产者，还是归属于中间商，或者是两者共同拥有品牌使用权，都必须考虑对所有的产品如何命名问题。是大部分或全部产品都使用一个品牌，还是各种产品分别使用不同的品牌，如何对此进行决策事关品牌运营成败。决策此问题，通常有四种可供选择的策略：

①统一品牌。即企业所有的产品（包括不同种类的产品）都统一使用一个品牌。例如，飞利浦公司的所有产品（包括音响、电视、灯管、显示器等）都以"PHILIPS"为品牌，佳能公司生产的照相机、传真机、复印机等所有产品都统一使用"Canon"品牌。企业采用统一品牌策略，能够降低新产品宣传费用；可在企业的品牌已赢得良好市场信誉的情况下实现顺利推出新产品的愿望；同时也有助于显示企业实力，塑造企业形象。不过，不可忽视的是，若某一种产品因某种原因（如质量）出现问题，就可能因其他种类产品受牵连而影响全部产品和整个企业的信誉。当然，统一品牌策略也存在着易相互混淆、难以区分产品质量档次等令消费者不便的缺陷。

②个别品牌。是指企业对各种不同的产品分别使用不同的品牌。这种品牌策略可以保证企业的整体信誉不至于受其某种商品声誉的影响；便于消费者识别不同质量、档次的商品；同时也有利于企业的新产品向多个目标市场渗透。当然，促销费用较高也是不可忽视的问题。

③分类品牌。企业对所有产品分类，各类产品使用不同的品牌。如企业可以对自己生产经营的产品分为器具类产品、妇女服装类产品、主要家庭设备类产品，并分别赋予其不同的品牌名称及品牌标志。这实际上是对前两种做法的一种折中。

④企业名称加个别品牌。其做法是企业对其各种不同的产品分别使用不同的品牌，但需在各种产品的品牌前面冠以企业名称。例如，美国通用汽车，这种在各不同产品的品牌名称前冠以企业名称的做法，可以使新产品与老产品统一化，进而享受企业的整体信誉。与此同时，各种不同的新产品分别使用不同的品牌名称，又可以使不同的新产品各具特

色。如：GM – Cadillac，GM – Buick。

（4）品牌战略决策

品牌扩展。统一品牌、个别品牌、分类品牌、企业名称加个别品牌这四种品牌策略，不管企业选择了哪一种，都有可能获得较好的品牌知名度和美誉度。品牌扩展就是指企业利用其成功品牌的声誉来推出改良产品或新产品。例如，中国海尔集团成功地推出了海尔（Haier）冰箱之后，又利用这个品牌及其图样特征，成功地推出了洗衣机、电视机等新产品，显然，如果不利用海尔这个成功的品牌，这些新产品就不一定能很快地进入市场。品牌扩展策略，可以使新产品借助成功品牌的市场信誉在节省促销费用的情况下顺利地进占市场。

值得注意的是，品牌扩展策略是一把双刃剑。若利用已成功的品牌开发并投放市场的新产品不尽如人意，消费者不认可，也会影响该品牌的市场信誉。

多品牌。多品牌策略即是指企业同时为一种产品设计两种或两种以上互相竞争的品牌的做法。这种策略由宝洁公司（P&G）首创并获得了成功。在中国市场上，宝洁公司为自己生产的洗发液产品设计了品牌：飘柔、海飞丝和潘婷等。宝洁公司洗发液产品的多品牌策略在中国市场上获得了非常好的市场业绩，三个品牌的市场占有率总共达到了66.7％。企业运用多品牌策略可以在产品分销过程中占有更大的货架空间，进而压缩或挤占了竞争者产品的货架面积，为获得较高的市场占有率奠定了基础。而且还应看到，多种不同的品牌代表了不同的产品特色，多品牌可吸引多种不同需求。还需提及的是，由于多种不同的品牌同时并存必然使企业的促销费用升高，且存在自身竞争的风险，所以，在运用多品牌策略时，要注意各品牌市场份额的大小及变化趋势，适时撤销市场占有率过低的品牌，以免造成自身品牌过度竞争。

（5）品牌重新定位决策。品牌重新定位也称再定位，就是指全部或部分调整或改变品牌原有市场定位的做法。

品牌设计出来后，不一定能使品牌持续到永远。为使品牌能持续到永远，在实践中还必须适时、适势地做好品牌重新定位工作。受竞争者品牌的威胁，竞争者品牌侵占了本企业的品牌市场份额，或者部分消费者偏好发生变化，即使某一品牌在市场上的最初定位很好，随着时间的推移也需要重新定位。品牌重新定位的目的是使现有产品具有与竞争者产品不同的特点，与竞争产品拉开距离。

企业在进行品牌重新定位时，要综合考虑两方面影响因素：一方面，要考虑再定位成本，即把企业自己的品牌从一个市场定位点转移到另一个市场定位点所支付的成本费用，包括改变产品品质费用、包装费用和广告费用等。一般认为，重新定位的距离越远，其再定位成本就越高。另一方面，要考虑再定位收入，即把企业品牌定在新位置上所增加的收入。

第六节　包装策略

一般来说，商品只有经过包装才能进入流通领域，包装是商品生产的继续，实现其价值和使用价值。产品包装也是重要的营销组合要素，在营销实践中成为市场竞争中的一种重要手段。

一、包装的含义与种类

包装是指对某一品牌商品设计并制作容器或外部包扎物的一系列活动。也可以说，包装有两个方面的含义：一是指为产品设计、制作包装物的活动过程；二是指包装物。

包装有多种类型，按产品包装的不同层次划分，可分为：①首要包装，即产品的直接包装，如牙膏皮、啤酒瓶。②次要包装，即保护首要包装的包装物，如包装一定数量牙膏的纸盒或纸板箱。③运输包装，即为了便于储运、识别某些产品的外包装，也叫大包装。

包装是产品生产过程在流通领域的延续。产品包装按其在流通过程中作用的不同，可以分为运输包装和销售包装两种：①运输包装。运输包装又称外包装或大包装，主要用于保护产品品质安全和数量完整。运输包装可细分为单件运输包装和集合运输包装。②销售包装。销售包装又称内包装或小包装，它随同产品进入零售环节，与消费者直接接触。销售包装实际上是零售包装，因此，销售包装不仅要保护产品，而且更重要的是要美化和宣传商品，便于陈列展销，吸引顾客，方便消费者认识、选购、携带和使用。

在市场竞争日益激烈的今天，厂商竞相以日新月异的包装装潢作为吸引消费者的手段，借以达到开创市场、拓宽销路的目的。近些年来，随着超级市场的发展，销售包装的发展趋势日益呈现出小包装大量增加，透明包装日益发展，金属和玻璃容器趋向安全轻便，贴体包装、真空包装的应用范围越来越广泛，包装容器器材的造型结构美观、多样、科学，包装画面更加讲究宣传效果等发展趋势。这些都是企业应予研究的内容。

二、包装的作用

1.保护商品

包装保护商品的作用主要表现在两个方面：其一是保护商品本身。有些商品怕震、怕压，有些商品怕风吹、日晒、雨淋、虫蛀等。其二是安全（环境）保护。有些商品是属于易燃、易爆、放射、污染或有毒物品，对它们必须进行包装，以防泄漏造成危害。这是包装的基本功能。

2.便于储运

有的商品外形不固定，液态、气态，或者是粉状，若不对此进行包装，则无法运输和储藏。

3.促进销售

产品包装具有识别、美化和便利的功能。商品给顾客的第一印象，不是来自产品的内在质量，而是它的外观包装。独特的包装，可使产品与竞争品产生区别。在商品陈列中，包装是货架上的广告，是"无声的推销员"；包装材料的色彩和包装图案，具有介绍商品的广告作用。良好的包装，往往能引起消费者的注目，激发购买欲望。产品包装化，可以保持食品清洁卫生，定额包装还能方便销售，有利于推广自动售货、自助服务等。

4.增加盈利

包装还有增值的功能。优良的包装，不仅可使好的产品与好的包装相得益彰，避免出现"一等商品，二等包装，三等价格"的现象，而且往往能提升商品身价，使商品卖出好价钱，超出的价格远高于包装的附加成本，且为顾客所乐意接受。另外，包装产品的存货管理，也比较单纯和方便。完善的包装，可使产品损耗率降低，使运输、储存、销售各环节的劳动效率提高,从而增加企业的盈利。

三、包装标志与商品标签

包装标志是在运输包装的外部印制的图形、文字和数字以及它们的组合。主要有:

1. 运输标志

运输标志是指在商品外包装上印制的反映收货人和发货人、目的地或中转地、件号、批号、产地等内容的几何图形、特定字母、数字和简短的文字等。

2. 指示性标志

根据商品的特性,对一些容易破碎、残损、变质的商品,用醒目的图形和简单的文字作出的标志。指示性标志指示有关人员在装卸、搬运、储存、作业中引起注意,常见的有"此端向上"、"易碎"、"小心轻放"、"由此吊起"等。

3. 警告性标志

警告性标志指在易燃品、易爆品、腐蚀性物品和放射性物品等危险品的运输包装上印制特殊的文字,以示警告。常见的有"爆炸品"、"易燃品"、"有毒品"等。

商品标签是指附着或系挂在商品销售包装上的文字、图形、雕刻及印制的说明。

四、包装的设计原则

"人要衣装,佛要金装",商品要包装。重视包装设计是企业市场营销活动适应竞争需要的理性选择。一般说来,包装设计应遵循以下几个基本原则:

1. 安全

安全是产品包装(包括运输包装和销售包装)最核心的作用之一,也是最基本的设计原则之一。在包装活动过程中,包装材料的选择及包装物的制作必须适合产品的物理、化学、生物性能,以保证产品不损坏、不变质、不变形、不渗漏等。一方面,保证商品质量完好、数量完整,另一方面,保护环境安全。

2. 便于运输、保管、陈列、携带和使用

在保证产品安全的前提下,应尽可能缩小包装体积,以利节省包装材料和运输、储存费用。销售包装的造型结构,一方面应与运输包装的要求相吻合,以适应运输和储存的要求,另一方面要注意货架陈列的要求。此外,为方便顾客和满足消费者的不同需要,包装的体积、容量和形式应多种多样;包装的大小、轻重要适当,便于携带和使用(如在保证包装封口严密的条件下,要达到易打开);为适应不同需要,还可采用单件、多件和配套包装等多种不同的包装形式。

3. 美观大方,突出特色

包装具有促销作用,主要是因为销售包装具有美感。美观大方的包装给人以美的感受,有艺术感染力,进而使其成为激发顾客购买欲望的主要诱因。这就要求包装设计要注重艺术性。与此同时,包装还应突出产品个性。这是因为,包装是产品的组成部分,追求不同产品之间的差异化是市场竞争的客观要求,而包装是实现产品差异化的重要手段。富有个性、新颖别致的包装更易满足消费者的某种心理要求。

4. 与商品价值和质量水平相匹配

包装作为商品的包扎物,尽管有促销作用,但也不可能成为商品价值的主要部分。一

般说来，包装应与所包装的商品的价值和质量水平相匹配。经验数字告诉我们，包装不宜超过商品本身值的13%－15%。若包装在商品价值中所占的比重过高，会容易产生名不符实之感而使消费者难以接受；相反，价高质优的商品自然也需要高档包装来烘托商品的高雅贵重。

5. 尊重消费者的宗教信仰和风俗习惯

社会文化环境直接影响着消费者对包装的认可程度，所以，为使包装收到促销效果，在包装设计中，必须尊重不同国家和地区的宗教信仰和风俗习惯等社会文化环境下消费者对包装的不同要求，切忌出现有损消费者宗教情感、容易引起消费者忌讳的颜色、图案和文字。应该深入了解分析消费者特性，区别不同的宗教信仰和风俗习惯设计不同的包装，以适应目标市场的要求。

6. 符合法律规定，兼顾社会利益

法律是市场营销活动的边界。包装设计作为企业市场营销活动的重要环节，在实践中必须严格依法行事。例如，应按法律规定在包装上标明企业名称及地址；对食品、化妆品等与人民身体健康密切相关的产品，应标明生产日期和保质期等。不仅如此，包装设计还应兼顾社会利益，努力减轻消费者负担，节约社会资源，禁止使用有害包装材料，实施绿色包装战略。

此外，还应注意满足不同运输商、不同分销商的特殊要求。

五、包装策略

1. 类似包装策略

类似包装策略是指企业生产经营的所有产品，在包装外形上都采取相同或相近的图案、色彩等共同的特征，使消费者通过类似的包装联想起这些商品是同一企业的产品具有同样的质量水平。类似包装策略不仅可以节省包装设计成本，树立企业整体形象，扩大企业影响，而且还可以充分利用企业已拥有的良好声誉，有助于消除消费者对新产品的不信任感，进而有利于带动新产品销售。它适用于质量水平相近的产品，但由于类似包装策略容易对优质产品产生不良影响，所以，对于大多数不同种类、不同档次的产品一般不宜采用这种包装策略。

2. 等级包装策略

等级包装策略是指企业对自己生产经营的不同质量等级的产品分别设计和使用不同的包装。这种依产品等级来配比设计包装的策略可使包装质量与产品品质等级相匹配，对高档产品采用精致包装，对低档产品采用简略包装，其做法适应不同需求层次消费者的购买心理，便于消费者识别、选购商品，从而有利于全面扩大销售。当然，该策略的实施成本高于类似包装策略。

3. 分类包装策略

分类包装策略是指根据消费者购买目的的不同，对同一种产品采用不同的包装。如，购买商品用作礼品赠送亲友，则可精致包装；若购买者自己使用，则简单包装。

4. 配套包装策略

配套包装策略是指企业将几种有关联性的产品组合在同一包装物内的做法。这种策略能够节约交易时间，便于消费者购买、携带与使用，有利于扩大产品销售，还能够在将新旧产品组合在一起时,使新产品顺利进入市场。但在实践中,还须注意市场需求的具体特点、消费者的购买能力和产品本身的关联程度大小,切忌任意配套搭配。

5. 再使用包装策略

再使用包装策略指包装物在被包装的产品消费完毕后还能移做他用的做法。比如瓶装果汁、咖啡等的包装,由于这种包装策略增加了包装的用途,可以刺激消费者的购买欲望,有利于扩大产品销售,同时也可使带有商品商标的包装物在再使用过程中起到延伸宣传的作用。

6. 附赠品包装策略

附赠品包装策略是指在包装物内附有赠品以诱发消费者重复购买的做法。在包装物中的附赠品可以是玩具、图片,这也是一种有效的营业推广方式。

7. 更新包装策略

更新包装策略就是改变原来的包装。更新包装策略是指企业包装策略随着市场需求的变化而改变的做法。一种包装策略无效,依消费者的要求更换包装,实施新的包装策略,可以改变商品在消费者心目中的地位,进而收到迅速恢复企业声誉之佳效。

实训

一、基本概念

产品、产品整体概念、产品线、产品组合、产品生命周期、新产品、新产品的扩散过程、新产品采用过程、品牌、商标、产品包装

二、选择题

1. 单选题

(1)形式产品是指( )借以实现的形式或目标市场对某一需求的特定满足形式。

A. 期望产品　　　　B. 延伸产品　　　　C. 核心产品　　　　D. 潜在产品

(2)产品组合的宽度是指产品组合中所拥有( )的数目。

A. 产品项目　　　　B. 产品线　　　　C. 产品种类　　　　D. 产品品牌

(3)产品组合的长度是指( )的总数。

A. 产品项目　　　　B. 产品品种　　　　C. 产品规格　　　　D. 产品品牌

(4)产品组合的( )是指一个产品线中所含产品项目的多少。

A. 宽度　　　　B. 长度　　　　C. 黏度　　　　D. 深度

(5)导入期选择快速掠取策略是针对目标顾客的( )。

A. 求名心理　　　　B. 求实心理　　　　C. 求新心理　　　　D. 求美心理

(6)新产品开发的( )阶段,营销部门的主要责任是寻找、激励及提高新产品构思。

A. 概念形成　　　　B. 筛选　　　　C. 构思　　　　D. 市场试销

(7)所谓产品线双向延伸,就是原定位于中档产品市场的企业掌握了市场优势后,向产品线的( )两个方向延伸。

A. 前后　　　　B. 左右　　　　C. 东西　　　　D. 上下

(8)品牌有利于保护( )的合法权益。

A. 商品所有者　　　　B. 生产商　　　　C. 品牌所有者　　　　D. 经销商

(9)我国对商标的认定坚持( )原则。

A. 注册在先　　　　B. 使用优先辅以注册优先

C. 使用在先　　　　D. 注册优先辅以使用优先

(10)品牌资产是一种特殊的(　　)。

A. 无形资产　　　　B. 有形资产　　　　C. 潜在资产　　　　D. 固定资产

(11)企业欲在产品分销过程中占有更大的货架空间以为获得较高的市场占有率奠定基础,一般会选择(　　)策略。

A. 统一品牌　　　　B. 分类品牌　　　　C. 多品牌　　　　D. 复合品牌

(12)商品包装包括若干个因素,(　　)是最主要的构成要素,应在包装整体上占据突出的位置。

A. 商标或品牌　　　B. 图案　　　　C. 包装材料　　　　D. 形状

(13)为了使包装成为激发顾客购买欲望的主要诱因,客观要求在包装设计中注重(　　)。

A. 差异性　　　　B. 安全性　　　　C. 便利性　　　　D. 艺术性

(14)对于生产经营不同质量等级产品的企业,应采用(　　)包装策略。

A. 类似　　　　B. 等级　　　　C. 分类　　　　D. 配套

15. 三叉星圆环是奔驰的(　　)。

A. 品牌名称　　　B. 品牌标志　　　　C. 品牌象征　　　　D. 品牌图案

2. 多选题

(1)产品可以根据其耐用性和是否有形进行分类,大致可分为(　　)。

A. 高档消费品　B. 低档消费品　C. 耐用品　　D. 非耐用品　　E. 服务

(2)产品组合包括的变数是(　　)。

A. 适应度　　　B. 长度　　　　C. 黏度　　　　D. 宽度　　　　E. 深度

(3)快速渗透策略,即企业以(　　)推出新产品。

A. 高品质　　　B. 高促销　　　C. 低促销　　　D. 高价格　　　E. 低价格

(4)对于产品生命周期衰退阶段的产品,可供选择的营销策略是(　　)。

A. 集中策略　　B. 扩张策略　　C. 维持策略　　D. 竞争策略　　E. 榨取策略

(5)品牌是一个集合概念,它包括(　　)。

A. 商标　　　B. 包装　　　　C. 品牌名称　　　D. 标签　　　　E. 品牌标志

(6)国际上对商标权的认定,有(　　)并行的原则。

A. 注册在先　　　　　　　　B. 象征性使用在先

C. 使用在先　　　　　　　　D. 使用优先辅以注册优先

E. 注册优先辅以使用优先

(7)企业采用统一品牌策略,(　　)。

A. 能够吸引不同需求的消费者　　　B. 可降低新产品宣传费用

C. 有助于塑造企业形象　　　　　　D. 有助于显示企业实力

E. 适合于企业产品质量水平大体相当的情形下

(8)商品包装的构成要素有(　　)。

A. 形状　　　B. 颜色　　　　C. 材料　　　　D. 图案　　　　E. 商标或品牌

(9)等级包装策略是企业对自己生产经营的不同质量等级的产品分别设计和使用不同的包装,它有利于(　　)。

A.全面扩大销售 　　　　　　B.消费者识别商品

C.扩大企业影响 　　　　　　D.消费者购买商品

E.适应不同需求层次消费者的购买心理

三、简答题

1.简述产品整体概念的涵义。

2.产品组合有哪几种主要策略?

3.简述产品生命周期各阶段的市场特点及营销策略。

4.简述新产品开发的主要管理程序。

5.简述品牌设计过程中应坚持的基本原则。

6.简述包装的作用。

四、论述题

1.试述产品生命周期理论对企业开展营销活动的启示。

2.试述企业成功开发新产品应注意哪几个方面的问题?

3.试述品牌的作用。

4.试述包装的主要策略。

五、项目实训

1.产品生命周期实训

内容:根据产品生命各阶段的特点,试判别以下产品各处于哪个阶段:彩电、空调、手机、轿车、冰箱、VCD、DVD 等。

形式:班上同学每个小组分别就以上产品所处生命周期阶段进行讨论,并说明其理由。班上同学评议,老师总结。

2.产品生命周期延长策略实训

内容:目前有许多产品已进入成熟期,而成熟期产品竞争激烈,企业获利丰厚,是一个有利时期,试讨论分析如何延长产品的行销生命。

形式:班上同学分小组讨论,每个小组可以选择某一行业某种产品,分析说明如何延长其寿命周期,达成一致意见,每个小组选代表发言,班上评议,老师总结。

3.新产品开发策略实训

内容:以某产品为例,比如:手机、小轿车、电脑等,说明其新产品开发方向。

形式:班上同学分小组讨论,每个小组可以选择某一行业某种产品,分析说明新产品开发方向,达成一致意见,每个小组选代表发言,班上评议,老师总结。

4.品牌命名原则与方法实训

内容:试判别以下各种品牌设计为何种类型命名法:茅台、香槟、鄂尔多斯、王麻子、麦当劳、金利来、孔雀、红旗、东风、健力宝、万家乐、大中华、双喜、福临门、TCL、LG、IBM、GE、海尔、长虹、春兰、格力、飞利浦、联想、999、555 等。

形式:班上同学分小组讨论,达成一致意见,每个小组选代表发言,班上评议,老师总结。

5.品牌统分策略实训

内容:分别就统一品牌策略、个别品牌策略、分类品牌策略、品牌扩张策略各列举一例,并说明理由。

形式：班上同学分小组讨论，达成一致意见，小组选代表发言，班上评议，老师总结。

6.包装策略实训

内容：试分别就统一包装、分档包装、配套包装、再使用包装、附赠品包装、系列式、情趣式、年龄式、性别式等包装策略各列举一例。

形式：班上同学分小组讨论，达成一致意见，小组选代表发言，班上评议，老师总结。

7.企业创建品牌的重要性实训

内容：分析说明企业为什么要创建品牌。

形式：每小组同学分别就企业创建品牌的作用与意义发表看法，列出其有利的方面，小组讨论，达成一致意见，每个小组选代表发言，班上评议，老师总结。

六、案例简析

1. 荣事达——从借牌到创牌

一、公司背景

合肥荣事达集团是目前中国最大家用电器产品制造厂家之一，国家大型一级企业，总资产近31亿元，员工7100人，居全国轻工百强企业和全国高新技术百强企业前列。集团公司成立于1994年1月，同年3月与日本三洋电机株式会社等五家企业组建合资公司。1995年1月，被国家经济贸易委员会、国家税务总局、国家海关总署联合评定为全国企业"技术中心"，担负起国家洗衣机行业产品开发和研制的任务。1996年2月，通过ISO9001国际质量体系认证，8月，与美国家电第三企业美泰克公司合资。荣事达集团1998年洗衣机产量为208.72万台，产销量创全国家用洗衣机行业最高记录，这是该集团第四年获得此殊荣。同时，荣事达成为亚洲最大的洗衣机供应商。公司历年被评为全国500家最佳经济效益企业和全国500家利税大户，全国洗衣机市场占有率、销售额、销售量第一。目前，荣事达与日本三洋合资企业洗衣机有限公司已形成年产40万台高档洗衣机的制造能力。荣事达与美国美泰克合资的6个企业将形成各种洗衣机200万台、无氟电冰箱120万台、日用电器300万台、大中型模具200副、橡塑制品300万套的综合年生产能力，标志着荣事达集团公司实现了品种、规模、资本三个扩张，形成了市场、技术、品牌三个优势。1999年，荣事达集团实现销售收入近50亿元；位居全国家电集团前列。

二、品牌：借牌与创牌的抉择

荣事达的创牌之路是一条不断否定自我，不断超越自我的道路。荣事达集团的前身——合肥市洗衣机总厂，在20世纪80年代初资产不过300万元，当时生产"佳净"牌洗衣机，因质量差无人问津，后改名"百花"牌，年产量达13万台，但由于品种不新，质量不稳，品牌无知名度，导致产品严重积压，资金相当困难，经营一度陷入困境。荣事达的决策者经过认真调研论证，充分认识到企业发展的机会在市场，产品有市场，企业才能生存。荣带达通过贷款，从日本引进国际先进的洗衣机生产设备，一步到位上档次，使自己的产品达到了当时的国际先进水平。但有了好产品，不等于有市场，品牌问题成为企业优质产品进入市场的障碍。1986年设备投产后，产品受原来"百花"品牌的困扰，所代表的是劣质品，已失去市场竞争力，不仅没有任何市场价值，而且成为束缚企业发展的羁绊，使好产品也卖不出去。因此，荣事达集团果断决定丢弃这一品牌，而与当时洗衣机行业的知名企业上海洗衣机总厂联营，产品挂上上海厂的"水仙"品牌。后来的事实证明，这一决策是企业丢掉包袱、轻装上阵的重要行动，是改变企业产品形象的一次转折，并初步奠定了企业发展的基础。

丢弃品牌的同时为何不自己创牌，而是借牌，荣事达人有自己的考虑。荣事达作为一个发展中的企业，何尝不想拥有自己的名牌，但是创一个知名品牌需要诸多条件，这不仅包括提高产品的质量，而且还包括产品的批量规模、价格策略、销售网络、广告宣传、公共关系，等等，而这一切有赖于企业的大量投入，依赖于企业资产的实力。荣事达的决策者清醒地认识到当时企业还不具备这样的实力和条件，因此必须与名牌企业联营，借船出海。借"水仙"牌，荣事达集团在不花资本的前提下，取得了销路大开，供不应求的轰动效应。虽然在这一过程中让别人分享了自己的部分利润，但企业却一举扭转了亏损的被动局面，获得了丰厚的市场回报，积蓄了实力，并为以后创立自己的品牌奠定了良好的基础。

借牌不是目的而是手段，借牌就是为了创牌。荣事达的可贵之处在于借牌之时就立下誓言，总有一天要创自己的名牌，并且要超过"水仙"。借牌6年，荣事达人一刻也没有忘记这一点。为此他们通过狠抓质量，扩大生产规模并标明产品的生产地——合肥，以示与上海"水仙"产品的差异性。经过6年的艰苦努力，企业不仅还清了债务，而且积累了相当的资本实力：生产已上批量，初步形成规模，具备了60万台的年生产能力；企业产品在市场上已经具有良好的形象，商家和消费者指明要合肥产的"水仙"，争创自己的品牌的时机终于成熟了。1993年，公司领导分赴全国各地各大商场征询创牌建议后，决定丢掉借来的"水仙"牌，打出自己的品牌——"荣事达"。经过强有力的促销宣传工作，顺利实现了合肥"水仙"向"荣事达"的转换，当年产销量达56万台，再次引起轰动效应。从此，中国洗衣机行业增添了一颗新星，而荣事达人也终于在1995年实现自己6年前的诺言。

1996年，荣事达明智而冷静的决策者利用中美合资开始了他们的第二次借牌。如果说第一次借牌是在国内市场上借国内名牌，那么，第二次借牌则是在国际市场上借国际名牌。荣事达决策者战略思路是明确而严谨的。荣事达人坚持合资的原则是外方资本不控股、中方品牌不转让，但在国际市场可暂借外方品牌。这次借牌是借船出国，闯荡世界。这次借的品牌，航程更远，然而，借牌同样不是目的，而是一种手段，是想更快更好地在国际市场创出荣事达自己的品牌。借牌之初就是荣事达酝酿自己创牌动机之时。目前，荣事达人为创国际名牌而苦练内功，争取早日创出世界名牌。

三、零缺陷：荣事达的基础

一个名牌产品的诞生离不开严格的质量管理，荣事达品牌的横空出世也同样体现了这一点。在十多年的生产经营管理实践中，荣事达集团逐步构筑了一整套高标准、严要求、全方位的管理体系——零缺陷管理模式，它包括零缺陷决策、零缺陷生产、零缺陷供应、零缺陷服务、零缺陷员工等组成部分。

零缺陷决策是零缺陷管理的前提。荣事达在内部建立了科学、系统、既民主又集中的决策体系，确定了高效合理的组织结构，同时对制定决策的过程和决策实施控制，把决策失误的可能性降至最低。

零缺陷生产是零缺陷管理核心。荣事达集团为了健全质量管理体系，决定创自己的零缺陷生产模式，将"换位思考"、"下一道工序就是用户"、"100%合格"等质量意识转变为员工的自觉行动。他们通过执行全员责任制，利用现场工艺、控制网络和质量分析等手段来确保产品在技术质量上的零缺陷。

零缺陷供应是零缺陷生产的前伸和保证。他们采用矩形把关制，各职能部门相互协调、综合把关，在外购件定点、质量审核、品种、数量、交货期、价格、成本控制等方面进行评价与审核，确保零部件供应零缺陷。

零缺陷服务是零缺陷管理的核心。家电产品技术含量高、使用寿命长、价格高，能否提供优质售后服务是企业是否真正坚持顾客导向，是否真正把用户当上帝的重要标准。荣事达建立了庞大的营销网络，向全国用户推出"红地毯服务"，提出"三大纪律，八项注意"，将零缺陷服务规范化、制度化，给用户留下了深刻而长久的美好回忆。

零缺陷员工是零缺陷管理的保证。荣事达集团以员工群体优化为基础，在企业发展过程中，营造和谐文明的工作环境，依靠员工整体素质的提高和大量合格人才的培养，来保证零缺陷管理得以顺利实行。

零缺陷理念的追求，唤起荣事达顽强拼搏的进取精神，使荣事达集团走上了快速健康的发展道路，使荣事达人这一品牌有了深厚的基础，也使得企业的综合实力大大增强。

四、"和商"：品牌的个性

市场竞争的规律显示：一个品牌只有塑造、培育出自己独特的个性特征，才能获取长久的竞争优势。荣事达创牌的成功，仍然是仅限于产品品名的差异，达不到创立个性化品牌的要求。荣事达通过一系列的分析论证，从荣事达的经营管理实践中提炼出"和商"理念，塑造出荣事达品牌的独特个性，成为荣事达品牌的灵魂。荣事达向来强调"和顺国情、和衷共济；和睦致祥、谦和自律"，坚持"互相尊重、相互平等；互惠互利、共同发展；诚信至上、文明经营；以义生利、以德兴企"，他们将这种精神贯彻于企业工作各个方面。无论是企业的高层管理人员还是普通员工，都以"和商"精神处理各方面的关系。市场充满竞争，但竞争必须有规范的竞争规则，这种规则既要有"他律"的规则体系，也应有"自律"的规则体系。"和商"理念就是构筑荣事达企业自律规则的基本指导思想。这一精神既继承了中国传统文化的精髓，具有丰富的哲学伦理和文化底蕴，又包容了现代经济学、管理学、营销学的理论精华，其内涵丰富而全面。"和商"理念是荣事达品牌的灵魂和内在底蕴，增加了"荣事达"这一品牌的无形资产。

对顾客和用户，荣事达强调提供优质产品和服务，零缺陷管理和顾客导向就是"和商"精神的具体体现。在企业的其他联系方面，"和商"理念也表现得淋漓尽致。

早在洗衣机还是短缺商品时，许多大型商场的老总纷纷向荣事达求援，荣事达就强调"货俏人不骄"，竭尽全力向各商场供货，"没有多也有少"，决不让商家空手而归。荣事达的这种精神，建立了融洽、和谐的工商关系，在后来荣事达创建自己的品牌时获得了商家的真诚回应。同样，在处理与供应商、合资商的关系上，荣事达以"和商"精神在一系列问题上取得了对方的合作与支持。

随着市场竞争的加剧，有些厂家不择手段，浮夸、恶性竞争等不正当行为相继出现。荣事达对此深恶痛绝，为对社会负责，对每一个消费者负责，荣事达于1997年推出了中国第一部《荣事达企业竞争自律宣言》，在企业界和社会上引起强烈反响。荣事达这种踏踏实实创业，光明正大竞争的行为打动了消费者，也赢得了竞争对手的尊重。经济日报发表《为荣事达企业自律叫好》的社论，称荣事达为全国企业界带了个好头，为中国市场经济走向规范化作出了重要贡献。1998年，荣事达又推出了《市场竞争道德谱》，进一步完善企业的竞争行为，将"和商"理念贯彻到生产经营活动中。1999年，作为全国人大代表的荣事达集团总裁陈荣珍在九届全国人大二次会议上提交了设立"中国企业公平竞争日"的议案，强调"与人和，呼吁建立起公平竞争的市场竞争新秩序。

"和商"之和，不仅是要"与人和"，还要"与天和"，讲究人与自然的和谐。荣事达集团在 2000 年 1 月 1 日发布了《关爱家园——荣事达告全国同胞书》，郑重宣告：21 世纪荣事达将不遗余力推动家电绿色和节能的新革命。这一举措是企业追求自身发展与环境保护相互和谐、达成双赢的体现，是对"和商"理念的发展。

分析与讨论

1. 结合案例，试解释什么是品牌，为什么要树立品牌，品牌对企业的营销有何意义？
2. 什么是"借牌"与"创牌"，案例中，荣事达为什么要借牌，借牌对其有何意义？
3. 荣事达依靠的是什么创立自己的品牌？
4. 荣事达的零缺陷管理表现在哪些方面，零缺陷管理对荣事达品牌形象的建立起到了什么作用？
5. "和商"理念实质是什么？荣事达为什么要提炼"和商"理念？荣事达和商理念具体表现是什么？

2. 娃哈哈的品牌延伸

一、娃哈哈的起步

1987 年，杭州，宗庆后带领两位年老体衰的退休教师靠借款 14 万元办起了一家只有十几平方米，以经营纸张铅笔等文具为主要业务的校办企业经销部，这就是今日享誉大江南北的娃哈哈集团的前身。

20 世纪 80 年代后期，改革开放大潮席卷整个中国，人民生活水平普遍提高，人们对物质生活的要求也不断提高。人们要吃饱，人们更要吃好。于是，各种营养滋补品应运而生。然而市面上这五花八门、名目繁多的营养品中唯独缺少一种专门供儿童的产品。

通过调查发现，在被调查的 3 000 多名小学生中，有 1336 名患有不同程度的营养不良症，缺铁、缺锌、缺钙等营养成分的有 44.4%，主要原因是由于对独生子女的溺爱，导致了挑食、偏食、营养不全、素质下降。中国有 4 亿儿童，由于历史原因，20 世纪 60 年代的生育高峰必将导致 90 年代又一次高峰，儿童人数有增无减，目标市场广阔，潜力极大。

娃哈哈的创办人宗庆后瞅准了这个市场空档，着手开发儿童营养液。他请来了当时唯一设有营养系的浙江医科大学的教授，运用中国传统食疗理论，结合现代营养学合理营养原则，同时邀请中国有名望的营养专家进行反复论证，进行大量动物和人体实验，取得一系列宝贵数据，推出了中国第一支儿童营养液——娃哈哈儿童营养液。

娃哈哈儿童营养液成分齐全，不含性激素，味道可口，更突出的是它切中了独生子女们挑食厌食以致营养不良的要害，解决了令家长们头痛不已的问题。为了广泛宣传这一诉求点，从 1988 年起，每晚必在新闻联播前的黄金时间推出广告：活泼健康的孩子蹦蹦跳跳地摇着营养液："喝了娃哈哈，吃饭就是香。"数年如一日的地毯式轰炸把娃哈哈送入了千家万户，当年就获利 38 万元。

娃哈哈凭借成功的产品，辅以有效的广告宣传，提出了打动人心的独特销售主张，将特别的爱奉献给特别的目标市场，取得了巨大的成功，并为日后的进一步发展奠定了坚定的基础。

二、新产品开发与目标市场拓展

娃哈哈儿童营养液稳稳占领了儿童市场，但宗庆后并不满足。娃哈哈在巩固儿童市场的同时，发起向其他市场的进攻。

首先，娃哈哈集团将银耳燕窝营养八宝粥推向中老年市场，广告诉求也从"妈妈要我喝"转变为"送给你的丈母娘"，暗示着娃哈哈推出的产品不仅再针对儿童，而且适合成年人。

其次，娃哈哈纯净水的推出瞄准了青年市场。为了打动青年一代，1996年让青年人喜爱的偶像歌星景冈山登台亮相。一曲"我的眼里只有你"深情动听，人们从他的眼中看见了钟情的娃哈哈纯净水。1998年指定毛宁为代言人，以一首"心中只有你"在全国巡回演出，12个城市签名送歌，他的健康新形象感染了消费者。1999年以"健康、纯净、爱你、爱他"的广告片推出了王力宏，他微笑着展示娃哈哈纯净水，对你吟唱着"爱你就等于爱自己"。几乎无人可以抵挡他们的魅力，几乎无人可以抗拒娃哈哈的吸引力。

也许有人认为带有儿童色彩的品牌不可能朝成人产品延伸。其实不是，儿童味比娃哈哈浓多了的米老鼠品牌的成人用品照样畅销；海尔兄弟活泼可爱，儿童味十足，海尔品牌却渗透到千家万户，可见，儿童味浓的产品并不是仅可用于儿童产品的推广。相反，由于童趣和亲和力，某种程度上能获得成人的特殊青睐，至少不产生反感和排斥。娃哈哈正是以一张滑稽的"笑哈哈"的面孔顺利地由儿童市场拓展到成人市场。

三、产品的品牌延伸

娃哈哈公司1992年开发出果奶系列产品，此前，乐百氏的乳酸奶早已上市，成为乳酸奶市场第一品牌。娃哈哈运用"给消费者以实惠"的方式，在杭州市首先推出跟进性产品——"甜甜的，酸酸的"的果奶，加入乳酸奶市场竞争队伍，以后随产品结构的调整，经营的重心逐渐转移到果奶上，以至于完全取代儿童营养液，成为企业当家产品，果奶市场上升为全国第二位，与乐百氏形成势均力敌的竞争态势。

1995年，在全国乳酸奶市场趋于饱和的情况下，娃哈哈推出了市场前景看好的新产品纯净水，"我的眼里只有你"的感性诉求广告以水制品广告第一出现在中央电视台；在瓶装水市场技压群芳，形成目前娃哈哈、乐百氏、养生堂三大全国性品牌争霸天下的市场格局。

1997年首创AD钙奶，推出这种由国际营养学院推荐、能维护健康和营养平衡、更有利于钙质吸收的新产品。后又推出200毫升的大容量、低价格的AD钙奶，由于消费者得到了经济上的实惠而十分畅销。

这些产品都举着"娃哈哈"这一知名品牌打入市场，宗庆后采用的是品牌延伸战略。品牌延伸是指企业利用已成功的品牌来推出其他系列、其他类型的产品，即产品组合中所有产品都采用同一个品牌。品牌拥有极高的忠诚度，在消费者心目中树立牢牢的地位，成为一种产品，甚至一个行业的代名词，这是品牌应追求的理想境界。

饮料企业的成长无一例外是"不积跬步无以致千里，不积小溪无以成江河"，指望一口吃成个胖子往往是失败的开始。因此，应集中财力、物力、优势，搞好一种品牌，之后，利用消费者对已有品牌信任的优势，缩短产品渗透期，从而使品牌优势得到延伸。

中国市场竞争在国人看来似乎比较激烈，但与发达国家相比是轻量级的，许多行业并未出现营销网络资源在同行中占有优势的霸主品牌，近几年出现的几个霸主也只不过是昙花一现。比如纯净水市场，一直未出现全国性的领先品牌，"乐百氏"、"康师傅"都是从不同行业跨入纯净水市场，并成为领头羊。同样，八宝粥除了"亲亲"销量略微领先外，还未产生品牌忠诚度极高的品牌。尽管"娃哈哈"让人首先想到的是营养液，但对娃哈哈品牌，大家有一种熟悉感，至少觉得八宝粥的卫生和基本质量有保障，这就是娃哈哈进入八宝粥市场的机会。

另外，从记忆能力看，一个品牌被消费者认为有 3～5 种产品的类别品牌成优秀品牌是完全可能的。海尔被公认为是冰箱、洗衣机、空调的优秀品牌，同样在中国的饮料界占有一席之地的康师傅就成功地把方便面的品牌延伸到雪米饼和软饮料。

娃哈哈酸奶的主要目标消费群是少儿，其广告主要集中在动画片等儿童节目，故对少儿与年轻家长来说，娃哈哈纯净水广告宣传较多，娃哈哈可能与纯净水连接得更紧密。这样"娃哈哈"在不同产品目标消费群心目中定位就各得其位了。

若企业品牌能发挥作用，则可带来实质的附加价值，即所得"品牌伞"效应，一旦上市新产品，提供了消费者认识的捷径，使企业不必从零开始建立品牌知名度，降低了新商品的投资费用和风险程度，提高支持整体品牌家族的投资效益。

宗庆后认为：品牌延伸后，综合效益高于不延伸。他当机立断，决定以品牌延伸来推广新产品。

事实证明：当初的决断是正确的。1997 年娃哈哈总销售额超过 20 亿元，纯净水超过 5 亿元，八宝粥超过 1 亿元。1998 年娃哈哈矿泉水市场占有率 20.8%，乳酸饮料 18%。无形资产估价达 22.48 亿元。非常可乐采用品牌延伸战略应该是可行的。

1998 年娃哈哈的产量、利税、资产均居饮料业首位，成为中国最大的食品饮料工业。1999 年被国家商标局认定为"中国驰名商标"。1999 年 11 月经国务院批准成为国家重点企业。宗庆后回首往事，十二年，历史长河中短短一瞬；十二年，一个名不见经传的品牌具备和世界名牌竞争的勇气和实力；十二年，锐意进取，自强不息的娃哈哈人把昨天的梦想变成今天的现实。宗庆后展望未来，中国饮料工业要走向世界，中国的娃哈哈要成为世界的娃哈哈。"娃哈哈"毫不停步，又开始了新的征程。

分析与讨论

1. 娃哈哈初次进入营养液市场空当是什么？娃哈哈为什么一入市便取得了成功？

2. 什么是品牌延伸？什么是"品牌伞"效应？品牌延伸有何作用？品牌延伸需要具备什么条件？

3. 试述娃哈哈的目标市场拓展过程，娃哈哈目标市场拓展是否成功，为什么？

4. 像娃哈哈这样的企业是否要不断地推出新产品，以防消费者偏好改变？

5. 品牌延伸是否要考虑产品本身特性？如果娃哈哈涉及到食品以外的行业时还能否采用品牌延伸战略？

第九章　定价策略

学习目标

通过本章的学习，掌握影响产品定价的因素、定价的方法与策略、定价的程序、企业产品价格调整的原因及应对价格变动的对策。能够为企业提供新产品定价的可行方案，对特定产品进行价格策略分析，并提出价格变动与调整的方案。

每种产品都要确定价格，才能销售，价格一直是消费者选购产品所考虑的最主要因素之一，特别是经济落后的贫困地区，对价格敏感，价格高低直接关系到市场需求量、企业销量、企业利润、竞争的激烈程度等。影响营销组合其他因素的确定。定价过高，会影响到产品的销量，定价太低会影响到单位产品的利润，两种情况都会影响到总利润。价格水平还直接影响到生产企业、中间商、消费者及国家利益。

案例 9 - 1

"沃尔玛"式天天平价零售定价方法

《财富》杂志评选出 2002 年美国企业 500 强，零售业巨子沃尔玛连锁店终于将埃克森·美孚石油公司拉下马，以 2198.1 亿美元的营收总额登上了美国乃至世界企业的第一把交椅。这是美国历史上服务业公司第一次成为《财富》500 强的龙头老大。

沃尔玛公司由美国零售业的传奇人物山姆·沃尔顿先生于 1962 年在阿肯色州成立。经过 40 多年的发展，沃尔玛公司已经成为美国最大的私人雇主和世界上最大的连锁零售商，多次荣登《财富》杂志世界 500 强榜首及当选最具价值品牌。目前，沃尔玛在全球 15 个国家开设了超过 8 400 家商场，下设 55 个品牌，员工总数 210 多万人，每周光临沃尔玛的顾客 2 亿人次。2010 财政年度（2009 年 2 月 1 日至 2010 年 1 月 31 日）销售额达 4 050 亿美元，2010 财年慈善捐赠资金及物资累计超过 5.12 亿美元，比 2009 财年增长超过 20%。2010 年，沃尔玛公司再次荣登《财富》世界 500 强榜首，并在《财富》杂志"2010 年最受赞赏企业"调查的零售企业中排名第一。

沃尔玛一直都特别重视价格竞争，长期奉行薄利多销的经营方针，为顾客提供平价服务是沃尔玛的最大特色。创始人山姆·沃尔顿曾说过，"我们重视每一分钱的价值，因为我们服务的宗旨之一就是帮每一名进店购物的顾客省钱。每当我们省下一块钱，就赢得了顾客的一份信任"；"一件商品，成本 8 角，如果标价 1 元，销售数量就是标价 1.2 元的 3 倍，我在一件商品上所赚不多，但卖多了，我就有利可图。"所以，沃尔玛提出了一个响亮的口号："销售的商品总是最低的价格"，为实现这一承诺，沃尔玛想尽一切办法从进货渠道、分销方式、营销费用、行政开支等一切办法节省资金，把利润让给顾客。为此，他要求每位采购人员在采购货品时态度要坚决。他告诫说："你们不是在为商店讨价还价，而是在为顾客讨价还价，我们应该为顾客争取到最好的价钱。"

沃尔玛在零售店打出"天天平价"的广告，同一种商品在沃尔玛要比其他商店便宜得多。每日平价定价方法优势：

第一，可以减少价格战，减少广告。稳定价格减少了广告，一旦顾客意识到价格是合理的，他们就会更多、更经常地购买。

第二，提高对顾客的服务水平。每日平价策略不会因贱卖的刺激而产生新的突发消费群，因而销售人员可以在稳定的顾客身上花更多的时间，提高企业整体服务水平。

第三，提高边际利润。采用每日平价策略，价格一般很低，但销售量稳定，提高商家的边际利润。

第一节　定价目标与影响定价因素

一、定价目标

定价目标是企业制定产品价格时首先要考虑的因素。企业会针对自己的具体情况制定不同的价格目标，这些定价目标主要有以下几种：

1. 以获取利润为目标

利润目标是企业定价目标的重要组成部分，获取利润是企业生存和发展的必要条件，是企业经营的直接动力和最终目的。为此，利润目标为大多数企业所采用。

2. 以提高市场占有率为目标

市场占有率是衡量企业营销绩效和市场竞争态势的重要指标，较高的市场占有率，可以保证企业产品的销路，巩固企业的市场地位，从而使企业的利润稳步增长。

3. 以产品质量领先为目标

"一分钱一分货"，质价相符是定价的一般原则。质量优良的产品或服务，往往在成本、开发研究、培训等方面做了较大的投入。为了补偿这些支付，企业往往给这些质量优良的产品或服务制定较高的价格；反过来，这种较高的价格又进一步提高了产品的优质形象，增加了对高收入消费者的吸引力。

4. 以维持生存为目标

当生产能力过剩，市场竞争激烈，或顾客需求发生变化，而造成产品积压，资金周转困难，影响企业生存时，企业就应该为其产品制定较低的价格，以求回收成本，使企业得以继续经营下去。这时，生存比获利更为重要，但这个目标只能作为企业面临困境时的短期目标，情况一旦出现转机，企业应马上选择其他的定价目标。因为从长远来看，企业必须获取利润才能得到发展。

二、影响定价的因素

影响产品定价的因素很多，最主要的因素是产品成本和市场需求。此外，企业自身的定价目标、市场竞争因素、国家政策以及其他一些因素，都会对产品价格的形成产生影响

（如图 9 - 1）。

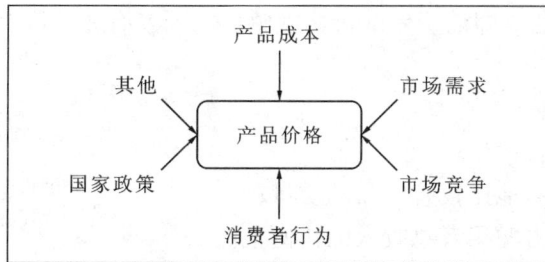

图 9 - 1　产品定价的影响因素

1.产品成本

产品成本是指产品在生产过程和流通过程中所花费的物质消耗及支付的劳动报酬的总和，它是产品价格的最基本的组成部分，也是企业定价时的主要依据。产品成本是产品价格的下限，换句话说，产品的价格必须能够弥补产品生产、分销和销售时的所有支出，以及企业的努力和承担风险应得到的报酬（即经济学中所说的成本包含着正常利润）。企业在对产品定价时，一般都会遵循这样的思路：产品价格＝生产成本＋流通费用＋企业利润＋税金，这样才能保障实现企业再生产的条件。随着产量增加以及生产经验的积累，产品的成本不断发生变化，这便意味着产品价格也应随之发生变化。

产品成本可以分解为固定成本与变动成本。其中固定成本是在一定限度内不随产量变动而变动的成本费用，比如用于厂房、设备等固定资产投资所发生的费用，企业管理费等。变动成本是随产量变动而变动的成本费用，比如用于原材料、动力等可变生产要素支出的费用，生产多，变动成本多。

产品成本是总成本，通过与总产量的比值可以获得平均成本，即单位产品成本。平均成本由平均固定成本和平均变动成本构成。边际成本是每增加一个单位产品的成本。为使总成本得到补偿，要求产品的价格不能低于平均成本。

2.市场需求

市场需求是具备购买能力的需要和欲望。需求是产品价格的另一个重要的影响因素。在其他因素不变的情况下，价格和需求量之间存在一种反向变动的关系，商品的价格越高，消费者愿意并且能够购买的该商品的数量越少，即需求量越小；商品价格越低，需求量越大。这就是通常所说的需求规律。虽然对一些特殊商品，如高档品牌奢侈品，消费者认为高价格说明好质量，需求反而越多，但是一旦价格定得太高，超出消费者的心理认可范围，需求的水平也会下降。

市场需求和产品价格之间到底是如何变动的？这要通过需求的价格弹性来分析。需求的价格弹性，是指因价格变动所引起的需求量的变动率，反映了需求变动对价格变动的敏感程度。弹性系数 e 等于需求量变动率除以价格变动率，当 $0 < e < 1$ 时，价格上升不会带来需求量的大幅度下降，说明消费者对某类商品的需求是相对缺乏弹性的，或者说价格不敏感；$e > 1$ 时，消费者对价格变动有较高的敏感性，价格上升会引起需求量的快速下降。对于企业来说，研究需求的价格弹性，往往可以预期价格促销是否可以刺激销售量的大量增加。当然企业更希望能发现一个价格不敏感的目标顾客群，这样，即使产品定价较高，也能保证销售情况良好。

影响需求的价格弹性，即消费者的价格敏感性的因素有哪些呢？影响价格敏感度的若干因素可以总结如下：

- 产品高度差异化；
- 购买者不太知晓替代品；
- 购买者不能很容易地比较替代品的质量；
- 产品的总消费额占购买者总收入的比例很低；
- 对该产品的支出只占最终产品总成本的很小一部分；
- 成本的一部分由其他方承担；
- 产品需要与以前购买的资产共同使用；
- 产品被认为具有较高的质量、声誉或独占性；
- 购买者不能储存该产品。

3. 市场竞争

企业可能基于竞争态势来确定自己的定价方案，可见竞争环境是影响企业定价不可忽视的因素。不同的市场环境存在着不同的竞争强度，企业应该认真分析自己所处的市场环境，并收集同类产品的质量和价格资料，与自己的商品进行比较，然后选择具备竞争优势的价格。

4. 消费者行为

由于消费者在消费过程中会产生复杂的心理活动，并支配消费者的消费过程。因此，企业制定产品价格时，不仅应迎合不同消费者的心理，还应促使或改变消费者的行为，使其向有利于自己营销的方向转化。如冲动型和情感型的消费者，对产品价格不是十分重视，主要注重产品的质量、外观等，对这类目标顾客，产品定价可略微调高；习惯型消费者对零售商或品牌等产生了信任或偏爱，企业定价也可略高；对理智型和经济型的消费者，企业应依质定价。

5. 国家政策

政府对某些商品价格的规定等也是影响价格的因素。目前，在我国市场经济体制中，在市场调节外，还存在政府对价格直接调控的政策，即政府定价和政府指导价。政府定价是指由政府价格主管部门或者其他有关部门，按照定价权限和范围制定的价格。极少数资源稀缺、自然垄断和公用性、公益性等关系国计民生的重要生产资料价格和居民生活消费价格等这些领域即采用这种定价形式，如食用植物油（料）、棉花的收购价格和销售价格。凡由政府制定的商品和服务价格，不经价格主管部门批准，任何单位和个人都无权变动。

政府指导价则是指由政府价格主管部门或者其他有关部门，按照定价权限和范围规定基准价及其浮动幅度，最高限度和最低保护价等，指导企业制定的商品价格和收费标准。从品种范围上讲，政府指导价适用于比较重要的，同时花色品种多、供求变化快、季节性强的商品。常见的指导价是限制市场零售商品价格上涨，如对猪肉、鸡蛋、大路菜规定最高限价。

6. 其他因素

除了上述因素外，企业的地理位置，产品所处的生命周期阶段，企业营销组合策略中的其他部分，如品牌形象、渠道成员的强弱、促销等，也会对产品价格产生影响。消费者对品牌的认识往往与价格高低相关，好的品牌价格不会太低，如果价格下降，消费者就会对该品牌产生质疑。营业推广中最有利的手段不外乎降价促销，但是如果产品的价格已经没有下降的空间，促销只能以牺牲利润为代价。我们还经常看到，在产品进入衰退期或淡旺季交替时，企业为了收回资金而进行产品降价。宏观环境中的地理、科技、文化等因素无一例外都可能影响企业的定价。所以，企业在定价前，应系统、谨慎地收集内外部环境中的各种资料，选择恰当的分析方法，确定最合适的产品价格。

第二节　定价方法

企业的定价方法很多，根据影响产品定价的主要因素，大体上可以总结出三种基本的定价方法，即成本导向定价法、需求导向定价法和竞争导向定价法。

一、成本导向定价法

成本导向定价法是以成本为依据的定价方法，常见的有三种具体方法：

1. 成本加成定价法

成本加成定价法，是按照单位成本价加上一个标准的利润加成。这是最基本的定价方法，计算公式为：

单位产品价格 = (单位产品的固定成本 + 单位产品的变动成本) × (1 + 成本加成率)

例如，一个制造商生产 A 产品的固定成本是 300 000 元，单位变动成本是 10 元，预计销售量是 50 000 个，则该制造商的单位成本是多少元？该制造商想获得 20% 的利润，应该以多少价格出售产品？

计算方法：单位成本 = 单位变动成本 + 固定成本/预计销售量 = 10 元 + 300 000/50 000元 = 16 元。成本的加成有两种情况：

（1）逆加法

假设制造商想在销售额中有 20% 的利润加成，则

价格 = 单位成本 ÷ (1 − 加成率) = 16 元 ÷ (1 − 20%) = 20 元

（2）顺加法

假设制造商想在成本的基础上获得 20% 的利润加成，则

价格 = 单位成本 × (1 + 加成率) = 16 元 × (1 + 20%) = 19.2 元

在零售企业中，百货店、杂货店一般采用逆加法来制定产品价格；而水果店、蔬菜店则多采用顺加法来定价。

如果某品牌的价格弹性低，加成率则相对高些；如果其价格弹性高，加成率则应相对低些；如果其价格弹性不变，加成率也应保持相对稳定。

这种定价方法的优点在于价格能补偿并满足利润的要求；计算简便，有利于核算；能协调交易双方的利益，保证双方基本利益的满足。缺点是定价依据是个别成本而并非社会成本，忽视市场供求状况，难以适应复杂多变的竞争情况。因而，这种方法一般适用于经

营状态和成本水平正常的企业，以及供求大体平衡，市场竞争比较缓和的产品。

2. 目标利润定价法

目标利润定价法是根据损益平衡点的总成本及预期利润和预期销售量来制定产品价格的方法。其计算公式为：

　　　单位产品价格 = 单位变动成本 + （总固定成本 + 目标利润）÷ 预计销售量

运用这种定价方法若不能正确测算价格与销售量的关系，可能因价格过高而导致销量达不到预期水平的被动局面，企业难以实现投资回报。故此法适用于产品市场潜力很大，而需求价格弹性不大，市场占有率较高的企业或垄断企业。

假设用 Q 表示其销售量，L 表示目标利润，P 表示价格，V 表示单位变动成本，F 表示固定成本，根据目标利润 = 总收入 - 总成本，有

$$L = QP - QV - F$$

当 $L = 0$，即总收益等于总成本时，$L = QP - QV - F = 0$，则 $P = F/Q + V$，这就是保本价格的计算公式。

当 $L > 0$ 时，即 L 为目标利润时，总收益大于总成本，则 $P = (F + L)/Q + V$。

上例中，假设预计销售 50 000 个，只想保本的话，则保本点价格定为：

$$P = F/Q + V = 300\,000 \div 50\,000 + 10 = 16\ \text{元}。$$

上例中，假设其销售量达到 50 000 个时，想赚取 200 000 元目标利润的话，价格为：

$$P = (F + L)/Q + V = (300\,000 + 200\,000) \div 50\,000 + 10 = 20\ \text{元}。$$

利用上述公式，也可以计算保本量，如果以 20 元的价格出售上述商品，则保本销售量为：

$$Q = F/(P - V) = 300\,000/(20 - 10) = 30\,000\ \text{个}。$$

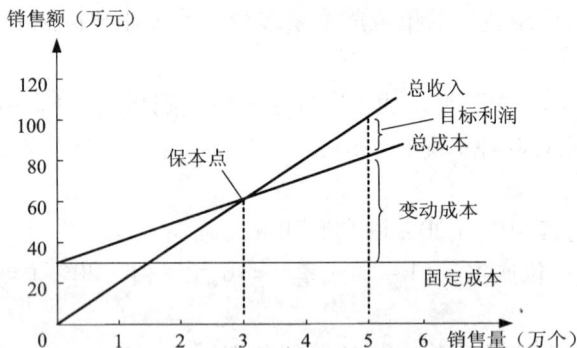

图 9 - 2　目标利润定价示意图

3. 边际成本定价法

边际成本定价法，指企业在定价时只考虑变动成本，不计算固定成本，只要定价高于变动成本，就可以获得边际收益。此方法重点是在考虑变动成本的回收后尽量补偿固定成本。其计算公式为：

　　　单位产品价格 = （总变动成本 + 边际贡献）÷ 预计销售量

上例中，单位固定成本为：300 000 ÷ 50 000 = 6 元，单位可变成本为 10 元，因此单位

成本为 16 元，意味着低于 16 元就要亏损。现在假设出现一个机会，有人愿意以 13 元的价格购买企业的产品，这时企业应不应该抓住这个机会呢？如果市场竞争激烈，企业的短期目标是生存，生产能力过剩，或者固定成本已经收回，可以利用边际成本定价法，抓住这一机会。因为 13 元除了可以弥补 10 元的变动成本之外，还可以弥补 3 元的固定成本。

这种方法一般在竞争十分激烈、市场形势严重恶化的情况时采用。与其因高价导致产品滞销积压、丢失市场，不如低价保市场，减少库存积压，减少企业损失。只要售价不低于变动成本，生产可以维持。如果售价低于变动成本，则生产越多亏本越多。

案例 9 - 2

航空公司为什么亏本经营？

在 20 世纪 90 年代初，许多大的航空公司有大量亏损。在一年中，美洲航空公司、三角航空公司和美国航空公司每家的亏损都超过了 4 亿元美金。但是，尽管有亏损，这些航空公司继续出售机票运送旅客。乍一看，这种决策让人不解：为什么公司亏损，航空公司的老板不让停业呢？

因为老板明白，航空公司的许多成本在短期中是沉没成本。只要飞行的总收益大于这些变动成本，也就可弥补部分固定成本，航空公司就应该继续经营，否则赔得更多。

二、需求导向定价法

需求导向定价是指按照顾客对商品的认知和需求程度制定价格。常见的方法有以下三种：

1. 认知价值定价法

也称"感受价值定价法"、"理解价值定价法"。这是一种顾客导向的定价方法，根据消费者内心对产品价值的认识和理解来确定产品价格水平的一种方法。越来越多的企业发现这种方法确定的价格，消费者满意度更高，而且企业可以通过自己的营销策略来引导消费者建立和增强感知价值。

消费者对产品的认知价值由很多因素形成，比如广告中产品效果的描述，对产品品牌的接触程度，渠道的层次和便利性，售后服务的水平，等等。由于认知价值无从计算，只是消费者心理的理解程度，所以企业要比竞争对手传递更多的价值信息给消费者，才能让消费者同意以该价格成交。

案例 9 - 3

卡特比勒公司的认知价值定价

卡特比勒公司可能把它的拖拉机定价为 100 000 美元，竞争者的同类产品可能定价 90 000 美元，而卡特比勒公司可能获得比竞争者更多的销售额。因为当一位潜在顾客询问卡特比勒的经销商为什么购买卡特比勒公司的拖拉机要多 10 000 美元时，这个经销商回答说：

90 000 美元	仅相当于竞争者拖拉机的价格
7 000 美元	为产品优越的耐用性增收的溢价
6 000 美元	为产品优越的可靠性能增收的溢价
5 000 美元	为优质的服务增收的价值
2 000 美元	为零配件较长时期的担保增收的溢价
110 000 美元	卡特比勒拖拉机总价值的价格
−10 000 美元	折扣额
100 000 美元	最终价格

卡特比勒的经销商向顾客揭示了为什么卡特比勒的拖拉机贵于竞争者。顾客认识到虽然多付了 10 000 美元的溢价，却增加了 20 000 美元的价值。他最终还是选择了卡特比勒公司的产品。

2. 需求差异定价法

这是根据顾客需求的差异，对相同的产品制定不同的价格的方法，又称差别定价法。需求差异来自于市场细分，企业按照顾客需求的利益、心理、时间、地点等方面存在的或大或小的差别，以及顾客的价值感受差别，对自己提供的同一种产品制定多个价格。运用这种方法定价，产品的价格并不完全是由产品成本决定的。需求差异定价法的运用是有前提条件的：

（1）市场可以细分，各细分市场具有不同的需求弹性；

（2）价格差异适度，不会引起顾客反感；

（3）不同价格的执行不会导致本企业以外的企业在不同的市场间进行套利。低价市场和高价市场之间是相互独立的，不能进行交易；

（4）符合国家的相关法律法规和地方政府的相关政策。

3. 习惯定价法

习惯定价法是企业依据长期被消费者接受和承认的并已成为习惯的价格对产品进行定价。某些产品在长期经营过程中，消费者已经接受了其属性和价格水平，符合这种标准的容易被消费者接受，反之则会引起消费者的排斥。比如食醋每袋 1 元钱，这对于顾客购买心理来说是个习惯价格。但是有的地方的食醋涨至每袋 1.3 元或 1.5 元钱，这样顾客就会在购物时心理有些排斥。所以这一类的商品一般不轻易涨价。

三、竞争导向定价法

竞争导向定价法是指把竞争者同类产品的价格作为自己的定价依据的方法。实际上是以竞争为中心的定价方法。竞争导向定价法主要有以下两种形式：

1. 随行就市定价法

又称为现行水准定价法，是企业根据同行业平均价格或者同行业中主要竞争对手的产品价格来制定本企业产品价格的方法。在有许多同行相互竞争而企业供应的产品差异性又很小的情况下，如果企业产品价格高于别人，会造成产品积压；价格低于别人又会损失应得的利润，并引起同行间竞相降价，两败俱伤。这时，用行业中的平均价格来定价自己的产品，既不会招致攻击，也能保证合理的利润。另外，对于一些难以核算成本的产品，或者打算与同行和平共处，或者企业难以准确把握竞争对手和顾客反应的，也往往采取这一种定价法。

如果企业所处的行业是被少数寡头垄断者所控制，产品的价格由这些主要竞争对手决定，那么企业只有参考垄断者的价格来定价。当然，这种定价法的最大缺点是处于被动地位，小型企业变动自己的价格，与其说是根据自己的需求变化或成本变化，不如说是依据市场领导者的价格变动。一旦市场领导者由于劳动生产率提高，成本降低，突然降低其产品价格，小型企业就会陷入困境。

2. 投标定价法

投标定价法是指企业以竞争者可能的报价为基础，兼顾本身应有的利润所确定的价格。用此方法时，报价、中标、预期利润三者之间有一定的联系。一般来讲，报价高，利润大，但中标概率低；报价低，预期利润小，但中标概率高。所以，报价既要考虑企业的目标利润，也要结合竞争状况考虑中标概率。一般的程序是，投标者根据招标书规定提出具有竞争性报价的标书送交招标者，标书一经递送就要承担中标后应尽的职责。招标者在规定时间内召集所有投标者，将报价信函当场启封，选择其中最有利的一家或几家中标者进行交易，并签订合同。

还有一种公开叫价的定价方式，称为拍卖。拍卖是以公开叫价的方法进行竞买，最后由拍卖人把货物卖给出价最高的买主的一种现货交易方式。拍卖可以升价出价，也可以降价出价。目前这一定价方法在互联网商品交易中非常普遍。企业在线拍卖产品，不但可以降低销售成本，还能突破地域限制扩大顾客数量。卖方在互联网上可以同时接受众多买方的出价，从中选择最高价格的出价人达成交易。买方也可以在互联网上搜索所有的合格商品的出价，进行对比权衡，最终选择满意的商品出价拍卖。

第三节　定价策略

在定价方法的基础上，企业根据市场的情况、产品的特点和竞争的环境，采取相应的定价策略，以实现自己的营销目标。

一、新产品定价策略

新产品能否在市场上打开销路，并给企业带来预期的收益，价格因素起着重要的作用。常见的新产品定价策略有三种：撇脂定价策略、渗透定价策略和满意定价策略。

1. 撇脂定价策略

新产品的高价策略，指在产品生命周期的最初阶段，把产品的价格定得比较高，以便从小份额的市场中取得大利润。这种定价策略不以最大销售量为目标，所以企业的市场份额不会明显提高。但是其优点是，打着高质高价的旗号满足一部分消费者求新、求异和求声望的心理，从每个购买者那里获得丰厚利润；另外，价格高，为今后降价留有空间，为降价策略排斥竞争者或扩大销售提供可能。

企业可以采用这种定价策略的条件是：

（1）市场有足够的购买者，并且他们对价格不敏感，即使把价格定得很高，市场需求也不会大量减少。

（2）一段时间内没有竞争对手推出同样的或类似的产品，企业独家经营，或是由于产品差异非常明显，其他产品都无法替代，或是受专利保护的产品。

（3）当有竞争对手加入时，本企业有能力转换定价方法，通过提高性价比来提高竞争力；

（4）企业已经成功树立了产品的高档品牌形象。

2. 渗透定价策略

新产品的低价策略，指在新产品投入市场时把价格定得相对较低，以便迅速占领市场、扩大市场占有率，即我们通常所说的"薄利多销"。这一定价策略的优点在于能使产品凭价格优势顺利进入市场，并且能在一定程度上阻止竞争者进入该市场。其缺点是投资回收期较长，且价格变化余地小。

企业可以采用这种定价策略的条件是：

（1）市场需求对价格极敏感，一个相对低的价格能刺激更多的市场需求；

（2）产品打开市场后，通过大量生产可以促使制造和销售成本大幅度下降；

（3）低价不会引起实际或潜在的竞争。

3. 满意定价策略

这是介于上面两种策略之间的一种新产品定价策略，即将产品的价格定在一种比较合理的水平，兼顾企业和顾客的利益，使各方都满意。撇脂定价的价格过高，可能遭到消费者拒绝，利润丰厚容易招致大量竞争对手；渗透定价的价格过低，消费者很乐意，但对企业来说资金的回收期也较长，若企业实力不强，将很难承受。满意定价的价格适中，基本上可以令双方都比较满意。但此种策略仅适用于产销较为稳定的产品，如日用品，而不适应需求多变、竞争激烈的市场环境。

案例 9-4

苹果公司和索尼公司的撇脂定价

苹果公司的 iPod 产品是最近 4 年来最成功的消费类数码产品，一推出就获得成功，第一款 iPod 零售价高达 399 美元，即使对于美国人来说，也是属于高价位产品，但是有很多"苹果迷"既有钱又愿意花钱，所以还是纷纷购买。苹果的撇脂定价取得了成功。但是苹果认为还可以"撇到更多的脂"，于是不到半年又推出了一款容量更大的 iPod，当然价格也更高，定价 499 元美元，仍然卖得很好。苹果的撇脂定价大获成功。

作为对比，索尼公司的 MP3 也采用撇脂定价法，但是却没有获得成功。索尼失败的第一个原因是产品的品质和上市速度。索尼最近几年在推出新产品时步履蹒跚，当 iPod mini 在市场上热卖两年之后，索尼才推出了针对这款产品的 A1000，可是此时苹果公司却已经停止生产 iPod mini，推出了一款新产品 iPod nano，苹果保持了产品的差别化优势，而索尼则总是在产品上落后一大步。此外，苹果推出的产品马上就可以在市场上买到，而索尼还只是预告，新产品正式上市还要再等两个月。速度的差距，使苹果在长时间内享受到了撇脂定价的厚利，而索尼的产品虽然定价同样高，但是由于销量太小而只"撇"到了非常少的"脂"。

索尼失败的第二个原因是外形，苹果 iPod 的外形已经成为工业设计的经典之作，而一向以"微型化"著称的索尼公司的 MP3，这次明显落于下风，单纯从产品的尺寸看，索尼的产品比苹果 nano 足足厚了两倍。外形的差距与产品的市场份额的差距同样大。

索尼失败的第三个原因是产品数量。苹果公司每次只推出一款产品、几种规格，但每次都是精品，都非常畅销；而索尼每次都推出 3 款以上产品，给人的感觉好像是自认质量稍逊、要靠数量制胜。但是过多的新产品不仅增加了采购、生产、渠道的成本，而且也使消费者困惑。

索尼失败的第四个原因是索尼公司整体产品表现不佳，索尼的品牌价值已经严重贬值，在这种时候再使用撇脂定价，效果自然会打折扣。

二、心理定价策略

企业根据消费者心理特征而采取的各种灵活定价策略。常见的有：

1. 尾数定价

即根据消费者习惯上容易接受尾数为非整数的价格的心理定势，而制定尾数为非整数的价格。如某空调机的价格定为 3 999 元，而非 4 000 元。虽然只是一元的差别，但给消费者的心理感受是不同的。沃尔玛的商品价格尾数大多是以数字 9 或者 8，比如 19 元、29元、198 元等。价格尾数"8"是针对中国人的求运气的心理特征而来的。

2. 声望定价

声望定价，则是指企业利用消费者仰慕名牌商品或名牌商店的声望所产生的心理来制定商品的价格，故意把价格定成高价。"借声望定高价，以高价扬声望"，如豪华轿车、高档手表、名牌时装等，在消费者心目中享有极高的声望价值。购买者对产品本身关注不多，反而非常在乎的是产品能否显示其身份和地位，价格越高则心理满足的程度也就越大。

案例 9 - 5

金利来的定价树立其名牌地位

金利来领带，是香港金利来集团的起家和发家的产品，是该集团有限公司董事局主席曾宪梓先生一手创立的。"金利来领带，男人的世界"，这一广告语已在国内乃至世界家喻户晓了。一条金利来领带低则数百元，高则上千元，但是，购买者仍然趋之若鹜。

1970 年，金利来公司刚刚成立，资金极有限，曾宪梓毅然决定抽出 3 万港元作电视广告。虽然投入不大，但成果不小，金利来领带开始畅销。后来，随着收入的增多，他继续投入上 10 倍乃至 100 倍的钱做广告，使"金利来领带"名牌地位在香港确立起来。在 1986年金利来领带进入中国大陆市场之前，曾宪梓已经提早 3 年在中央电视台推出广告，培养大陆公众对金利来的名牌认知与消费意识。果然又一举成功，创造了销售量连年翻番的惊人效益。

3. 招徕定价

招徕定价，是利用消费者求廉的心理，特意将某种商品的价格定得较低或特低以吸引顾客，并带动选购其他正常价格的商品。用于招徕的商品应该是消费者常用的，而且品种很多，以便于消费者选购。招徕价要有足够的吸引力，能让消费者产生不买就会错过机会的心理感受。要注意的一点就是，招徕商品必须是合格合法的商品，如果用假冒伪劣来招徕顾客，既会有大量退换货，也会因侵犯消费者利益被处罚。

三、差别定价策略

企业根据顾客、产品、地理、时间等方面的差异来确定某种产品或服务的价格的策略，就是差别定价，也称歧视定价。针对不同的顾客提供不同价格的现象越来越多，常见的情形有：

1. 因人而异

不同的顾客群在消费同一种产品或服务时需要支付不同的价格。如火车票对学生、军人与普通顾客分别实行不同的票价。同品牌的男性服装定价通常比女性服装的定价高，因为男人购物往往重质量不重视价格，只要符合自己需求即可；女人购物往往重视价格而忽略用途。

2. 对产品细分后进行差别定价

如桶装方便面和袋装方便面的价格不同。

3. 因地而异

同一种产品在不同地域制定不同的价格，如航空公司对不同舱区的座位分别定价。豪华舱座位的价格可能是经济舱价格的数倍。同样的饮料，酒吧和舞台中的售价比一般的零售商店高几倍。同一场演唱会，因前中后座的位置优劣区别，价格差异比较大。

4. 因时而异

同一种产品在不同时间制定不同的价格，如电影公司提供的票价，白天的票价比晚上黄金时段的票价要低几折。如月饼的销售价格在农历八月十五前可定得相对较高，但中秋节过后，只能大幅度降价甚至低于成本销售；节假日和旅游旺季车船票定价比平时高；夏季销售皮毛大衣价格较低；情人节的玫瑰花价格较高，枯水期的电费价格比丰水期的价格高等。

案例 9-6

生活中常见的差别定价

机场、旅游区的商店、餐厅向乘客提供的商品价格普遍要远高于市内的商店和餐厅。

春节前半个月和春节期间，各类商品价格，尤其是食品、水果等的价格都会上涨一定的幅度。

营养保健品中的礼品装、普通装及特惠装三种不同的包装，虽然产品内涵和质量一样，但价格往往相差很大。

四、折扣定价策略

长期以来，折扣一直被企业作为增加销售的主要方法之一，是企业常用的定价策略。折扣定价策略主要有以下几种：

1. 现金折扣

这是企业对及时付清账款的顾客的一种价格折扣。采用这一策略，可以促使顾客提前付款，从而加速资金周转。这种折扣的大小一般根据提前付款期间的利息和企业利用资金所能创造的效益来确定。

2. 数量折扣

这种折扣是企业对大量购买产品的顾客的一种折扣。这一策略，可以鼓励顾客购买更多的货物。数量折扣有两种：一种是累计数量折扣，即规定在一定时间内，购买总数超过一定数额时，按总量给予一定的折扣；另一种是非累计数量折扣，规定顾客每次购买达到一定数量或金额时给予一定的价格折扣，也就是单张订单满额折扣。

3. 季节折扣

这种折扣是企业对购买过季商品或服务的顾客提供的降价优惠，鼓励消费者反季节消费，或者刺激消费者在经营淡季消费。比如旅行社在旅游淡季里提供相对便宜的价格。

4. 业务折扣

也称功能折扣，是制造商对渠道系统中的成员（各类中间商）发挥特定功能所给予的价格折扣，促使他们愿意经营、销售本企业的产品。比如电器厂商给予各省市经销商的奖励。

五、产品组合定价策略

产品组合是一个企业生产经营的全部产品线和产品项目的组合。产品组合较复杂的企业，定价时要考虑企业各产品的市场需求和产品定位的差异，还必然要考虑各产品的最低成本要求。产品组合定价，就是基于这样的现实，提出一个整个产品组合获得最大利润的价格。产品组合定价策略主要有下面几种：

1. 产品线定价

对产品线的不同产品，根据不同的质量和档次，顾客的不同需求及竞争者的产品情况，确定不同的价格。一般来说，企业的产品线都是按高、中、低的层次来划分，两个终端价格往往比中间层次的价格更能引起消费者注意。低端价格的产品，是市场渗透型产品，常常被用来打开销路。高端价格的产品，是整个产品线中质量最高的产品，会作为企业的形象产品来刺激消费者的欲望。对产品线上介于终端价格之间的产品，企业首先要确立明显的质量差别，以突出价格上的差异。然后，用价格的差异来表现质量的差别，使这些产品在相应的市场上受到消费者的认同。

2. 系列产品定价

企业向顾客提供一组相关的产品和服务时，对产品进行价格捆绑，即只定一个总价格。而这个价格比顾客购买单个产品的价格总和要便宜。换句话说，如果顾客一次性购买了商家推荐的、自己需要的几个产品，会获得一定的价格优惠。这样的方法既让消费者的对企业服务和价格更加满意，也可以提高购买率较低的附带产品的销售量。但是，要注意捆绑得当，不要让消费者认为是在强制消费。

3. 互补产品定价

所谓互补产品，是指两种或两种以上功能互相依赖，需要配合使用的商品。互补产品广泛存在于日常消费中，如数码相机与储存卡、剃须刀和刀片、钢笔与墨水等。我们把互补品中发挥主要功效、耐用性强的产品称为基础产品，而发挥辅助功效、易耗的产品称为辅助产品或附属产品。互补产品的价格相关性表现在它们之间需求的同向变动上，即某一产品的价格下降，引起该产品的需求量增加，则另一产品的需求量也会上升，反之亦然。企业利用这种互补效应，可以降低其中一种产品尤其是基础产品的价格来占领市场，再通过增加其互补产品的价格使总利润增加。还有一种做法是，对互补产品中价格弹性高的产品定低价，吸引顾客购买，对互补产品中价格弹性低的产品定高价，获取高利润。需要注意的是，互补产品的需求影响是相互的，如果某种产品价格定得过高，消费者难以承受，也会影响另一产品的销量。

第四节　定价程序

一般来说，企业都会遵循科学的定价程序来确定每个产品的最终价格，以保证对各方面影响因素都做好分析和权衡。一个科学定价程序大致会包括以下这些步骤：

选择定价目标　→　确定需求　→　估算成本　→　分析竞争者的成本和价格　→　选择定价方法　→　确定最终价格

图 9 - 3　产品定价的程序

一、选择定价目标

定价目标与企业的营销战略必须是一致的，企业如果制定了快速渗透市场的战略，目标指向的是提高市场份额，那么产品的价格最终不可能比竞争对手高。定价目标不同，定价的方法也会不同。

二、确定需求

一般情况下，需求和价格之间存在反向关系，即价格上升需求下降，反之亦然。但是，消费者需求的特征不同，对价格的影响是有差异的。如消费者对某种品牌商品产生购买习惯后，价格的小幅度提高，消费者仍然继续购买，需求量不会明显下降。所以企业在自己的定价目标下，还要仔细分析市场需求的具体特征，寻找可以适合消费者心理的最高价格。

三、估算成本

需求决定了企业制定价格的最高限度，成本则决定企业定价的最低限度。企业制定价格时，要估算生产、分销和销售该产品的所有成本（生产成本和流通费用之和），还要适当考虑企业承担投资和决策风险应得到的报酬。不做亏本买卖，是所有企业的最纯朴的目标。

四、分析竞争者的成本和价格

在市场需求和企业总成本限定的价格范围内，企业还要参考同行业中竞争对手现有的成本、价格，并分析竞争对手可能的价格反应。分析竞争对手的成本，可以帮助企业获取控制成本的更多方法，有时也可以发现竞争对手内部固有的资源优势或劣势，相应地制定竞争策略。竞争对手的价格策略，企业可以模仿，也可以寻找差异点，从而形成自己的价格策略，但竞争对手也有可能随时调整其价格。所以，竞争者的价格（还有替代品的价格）只能成为企业的参考因素。

五、选择定价方法

成本导向、需求导向和竞争导向这三种定价方法各有其合理性和适应性，企业在制定价格时，都会将成本、需求和竞争三方面因素综合起来考虑，但选择定价方法上，最终只能以某种方法为主，其他的方法为辅。或者是在价格调整时，选择另一种定价方法。

六、确定最终价格

定价方法基本上圈定了企业的市场价格范围，但是在确定价格时，企业还应当考虑其他的价格影响因素。比如地理、营销组合中的其他策略等。最终价格并不是永远不变的价格，企业的价格需要根据需求的变化、竞争对手的价格变动、产品生命周期的演变，以及企业经营目标、战略的调整而适时地调整。

第五节　价格变动与调整

市场环境是不断变化的，为了应对环境变化带来的机会或威胁，企业有时需要主动调整价格，或降价或提价，有时则是迫于竞争者的变价而进行价格变动。无论是哪种情况，我们可以得出的结论是：产品定价不是一劳永逸的工作，需要在市场调研的基础上，掌握并运用价格变动策略适时地做出调整决策。

一、降价策略

1. 企业降价的原因

一般说来，价格的下降可以推动产品销售。企业降价的原因可能有如下一些方面：

（1）新产品即将上市，对旧产品有着替代作用，希望通过降价来迅速地将旧产品处理掉。这样做不仅回笼资金，也会对新产品打开市场做出铺垫，回笼的资金可用于新产品的市场推广。

（2）现有库存积压太多，需要通过降价达到迅速回笼资金的目的。企业生产能力过剩，产品供过于求，又没有办法通过产品改进或其他促销手段提高销售，只有削价促销。

（3）随着科学技术的进步和企业经营管理水平的提高，许多产品的单位产品成本和费用在不断下降，使企业削价成为可能。

（4）市场占有率下降。市场上出现了强势的竞争对手，企业的市场占有率有所下降，或有下降的趋势，企业不得不拿起降价的武器，保持或扩大市场份额。

(5)企业的知名度不够高，需要通过降价促销来积累人气，提高知名度。

(6)国家政策变化。政府为了调节物价水平，应对不良经济形势，鼓励消费，而通过政策与法令等迫使企业降价。

2.顾客对降价的心理反应

顾客对某种产品的降价可能会这样理解：

(1)这种产品的式样老了，将被新型产品所代替；

(2)这种产品有某些缺陷或者是产品质量下滑了，销售不畅；

(3)企业出现了经营问题，也许资金链或者现金流断裂了；

(4)价格还要进一步下跌。这是价格预期心理，产生这种心理后，顾客并不会马上购买产品，而是等待价格继续下降。

3.竞争者对降价的反应

竞争者对企业的降价行为，可能会有这些理解：

(1)该企业可能将推出新产品；

(2)该企业想与自己争夺市场；

(3)该企业想促使全行业降价来刺激需求；

(4)该企业经营不善，想改变销售不畅的状况。

无论是哪种理解，竞争者都不会轻易放弃市场份额，在最后一种情况下，可能还会想乘机挤走企业。

4.降价策略

(1)单个产品直接降价。如牙膏原价3.7元，现价3元。

(2)捆绑降价，如单袋包方便面2.5元，5包一大袋的价格是9.5元，实际每袋是1.9元。衣服一件89元，两件158元。

(3)裸装降价，如有盒的钢笔是10元/支，去掉包装盒后每支卖6元。

(4)增加产品质量或服务内容。比如手机增加新功能，虽然价格不变，但在消费者看来价值是增加了的，这是暗降。

降价策略可能会使产品质量遭到质疑，损害企业的形象。如果不是竞争形势严峻，或者企业调整经营战略需要，降价策略应该要谨慎决策。

案例 9－7

宝洁公司利用降价抢夺市场

凭借其雄厚的实力，宝洁公司可以将短期降价蚕食竞争对手市场占有率的策略发挥得淋漓尽致。2003年，宝洁将帮宝适(Pampers)纸尿裤降价15%，从金佰利公司手中抢走了一定的销售额，并利用降价促销的方法严重地削弱了联合利华洗涤剂业务的实力。当时，金佰利公司是全球最大的卫生用纸公司和全美第二大家庭及个人护理用品生产企业。

二、提价策略

1.企业提价的原因

(1)由于通货膨胀、物价上涨，导致生产成本和费用提高，企业为了保障利润率而提价。

（2）企业的产品供不应求，为遏制过度消费，缓解市场压力，同时取得高额利润，企业会适时地提价。

（3）利用顾客心理，创造优质效应。

（4）行业中市场领导者价格提高，企业跟随提价。

2.顾客对提价的心理反应

企业提价通常会影响销售，但是购买者也可能会这样理解：

（1）该产品的质量好；

（2）产品很畅销，供不应求，再不买就买不到了；

（3）企业想尽量赚取更多利润；

（4）物价水平上涨了，该产品提价不稀奇。

3.竞争者对提价的反应

竞争者对企业的提价行为，可能会有这些理解：

（1）该企业将高价作为一种策略，以树立名牌形象；

（2）企业想尽量赚取更多利润；

（3）如果是领导者首先提价，其他竞争者可能会想到原材料的价格要涨价了。

面对竞争者的提价，企业既可以跟进，也可以暂且观望。如果行业中大多数企业都维持原价，则最终会迫使竞争者把价格降低，使竞争者涨价失败。

4.提价策略

企业可以采取以下策略来实现提价：

（1）原材料成本增加的情况下，企业可以使用便宜的材料或配件；或者使用低廉的包装材料或推销大容量包装的产品，以降低保障的相对成本。

（2）减少价格折扣，即企业决定削减正常的现金和数量折扣，并限制销售人员以低于价目表的价格来拉生意。

（3）减少免费服务项目或增加收费项目，如企业产品价格不动，但是原来提供的服务要计价。

（4）如果产品属于价格不敏感的，对单个产品直接提价，不会招致消费者反感，也可以采取加价的办法。而对价格敏感的产品，不适宜加价销售。

（5）提价并同时提高产品质量，树立本企业产品的高品质形象。

为防止顾客不满，企业还要采用一些提价技巧，如避免全面涨价，互补产品中，只对一个产品提价；把涨价原因公开以寻求顾客的认可，等等。

案例 9 –8

宝洁公司的提价策略

同样是宝洁公司，这次是提价。2008 年 7 月宝洁公司对自己的两个洗发品牌潘婷、佳洁士提价，一个月后又启动了第二轮提价，涉及旗下护舒宝、帮宝适等系列产品，涨幅达10%～15%，创近年来之最。提价的原因是原材料上涨，比如吸水材料和纸浆在过去一年多达 50% 以上的涨幅，清洁用品的原材料牛油、棕榈油和椰子油的采购价两年累积上涨了150%～160%。

宝洁涨价，劲敌联合利华紧随其后，调高了旗下力士、奥妙和中华等系列产品的售价，涨幅从 6% ~20% 不等。但是两大日化巨头对于提价产品的选择颇为相似——瞄准价格神经相对迟缓的高端产品，而没有涉及中低端大众消费群。

实训

一、基本概念

成本加成定价法、目标利润定价法、边际成本定价法、认知价值定价法、需求差异定价法、习惯定价法、撇脂定价策略、渗透定价策略、尾数定价、声望定价、招徕定价、差别定价、折扣定价、产品组合定价

二、选择题

1. 单选题

(1) 下列哪项不属于竞争导向的定价方法( )。

A. 边际成本法　　　B. 随行就市法　　　C. 招标　　　D. 拍卖

(2) 新产品投放市场之际，针对部分消费者追求时髦、猎奇的求新心理，企业可以采用( )策略，以尽快取得最大利润。

A. 渗透定价　　　B. 合理定价　　　C. 折扣定价　　　D. 撇脂定价

(3) 某汽车制造商给全国各地的地区销售代理商一种额外折扣，以促使它们执行销售、零配件供应、维修和信息提供"四位一体"的功能。这种折扣策略属于( )。

A. 现金折扣　　　B. 数量折扣　　　C. 业务折扣　　　D. 季节折扣

(4) 在产品刚进入市场这一阶段，宜采取( )的定价目标。

A. 获取利润　　　B. 扩大销售　　　C. 市场占有　　　D. 应对竞争

(5) 对于实力雄厚，并拥有特殊技术或产品品质优良或能为消费者提供较多服务的企业，宜采用( )的竞争性定价方法。

A. 高于竞争者价格　　　　　　　　B. 与竞争者价格相同

C. 略低于竞争者价格　　　　　　　D. 把价格定得很低

(6) 在实际营销中，产品定价的基础因素是( )。

A. 利润　　　B. 供求　　　C. 成本　　　D. 竞争

(7) 随行就市定价法，最适合于( )。

A. 同质产品　　　B. 异质产品　　　C. 无形产品　　　D. 工业品

(8) 以下关于渗透价格策略的描述，错误的是( )。

A. 是一种新产品价格策略　　　　　B. 是一种低价格策略

C. 是一种短期价格策略　　　　　　D. 适用于能尽快大批量生产、特点不突出的产品

2. 多选题

(1) 产品价格是由( )等要素构成的。

A. 生产成本　　　B. 流通费用　　　C. 税金　　　D. 利润

(2) 从价格制定的不同依据出发，可把定价方法分为( )。

A. 成本导向定价法　B. 利润导向定价法　C. 需求导向定价法　D. 竞争导向定价法

(3) 竞争导向定价法具体包括( )。

A. 目标利润定价法　B. 认知价值定价法　C. 随行就市定价法　D. 竞争价格定价法

E. 投标定价法

(4)新产品价格策略包括( )。

A. 撇脂定价策略　　　　　　　　　　B. 渗透定价策略

C. 系列产品定价策略　　　　　　　　D. 满意定价策略

E. 互补产品定价策略

(5)产品组合定价策略包括( )。

A. 替代产品定价策略　　　　　　　　B. 产品线定价策略

C. 系列产品定价策略　　　　　　　　D. 渗透定价策略

E. 互补产品定价策略

(6)( )策略属于心理定价策略。

A. 声望定价　　　　B. 安全定价　　　　C. 尾数定价　　　　D. 招徕定价

三、简答题

1. 举例说明影响企业定价的因素有哪些?

2. 常见的定价策略有哪些? 各有何特点?

3. 什么是成本导向定价法? 它有哪些具体方法?

4. 什么是需求导向定价法? 它有哪些具体方法?

5. 竞争导向定价法有哪几种做法?

6. 心理定价策略有哪些种类?

7. 企业为什么要实施价格折扣策略? 折扣程度的依据是什么?

8. 企业在市场竞争中应该如何进行价格调整?

四、论述题

1. 试分析说明影响企业定价的因素。

2. 论述产品提价和降价的原因,降价对企业有何利弊。

3. 对市场营销中的定价策略,有人有一些不同的意见,以下所列是现在存在的一些现象:原价 20 元,现价 19.8 元,销量就会大量增加,这是自作聪明;原价 70 元,提高至 100 元,限量打 7 折销售,买的人就会多,这是欺诈;超市 4 元一瓶的啤酒,酒吧要 20 元一瓶,这简直是暴利;原价 300 元的皮衣,无人问津,标价 3 000 元,却被抢购一空,这是消费者太愚蠢;某旅游景点突遭降温,旅客被困,个别商家一包方便面售价 30 元,租一件军大衣 150 元;2003 年“非典”期间,一瓶原价 5 元的普通消毒液,20 元才能买到,商家认为这是物以稀为贵,遵循的是价值规律,等等。请解释造成这些现象的原因,并简述在营销活动中,该如何处理好定价策略与营销道德、诚信和价值规律的关系。

五、项目实训

1. 定价方法实训

内容:成本导向定价法、需求导向定价法、竞争导向定价法的区别。

形式:分组进行,每组 5~8 人,每个小组分别就成本导向定价法、需求导向定价法、竞争导向定价法的区别进行讨论,达成一致意见,每个小组选代表发言,班上评议,老师总结。

2. 影响定价的因素实训

内容:以一种产品为例,分析说明影响其价格的相关因素,并说明如何影响。

形式：分组进行，每个小组选取一种产品，小组讨论，分析说明影响其价格的相关因素，每个小组选代表发言，班上评议，老师总结。

3. 顾客对产品价格的心理实训

内容：通过影响产品价格因素的分析，了解顾客对产品价格的心理。

形式：小组游戏，由小组内一人主持，找一个大家都不熟悉的产品，让组内每个人报价，并说明为什么报这个价，然后由主持人告诉产品的真实价格。

4. 成本导向定价法实训

内容：宏达公司生产甲产品，固定成本为60万元，单位变动成本10元/件，预计年销量为20万件，试确定：(1)保本价格及保本收入。(2)若一年要盈利40万元，则价格为多少？收入为多少？

形式：分组进行，小组成员分别计算出结果，每组选一名代表上讲台在黑板上写出计算过程，班上同学评议，老师总结。

5. 产品价格判断力实训

内容：参照中央电视台的鉴宝节目形式，给产品猜价格，看看同学们的眼力如何？

形式：一部分同学给出自己的一种产品，从某一组中挑选一名同学来判断一下，看这种产品值多少钱？然后，给出自己产品的同学报出真实价格。

6. 定价方法与定价策略实训

内容：试说明下列各种情况，分别采用了何种定价法或定价策略。

(1)一瓶可口可乐，在小卖部卖5元/瓶，宾馆卖10元/瓶，娱乐城20元/瓶。

(2)男子衬衣，一般50元/件，国产品牌200元/件，国外品牌1 000元/件。

(3)某产品A市场平均价格为1 000元/台，甲企业定价A产品也为1 000元/台。

(4)甲企业生产产品A，单位产品成本费用为12元/公斤，在国内销售15元/公斤，在国外某国家销售10元/公斤。

(5)政府对某行业统一定价。

(6)几家大公司联合起来规定某产品价格水平。

(7)某企业建一栋青工楼，成本价为600元/平方米。

(8)政府在某区域建设一油田，建设竣工100亿元。

(9)金利来领带1 200元/条。

(10)奔驰汽车250万元/辆。

(11)计算器66.8元/只。

(12)某商场对部分产品打6~9折。

(13)某产品销售10天内付款可享受2%的优惠，要求30天内付清全部货款，超过30天支付违约金10%。

(14)某产品的零售价100元/件，一次性购买20件价格为95元/件，一次性购买20~50件为90元/件，50~100件为85元/件，超过100件为80元/件。

(15)羊毛衫冬天出售300元/件，夏天出售100元/件。

(16)用一只旧的高压锅换取价值100元/只的高压锅，消费者再补付70元。

(17)甲公司销售一产品，在全国范围都是200元/台。乙公司销售一产品，在华东地区为120元/台，华南地区125元/台，华北地区110元/台。丙公司厂址在南宁，出厂价为100元/件,由购买方自己支付从生产地到购买者所在地的运费。

(18)军人、学生车票减价优惠,公园门票对小孩、老人减价优惠。

(19)影剧院、球场前排、后排价格不一样。

(20)宾馆对中餐晚餐规定不同的菜价。

形式:老师提问,同学回答。

六、案例分析与讨论

1.上海大众帕萨特的定价策略

一、背景

2002年秋季,汽车价格成了国内媒体报道的热点,而这个词也同时成了厂家避讳的焦点。甚至有厂家直言,媒体能否站的角度再高一点儿,别一开口就逼着厂家降价。初一想,这类厂家肯定是还想偷偷摸摸多赚点儿,怕我们提醒了高价购车的消费者;可仔细想想,说这话的厂家也是有道理的。与其在价格上打征服战,不如静下心来研究有些厂家为什么坚决不降价?为什么有胆量不降价?

在汽车产品越来越同质化的今天,能生产汽车已不再是一个厂家的核心竞争力,而会不会卖车则会充分体现出一个厂家的核心竞争力。

上海大众是德国大众在我国与上海汽车工业集团总公司成立的合资企业,在品牌营销方向基本上继承发扬了德国大众的策略。而德国大众是世界知名的跨国公司,其制定出的定价策略,是保证公司目标实现的重要条件。通常,这类公司产品价格会受到三个制约因素——生产成本、竞争性产品的价格和消费者的购买能力,其中产品的生产成本决定了产品的最低定价,而可比产品的竞争性定价和消费者的购买能力则制约着产品的最高定价。

以上海大众刚上市销售的帕萨特最高档车帕萨特2.8V6为例。2003年1月21日,上海大众正式向媒体展示刚刚推出的帕萨特2.8V6。其打出的品牌定义为“一个真正有内涵的人,并非矫揉造作。”营销目标是“成为中高档轿车的领导品牌”、“成为高档轿车的选择之一”。无疑上海大众希望传播这样一个目标:帕萨特是中高档轿车的首选品牌;在品牌形象方面是典范;要凌驾于竞争对手别克、雅阁和风神蓝鸟之上;缩小与高档品牌(如奥迪、宝马、奔驰)之间的差距。

为了达到以上目标,在分析了自己的优劣势后进行了定价决策,并围绕着营销目标和所制定的价格进行了一系列行之有效的广告宣传。

二、定价过程

为了制定出有竞争优势的市场价格,上海大众首先从以下几个方面分析了自己的优劣势。

(1)就生产成本而言,由于该车系上海大众,已在2000年就开始生产了,而且产销量每年递增,所以生产成本自然会随着规模的增加而降低。

(2)竞争品牌技术差异。

①在与市场同档次产品(如奥迪A6、本田雅阁、通用别克等)相比,虽然帕萨特的长度排名最后一位,但是帕萨特轿车身材最高达1.47米,整车轴距为2.803米,远远高于雅阁、别克。帕萨特的乘坐空间和乘坐舒适性在同类轿车中处于最好水平,尤其对后排乘员来说,腿部和头部空间尤显宽敞。

②帕萨特和奥迪A6所用的2.8V6发动机技术水平均处于领先地位。

③空气阻力影响汽车的最高车速和燃油油耗。帕萨特的风阻系数仅为 0.28，在同类轿车中处于最好水平。

④和帕萨特及奥迪 A6 的周密防盗系统相比，雅阁没有发动机电子防盗系统和防盗报警系统，别克轿车没有防盗报警系统。

⑤帕萨特轿车的长度在四种车型中名列末位，但由于其卓越的设计，帕萨特的行李箱容积却超过了广州本田雅阁和上海通用别克的水准。

（3）售后服务是汽车厂商们重点宣传的部分，而维修站的数量则是个硬指标。上海大众建厂最早，售后服务维修站的数量自然也会居于首位。在市场营销方案中，上海大众依然用图表的方式充分展示了自己在这方面的优势。

在对经销商的培训及消费者的宣传中，上海大众用了这样的语言：上海大众便捷的售后服务、价平质优的纯正配件，使帕萨特的维护费用在国产中高级轿车中最低，用户耽搁时间最短，真正实现"高兴而来，满意而归"。很明显，上海大众抓住了消费者的需求心理：高质量、低价位、短时间。

在对全员培训中，上海大众非常明确地描绘出了帕萨特的品牌定位：感性表述——帕萨特宣告了你人生的成就；理性描述——帕萨特是轿车工业的典范。最后一句"帕萨特 2.8V6 是上述品牌定位的最好例证"，推出了新产品的卖点与竞争力。

整个营销方案的最后，打出了帕萨特 2.8V6 的定价：35.9 万元人民币。

分析与讨论

1. 汽车这一产品的价格通常会受到哪些因素的影响？
2. 上海大众的帕萨特 2.8V6 的最终价格是如何确定的？

2. 奇怪的定价

一家位于美国加州的珠宝店专门经营由印第安人手工制成的珠宝首饰。几个月前，珠宝店进了一批由珍珠质宝石和白银制成的手镯、耳环和项链。该宝石同商店以往销售的绿松石宝石不同，它的颜色更鲜艳，价格也更低。很多消费者还不了解它。对他们来说，珍珠质宝石是一种新的品种。副经理希拉十分欣赏这些造型独特、款式新颖的珠宝，她认为这个新品种将会引起顾客的兴趣，形成购买热潮。她以合理的价格购进了这批首饰，为了让顾客感觉物超所值，她在考虑进货成本和平均利润的基础上，为这些商品确定了销售价格。

一个月过去了，商品的销售情况令人失望。希拉决定尝试运用她本人熟知的几种营销策略。比如，希拉把这些珠宝装入玻璃展示箱，摆放在店铺入口醒目的地方。但是，陈列位置的变化并没有使销售情况好转。

在一周一次的见面会上，希拉向销售人员详细介绍了这批珠宝的特性，下发了书面材料，以便他们能更详尽、更准确地将信息传递给顾客。希拉要求销售员花更多的精力来推销这个产品系列。

不幸的是，这个方法也失败了。希拉对助手说，"看来顾客是不接受珍珠质宝石。"希拉准备另外选购商品了。在去外地采购前，希拉决定减少商品库存，她向下属发出把商品半价出售的指令后就匆忙起程了。然而，降价也没有奏效。

一周后，希拉从外地回来。店主贝克尔对她说："将那批珠宝的价格在原价基础上提高两倍再进行销售。"希拉很疑惑，"现价都卖不掉，提高两倍会卖得出去吗？"

分析与讨论

1. 希拉对这批珠宝采取了哪些营销策略？销售失败的关键原因是什么？
2. 贝克尔为什么提高售价？
3. 结合案例，说明影响定价的主要因素、基本的定价方法及定价策略。

3. 格兰仕的降价策略

格兰仕公司的前身是广东一家乡镇羽绒制品厂，1992 年，带着让中国的微波炉工业在市场上占有一席之地，让中国品牌在微波炉行业扬眉吐气，让微波炉成为中国家庭的普及品的雄心壮志，格兰仕大举闯入家电业。同年 10 月公司投资 300 万美元从日本引进松下公司具有 20 世纪 90 年代国际先进的微波炉生产流水线及生产技术，开始生产微波炉产品。10 年来，格兰仕实现了经济效益的连年持续增长。1993 年，格兰仕试产微波炉 1 万台；1995 年，以 25.1% 的市场占有率登上中国市场第一席位；1996 年第一次利用规模化、专业化优势刮起"普及风暴"，让 65 万微波炉进入中国寻常百姓家；1999 年，产销突破 600 万台，并启动 1 200 万台年产规模的微波炉生产基地，跃升为全球最大专业化微波炉制造商；2001 年，产销量飙升到 1 200 万台，并让国人开始全面领略"高档高质不高价"的新消费主义；2003 年，格兰仕已经连续 9 年蝉联了中国微波炉市场销量及占有率第一的双项桂冠，市场份额节节攀升，占有全国七成左右的市场份额。

从全国最大做到全球最大，格兰仕微波炉规模扩张背后是全球市场的迅猛发展，特别是 1998 年全面启动全球市场战略以来，内销、出口发展势如破竹，至 2003 年，格兰仕微波炉年产销 1600 万台，内、外销比例约为 3∶7，全球市场占有率 44.4%，其中欧洲市场占有率近 50%，在南美、非洲更占 70% 以上的市场份额。至此，格兰仕微波炉已经连续 6 年夺得出口销量和创汇双冠，畅行欧、美、亚、非、大洋洲等 5 大洲的近 200 个国家和地区，"全球制造"享誉世界。2004 年，格兰仕微波炉的全球产销目标是 2 000 万台。

格兰仕并不是微波炉市场的先行者，但它入市不久，就充分利用降价策略向竞争对手发动了一轮又一轮的攻势，使得市场占有率节节攀升，在中国家电市场的竞争中谱写了一个个经典的价格战案例，被称为"降价屠夫"。

格兰仕自进入微波炉市场以来，多次率先降价，并利用有力的战术策略使它在市场上的地位不断提高。格兰仕推行的是总成本领先战略，这也是格兰仕进入微波炉行业以来始终坚持的战略。首先通过降低价格赢得市场、扩大规模，再降低价格赢得市场、扩大规模……走出一条良性循环的市场霸占之路。又由于格兰仕的总成本领先战略，使价格竞争成为微波炉市场的主旋律。从 1996 年开始，格兰仕一次又一次地发动价格大战，使中国微波炉市场上始终充满了价格大战的硝烟。

在侵夺市场份额的进程中，格兰仕遇到了一个顽强的竞争对手——天津的 LG。天津 LG 于 1996 年初进入中国微波炉市场很快就成为格兰仕强有力的竞争对手。1998 年，当格兰仕处于事业巅峰、占有率一路飙升的时候，天津 LG 没有被扫地出门，而是以 10% 的占有率保住了自己的市场。从 1998 年后期开始，天津 LG 转守为攻，不断抢占新的市场，到

2000 年 4 月，天津 LG 的占有率已接近 30%。很显然，天津 LG 不想成为微波炉市场的追随者，而是以市场挑战者的姿态，向格兰仕频频发起攻击。

从微波炉市场这些年的竞争态势看，格兰仕欲称霸市场巩固其领导者地位，天津 LG 不甘下风要做市场挑战者，形成了其他行业罕见的两虎相争的局面。从中国市场上 4 大微波炉品牌的价格动态曲线看，格兰仕的价格始终处于最低的位置。天津 LG 紧随其后，保持着比格兰仕价格略高但又差距不是太大的位置。苏州三星的价格定位基本和天津 LG 保持一致，但在 1999 年，苏州三星推出售价为 1 270 元/台非烧烤型微波炉，并成为它的主推机型，使苏州三星的平均价格有所上扬。上海松下一直采取较高的价位政策，但从 1999 年下半年开始，也大幅度调低价格，以保住它那原本就不大的市场。

综合分析格兰仕这些年来的价格策略，可以看到以下 3 个显著特点。

1．"价格屠夫"——价格下调幅度大

格兰仕的降价策略是，要么不降价，要降就大幅度地降。所以，格兰仕每次下调价格，调价幅度都在 20% 以上，甚至达到 40%。如此高的降价幅度，在消费者心中产生了震撼效果，这也是格兰仕降价策略较为成功的重要因素之一。

2．降价策略多样化

格兰仕的降价策略，每次都有所不同，有时是全面降价，有时是只调低一个规格，有时是调低一个系列。

3．配合其他促销攻势

格兰仕的价格调整，力度大、变化多，同时配合强大的促销攻势、媒体炒作，使其降价活动获得最大的效果。格兰仕在市场推广方面，堪称优秀之极。每次降价活动都配合着大量的媒体宣传使降价事件尽人皆知。同时再加上其他促销手段，使降价效果达到最佳。

对于格兰仕的价格策略，欣赏者有之，批评者也不少。从目前情况看，降价促销似乎已经成为中国微波炉市场上唯一有效的营销手段。如此下去，价格还能有多少可降？赠品还能有多少可送？除了降价和赠品，难道就没有其他奏效的营销手段了吗？这是业界人士普遍关心的问题。

分析讨论

1．影响企业产品的定价有哪些因素？格兰仕的定价主要考虑什么因素？

2．格兰仕为什么降价？企业产品降价，消费者与竞争企业一般是怎么认为的？试分析降价的优点与缺点。

3．根据案例材料，分析格兰仕为什么能取得降价战略的成功，格兰仕的战略思想选择是什么？

4．你认为格兰仕的发展前景如何，为了使格兰仕进一步的发展，你认为它应该需要作什么样的战略调整？

第十章　销售渠道策略

学习目标

通过本章的学习，掌握销售渠道的含义、作用、模式；了解影响销售渠道设计的因素；掌握设计与管理销售渠道方法；掌握常见的销售渠道基本模式及管理方法；掌握物流管理基本内容；了解销售渠道的发展与变化趋势；具有设计销售渠道和对渠道成员进行管理的能力。

产品从生产者到消费者（或用户）的流通过程，是通过一定渠道来实现的，由于消费者（或用户）对产品需要的时间、地点、数量等方面的不同，那么销售渠道不一样。有关渠道的说法有多种，分别是：产品所有权转移渠道（商流）；产品实体分配渠道（物流）；付款渠道（货币流）；信息沟通渠道（信息流）等。本章主要学习商流和物流。

第一节　销售渠道概念与类型

一、销售渠道概念

销售渠道是指产品从生产者向消费者（或用户）转移过程中所经过的一切取得所有权的商业组织或个人。销售渠道的起点是生产者，终点是消费者（或用户），中间环节包括各种经销商或代理商、批发商、零售商等。研究销售渠道，主要是研究中间商，而消费者（或用户），我们在前面已讨论过。中间商的存在是社会分工和经济发展的必然结果，有其客观的必然性，而不完全是一部分人追求利润的结果。对生产企业而言，中间商有以下几个方面的作用：①使企业产品能打入广阔的市场。中间商分布的范围更广，直接面对消费者（或用户），可以大大减少交易的时间与次数。企业产品，如果都靠自己的力量直接销售给消费者（或用户），在很多情况下，是无能为力的。②节约企业的资金，迅速收回货款。企业如果将产品卖给中间商，就已算取得收入，可以使资金尽快回笼，从而减少资金的积压，节约成本，提高销售效率和投资收益水平。③传递信息。中间商可给生产企业带来情报及其他便利，可加强企业与外界的沟通，促进产品的销售，加快产品流动。④为企业承担风险。如果企业将产品卖给中间商，那么风险由中间商承担，促使中间商尽量设法推销产品。

二、中间商类型

1. 批发商类型

（1）按其职能和提供的服务范围可分为完全服务批发商和有限服务批发商。完全服务批发商具备几乎所有的批发服务功能,诸如保持存货、建立推销队伍、提供信贷、送货及协助管理等服务。有限服务批发商指批发商为了减少成本费用,降低批发价格,向供应顾客提供极少的服务,如现款交易运货自理批发商、直送批发商、卡车批发商、专柜寄售批发商、邮购批发商等。

(2)根据其服务范围或经营的产品线宽窄不同,分为综合批发商、专业批发商和专用品批发商三种。综合批发商经营不同行业相关的产品,范围很广泛,并为零售商提供综合服务;专业批发商经销的产品是行业专业化的,完全属于某一行业大类,诸如杂货批发商经营各类杂货,五金批发商则经营五金零售商所需要的所有产品;专业批发商则专门经营某条产品线的部分产品,如杂货业中的冷冻食品批发商,服装行业中的布料批发商。

(3)根据面对的顾客性质不同,批发商可以分为批发中间商和工业分销商两种。批发中间商主要是向零售商销售,并提供广泛的服务;工业分销商向制造商而不是零售商提供如存货、信贷和其他可获得的服务。

2.零售商类型

(1)商店零售商

百货商店。百货商店是一种规模大、综合性强,能够满足消费者各方面需要的零售商业企业。其特点在于经营的商品范围很广,种类复杂,每类商品的花色、品种、规格比较齐全。大多设在城市繁华区和郊区购物中心,店内装饰富丽堂皇,橱窗陈列琳琅满目,能够为顾客提供完善的服务,能满足顾客在同一点选购多种商品的需要。

专业商店。是专门经营某一类或几类专业性商品的商店。其产品线比较窄,但在其经营范围内规格式样品种通常比较齐全,一般以经营的主要商品类别为店名招牌。如服装店、饮食商店等。这种商店的专业化程度比较高,如专营体育用品的商店、专营婚纱的商店。

超级市场。是一种薄利多销、自选式的大型零售商组织,主要经营各种食品和一些家庭日常用品。它的特点是规模庞大、陈列和辅助设施齐全、花色品种繁多、销售的商品价格低廉、消费者购物量多而且采用的是顾客自我服务的方式。对购买量大的顾客实行折扣优惠,并开辟大型停车场和购物小推车。

便利店。便利店是一种以经营最基本的日常消费用品为主,规模相对较小,位于住宅区附近的综合商店。便利店营业时间较长,不少是24小时营业,且每周7天营业。便利店一般经营周转较快的方便产品,如日用百货、药品、应急商品、即食食品等。由于便利店能随时满足消费者的即时需要,所以商品的价格相对较高。

仓储商店。特点是店堂装饰简单、产品价格低廉、服务有限,商品既有家具等体积较大、比较笨重的用品,也有各种日常生活用品等。商店往往设在租金比较低廉的地段,消费者从货架上选中商品,付清货款,就可取走货物。商品价格比一般商店便宜10%~20%。

折扣商店。按薄利多销的原则经营,主要经营日常用品;自我服务,降低成本;所有商品明码标价,出售时给予一定的折扣,实际售价比出售同类商品的商店要低。

样本目录陈列商店。将商品样本陈列在店堂内,大部分是价值大、毛利高、周转快的商品,如珠宝、首饰、摄影器材等。商店将印制精美逼真的商品目录提供给消费者,目录中附有每种商品的价格、货号、折扣数,顾客可打电话订货,商店可送货上门,收取货款和运费，也可亲自去商店看样选购。

（2）非商店零售商

直复营销。直复营销是使用一种或多种广告媒体传递商品信息，并使之相互作用最终达成交易的销售系统。直复营销起源于邮购和目录营销，近年来还采用了其他附加方式，包括电话营销、直接广播营销、电视营销及电子购物等。一些发达国家采用电子销售，即利用信息系统或计算机联网系统推销商品。优点是人员少、费用低；无地域限制，投资少；涉及的顾客面广，不受地区经济影响；按销进货，无盲目性。这种方式的缺点是：邮购订货没有感性体验，顾客难以称心满意，需要一定的运寄时间等。

上门推销。主要有挨门挨户推销、逐个办公室推销和举办家庭销售会推销等形式。由于需要支付雇用、训练、管理和激励销售人员的费用，因而直接销售的成本费用很高。

自动售货。使用电脑技术利用自动售货机进行商品销售，现在已经被用在相当多的产品上，如食品、香烟、软饮料、糖果、胶卷、报纸和热饮料等。但是自动售货的成本很高，因此商品的销售价格比一般水平要高15%至20%。

（3）零售组织

连锁店。连锁经营主要有三种形式：正规连锁、自由连锁、特许连锁。连锁店能够在市场竞争中取得成功的根本原因，就在于连锁经营形式能够促使其实现成本优势、价格优势、品牌效应、大销售量的良性循环。

消费者合作社。它是一种消费者自发组织、自己出资、自己拥有的零售单位。消费者合作社采用出资人投票方式进行决策，并推选出一些人对合作社进行管理。消费者合作社可以定价较低，也可以按正常价格销售，年终根据每个人的购货数量给予优惠红利。

销售联合大企业。这也是一种组合形式的公司，它以多种所有制的形式将不同类型、不同形式的零售商组合在一起从事多样化零售，并通过综合性、整体性的管理运作方式为所属零售商创造良好的经营环境与条件。

3. 代理商

（1）经纪商。主要作用是为买卖双方牵线搭桥，发挥中介作用，协助他们进行谈判，交易达成后由委托方付给他们佣金。他们并不持有存货，也不卷入财务问题，更不承担风险，如房产经纪人和证券经纪人。

（2）制造代理商。代理商分别和每个制造商签订有关定价政策、销售区域、送货服务和各种保证以及佣金比例等方面的正式书面协议。制造代理商一般雇员很少，常用于服饰、家具和电器等产品线上。

（3）销售代理商。常见于纺织、木材、机械工业、金属产品、化学品等行业中，他们一般被赋予为委托人销售全部产品的权利，可以对价格条款及其他交易条件全权处理。

（4）采购代理商。一般与顾客有长期关系，代他们进行采购，往往负责为其收货、验货、储运，并将商品运交买主。他们大多是消息灵通，具有丰富采购知识和经验的专家。

（5）佣金代理商。是一种接受生产者临时委托，代理销售产品，并按销售收入提取佣金的代理商。佣金代理商一般能预先获得产品实物，自行销售，然后将所得货款扣除佣金和开支后交还给生产者。大多数佣金商从事农产品的代销业务。

案例 10 – 1

海尔集团向全球拓展销售渠道

海尔集团实施 3 个 1/3 的经营战略(即 1/3 的产品在国内销售,1/3 的产品销售到国外,1/3 的产品在国外生产),没有销售渠道的保证显然是不行的。为此,海尔尽力拓展销售渠道,到 1997 年初,海尔在国内已拥有 8 000 余个营销点,覆盖了所有一、二、三级市场。在国外 120 个国家和地区注册了自己的品牌商标,在 40 多个国家和地区都有专营商,专营商的总数已达 5 879 个。

在 1997 年 2 月 18 日召开的德国科隆国际博览会上,海尔的冰箱、冷柜、空调器、洗衣机、微波炉、热水器等几十个品种的家电,吸引了世界各地 3 000 多位客商,其中 320 多位当场签订了经销"海尔牌"各种家电产品的合同和意向书,多数是第一次与海尔合作。

在科隆博览会开幕的当天下午,海尔集团总裁张瑞敏向来自欧洲的 12 位海尔产品专营商颁发了"海尔产品专营证书"。这些经销商获得了海尔空调、冰箱等系列家电产品在德国、荷兰、意大利等欧洲国家的代理权。我国企业向外国经销商颁发产品专营证书,这在家电企业中还是第一家。这是海尔走向世界的扎扎实实的第一步。海尔产品终于成为西方人追求的洋货。

三、销售渠道的类型

销售渠道按不同的分类标准可分为多种类型,按有无中间商进行分类可分为直接渠道和间接渠道;按渠道的长度,即渠道级数来分,有长渠道和短渠道;按照渠道的宽度进行分类,有宽渠道和窄渠道。

1. 直接渠道和间接渠道

(1)直接渠道。又称零层渠道,是指生产者不通过中间商环节,把产品直接出售给消费者。直接渠道是最简单、最直接的渠道。其特点是产销直接见面,环节少,有利于降低流通费用,及时了解市场行情,便于生产企业开展服务等。但由于生产企业直接为用户服务,所以必须承担销售所需的全部人力、物力和财力,在市场相对分散的情况下,将使企业背上沉重的负担,会给企业的生产经营活动带来不利影响。

直接渠道是工业品销售渠道的主要类型,约 80% 以上的工业品及 20% 左右的消费品采用直接渠道。因为,一方面,许多产业用品要按照用户的特殊要求制造,技术性强,需要派遣专家去帮助用户安装、操作、维护设备;另一方面,用户数目较少,其用户往往是集中在某一地区的少数重要客户。消费品中除鲜活商品、某些手工业品以及少数使用复杂、维修不便的高档电器产品可以在一定程度上采用直接销售形式外,大多数消费品都采用间接销售的形式。

(2)间接渠道。是指生产者通过若干中间环节,把产品销售给最终消费者或用户的渠道类型。间接渠道是消费品分销的主要类型,其原因主要是通过中间商分销能获得更多利益。大多数生产者缺乏直接销售的财力和经验,而采用间接渠道,利用中间商的销售网络、业务经验、专业化和规模经济优势,通常会使生产者获得高于自营销售所能取得的利润。此外,利用中间商能减少交易次数,达到提高经济效益目的。

2. 长渠道与短渠道

销售渠道的长短通常按商品经过的流通环节或层次的多少划分。销售渠道的长度取决于商品在整个流通过程中经过的流通环节或中间层次的多少，经过的流通环节或中间层次越多，渠道就越长，反之，渠道就比较短。根据渠道的长短，可以将分销渠道分为以下几种类型：

（1）零级渠道。指生产企业直接将产品销售给消费者，中间不经过任何的营销中间机构。直接渠道就是零级渠道。

（2）一级渠道。在生产者和消费者中间含有一个营销中间机构。在消费者市场，这一营销中间机构大多是零售商；在生产资料市场，则大多是销售代理商或佣金商。

（3）二级渠道。二级渠道是生产企业和消费者之间，包括两个中间机构，通常是一个批发商和一个零售商，或一个销售代理商和一个批发商。

（4）三级渠道。三级渠道中含有三个中间机构，一般是批发商——中转商——零售商。中转商介于批发商和零售商之间。中转商从批发商处购入产品，转售给无法从批发商那里进货的零售商。

以上4种模式，是就销售渠道的长度不同而言的，也可概括为直接渠道和间接渠道（后3种）两大类。此外，还有层次更多的渠道，但比较少见，因为从生产者的角度来看，渠道级数越高，获得最终用户信息的难度越大，同时渠道控制难度也越大。

3. 宽渠道和窄渠道

按分销渠道的宽度分类，可分为宽渠道和窄渠道。分销渠道的宽度，取决于分销渠道内每个层次上使用同种类型中间商的数目多少。在分销渠道的每个层次上，使用同种类型中间商数目越多渠道就越宽，反之分销渠道就比较窄。宽渠道能够大批量地销售产品。窄渠道使得生产者容易控制，一般适用于专业性比较强的产品，或者贵重耐用消费品。一般说来，消费者市场销售渠道与生产者市场销售渠道有所不同。

消费者市场销售渠道：生产企业——经销或代理商——批发商——零售商——消费者

生产者市场销售渠道：生产企业——经销或代理商——用户

案例 10 – 2

莲花味精的渠道选择

莲花味精是我国最大的味精生产基地，在实践中，莲花味精选择各地有较强分销能力的食品批发企业作为销售代理，通过代理公司将产品摆放在包括便利店、超市、仓储式商店及各类食品商店的货架上，并由此将莲花味精送上千家万户的餐桌。其决策的依据如下：

1. 作为一种派生需求，消费者一般是从出售食品特别是副食品的商店中购买这种商品。因此，企业必须选择出售包括副食品在内的各类食品商店作为销售场所。

2. 作为购买频率较低和数量较小、但又是消费者经常需要的商品，消费者对购买味精等调味品的便利性要求较高，即希望在需要时可以方便地购买。这就要求企业应该具有较高密度的销售网点，能够最大限度地接近消费者并为其提供便利。

3. 从整体上看，除少数大型百货企业和连锁企业具有一定规模外，大多数零售企业，特别是经营副食品的各类零售商店，其销售规模和经营实力都比较小，没有能力和渠道从生产企业中获得稳定的货源，进货渠道主要是依赖当地的各种食品批发公司。因此，企业在进入和占领市场时，需要借助于具有较强分销能力的食品批发公司，通过食品批发公司及其分销系统，来达到企业的市场目标。

第二节　销售渠道的设计与管理

一、影响销售渠道设计的因素

销售渠道的选择与设计正确与否，直接关系到产品的销售量，关系到企业资金的周转。设计得好，可以使产品顺利进入目标市场；设计得不好，产品销售受阻，库存积压，危及企业的生存与发展。没有任何一种渠道可以适应所有的企业、所有的产品，有时甚至是同一种产品也不得不采用迥然不同的分销渠道。因此，企业在进行渠道设计时必须要充分考虑影响渠道设计的主要因素，应对产品、市场环境以及企业自身等各种因素进行综合分析，充分考虑这些因素或限制条件，这样才能有效地进行渠道设计。

1. 消费者因素

(1)消费者购买偏好。包括消费者对产品购买方便程度的要求、每次购买的数量、购买地点以及购买方式等的偏好。消费者喜欢对一些日用消费品如肥皂、牙膏等喜欢就近购买，企业就应考虑较宽、较长的分销渠道；对于一些耐用消费品，如汽车、电器等，消费者则喜欢到一些专业商店选购，企业则可以直接选择较短、较窄的分销渠道，采用直接销售或通过几个精心挑选的零售商去经销。

(2)消费者的地理分布状况。农村消费者，分销渠道则可长一些，宽一些；城市消费者，分销渠道则可选择短一些，窄一些。

2. 产品因素

(1)产品价格。单价高的贵重产品应减少流通环节或由生产者自销，采用直接渠道或短渠道；单价低的产品如香皂、牙膏等则必须经过批发环节，可采用较长较宽的分销渠道。

(2)产品的体积与重量。一些体积大的笨重商品，要求采用运输距离最短，在产品从生产者向顾客移动的过程中搬运次数最少的渠道布局，如煤炭、木材、水泥等，努力减少中间环节，尽可能采用直接渠道，反之则采取较长的分销渠道。

(3)产品的技术性。对于技术要求比较复杂、对售后服务要求较高的产品，如工业品或大型的设备等，适宜减少中间环节，一般由生产企业直接销售给用户，分销渠道一般短而窄，从而向顾客提供及时的销售服务。

(4)产品的自然属性。对一些易腐易损的食品、危险品，应尽量避免多次转手、反复搬运，因为拖运和重复搬运会造成损失，就应运用较短渠道或专用渠道，尽快将产品送到消费者手中；对时尚性的新产品一般也采取较短或直接销售的方式，反之则采用较长渠道。

(5)产品的生命周期。在产品的投入期和成长期，为了尽快使产品进入市场，扩大销售量，直接收集产品销售信息，应该采用直接销售渠道和短销售渠道。在产品成熟期经销单位熟悉产品的性能，消费者对产品也比较熟悉，产品销量稳定，市场需求量大，为了满足用户需求，则需要通过中间环节，应采用间接销售渠道。

（6）产品的标准化程度。一般而言，渠道的长度与宽度是与产品的标准化程度成正比的，产品的标准化程度越高，渠道的长度越长，宽度就越宽。对于非标准化产品，则由公司销售代表直接销售，因为中间商缺乏必要的知识。

3.市场因素

（1）竞争特征。企业有时选择与竞争者相同的渠道、相似的地点；有时则故意避开竞争者常用的渠道，别出心裁，一反常规，开辟新的渠道。企业一方面可以参照同行业企业所采取的比较成功的渠道形式，另一方面还应认真分析研究竞争对手状况，在市场的空白点上另辟渠道，寻找本企业可以采用的特有的销售渠道。

（2）市场环境特征。市场范围、市场容量和购买力的大小以及零售商规模的大小，与渠道模式有密切关系。市场范围如果很大，可采用间接渠道和长渠道；如果商品销售范围小，或只在当地销售且用户较少，则应选择直销和短渠道销售；购买力强的大城市，大百货商店、超级市场、连锁商，可直接从生产企业进货，采取最短的渠道。反之，购买力弱的地区，中小零售商则必须通过批发环节。

4.企业本身特征

（1）企业整体规模。规模大的企业，生产能力强，技术水平高，资源充足，对渠道的设计相应也就有很大的自由度。企业可以建立自己的直接分销体系，不需要其他中间商，而直接向消费者供货，如戴尔公司。也可以选择与较大规模的中间商进行合作，还可以采用多环节分销渠道扩大自己的销售规模。反之，对于一些规模小，实力弱的中小企业，则不得不依赖中间商来销售商品。

（2）企业的财务能力。对于一些财务状况好的企业，可以建立自己的销售渠道，由企业独立完成将产品转移到消费者手中，实现产品效益的目标；财力薄弱的企业，可采用佣金制的分销方法，尽力利用愿意吸收部分储存、运输以及融资等成本费用的中间商，从而将资金用于研发和生产等环节。

（3）企业的销售能力。企业在销售力量、储存能力和销售经验等方面具备较好的条件时，可采用直接销售方式；反之，则采用间接销售方式。

（4）渠道经验。一般来说，如果生产者有丰富的销售经验，就可以少用或者不用中间商；否则，就只有将整个销售工作交给中间商。

5.中间商因素

有些产品技术性较强，就需要具有相应技术能力或设备的中间商进行销售；有些产品需进行一定的储存，如季节性产品、冷冻冷藏产品等，就需要拥有相应储存能力的中间商来进行销售。如果零售商的实力较强，经营规模较大，企业就可以直接通过零售商经销产品；零售商实力普遍较弱，经营规模较小，企业就只能通过批发商来分销。

6.社会环境因素

设计分销渠道的时候必须符合国家的政策与法律，如走私、传销就不合法。社会的经济形势同样也影响着分销渠道的设计，经济形势好，分销渠道的选择余地就较大；而在经济萧条、衰退时，市场需求下降，生产者希望以低价吸引顾客，企业就必须尽量减少不必要的流通环节，使用较短的渠道。

案例 10 - 3

健力宝的失败

健力宝成长的初期，依靠的是传统的销售渠道，即利用遍布全国的糖酒公司和供销系统，来销售自己的产品。然而，20 世纪 90 年代以来，中国商业的销售渠道格局发生了大变化，健力宝不能应对环境的变化。因为，在现代商业体系下，需要庞大的资金支持和多元化产品体系配合。健力宝终端维护成本太高，不堪重负，销售业绩每况愈下，2002 年 1 月，浙江国际信托投资公司出资 3.6 亿元，购得健力宝 80% 股份，从此以后真正的健力宝不复存在。

二、销售渠道的设计

确定销售渠道的最终目标应该是以最佳的途径到达目标市场，从而能降低分销成本，扩大销量，提高盈利水平。

1. 确定渠道长度

企业产品的销售从生产企业到最终的消费者（或用户），经过多少中间商环节，是派人直接上门推销，还是通过中间环节分销。如果采用中间环节销售，还需进一步确定采用什么类型，什么规模的中间商，渠道经过多少个层次。

2. 确定渠道宽度

渠道宽度是指每一层次使用多少中间商，有三种形式可供选择：

（1）密集分销。尽可能多地利用中间商分销，使渠道加宽。消费品的便利品，如卷烟、肥皂、牙膏、毛巾、小杂货等，以及工业品的标准件、通用小工具等产品，适合采用这种形式。对那些价值低、顾客购买频率高、数量少、顾客多且分布广的产品，适合采用。多设中间商，为消费者提供最大便利。

（2）独家分销。生产企业在某一地区只选定一家中间商经销或代理，实行独家经营。独家分销是一种特殊形式，渠道最窄，独家分销对生产企业的好处是：有利于控制中间商，提高其经营水平，有利于加强产品形象。但对生产者来说，风险大，因为渠道太窄。采用独家分销，销售方一般不得同时经销其他竞争产品，生产企业也不得在同一地区寻找其他中间商。由于这种独家分销妨碍竞争，有些国家法律禁止独家分销。

（3）选择分销。介于上述密集分销和独家分销之间，生产企业精心挑选几家中间商来分销。这是一种常见的分销形式，对所有产品都适合。其优点是：比独家分销面宽，有利于扩大销路，开拓市场，展开竞争；比密集分销易于控制，不必分散太多精力。有条件地选择中间商，有利于加强彼此之间的长期合作关系，使中间商努力推销本企业的产品。

3. 评估渠道方案

企业在确定渠道模式时，可能存在几个备选方案。而本企业最终采纳的是某一个方案。那么，要对各种渠道模式加以评估、比较。评估的标准有三个：

（1）经济性标准。即企业最终所采用的渠道模式应该是经济有效的，有利于企业节约成本费用，有利于扩大销售，提高市场占有率，达到最终提高盈利水平的目的。

（2）控制性标准。生产企业能控制中间商的行为，让它配合本企业达到目标。由于各中间商都有其独立的利益,他们可能不按本企业的要求去做。比如:不愿与其他代理商或中间商合作,忽视生产企业认为比较重要的顾客,不认真了解本企业产品技术细节及技术要求,不积极促销,不及时提供有关情报,不提供良好的服务等。生产企业要控制中间商的行为。

(3)适应性标准。即中间商是否有灵活应变的能力,能否适应环境的变化和事物的变化,能否做到与企业步调一致,实现其盈利目标。

企业的分销渠道设计,其步骤主要包括:分析消费者需要、建立渠道目标、确定渠道模式、选择中间商类型、确定中间商数目和规定渠道成员彼此的权利和责任等方面的内容。

三、分销渠道的管理

1. 选择中间商

企业在选择中间商时,有时很容易找到,并使其加入本企业渠道系统,成为本企业分销渠道中的一员。中间商愿意加入,可能是因为委托方(即生产企业)很有声望,各方面值得依赖,也许是该产品很赚钱。对于有些中间商,企业可能需要费很大力气才能使之加入。

企业在选择中间商时,要考虑的因素是:

(1)成本。企业选择中间商时,首先要考虑的是成本问题,如果选择的中间商成本太高,就会得不偿失,成本包括企业与中间商建立、发展、维持关系所需要的各种费用。

案例 10 - 4

进店费

在企业选择中间商时,经常会出现这样一些现象:商场、超市等零售商向产品供应单位收取各种形式的进店费,包括:节庆费、修缮费、货架费、广告费、条码费、商场海报费、店庆费、新店开业赞助费、折扣费、商品丢失补偿费、商品残损补偿费、配送费、合同续签费、超市工作人员的胸牌费、促销费、服装费等几十种费用。如果厂家不同意,就不准进店或者进店后退出店铺。

(2)资金。企业要选择资金雄厚、财务状况良好的中间商。因为这样的中间商,不仅能及时付款、不拖欠,而且有利于产品的销售。

(3)控制。生产企业应选择容易控制的中间商,这种控制包括对中间商销售的价格、销售量、销售方式、广告促销等各方面的控制。不能控制的中间商,很难与其合作。

(4)信誉。企业应选择信誉好的中间商,第一,信誉好的中间商,顾客愿意到那里买东西,他们的产品也好卖。第二,信誉好的中间商,有较强的市场开拓能力、营销与管理能力、提供技术支持和售后服务能力。第三,信誉好的中间商能保证及时付款。现实中,一些实力小信誉差的中间商,可能会恶意拖欠货款,甚至卷款逃跑。

(5)地理位置。地理位置好,人流量大,产品一定好卖。

(6)销售网络。中间商网络宽,产品销售机会大。

案例 10 - 5

南宁市步行街铺面拍卖

南宁市步行街，在 20 世纪初对外拍卖，每平方米平均价达到 4 万多，最高价达 8.8 万元每平方米，其原因是南宁市步行街位于南宁市繁华区——朝阳路，人流量大，顾客多。

2. 激励渠道成员

(1)激励中间商原因。中间商有自己的独立利益，它是把自身的利益放在第一位，别人的利益放在第二位。对生产企业来说，中间商有很多不良的表现。例如：不愿听取企业意见，不受干涉；他卖得起劲的产品都是顾客愿意买的产品，而不是企业叫他卖的产品；他喜欢将产品搭配销售，所搭配的新产品又不一定是本企业的产品；不愿保存有利于本企业的各种记录；不愿意帮助企业做广告、促销及提高良好的服务等。很多中间商有这么一条原则，除非你给我好处，否则对你有益的事我不一定做，我为什么要做，除非是你这种产品很好卖，很赚钱。所以，作为生产企业，在兼顾本企业的利益的同时，一定要考虑中间商的利益。

(2)激励方式。①物质激励。例如：进货价格优惠、放宽信用条件、促销与广告支持、销售竞赛、新产品优先保证、技术及销售指导培训、邀请参观、参加活动等。此外，也有负面激励即惩罚，例如：降低利润率、推迟发货甚至终止合同关系等。②合作激励。例如双方相互投资，相互参股，形成经营共同体；共同设计产品销售方案；建立长期的合伙关系等。企业激励中间的同时，还要防止激励过份与不足。激励过份即指企业给予中间商太多好处，超过他们的付出，虽然可能提高销量，但利润不一定增加。反之，如果激励不足，又不利于调动他们的积极性，最终影响本企业产品的销售。

3. 评估渠道成员

(1)评估合同履行情况。生产企业与中间商一般事先签订经销合同，在合同中明确双方的权利与义务，例如，对销售量、装运、存货保持水平、供货、不合格品与遗失品的处理、服务、广告与促销、培训、奖励、津贴、优惠、货款回收、情报报告等方面加以规定。签订合同的目的，一方面，明确双方权利与义务，同时，当双方发生纠纷时，有据可依。

(2)评估中间商绩效。主要通过比较评估中间商绩效，包括：纵向比较看发展(中间商自己与过去比)；横向比较找差距(与其他中间商比)；水平比较明努力(实际销售额与市场潜力比)。

4. 渠道调整

市场营销环境是不断发展变化的，原先的分销渠道经过一段时间以后，可能已不适应市场变化的要求，需要根据情况的变化及时调整。促使企业调整分销渠道的主要因素，包括消费者购买方式的变化、市场扩大或缩小、产品市场生命周期的更替、新的竞争者兴起和创新的分销渠道策略的出现等。分销渠道的调整一般有渠道成员的增减、渠道宽窄的调整、整个分销渠道的调整等三种方式。

(1)增减分销渠道中的个别中间商。由于个别中间商的经营不善而造成市场占有率下降，影响到整个渠道效益时，可以考虑对其进行削减，以便集中力量帮助其他中间商搞好工作，同时可重新寻找中间商替补；市场占有率的下降，有时可能是由于竞争对手分销渠道扩大而造成的，这就需要考虑增加中间商数量。

（2）增减某一条分销渠道。当生产企业通过增减个别中间商不能解决根本问题时，就要考虑增减某一分销渠道。如化妆品公司发现其经销商只注意经营成人市场而忽视儿童市场，导致儿童市场护肤品销售不畅。为了促进儿童化妆品市场的开发，就可能需要增加一条新的分销渠道。

（3）调整整个分销渠道。这是渠道调整中最复杂、难度最大的一类，因为它要改变企业的整个渠道策略，而不只是在原有基础上缝缝补补。如放弃原先的直销模式，而采用代理商进行销售；或者建立自己的分销机构以取代原先的间接渠道。这种调整不仅是渠道策略的彻底改变，而且产品策略、价格策略、促销策略也必须作相应调整，与新的分销系统相适应。

第三节　销售渠道网络模式及管理

一、销售渠道网络模式

销售渠道网络模式不外乎经销制、直营制，以及介于经销制与直营制中间的助销制与经销制＋直营制。

1. 经销制

经销商需要全部或者部分现款从厂家进货，厂家提供宣传、促销支持，经销商对市场运作处于绝对控制地位。这种模式又可分为独家经销制、选择经销制、密集经销制，独家经销制是厂家在某区域市场只开发一个经销商，选择经销制是厂家在某区域开发少数几个经销商，密集经销制是厂家在某区域市场开发若干个经销商。由于独家经销制市场覆盖面窄，难以做到较好的市场渗透，在区域较大的市场，许多企业不采用；而密集经销制，经销商数量过多，企业难以管理与控制且容易导致经销商之间发生矛盾，许多企业也不采用；所以，多数企业采用选择经销制。需要指出的是，即便是选择经销制，经销商之间也会生产各种矛盾，为了避免这些矛盾的产生，有些行业或企业，在某区域市场采用多家分品种经营的办法，就产品而言实质上还是区域独家经销制。

经销制优点：①充分利用经销商的资金。采用经销制，由于经销商需要全部或者部分现款从厂家进货，厂家可以较快地收回货款，不需要垫付过多的资金。如果是厂家采用直营制，客户往往要求有一定数量的铺底资金，不同的产品、不同的客户群体，要求的铺底资金数额不同，但一般可能需要货款 10% 左右的铺底资金，如果每个区域市场的这些费用都由厂家来承担，厂家是难以承担的。如果采用经销制，这些铺底资金，则是由经销商来承担，对厂家而言，则是相当有利的。这恐怕是目前许多厂家采用经销制的一个相当重要的原因。②充分利用经销商的网络与关系资源，降低资金风险。经销商是本地人，一般同下游中间商客户有一定的关系并且对其资信情况有一定的了解，可以降低风险。同时，经销商可能有相对稳定的顾客群体，容易开拓市场，容易管理下游客户，容易使厂家的新产品快速上市。

经销制缺点：如果厂家所选择的经销商其自身素质或能力低，厂家与经销商的合作很难达到预期的效果，比如：经销商不能理解厂家的营销理念与配合厂家营销策略的实施，产品的分销、陈列、促销等销售工作难以迅速落实到位，公司很难控制市场运作等。

2. 直营制

生产厂家在产品销售市场注册营业执照和税务登记，建立自己的销售分公司，由分布在各个区域市场的销售分公司的销售人员运作市场，开发与管理下游客户，自己销售公司的产品，自己能开发票。

直营制优点：①由于分布在各个区域市场的销售分公司还是属于生产企业内部的单位，人员也是企业内部人员，这样，就能够使企业的营销理念和营销策略得以贯彻，有关分销、陈列、促销等销售工作也能迅速地落实到位。②企业的市场运作，费用的投入得以有效的控制。③分布在各个区域市场的销售分公司及人员直接面向客户、面向市场，能够及时地了解市场行情，企业能够据此及时地作出科学合理的决策。

直营制缺点：①对生产企业的人力资源与管理水平要求高。②企业需要大量的资金予以支持并面临很大的资金风险。因为需要企业自己在各区域市场建立自己的销售分公司，这些销售分公司无疑都需要相应的办公地点、产品储存地点、需要相应的设施与设备、需要安排为数众多的销售人员，企业投入势必较大。另一方面，企业产品只有销售给下游客户，才能算实现销售，对厂家而言，风险会增大。

3. 助销制

生产厂家在分销模式上采用经销制，对每一个经销商派一个或几个销售人员协助其开拓市场，被派遣的销售人员不能开发票，不直接进行销售。从销售人员的安排与分配来看，经销制与助销制是不同的，经销制是公司的一个销售人员负责一到几个区域市场，市场运作主要由每个区域的经销商自己负责；助销制是公司的一个或者几个销售人员负责一个区域市场，和经销商共同开发市场，对市场运作商家居主导。

助销制优点：具有经销制的所有优点，并且，由于生产厂家在经销商处有自己企业内部的销售人员，这样，使企业更能及时地了解市场行情，更能保证企业有关营销理念、营销策略的有效实施，有关分销、陈列、促销等销售工作也能迅速地落实到位。

助销制缺点：由于该分销模式本质上仍是经销制，助销制势必存在经销制一些类似的缺点。另一方面，由于经销商其自身经营理念的不同及从自身的利益出发，在某些情况下，可能会与厂家派遣的销售人员发生矛盾甚至冲突。

4. 经销制 + 直营制

生产厂家一方面采用经销制，同时，在目标市场注册营业执照，进行税务登记，采用直营制。厂家分布在各个区域市场的销售分公司，对该区域市场经销商覆盖不了或者不愿意覆盖的渠道进行直接销售。

这种分销模式存在经销制与直营制所有的优点和缺点，在此不再细述。需要指出的是此种模式如何取得经销商的信赖和认可及如何协调厂家销售分公司与当地的经销商之间的关系，是值得关注的问题。

分销模式就是上述四种，可能有人说，还有代理模式，这种讲法应该有其道理。在此需要说明的是，代理商从其字面上的意思理解，代理商是指从厂家进货，不需要将产品买下，对产品没有所有权，靠赚取佣金的一种中间商。但现实情况是真正意义上的代理商在我国目前是少的，多数生产厂家要求其下游的中间商进货时交付相应货款的，并且基本上是靠赚取差价来获取利润，实际操作是倾向于经销性质。由此看来，我们可以将代理模式归为经销制模式。

二、销售渠道网络模式的选择

1. 选择标准

生产企业在考虑选择销售渠道网络模式时，需要达到成本低、风险少、易控制、适应性强、产品快速流动、市场重心下沉等方面的要求，这也是选择销售渠道网络模式的标准。

2. 影响销售渠道网络模式选择的因素

(1)产品的销售区域与目标顾客群体的选择情况。每个企业在制定自己的营销战略的时候，都应该事先考虑其产品的销售区域与目标顾客群体的选择或定位，企业根据其自身的规模、实力及战略，是将产品销售定位于全国市场还是某些区域性市场，是定位于省会一级的大中城市市场还是定位与中小城市和乡镇市场，目标顾客群体的选择是定位于高收入阶层还是中低收入阶层，销售区域与目标顾客群体的选择与定位如何在很大程度上影响到销售渠道网络模式的选择。如果企业将销售区域与目标顾客群体主要定位于少数的大中城市、面向的客户群体主要是高收入阶层，可能会倾向于选择直营制。如果企业将销售区域与目标顾客群体主要定位于顾客分散、收入水平偏低的中小城市和乡镇市场，则可能倾向于选择经销制。

(2)企业的销售管理水平情况。企业是否组建了高效的销售组织团队，是否建立了健全的销售规章制度，是否拥有良好的激励与约束机制等，也会影响到分销模式的选择。直营制模式对公司的内部管理提出了很高的要求，公司如果没有一套很好的人员管理机制、财务监督机制，采用直营制将会引发内部腐败，带来巨大的资金风险。

(3)区域市场的消费者集中与分散情况。如果企业产品所在的销售区域目标消费者数量众多而且集中，需求潜量大，在这些区域市场，企业可以采取直营制。反之，如果企业产品所在的销售区域目标消费者数量少且分散，则应该采用经销制，这其中道理不言自明。

(4)经销商自身情况。如果经销商营销理念先进，对厂家的市场操作思路能够正确理解与认同，操控市场能力强，则可以考虑采用经销制；如果经销商资金充足，愿意配合，但营销理念落后，应采取助销制，协助其开拓市场；如果现有的经销商对厂家的产品不甚了解，对产品的销售对象与销售模式不甚了解，操控市场的能力弱，则应该采取直营制，先由厂家直接掌控市场，待以后条件成熟时，逐步转为经销制，这在技术含量高的新产品市场一般是这种思路。

(5)产品所处的生命周期阶段。当产品处于投入期时，由于资金风险太大，从厂家的角度来看，应该考虑采用经销制，但经销商往往对新产品存在顾虑，对产品与市场缺乏信心，这就需要厂家做好相应的工作，诱导经销商积极看待，同时，给予一定的销售支持，帮助其树立经销的信心。在投入期，厂家如果一时难以寻找到合适的经销商，需要自己投入一定的资源采用直营制。当产品处于成熟期时，资金风险变小，对经销商不利但市场潜力大的市场可以考虑采用助销制或者经销制＋直营制。当产品处于成长期和衰退期时，应结合经销商的情况和区域市场潜力采用不同的分销模式。

三、销售渠道网络管理

1. 经销商政策

经销商政策是保证网络畅通，促进企业与经销商"双赢"的重要条件。企业制定经销商政策时，往往因为对经销商激励和约束不够，导致经销商对终端铺货不积极、相互窜货、彼此压价竞争等问题出现，使企业销售渠道网络混乱，难以控制渠道成员。所以制定对经销商有约束和激励的经销商政策是企业销售渠道网络建设的当务之急。经销商政策主要包括以下几个方面的政策：

（1）分销权及专营权政策。制定此政策的目的是确保经销商的专营权，限制经销商的销售区域，规定分销规模，防止窜货或占着市场不经营。内容主要包括：经销商区域限定、授权期限、分销规模、违约处理四个方面。

（2）返利政策。目的是激励经销商销售的积极性。内容包括：返利的标准、返利的时间、返利的形式等。

（3）年终奖励政策。这一政策实质上是返利政策的一种。很多经销商和厂家比较看重这种形式，因而从返利政策中分离出来，主要内容与返利政策一样，在应用中主要防止经销商为了拿年终奖励而将市场价格冲垮。所以应注意时间上的应用。

（4）促销政策。目的是促进销售，激励经销商销售的积极性。主要内容是：设定促销目标、确定促销内容、设计促销的时间、促销费用的申报管理、促销活动管理及促销考评。

（5）客户服务政策。目的在于尽最大努力做到使客户满意。主要内容有：客户投诉处理程序、售后服务政策、配送制度、订发货程序、员工礼仪、客户接待制度等。将这些详尽的制度通报客户，从而确保实现客户满意。

（6）客户辅导培训政策。目的在于提高经销商的经营能力，促进企业和经销商之间的沟通。主要内容是确定培训对象、内容、时间、地点等。

经销商政策关系到企业与经销商的关系、利益以及企业的销售制度建设方面的工作。在管理工作中具有重要的意义。

2. 经销商管理

当一个企业的销售渠道网络构建起来后，管理网络经销商就是重要的工作。对经销商管理的出发点就是既调动经销商的积极性，又要降低经销商可能给企业带来的风险。经销商管理包括以下几个方面的内容：

（1）利益管理。利益是联系经销商与厂家的纽带，如果经销商不能赚到钱或赚钱太少，经销商就会离企业而去，精心构造的销售网络就会土崩瓦解。企业要管理好客户，首先就要确保经销商能够赚到钱。让客户赚到钱不只是取决于企业的产品留给客户的差价有多大，而更重要的是取决于企业的市场开拓与市场管理能力，为产品营造一个畅销的局面。为销售创造一个良好的秩序，是让客户赚钱的前提。

（2）支援和辅导经销商。培训经销商以及厂家对经销商提供与销售有关的指导与帮助。如：对经销商经营管理提出意见，提供经营信息给经销商，广告、公关方面的指导与援助，指导经销商的店铺装修、产品陈列以及对经销商培训等。

（3）建立良好的客户关系。感情可以弥补利益不足之处，这是建立与客户双向沟通的重要条件。

（4）风险控制。有些经销商会为追求一己私利而置厂家利益于不顾，从而给企业带来风险。如窜货引起的市场混乱、低价抛售冲击市场、拖欠货款造成资金风险等。企业必须通过契约和法律的方法、利益的方法和客户关系来控制风险。

3. 网络终端的管理

销售工作的首要要求是把产品摆到零售点柜台上，让消费者看得到、买得到。产品只有占据终端市场，在销售点上与顾客见面，才有可能被顾客购买。企业重视终端市场可以通过布置网络终端，如展示、陈列、POP 广告等方式，把自己的产品与竞争品牌区别开来，达到刺激消费者随机购买的目的。这对加大经销商对厂家的依赖都具有重要意义。

（1）确定网络终端的覆盖面。覆盖面太低，可能不利于企业占领市场，太高则有可能增加企业的销售成本。所以确定适当的网络终端的覆盖面很重要。一般网络终端覆盖面涉及的目的主要有三个方面：保持企业各终端销售点的均衡发展、促进各终端销售点的协调，推动企业产品市场的有序扩张和可持续发展。在具体的方案选择上，应考虑分销成本、市场覆盖率、企业对终端的控制能力以及企业后勤支持系统的跟进能力等。

（2）布置网络终端。终端市场建设的发展趋势就是标准化。即企业对产品陈列位、陈列面、产品结构、产品库存、POP、落地陈列（堆头）及维护方面做出具体的标准化规定。也就是说要求终端售点按照企业的一定的要求进行产品陈列和布置，企业销售人员也在拜访客户时给销售终端以指导和帮助。

（3）促进市场生动化。消费者能不能认同产品，注意到产品，很大程度上取决于产品在陈列时留给顾客什么印象，所以使售点市场生动化很关键。生动化原则的内容包括三个方面：产品及售点广告的位置、产品及售点广告的展示方式、产品陈列及存货管理。可口可乐在长达一百多年历史里，销量仍在增加，依靠的就是产品质量和形象质量，形象质量就是通过市场生动化将产品最好的形象展示给消费者。

第四节　物流管理

商品流通是由商品收购、商品储存、商品运输、商品销售四个环节组成的。商品收购和商品销售是整个商品流通或某个流通阶段的起点和终点，商品储存和商品运输则是为了实现商品实体从购到销过程中的必要滞留和空间转移的中间环节。前面我们介绍了主要承担商品收购、商品销售的渠道成员——批发商和零售商。这里，我们将介绍承担商品储存和商品运输的渠道中介机构——物流机构。

一、物流概念

物流原意是军事后勤保障。第二次世界大战后，物流的概念被广泛运用于经济领域。根据美国物流管理协会对物流的定义："物流是为满足消费者需求而进行的对原材料、中间库存、最终产品的相关信息从起始地到消费地的有效流动与存储的计划、实施与控制的过程。"该定义具体突出了物流的四个关键组成部分：实质流动、实质存储、信息流动和管理协调。西方一些国家分析表明，商品成本中，实物流通费用一般占 10% ~ 30%。这样看来，单纯注重生产、加工过程的效果是不够的，还必须重视研究实物流通的经济效果，即必须通过采用现代化的流通设施和经营管理方法，挖掘物流的潜力以求得信息灵敏、周转加快、效果提高、渠道畅通、费用降低、经济合理的综合效果，使物流成为"第三利润源泉"。

正是由于这一原因，许多企业在进行实体分销策略或选择物流机构时，往往会追求以最低的成本，将适当的产品在适当的时间，运到适当的地点的目标。但物流各环节发生的费用常常是从相反方向相互影响的。比如说，装运部门会采用简易包装，利用便宜的装运工具进行装运工作，但这无疑会引起商品残损率上升；再比如，仓库的负责人总希望存货尽可能少来降低存货成本，但这一政策可能会造成商品脱销，最终因支付快速运货的高昂成本而得不偿失。所以在设计物流系统时，必须以整体最优化为策略基础。

公司如果不能及时供应商品，就会失去顾客。1976年，柯达公司为其新开发的即时成像相机大做广告，但是零售店的铺垫工作没有做好，致使零售店大量缺货，使得许多原来有意购买的顾客转向其竞争品牌——宝丽来。

二、商品的储存

加强储存管理，对于加速企业资金周转，降低流通费用具有重要的作用。实现商品储存这一职能的营销中介机构我们称之为仓库。仓库按不同的划分标准可分为不同的类型。

1. 按照仓库在商品流通过程中担负的主要职能分类

（1）采购供应仓库。其主要职能是集中储存从生产部门收购或从国外进口的商品。这种类型的仓库一般设置在商品生产集中的大、中城市，或沿海进口口岸的商品集中分运的交通枢纽所在地，且规模较大。

（2）商业批发仓库。其主要职能是迅速有效地补充零售企业的商品库存。这类仓库主要设在商品的最终消费地区。在一定区域内根据市场需要向批发商和零售商供货。

（3）商业零售仓库。其主要职能是为保证商品的日常销售所进行的短期的商品储存。这些仓库主要隶属于企业，常与零售商店设在一起，规模一般较大。

（4）商业中转仓库。其主要职能是储存商业运输过程中中转分运或转换运输工具的待运商品。转运仓库往往与运输部门关系紧密。

（5）战略储备仓库。其主要职能是用于储存国家战略储备物资，其规模大小不等。

（6）商业加工仓库。其主要职能是对某些商品进行必要的挑选、整理、分类、改装和简单的流通加工，以方便储存和适应市场销售需要。

2. 按照商品储存的保管条件分类

（1）通用仓库。常用以储存一般没有特殊要求的工业品或农副产品。这类仓库也被叫"普通仓库"。其技术装备比较简单，建造比较容易，适用范围也较为广泛。

（2）专用仓库。专门用以储存某类商品，如粮食、卷烟、酒等。对于这些商品一般要求由专仓、专库储存。与通用仓库相比，专用仓库在保管养护技术设备上要求较高，用途也比较专一。

（3）特种仓库。用以储存具有特殊性能，要求特别保管条件的商品。特种仓库包括冷藏库、石油库、化工危险库等。

3. 按仓库管理体制分类

可分为集中管理和分散管理两大类。

三、商业运输

1. 商业运输形式

（1）公路运输。由于我国的商业活动仍以区域性为主，因此，公路运输仍是地区性运输的中坚力量，是最重要的运输方式。公路运输具有机动、灵活、迅速、装卸方便、覆盖面广等特点，对于深入地区各级市场，加强地区间的商品交流起到了非常重要的作用。尤其是随着高速公路网的逐步建立，公路运输已经向中长距离运输发展，大大开拓了运输的范围，其在商业运输中的作用与地位得到了进一步的加强。而且，汽车还拥有迅速将商品集中、分流的功能，这一点是其他运输方式无法做到的。

（2）铁路运输。铁路运输曾经是我国最主要的运输方式之一，担负全国 1/2 的货运任务。但是，近年来随着高速公路网的建设、航空货运的发展，铁路运输的地位大大下降了。尽管如此，由于其货运能力大、运行速度快、连续性强、管理高度集中的特点，迄今仍然在中长途运输中担任着重要的角色。铁路运输的工具是火车。在铁路上使用的装运货物的车辆种类很多，按其主要类型可分为棚车、邮车、煤车、罐车、保温车和特种车等。

（3）水路运输。水路运输又称水运，是我国最为古老的运输方式之一。早在隋唐年间，京杭大运河就承担起了南北水路运输的主要任务。水运具有载重量大、运费低廉的优点，在一定程度上弥补了它速度慢的缺点。我国的水运主要是利用天然水道结合人工运河形成的纵横交错的水路网进行商品的运输。尤其是在东西向的运输中，水路运输承担了相当大的比重。水路运输的主要工具是船舶，分为客货船和货船两种。其中货船是专门用于装运货物的，而客货船则以承担客运为主，并承担部分货运。

（4）航空运输。与水运相比，航空运输属于一种新兴的运输方式。它的特点与水运恰好相反：运输速度快，但装载量小，运费高昂，不适于大量运送商品。现在常用于鲜活商品（如海鲜、鲜花）和急运商品的运输。

（5）联合运输。由于各种运输方式都有各自的优缺点，所以仅靠单一的运输方式是难以达到商业运输"及时、准确、安全、经济"的总体要求的。综合利用各种运输方式，是合理调整运输工作的关键所在。联合运输是一种综合性的运输业务，它涉及面广、业务环节多，要使商品从起运地到目的地整个运输过程能够顺利地运行，就必须有严格的规章制度来保证。联运包括四种常见的方式：铁路和卡车联合运输、水路和卡车联合运输、水路和铁路联合运输、航空和卡车联合运输。现在的托运人越来越多地将两种以上的运输方式结合起来。

2. 运输费用

商品运输费用是商业企业为实现商品运输而支付的有关费用，包括将商品从发送地送到目的地所支付的全部费用。它是商品流通费用的重要组成部分，一般要占到 30% 左右。另一方面运输费用的多寡也可以作为考核商品合理运输的一个指标，从而为建立健全商业储运网络，合理选择运输方式提供可靠的依据。

（1）商品运输费用的基本构成。如果作为企业属下的运输部门来进行运输活动，那么商品运输费用包括实际运费、运输中的各项杂费、从事商品运输工作人员的费用、从事运输工作的物资消耗费用以及必要的管理费用等。这种核算方法也是实行独立核算的专业化运输企业通常使用的。

（2）商品运输费用的核算。①商品的运费。商品的运费是商品运输费用的主要构成部分，要对商品的运费进行核算，首先需要了解商品运输的里程、商品的运价率和商品计费重量等条件与资料。②商品运输杂费。商品运输杂费是指付费方向收费方交付用以补偿运输过程中的辅助性或服务性的劳动消耗的费用。其项目比较复杂，通常包括装卸费、港务费、储存费、中转服务费等，而且在各个地区适用范围的费率有可能不同。

四、物流现代化

现代物流区别于传统物流的一个明显特点就是：传统物流是生产企业自己办物流，其特点是"小而全"、"大而全"。现代物流则是第三方物流，也称"代理物流"，它是指由物流劳务的供、需方以外的第三方（即专业物流公司）去完成物流服务的物流运作方式。物流业发展到一定阶段必然会出现第三方物流，而且第三方物流的占有率与物流产业的水平之间有着非常紧密的相关性。西方国家物流业实证分析证明，独立的第三方物流至少占社会的50%时，物流产业才能形成。所以，第三方物流的发展程度反映和体现着一个国家物流业发展的整体水平。

除此以外，随着互联网时代的来临，现代物流具备了一系列新特点：

1. 信息化

物流信息化表现为物流信息的商品化、物流信息收集的数据库化和代码化、物流信息处理的电子化、物流信息传递的标准化和实时化、物流信息存储的数字化等。因此，条码技术、数据库技术、电子订货系统、电子数据交换、快速反应、有效的客户反映、企业资源规划等先进技术与管理策略在发达国家的物流中已经得到普遍的应用。

2. 自动化

自动化的基础是信息化，自动化的核心是机电一体化，自动化的外在表现是无人化，自动化的效果是省力化，另外，自动化还可以扩大物流作业能力，提高劳动生产率，减少物流作业的差错等。物流自动化的设施非常多，如条码、语音、射频自动识别系统，自动分拣系统，自动存取系统，自动导向车，货物自动跟踪系统等。这些设施在发达国家已普遍应用于物流作业流程中。

3. 网络化

物流领域的网络化有两层含义：①物流配送系统的计算机通信网络化。包括物流配送中心与供应商或制造商的联系要通过计算机网络，另外与下游顾客之间的联系也要通过计算机网络通信，比如，物流配送中心向供应商提出订单这个过程，就可以使用计算机通信方式，借助于增值网上的电子订货系统（EOS）、电子数据交换技术（EDI）来自动实现，物流配送中心通过计算机网络收集下游客户订货的过程可以自动完成。②组织的网络化。即所谓的组织内部网，比如，台湾的电脑业在20世纪90年代创造出了"全球运筹式产销模式"，这种模式基本是按照客户订单组织生产，生产采取分散形式，即将全世界的电脑资源都利用起来，采取外包的形式将一台电脑的所有零部件、元器件、芯片等外包给世界各地的制造商去生产，然后通过全球的物流网络将这些零部件、元器件和芯片发往同一个物流配送中心进行组装，由该物流配送中心将组装的电脑迅速发给订户。可见，物流的网络化成为互联网条件下物流活动的主要特征。

4. 智能化

这是物流自动化、信息化的一种高层次应用，物流作业过程大量的运筹和决策，如库存水平的确定、运输（搬运）路径的选择、自动导向车的运行轨迹和作业控制、自动分拣机的运行、物流配送中心经营管理的决策支持等问题都需要借助于大量的知识才能解决。在物流自动化的进程中，物流智能化是不可回避的技术难题。好在专家系统、机器人等相关技术在国际上已经有比较成熟的研究成果。为了提高物流现代化的水平，物流的智能化已成为互联网下物流发展的一个新趋势。

5. 柔性化

柔性化是根据顾客需求来灵活调节生产工艺。20世纪90年代，国际生产领域纷纷推出柔性化制造系统、计算机集成制造系统、制造资源系统、企业资源规划、供应链管理的概念和技术。这些概念和技术的实质是将生产、流通进行集成，根据需求而发展起来的一种新型物流模式。这就要求物流配送中心要根据消费需求（即"多品种，小批量，多批次，短周期"）的特色，灵活组织和实施物流作业。另外，物流设施、商品包装的标准化，物流的社会化、共同化也都是现代物流的新特点。

第五节　销售渠道变革与创新

一、企业销售渠道的变化趋势

企业销售渠道的变化呈现以下特征：①渠道结构扁平化。即销售渠道的中间环节越来越少，以提高产品销售速度，加速资金周转，降低产品价格，让利给消费者，提高产品竞争力。②市场重心下沉。市场可划分为省级、地区级、县级、乡镇级市场。市场下沉是指加强地区、县甚至乡镇市场的开发与建设。③渠道建设由交易型向伙伴型转变。讲究长期合作，相互投资、参股、共同规划销售、共担风险等。④商流、物流、信息流速度加快。⑤利润空间越来越少。⑥多种销售模式可能同时存在于一个企业当中。同一个企业，在不同的销售区域，可能存在：直销型、通过经销商向终端销售、通过经销商到二级批发商再到终端、自建分销公司、网络销售等多种渠道。

二、缩短渠道路线，产品定制化

所谓产品定制化是指企业根据顾客的个性化需求，向其提供个性化产品与服务，更好地满足顾客的需求。

案例 10 - 6

戴尔定制化

戴尔的成功可以从以下几个方面体现：

1. 直接销售模式。戴尔公司自成立开始就将其创业动机确定为"把电脑直接卖给消费者，不经过中间商，避免中间商的剥削，将省下来的钱回馈给消费者。"

我们看看戴尔是如何做电脑销售的。戴尔公司开始是通过电话直接销售，1996年开始网络直接销售。客户通过电话或网络下订单，戴尔公司接到订货信息，通过公司的信息系统迅速传递给供应商和生产装配部门，供应商在一小时内将配件送到装配车间，装配车间开始组装电脑，36小时后，根据客户订单要求，装配的计算机就装配完成，发货直接送到消费者手中。

它这样做至少有三个方面的好处：一是根据客户的个性化需求提供个性化的产品；二是由于没有中间商，可以降低产品的价格，让利给消费者；三是方便，快速。

我们简单地看一下客户联系、生产组装、销售整个流程环节：

·消费者订货——销售部门通知——生产装配部门通知——零部件供应商——生产装配部门——委托第三方物流公司将产品送给消费者。

2. 戴尔客户群。戴尔将客户分为：大型企业、中型企业、教育机构、政府组织、小型企业、一般消费者等，做到了"比顾客更了解顾客"的市场细分。市场分得越细并且与顾客直接联系，可以准确地预测顾客日后的需求与需求的时间，取得这些策略性的信息后，便可以与供应商协调，将信息变为战略，从而用最短的时间对顾客的需求作出反应，获得竞争优势。

3. 与供应商互补合作。戴尔在选择供应商时，主要考虑这几个要素：一是供应商提供的电脑零部件品质要好，以保证电脑质量好；二是考虑供应商的成本、运送能力、科技含量、库存周转速度，考察其对戴尔公司全球营运的支援能力；三是精挑细选供应商。总之，戴尔选择的供应商能做到优质高效地满足顾客的需求。

4. 实施零库存战略。戴尔公司从接受订单、信息传递给供应商提供配件运送、进行组装到将产品直接送到顾客手中，这一战略的实施，大大减少了库存，他们提出"以信息代替库存"，他们可以把库存减少到7天(最少可以降到3天)，保证零库存战略的成功，减少资金积压，加速了资金的周转。

戴尔的成功可以概括为6个字：质优、快速、诚信。

三、行业销售渠道的变革

在此，我们分别描述一些代表性的行业销售渠道的变革情况。

案例 10-7

家电销售渠道的大裂变

家电销售渠道的发展可以分为三个阶段：

第一、批发、代理主控阶段。生产企业将自己的产品卖给批发商或给代理商进行代理，然后，由批发商或代理商将家电产品向传统的百货商店、家电小门市、批发市场、二级或三级市场等铺货。产生的时间为改革开放到1995年前后。这种方式对家电企业的好处：降低营销费用与管理费用，生产企业没有必要花精力做终端，企业营销队伍规模小。这个阶段产生的背景是家电产品供不应求，生产企业只要有产品均能卖掉。这个阶段是中国家电史上唯一的生产企业与经销商真正实现"双赢"，并且和平共处的阶段。

第二、混合渠道阶段。传统的大商场(如百货商店等)、批发代理、家电专卖店、国内家电连锁、国外综合性连锁(如沃尔玛等)、生产企业自建渠道等形式共生共荣阶段。产生的时间为1996年到2001年前后。产生的背景是家电行业进入供求平衡和供大于求的时期。

第三、全国家电连锁主控阶段。2001年至今，全国性以及区域性家电连锁的崛起迅速改变了家电销售渠道的格局以及家电制造商与经销商的关系。从战略方面而言，家电连锁是典型的成本领先战略。家电连锁企业低价主要来源于巨大的销售量，从而可以从制造商处得到更低的价格、政策、费用等。同时，通过统一品牌运作、统一管理，使得消费者逐渐形成了"买家电，到连锁"的意识。

家电产品在中国属于价格弹性比较高的产品，价格是消费者选择家电产品的重要因素。

家电四种销售渠道将淡出舞台：

一是传统的百货商店，由于大商场从事的是综合性产品的经营，在家电产品经营方面的专业化程度及销量方面与连锁店相比，逊色很多。所以，大商场要保留家电产品的销售，必须实施差异化战略，即只经营中高档家电产品，退出中低档产品。要改变过去的高中低档产品通吃的做法。

二是专卖店也将退出历史的舞台，由于专卖店经营品种单一，限制了消费者选择的空间；另一个原因是家电营销模式已由概念炒作阶段向技术营销阶段过渡，许多国内家电企业还没有认识到这一点，仍然依靠大量的卖点提炼、增加产品的附加功能等手段大做文章，而真正在技术方面投入不足。其实消费者越来越理性，他们购买产品，主要看品质是否好，价格是否合理，而不需要过多的功能和关注所谓的卖点是什么。还有一个原因是专卖店里的家电产品价格普遍较高，这与目前主流消费特点不相符。

三是批发代理商退出家电渠道，目前，家电连锁还没有在二三级市场建店，一旦家电连锁在二三级市场开店，将对批发代理是一个重大的威胁，批发代理根本没有能力与其对抗。再一个就是由于竞争的激烈，家电制造企业的产品价格不能太高，为了减少中间环节，让利给消费者，提高产品的价格竞争力，家电制造商只有放弃批发代理，自己直接与零售终端合作。所以，家电批发与代理退出是时间的早晚问题。

区域家电连锁将退出渠道，主要是由于其实力有限以及过高的价格，不能与全国性连锁(如国美、苏宁)对抗。目前唯一的出路是它们转化为全国性连锁。

家电制造商的出路。家电制造商控制渠道的局面已经一去不复返了。制造商只有将产品分为高、中、低三个档次：中低档产品由家电连锁定制包销，中高档产品由大商场定制包销。并且从广告、包装等方面进行分渠道的差异化营销。同时，从产品技术含量入手，改变目前概念营销的模式而实行技术营销。

案例 10－8

房地产营销渠道策略与创新

1. 我国房地产市场传统的营销渠道策略

一是房地产企业直接销售策略，指房地产企业利用自己的销售部门对房地产商品进行直接销售，目前，我国大部分房地产开发商是采用这种形式。

二是委托代理渠道策略，是指开发商委托房地产代理商寻找顾客，顾客经过代理商的介绍而购买房产。相对前面的直销模式，代理商分散了开发商的风险，另一方面，由于代理商专门研究，对消费者心理把握更好，更有经验，对目标顾客了解更清楚，所以更有利于销售。

三是网络营销渠道,是指房地产企业利用网络将企业有关信息公布在网上,消费者通过网络了解该房地产公司情况,作出相应的购买决策。由于其发布信息的广泛性和详细性,可以拓宽销售范围。

2. 房地产营销渠道的选择要考虑的因素

我们可以列下表来反映:

考虑因素 渠道策略	经济性标准	可控性标准	适应性标准
直接销售	成本高	控制力强	灵活性强
委托代理	成本稍低	控制力弱	灵活性弱 (双方合同限制)
网络渠道	成本最低	控制力强	灵活性强

3. 房地产营销渠道创新

(1)连锁营销渠道。一些实力雄厚、规模大的代理商在兼并小的代理商的同时,也引进麦当劳的连锁经营方式,在各区域建立若干个房地产连锁代理商,它们的特点有:规模化经营、低成本运作、专业化服务、服务范围广、竞争能力强。这样的连锁代理商,房地产公司信任度高,消费者信任度也高。这已在上海、深圳等地出现。

(2)"全程代理"式营销渠道。指房地产代理商参与房地产项目开发经营的全过程,即从项目可行性研究开始,提供市场调查、项目定位、提出建筑规划及设计要求、物业管理及经营规划、销售策划、推广执行策划等,实行一条龙服务。这样对房地产公司成功开发与销售某个楼盘大有好处。

(3)内地异地营销推广。有些实力雄厚的房地产公司,觉得在本地以外的其他区域房地产开发有前途,到外地投资开发房地产,外地销售,外地推广,或者在本地开发某个房产,到外地推广,吸引外地客户购买。

(4)境外营销渠道的拓展。由于目前国家对房地产行业的宏观调控力度加大,面对疲软的国内市场,北京和上海等地的房地产开发商把目光投向国外,选择了境外营销。

(5)关系营销渠道。房地产商通过树立良好的形象,与客户建立良好的关系,通过消费者的相互间的信息传递,扩大产品销售范围。

(6)与超市大卖场渠道的融合。指房地产开发商在超市等大卖场设立展柜,设置专门的售楼员与消费者沟通并销售楼盘。这种做法的最大优点是利用大卖场的客流量,达到很好的宣传作用。

总之,房地产销售没有绝对的好与坏,房地产开发商应考虑各种销售方式的组合运用,最根本的是考虑成本与效果。

案例 10 - 9

汽车销售——4S 店路在何方

1. 4S 店。4S 是指整车销售、零配件、售后服务、信息反馈。4S 店是一种"四位一体"的汽车特许经营模式。4S 店是 1998 年以后才逐步由欧洲传入中国的,它的操作大体是这样的,汽车生产厂家某一品牌在某个区域选择一个或几个等距离的 4S 店,4S 店并不是汽车厂家兴建,而是想经销汽车的商家投资兴建。

2. 进入 4S 市场的"通行证"。想开 4S 店并非易事,它需要满足一定的条件,其条件主要有四个方面:一是 4S 店要做到差别化,4S 店要按照生产厂家的要求,统一店外设计;二是资本要求,一般情况下,建一家中高档轿车的 4S 店,固定资产投资在 2000 万元左右,建一家经济型轿车的 4S 店最少也要 1000 万元以上,而且要维持正常的运转,其流动资金大概要 1000 万元;三是要考虑与规模无关的成本,4S 店的选址与土地投资及宣传可能会增加另类成本;厂家授权,目前没有得到厂家授权的二三级经销商有 50% 以上,这样会严重影响汽车厂家的品牌形象与服务质量。

3. 厂家绝对的强势地位。一是洛阳纸贵,由于国内巨大的汽车市场容量,使得中国成为世界上独一无二的厂家强势市场。国产宝马汽车,曾经想发展 24 个经销商,结果有 2000 多家经销商争夺。二是厂家仗势欺人,一些 4S 店为了按时得到汽车生产企业的汽车,不得不服从汽车生产企业的过分要求,比如:汽车生产企业不能按合同规定时间生产出汽车,甚至厂家向 4S 店搭售滞销车;三是审核制度,厂家与经销商的合同一般是一年签订一次,有些厂家还采用末位淘汰制,如果 4S 店不符合厂家心意,就可能被收回经营权。

4. 4S 店面临的环境。一是由过去的卖方市场已转为买方市场,客户持币待购,4S 店产品由好卖变为难卖。二是替代品的威胁,一些大卖场已经做汽车销售,它们经营成本低,经营的汽车品种多,定价灵活,这无疑对 4S 店极为不利。三是汽车连锁经营模式,它们规模巨大,提供的服务项目多,汽车销售、保养、维修、美容、零配件供应等一条龙服务。4S 店如何与其抗衡?

4S 店曾经风光一时,也是暴利行业,现在的 4S 店由于其投资巨大、经营品种单一、转换成本高,还有客观环境的一系列不利因素,4S 店路在何方?

附:中国汽车销售渠道

当前中国汽车销售渠道的主要类型

(1)品牌专卖店。以 4S 店为典型。

(2)总代理模式。长期以来,中国汽车销售渠道长而深,"制造商——总代理——区域代理——省代理——零售——用户"。这种渠道模式曾在中国汽车市场发展过程中起到巨大的作用。

(3)汽车交易市场。集众多的经销商和汽车品牌于同一场地,工商管理部门、交通管理部门现场办公,并设有专人协办、代办牌照,既提高了购车效率,又降低了成本。

(4)特许连锁模式。一些实力雄厚的汽车经销商在全国各地及全世界设立汽车连锁分店,按照"六统一"的手段(即:统一订货、统一配送、统一结算、统一管理、统一形象、统一服务标准),形成巨大的营销网络。

(5)汽车超市,又称为汽车商店,代理多家品牌,为顾客提供多种品牌的选择与服务。

(6)汽车园区。与国际市场接轨,以轿车为主,商用车和专用车为辅,以汽车相关产业为重点并涉及递延行业,形成专卖店集群的、有先进销售模式的、多功能设置的、国际商务水准的"四位一体"的汽车贸易服务园区。

实训

一、基本概念

销售渠道、直销、经销商、代理商、直接渠道、间接渠道、长渠道、短渠道、零层渠道、宽渠道、窄渠道、批发商、零售商、配送中心、密集分销、选择分销、独家分销、经销制、直营制、助销制、物流

二、选择题

1.单选题

(1)按照流通环节或层次的多少,分销渠道可分为(   )。

A.直接渠道和间接渠道   B.长渠道和短渠道

C.宽渠道和窄渠道   D.单渠道和多渠道

E.密集型渠道和选择型渠道

(2)经纪人和代理商属于(   )。

A.零售商   B.批发商   C.供应商   D.公众

(3)产品的重量和体积越大,其分销渠道越(   )。

A.长   B.短   C.宽   D.窄

(4)短渠道的优点(   )。

A.信息通畅   B.企业能集中精力组织生产

C.与中间商关系密切   D.以上都是

(5)哪项不是密集分销的优点是(   )。

A.辐射范围广   B.中间商相互竞争

C.产品能更快进入目标市场   D.分销成本低

(6)受生产者或卖方委托代销产品的各中间商是(   )。

A.经纪商   B.销售代理商   C.厂商代理商   D.寄售代理商

(7)以大批量、低成本、低售价和微利多销的方式经营的连锁式零售企业是(   )。

A.超级市场   B.方便商店   C.仓储商店   D.折扣商店

(8)确定各层次配置同类型中间商数目属于(   )渠道决策

A.直接渠道与间接渠道   B.长渠道与短渠道

C.宽渠道与窄渠道   D.单渠道与多渠道

(9)某企业的主要产品是香皂和洗衣粉。该企业最适合采取(   )。

A.选择分销策略   B.独家分销策略

C人员推销策略   D.密集分销策略

2.多选题

(1)影响分销渠道设计的因素有(   )。

A.顾客特性   B.产品特性   C.竞争特性   D.企业特性   E.环境特性

(2)下列商品中,适宜选择短渠道分销的有(　　　)。

A.鲜活商品　　B.建筑材料　　C.机器设备　　D.日用百货　　E.通用材料

(3)当企业生产经营的是(　　　)产品时,宜采用短渠道分销

A.单价高　　B.耐久性强　　C.技术性强　　D.市场集中　　E.潜在顾客多

(4)物流现代化需要多种技术支撑,包括(　　　)。

A.条形码　　B.电子货币　　C.电子收款机　　D.电子数据交换E.电子防盗设备

(5)适合广泛性分销的产品(　　　)。

A.便利品　　B.选购品　　C.标准件　　D.精选品　　E.特殊品

(6)销售渠道网络模式有(　　　)。

A.经销制　　B.直营制　　C.助销制　　D.经销制 + 直营制

(7)销售渠道调整的方式有(　　　)。

A.增减分销渠道中的个别中间商　　　　　　B.增减某一条分销渠道

C.调整整个分销渠道　　　　　　　　　　　D.改变产品销售地点

(8)影响销售渠道网络模式选择的因素有(　　　)。

A.产品的销售区域与目标顾客群体的选择情况

B.企业的销售管理水平情况

C.区域市场的消费者集中与分散情况

D.经销商自身情况

E.产品生命周期阶段

三、简答题

1.中间商的存在对制造商而言有何作用?

2.零售商与批发商主要有哪些类型?

3.代理商有何特点?

4.评估销售渠道方案有何标准?

5.企业在选择中间商时,主要考虑的因素是什么?

6.激励中间商的方式有哪些?

7.销售渠道调整的方式有哪些?

8.经销商政策有哪些?

9.如何对经销商进行管理?

10.如何对网络终端进行管理?

11.根据不同的划分标准,仓库类别有哪些?

12.现代物流有哪些新特点?

四、论述题

1.影响销售渠道设计有哪些因素及在设计销售渠道时如何考虑这些因素的影响?

2.销售渠道网络模式有哪几种?其基本含义是什么?各有何优点与缺点?

3.影响销售渠道网络模式选择的因素有哪些?各因素如何影响销售渠道网络模式选择?

4.试述销售渠道变化趋势。

五、项目实训

1. 销售渠道设计实训

内容：广西盛产各类水果，但长期以来，销路不好，价格十分低廉，而广西区外市场存在明显的价格差异，试分析影响水果产品销售渠道的因素，并设计合理的销售渠道。

形式：各小组分别讨论，达成一致意见，选代表发言，全班交流，老师总结。

2. 销售渠道网络模式实训

内容：消费品与产业用品的渠道模式有显著的不同，根据消费品与产业用品的不同特点，如何考虑其销售渠道网络建设？

形式：各小组分别讨论，达成一致意见，选代表发言，全班交流，老师总结。

3. 直销分析实训

内容：收集戴尔电脑、雅芳、安利产品相关材料，了解其直销运作模式，分析其为什么会取得成功。

形式：每个小组收集一个产品的材料，小组讨论，选一个代表发言，全班交流。

4. 把握销售渠道变化趋势实训

内容：通过网络收集相关信息资料，了解一些代表性的行业或产品(如家电、房产、汽车、快消品)目前的一般销售渠道模式及预计未来的变化趋势。

形式：各小组分别讨论，达成一致意见，选代表发言，全班交流，老师总结。

六、案例分析与讨论

1. 乐华兵败渠道革命

自2001年11月份以来，乐华电器大张旗鼓地铺设"一县一点"的销售网点，将分公司开到了各县市，在全国组成了30个分公司，上百个销售点。但这种做法导致摊子过大，公司运营成本急剧增加，利润税减。为提高利润，公司对彩电执行高价政策后，不但没有增加销售额反而使得原有彩电市场迅速萎缩。

2004年4月，乐华集团董事长吴少章召集乐华彩电所有管理层，包括各地分公司经理召开"闭门会"。"砍掉分公司，实行代理制"的改革在乐华正式启动，为了推行代理制，乐华砍掉旗下30多家分公司及办事处；同时，乐华对代理商也提出了较为严格的要求，即"必须现款现货"，乐华与渠道商的矛盾迅速激化。

早在2000年9月份，商场的乐华彩电就一直处于缺货状态。北京国美电器于2001年11月撤销了乐华彩电柜台，而与乐华合作关系最久的北京大中电器在2002年也撤销乐华彩电专柜，使销售处于停滞状态。另外，又因乐华彩电维修部门已人去楼空，彩电出现问题便无人理睬，从而引发大量的顾客投诉电话。

此次乐华彩电渠道变革最终以失败告终。

一、乐华变革之错

在目前商业资本尚不成熟的情况下，厂家"完全放手"必然会产生一定风险。乐华产品多以中低端电视为主，销售旺地也多在二三级城市市场，乐华一鼓作气地砍掉各地分公司的这种做法犹如砍掉了自己的手足，这种方式必然很难被商家接受，导致失败也在情理之中。看来是乐华忽视了一些根本性的问题。

1. 忽视了制造业和流通业的矛盾。制造业集中度高，规模大；而流通业比较分散，规模也比较小。在这样一个矛盾下，必然会造成控制流通业比较困难的格局，因为流通时必须有强而有力的中间商、代理商，但是目前在中国这样的经销商数量还是太少了。这也就导致了中国的制造商需要自己来铺设渠道。明知道这样做要花费大量的人力、物力、财力，但却又不得不这样做。

2.提升了合作的难度。在彩电市场的供求上，制造商没有讨价还价的能力，或者说比其他行业要弱一些。因此，在这种环境下，提出"现款现货"的要求，就等于是制造商提高了讨价还价的筹码，经销商当然可以不买账，提升了合作的难度。

3.利益格局已转变。从原有分公司的渠道转向代理制，这里涉及利益格局的改变。从内部来看，对原有的分公司，尽管乐华是可以控制的，但在具体的操作过程中分公司有自己独立的利益。因此，这种渠道改革，必然会引起内部人员的不满，以至于部分高层人士在关键时期离职易位。从外部来看，对代理公司提出"现款现货"的要求，也是没有照顾到代理公司的利益，乐华的本意是希望把原来花在一些分公司上的钱和库存费用，返还给经销商，以提高经销商的积极性。但是由于部分经销商已经形成了长期实行的赊销的习惯，而在付款取货后，就相当于是把产品积压、占用资金的风险转嫁到了代理商身上。

4.看不清自己的位置。乐华在销售看好的时候还只算是一个居于中上游的三线品牌，而在它这次变革时，提出几乎是一线品牌的企业才敢提的要求，是太看不清自己的位置，对自己的处境太乐观。

二、乐华变革之需

1.从解决内部问题平衡过渡。先解决了以往管理松散、贪污、人浮于事、销售链过长的现状后，再推出一种新的渠道模式，阵痛就会小得多。然后去培育代理商，去与代理商沟通自己的理念、设计成因和探讨未来渠道方案，跟代理商沟通出一个大家能够接受的方案。毕竟分销是以双赢为目的的。其次，在比较有代表性的地区做改革试点，在此过程中发现问题，改变、完善方案，使这个改革于己于人都可以接受后，再开始大规模地推广。再次，将原有的分公司体制平衡地转移到代理分销体系上。

有几种方式可以尝试：(1)改选分公司，将其改选成一个独立的代理公司，乐华可以占一部分股份，产权的改选不触及经营体系的彻底转变，这样的转变可能比较稳妥些；(2)把原有的经销渠道转到现有的代理分公司里来，这样既提高了讨价还价的能力，又使代理商具备了现成的可以利用的渠道，使风险降低。

2.销售渠道需多元化发展。终端市场是个复杂、庞大的市场，不同的地区有不同的销售环境和接受方式。因此，这也就决定了多样化的销售渠道。所以，乐华在进行渠道变革时，为什么一定要给自己制定个框架，制定了唯一的一个代理制销售模式呢？

帕勒咨询有限公司董事罗清启先生认为，真正成熟的代理商在现阶段并不存在。所以，众多的更知名的家电厂商(如长虹、海尔等)都采用两条腿走路：一方面依靠传统的零售商进行销售，另一方面就是与国美、苏宁等新兴业态进行合作。如此比较，不难看出，还是两条腿走路较为稳妥一些。

分析与讨论

1.为什么要对销售渠道进行管理与控制，销售渠道的管理与控制包括哪些内容？
2.乐华渠道变革失败的原因。
3.你认为乐华应如何进行渠道变革？

2. 国美与格力的渠道较量

2004 年 3 月，正是空调行业为备战销售旺季而全面启动的季节，一场来自空调行业与流通行业两大巨头的纷争在此时引爆，一方是空调行业的巨头格力电器，另一方是家电流通行业的巨头国美连锁。此次纷争迷雾重重，但从中却可让业内人士窥知渠道营销的奥秘。

2004 年 3 月中旬，国美总部向各地分公司下发了一份"关于清理格力空调库存的紧急通知"，要求其各地分公司把格力空调的库存和业务清理完毕后，暂停销售格力产品，理由是格力的代理销售模式和价格均不能满足国美的市场经营要求。

国美对此举的解释是：目前国美销售的家电产品主要以厂商直接供货方式为主，这样做的目的是为了节省中间成本，降低产品价格。但格力空调一直通过各地的销售公司向国美供货，在价格上不能满足国美的要求，国美因此无法实现其"薄利多销"原则。

业内人士分析，国美是希望利用自己的渠道优势迫使格力作出价格让步，但格力空调的新闻发言人在一次媒体采访时表示，格力空调对待所有经销商都是一视同仁的，不会给国美搞"特殊化"，因为那样做对其他经销商不公平。格力并不在乎国美的渠道优势，因为格力在全国有 1 万多个经销商，而国美不过是其中的一个，而且格力空调的经销商、消费者对格力空调的认同度都很高，因此，靠市场说话的格力空调并不畏惧国美的"威胁"。

该发言人还表示，事情既然是由国美挑起来的，格力就不会主动与国美讲和，格力的原则是：如果国美可以接受格力的销售模式与价格，双方就继续合作，否则就没有合作余地。

矛盾根源在何处？专业人士从不同角度给予了解说。

在国美、苏宁等家电连锁大卖场出现之前，中国家电销售的主要渠道是各地的百货商场和厂商自己建立的各级销售公司。随着家电连锁大卖场的快速发展，百货商场这条流通渠道逐步被家电连锁商所取代，而家电连锁商制胜的法宝是通过直接从厂家大批量采购，从而取得比较低的进货价，再以较低的零售价销售给顾客，从而赢得市场。而各家电厂商对国美等家电连锁销售商的态度也有一个转变过程。开始，很多家电厂商都把这种连锁销售渠道视为"异端"，认为这种模式搅乱了其价格体系和代理机制。

但现在，很多厂商的态度发生了 180 度的大转变，如海尔等企业开始从组织结构上进行调整，成立了新的直接对接国美等连锁企业的大客户部，开始与国美等连锁企业展开紧密、大规模的合作，这些连锁企业的业务也越做越大。

而格力显然属于"不合群"的少数厂商。格力空调 2003 年的销售量有 500 万套，销量和市场占有率均为全国第一。从 1993 年开始，格力空调就开始构建自己的代理经销体系，与各地的主要经销商组建了股份制的销售公司。也正是这个遍布全国各地的销售公司，帮助格力取得了今天这样的成绩。

这种代理模式与国美这样新崛起的连锁模式发生了严重的冲突，而格力一直还在"坚持"自己的模式。格力相关人士表示，不仅仅是对国美，包括对苏宁、永乐等其他连锁经销商，格力都是坚持由当地的销售公司来供货。格力的说法是，自己不排斥连锁经营的模式，不过，前提是他们要接受格力的代理销售模式。

但这两种模式有着不可调和的矛盾，这个矛盾现在由国美正式揭开了。说到底，这不是格力和国美两家企业的矛盾，而是以格力为代表的传统的代理销售渠道模式与以国美为代表的连锁销售渠道模式的矛盾。

谁是最后的胜利者？这是个大大的疑问。在这次纷争中，国美与格力双方均不让步，而且态度都比较强硬。抛开两种模式的矛盾和冲突不论，从另一个角度讲，国美算不算格力的大客户，是不是应该享受一点大客户的价格政策和待遇呢？对此，格力的回答出人意料，他说在格力公司没有所谓的大客户，对待所有的经销商都是一视同仁。而且，国美算不上自己的大客户，以北京为例，国美的销售量只占其北京销量的5%左右。

但有咨询专家提出，无论从哪个角度讲，遍布全国大中城市的国美连锁都应该算得上是格力的大客户，即使现在从销量上看不那么明显，但以国美的发展速度和市场的影响力看，格力抛弃国美是不明智的选择。

分析讨论

1. 你是支持格力的做法还是国美的做法？为什么？

2. 通过此案例，你认为未来销售渠道将呈现什么样的特点？制造商与中间商的关系将是一种什么关系？

第十一章　促销策略

学习目标

通过本章的学习，掌握促销和促销组合的含义，特点、运作、策略和方法等，正确理解促销的目的和作用。能够针对市场现状进行分析研究，在充分考虑促销组合影响因素的前提下，制定有效的促销方案，并灵活运用促销的各种形式，保证促销活动的顺利实施，从而实现良好的沟通效果。

第一节　促销与促销组合

一、促销

1. 促销的含义

促销(promotion)是指企业利用各种有效的方法和手段，使消费者了解和注意企业的产品、激发消费者的购买欲望，并促使其实现最终的购买行为。促销的实质是信息沟通。企业为了促进销售，把信息传递的一般原理运用于企业的促销活动中，在企业与中间商和消费者之间建立起稳定有效的信息联系，实现有效的信息沟通。

2. 促销的作用

(1)传递产品信息。信息传递是产品顺利销售的保证。在产品正式进入市场以前，企业必须及时向中间商和消费者传递有关的产品销售情报。通过信息的传递，使社会各方了解产品情况，建立起企业的良好声誉，引起他们的注意和好感，从而为企业产品销售的成功创造前提条件。

(2)激发购买兴趣，刺激购买欲望。企业只有针对消费者的心理动机，通过采取灵活有效的促销活动，诱导或激发消费者某一方面的需求，刺激消费者的购买欲望，进而才能扩大产品的销售量。企业还可通过促销活动来创造需求，发现新的销售市场，从而使市场需求朝着有利于企业销售的方向发展。

(3)突出产品特色，增强市场竞争力。企业通过促销活动，宣传本企业的产品较竞争对手产品的不同特点，以及给消费者带来的特殊利益，使消费者充分了解本企业产品的特色，引起他们的注意和欲望，进而扩大产品的销售，提高企业的市场竞争能力。

案例 11－1

一样的汽水，不一样的感觉

如果你到大街上问一群青少年"什么叫雪碧?"他们会回答你"雪碧就是雪碧。"如果你再问"你喝的非常可乐是什么?"他们会告诉你"非常可乐是汽水呀。"大家想想雪碧是不是汽水? 答案是肯定的,为什么相同的汽水有不一样的感觉呢? 因为雪碧永远在传播雪碧透心凉,心飞扬,赋予产品以鲜明的差异。

3. 促销的方式

促销方式具体说来可以分为四种,即人员推销、广告、销售促进和公共关系。这四种方式各有特点,既可单独使用,也可组合使用。各种促销方式都有种类繁多的传播工具和传播平台,如表 11－1 所示:

表 11－1 各种促销方式常用的传播工具

人员推销	广告	销售促进	公共关系
推销展示	印刷和广播广告	竞赛、游戏	报刊稿子
销售会议	外包装广告	兑奖、彩票	演讲
奖励节目	包装中插入物	奖励和赠品	研讨会
样品	电影画面	样品	年度报告
交易会与展销会	宣传小册子	展销会	慈善捐款
展示	招贴和传单	展览会	出版物
	工商名录	示范表演	商务关系
	广告复制品	赠券	游说
	广告牌	回扣	媒体
	陈列广告牌	低息融资	公司杂志
	焦点陈列	招待会	
	视听材料	折让交易	
	标记和标识	连续活动	
	录像带	商品搭配	

四种促销方式有其各自的优缺点,表 11－2 是各种促销方式的综合比较:

表 11－2 各种促销方式的综合比较分析

	人员推销	广告	销售促进	公共关系
促销主导因素	人的表现	告知信息	激励购买	形象建立
见效速度	及时	滞后	最快	最慢
沟通方式	双方	单向	单向	双向
促销功效	与用户建立合作伙伴关系	提高产品的知名度	短时期内提升销售量	树立良好的公众形象
时效性	中长期	中长期	短期	长期

	人员推销	广告	销售促进	公共关系
特征	直接信息沟通,反馈及时,可当面促成交易	传播速度快,涵盖面广,形象生动,渗透力强,节省人力	吸引力大,激发购买兴趣,促成用户立即采取购买行为	影响面广,信任度高,可提高企业及其产品的声誉
局限	占用人员多	不能立即成交	接触面窄,有时会降低商品的品质和服务,引起用户误会或猜疑	花费力量大,见效慢,可控性低

二、促销组合

1.促销组合的含义

促销组合,是一种组织促销活动的策略思路,即运用人员推销、广告、销售促进、公关关系四种基本促销方式组合成一个策略系统,使企业的全部促销活动互相配合、协调一致,最大限度地发挥整体效果,从而顺利实现企业目标。

促销组合体现了现代市场营销理论的核心思想——整体营销。促销组合是一种系统化的整体策略,四种基本促销方式则构成了这一整体策略的四个子系统。每个子系统都包括了一些可变因素,即具体的促销手段或工具,某一因素的改变意味着组合关系的变化,也就意味着一个新的促销策略。

2.促销组合的基本策略

促销组合策略是根据产品特点和经营目标的要求,有计划地综合运用各种有效的促销手段所形成的一种整体的促销措施。促销组合的基本策略主要有三大组合策略:推式策略、拉式策略、推拉结合策略。

(1)推式策略。推式策略是指企业通过促销将产品由生产者推销给中间商,中间商转而向消费者推销商品的一种有方向性的链式系统。如图 11 – 1 所示。

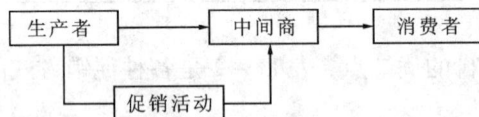

图 11 –1　推式策略示意图

(2)拉式策略。拉式策略是指企业运用广告、销售促进、公共关系等方式宣传产品,树立良好的企业形象、品牌形象,激发消费者对商品的兴趣,使其产生购买,从而来扩大销售的一种策略。如图 11 – 2 所示。

(3)推拉结合策略。实际运用中,企业也可以把上述两种策略配合起来运用,在向中间商进行大力促销的同时,通过广告等方式刺激市场需求。企业可以根据产品及市场的特点,采用先推后拉、先拉后推或推拉同时进行的方式展开对中间商和顾客的促销攻势,称

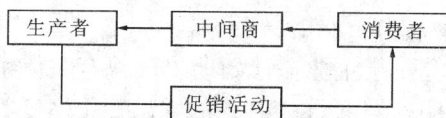

图 11 - 2　拉式策略示意图

为推拉结合策略。

3. 影响促销组合策略的因素

由于各种促销的方式各有优缺点，因此我们在制定促销组合策略的时候，要根据客观实际的需要，充分地考虑以下因素。

（1）促销目标。在企业营销的不同阶段，促销的目标具有阶段性的侧重点。如提高企业产品的知名度和美誉度，扩大产品的销售量和提高市场份额等。各种促销方式在实现不同促销目标的作用不尽相同，例如：一个企业如果是以销售商品为主要目标，应以销售促进和广告为主；而以提高知名度为主要目标时，应以公共关系和广告为主。所以在制定促销组合时要首先明确促销的目标。

（2）产品因素。①产品的类型。不同类型的产品，消费者购买要求和习惯不同，企业需要采取的促销组合也不同。一般来说，在消费者市场因市场范围广而更多以广告和销售促进为主要形式。在生产者市场，因购买批量较大，市场相对集中，则以人员促销为主要形式。②产品生命周期。在产品市场生命周期的不同阶段，促销的目标和侧重点是不同的，要相应地选择不同的促销组合策略，如表 11 - 3 所示。

表 11 - 3　产品市场生命周期不同阶段促销组合应用

产品生命周期	促销的目标和重点	促销的主要方式
投入期	使消费者认识了解产品，寻找早期试用者，要做大力的宣传。	以广告为主，销售促进和人员推销为辅。
成长期	增进消费者购买兴趣与偏爱，要加深产品在消费者心中的印象。	改变广告形式，宣传产品的特色，以公共关系为辅。
成熟期	增进消费者购买兴趣与偏爱，要加深产品在消费者心中的印象。	使用广告提醒，辅以人员推销，加强公共关系，树立品牌的良好形象。
衰退期	促成信任购买	销售促进为主，辅以广告提醒。
生命周期各阶段	消除不满意感	改变广告内容，利用公共关系。

（3）市场状况。对不同的市场需要，应采取不同的促销组合。如根据市场的地理位置和范围的大小、不同的市场类型采用不同的促销组合。规模小，距离近，买主比较集中且交易额大的本地市场，可以考虑以人员推销为主，配合以广告策略进行组合，这样既能发挥人员推销的优势，又能节约广告费用；市场规模比较大、产品销售范围比较广泛的市场，适宜用电视、电台和报刊等媒体的广告宣传及公共关系为主并辅以其他促销方式。消费品市场的买主多而分散，不可能完全靠推销人员去广泛的个别接触，主要靠广告宣传介绍、产品包装说明及商品陈列等吸引顾客。工业品市场的用户数量少而购买量却较大，多使用

人员推销。此外,企业还应考虑目标市场的其他特性,如消费者收入水平、风俗习惯和受教育程度等,结合自身的特点制定最佳促销策略。

(4)促销预算。促销预算是指企业在计划期内反映有关促销费用的预算。开展促销活动必然会产生一定的促销费用,各种促销方式的支出费用高低不同。有的促销方式费用较高,如电视广告、大型展销会、新闻发布会等;有的促销方式费用较低,如报纸广告、销售点广告、商场堆头展销等。促销支出是一种费用,也是一种投资。促销费用过低,会影响促销效果;促销费用过高又可能会影响企业的正常利润。理想的促销组合追求的是能以较低的促销费用带来较高利润。企业在制定促销策略时,应根据促销目标和自身利益财力状况、同时考虑最佳效益,选择出适宜的促销方案。

第二节　人员推销

一、人员推销的含义

人员推销指企业派出销售人员通过口头交谈的方式直接与目标顾客进行有效的沟通,以介绍商品,推广宣传,促进和扩大商品销售的过程。

人员推销是一种最古老、最传统、最富有技巧性的销售方式。人员推销不仅是卖的过程,而且是买的过程,即帮助顾客购买的过程。推销员只有将推销工作理解为顾客的购买工作,才能使推销工作进行得卓有成效,达到双方满意的目的。

一般而言,人员推销的基本要素为推销员、推销产品、推销对象。

人员推销是一种具有很强人性因素的,独特的促销手段。它具备许多区别于其他促销手段的特点,可完成许多其他促销手段所无法实现的目标,其效果是极其显著的。相对而言,人员推销较适于推销性能复杂的产品。当销售活动需要更多地解决问题和说服工作时,人员推销是最佳选择。说服和解释能力在人员推销活动中尤为重要,它会直接影响推销效果。

二、人员推销的优缺点

人员推销的优缺点比较如表11-4所示:

表11-4　人员推销的优缺点比较

优点	缺点
·能及时有效在促成现场交易和反馈信息 ·能为顾客提供有效服务 ·具有较强的针对性和灵活性 ·让买卖双方建立密切关系	·信息传播的范围较小 ·推销的成本较高 ·对推销人员的业务素质要求较高 ·推销人员的培训和管理难度较大

三、人员推销的工作步骤

遵循推销的工作步骤,可以提高人员推销的成功率,一般而言,有效的销售过程都要经过一些主要步骤，如图 11 - 3 所示：

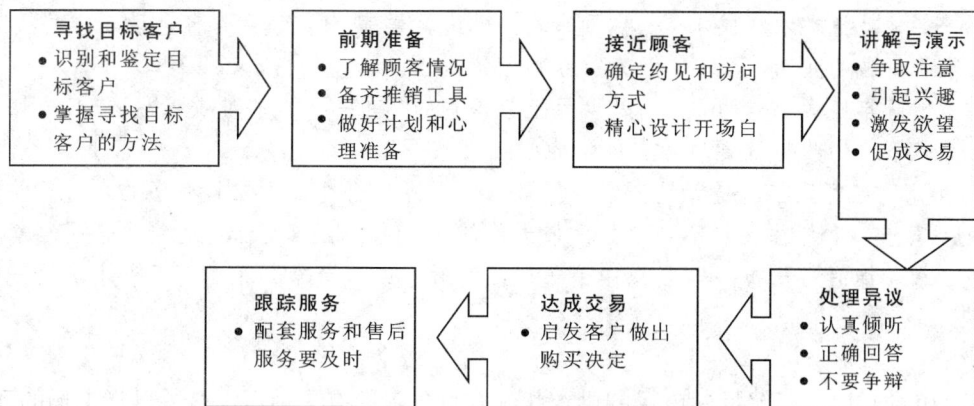

图 11 - 3 人员推销的工作步骤

四、推销人员的基本素质

推销人员是企业开拓市场的"尖刀部队"，也是企业形象的重要代表，一个合格的推销人员应具备以下素质：

1. 强烈的敬业精神，勇于进取

推销人员是企业的代表，有为企业推销产品的职责，同时又是顾客的顾问，有为顾客的购买活动当好参谋的义务。企业促销和顾客购买都离不开推销人员。因此推销人员要具有高度的责任心和使命感，热爱本职工作，不辞辛苦，任劳任怨，敢于探索，积极进取，耐心服务，同顾客建立友谊，这样才能使推销工作获得成功。

2. 求知欲强，知识广博

渊博的知识是推销人员做好推销工作的前提条件。较高素质的推销员必须有较强的上进心和求知欲，乐于学习企业知识和各种必备的知识。一般说来，推销员应该具备以下知识：

（1）熟悉企业的历史及现状。包括本企业的规模及在同行中的地位、企业的经营特点、经营方针、服务项目、定价方法、交货方式、付款条件和保管方法等企业的发展方向。

（2）产品知识。熟悉产品的性能、用途、价格、使用知识、保养方法以及竞争者的产品情况等。

案例 11 - 2

沉香与木炭

寒冷无比的冬天，有一位青年，历尽千辛万苦来到一个热带雨林。在这片热带雨林里他找到了一种奇特、罕见的树，这种树高 10 余米，如果砍下一年后让其外皮朽烂，留下木心沉黑的部分，一种无比奇特的香气就会散发开来；若将其放在水中，则不像别的树木一样漂浮，反而会沉入水底。

青年将这种奇香无比的树木运到市场上去卖,却无人问津,这使他十分烦恼。而他身旁卖木炭的商人身边却围了众多的买者。

后来,他就把香木烧成木炭,挑到市场,很快就卖完了。青年为自己改变了主意而自豪,回家告诉他的父亲。不料,父亲听了后泪流满面。

原来,青年烧成木炭的香木,是世界上最珍贵的树木——沉香。父亲说:"只要切一块磨成粉屑卖,它的收益就要超过卖一年的木炭啊……"

卖点究竟在哪里?这是营销人经常思考的问题,一种商品往往具有多种用途,并由此构成几个卖点。人们往往看不到物品的最大价值,而做了"因小失大"的错事——端着金碗讨饭吃,拿着锦缎当抹布……因此在销售产品的过程中只有充分了解产品,才能更好地进行销售。

(3)市场知识。了解目标市场的供求状况及竞争者的有关情况,熟悉目标市场的环境,包括国家的有关政策、条例等。

(4)心理学知识。了解并适时地运用心理学知识来研究顾客心理变化和要求,以便采取相应的方法和技巧。

3. 文明礼貌,善于表达

推销人员推销产品的同时也是在推销自己。这就要求推销人员要注意推销礼仪,讲究文明礼貌,仪表端庄,热情待人,举止适度,谈吐文雅,在说明主题的前提下,语言要诙谐、幽默,给顾客留下良好的印象,为推销获得成功创造条件。

4.敏锐的观察能力,富于应变,技巧娴熟

市场环境因素多样且复杂,市场状况很不平稳,为实现促销目标,推销人员必须对各种变化反应灵敏,并有娴熟的推销技巧,能对变化万千的市场环境采用恰当的推销技巧。推销人员要能准确了解顾客的有关情况,能为顾客着想,尽可能地解答顾客的疑难问题。

五、人员推销的形式及策略

1. 人员推销的基本形式

一般说来,人员推销有以下三种基本形式:

(1)上门推销。上门推销是最常见的人员推销形式,是由推销员携带产品样品、说明书、产品订单等走访顾客,推销产品。

(2)柜台推销。又称门市推销,是企业在适当的地点设置固定的门市、柜台或摊点,由营业员接待进入门市的顾客,推销产品。柜台推销适合于零星小商品、贵重商品和容易损坏的商品。

(3)会议推销。它指的是利用各种会议向与会人员宣传和介绍产品,开展推销活动。例如:在订货会、交易会、展览会上推销产品等。这种推销形式接触面广,推销集中,可以同时向多个对象推销产品,成交额较大,推销效果较好。

2. 人员推销的基本策略

在人员推销活动中,一般采用以下三种基本策略:

(1)试探性策略。也称为"刺激——反应"策略。这种策略是在不了解顾客的情况下,推销人员运用刺激性手段引发顾客产生购买行为的策略。推销容易事先设计好能引起顾客兴趣、刺激顾客购买欲望的推销语言，通过渗透性交谈进行刺激；在交谈中观察顾客的反应，然后根据其反应采取相应的对策，并选用得体的语言，再对顾客进行刺激，进一步观察顾客的反应，以了解顾客的真实需要，诱发其购买动机，引导其产生购买行为。

（2）针对性策略。是指推销人员在基本了解顾客某些情况的前提下，有针对性地对顾客进行宣传、介绍，以引起顾客的兴趣和好感，从而达到成交的目的。因为推销人员常常在事前已经根据顾客的有关情况设计好了推销语言，这与医生对患者诊断后开处方类似，故又可称为"配方——成交"策略。

（3）诱导性策略。是指推销人员运用能激起顾客某种需求的说服方法，诱发引导顾客产生购买行为。这种策略是一种创造性推销策略，它对推销人员要求较高，要求推销人员能因势利导，诱发、唤起顾客的需求，并能不失时机地宣传介绍和推荐其所推销的产品，以满足顾客对产品的需求。因此诱导性策略也可称为"诱发——满足"策略。

第三节　广告策略

一、广告的含义

广告有广义和狭义之分，广义广告包括非经济广告和经济广告，狭义广告特指商业广告。在这里，我们主要研究学习商业广告。商业广告是由明确的主办人发起，以付费方式进行的旨在将商品、服务或营销构思的有关信息传递给目标受众的一种大众传播行为。广告是一种经济有效的、应用频率最高的信息沟通和传播手段，它在沟通产销、激发需求、指导消费、增加效益、美化生活、促进文明等方面，都有着其他促销方式无法比拟的优势。

二、明确广告目标

为什么要做广告？广告应达到什么效果？这就是广告目标所要明确的问题。

广告目标是指在一个特定时期内，对于某个特定的目标受众所要完成的特定的传播任务和所要达到的沟通程度。广告目标要服从于企业的整体营销目标。

企业在不同时期，其广告目标不同，企业的广告目标可以分为三种类型。

1. 告知性广告

告知性广告目的是为产品创造最初的基本需求，常在产品的介绍期用来介绍新产品、开拓新市场，因此又称为创牌广告或开拓性广告。告知性广告的要点是：向市场告知有关新产品的情况；提出某项产品的若干新用途；说明新产品如何适用；描述所提供的各项服务；树立公司形象，等等。

2. 劝说性广告

这是企业在市场激烈竞争阶段常用的有力武器，一般多用于处在成长期和成熟期的产品宣传。企业实行差异化营销策略时，也使用劝说性广告。劝说性广告用来改变消费者对某一企业品牌的偏好，促使消费者立即购买或准备购买企业品牌的产品。此类广告诉求的重点是宣传本产品比其他产品优异之处，使消费者能认知本产品并能指名购买。

3. 提示性广告

这在产品的成熟期非常有必要，其目的是使顾客保持对某一企业品牌产品的记忆，巩固该企业已有的市场阵地，并在此基础上深入开发潜在市场和刺激购买需求。提示性广告主要通过连续广告的形式，加深消费者对已有商品的认识，使现实消费者养成消费习惯，潜在消费者发生兴趣和购买欲望。如康师傅的"就是这个味儿"、娃哈哈的"我的眼里只有你"等。

三、确定广告预算

确定广告目标后，企业就业开始制定广告预算，也就是确定在广告活动上花费多少资金，花费在哪里等。一般而言，企业在制定广告预算时要考虑五个特定的因素：

1. 产品生命周期阶段

在产品导入时期，广告投入量比较大，至少是在销售比例上很高。因为要开发市场，必须通过大量的广告使消费者认识产品，在产品进入成熟期之后，由于市场对产品已比较熟悉，广告的解释性已转变为提示性和重复性，所需广告费用相对就要少一些，至少是在销售比例上比较小。

2. 消费者基础和市场占有率

一个具体的品牌，如果已经拥有了一定的市场占有率，且其消费者基础较好，那么所需广告费用就较少，反之广告费用就要高许多。大体上讲，一个产品要保持并提高市场占有率要花费少。市场占有率的大小，同时还表明产品目前使用者的数量，即消费者基础。如果消费者基础大，以每一受众印象为基础，送达广告信息的媒体支出千人成本要小得多。由此可见市场占有率和顾客基础的规模大小，对广告预算影响甚大。

3. 竞争和干扰

竞争对手在市场上所推行的广告战略直接影响广告预算。如果竞争对手采用比较强劲的广告攻势，或者竞争品牌比较多，那么所要花费的投资就要比平常多。除此之外，广告发布在媒介及市场对象之间还存在大量的"干扰"。但对于某一具体品牌而言，可能采用的媒介资源永远只是有限的，并且有无数的信息可能针对同一位接受对象，同时在信息的传达和接受中，又有可能受到来自不同方向的信息冲击等，这同样对信息传播形成了干扰，因此也直接影响了预算。

4. 广告媒介及发布频次

不同的广告媒介购买价格大不相同，有时不同的媒介可以同样达到对某一消费群体的信息传达，但媒介价格却差异甚大。此外，广告在发布中持续的周期长短、发布频率也至关重要。为了传达品牌信息，广告必须要持续一定周期，并要求有一定的重复和强调。

5. 产品风险及可替代性

产品风险是指消费者选择产品所负担的风险，可以用两种方法判断：一是以产品实际花费为准的金钱风险；二是产品购买后能否满足需要或解决问题的风险。通常低风险产品在市场上都面临着激烈竞争，具有很大的可替代性，为了维持或改善现有地位，所以广告预算也较高。相反，如果产品在市场上没有其他产品可替代，那么所支付的广告费也就相对较低。

四、选择广告媒体

广告媒体，也称广告媒介，是广告主与广告接受者之间的连接物质。它是广告宣传必不可少的物质条件。

1. 广告媒体的种类及其优缺点

广告媒体并非一成不变，而是随着科学技术的发展而发展。科技的进步，必然使得广告媒体的种类越来越多。不同的广告媒体，具有各自的优劣势。表 11-5 是各类广告媒体的优缺点比较。

表 11-5 广告媒体的种类及其优缺点

广告媒体	优点	缺点
报纸	·灵活、及时 ·权威,可信度高 ·覆盖面广,信息量大 ·费用较低 ·易保存,可重复阅读。	·时效短 ·注意度不高 ·表现力差
杂志	·对象明确,针对性强 ·保存时间较长,可反复查看 ·印刷精美,能较好地展示产品形象 ·读者认知度高	·周期长,灵活性较差,不及时 ·读者较少,覆盖面小
广播	·传播迅速、及时 ·播出的灵活性 ·听众广泛 ·制作简单,费用较低	·时间短,不便记忆和存查 ·有声无形,印象不深
电视	·形象、生动、逼真、感染力强 ·宣传范围广,影响面大 ·有较高的注意率 ·宣传手法灵活多样,艺术性强	·时间性短,不易存查 ·瞬间传达,被动接受 ·制作、播出的成本较高 ·节目繁多,易分散注意力,产生抗拒情绪
网络	·不受时空限制,传播速度快,成本较低 ·传播形式多样,图文并茂。 ·观众的选择余地大,具有互动性	·可信度低 ·上网条件限制
户外媒体	·展示时间长,费用相对较低 ·表现形式丰富多彩 ·有利于宣传企业形象	·目标对象选择性差 ·传播信息量小 ·覆盖面小 ·效果难以测评
邮寄媒体	·目标对象明确 ·信息量大,表现灵活 ·人情味较重	·反馈的主动性差 ·反馈周期较长 ·成本较高
焦点广告	·加深顾客对商品的认识 ·增强销售现场的装饰效果,制造气氛 ·实物展示,具有高度的真实性 ·费用较低	·覆盖面小 ·时效短,顾客离开销售现场后易遗忘

2. 广告媒体的选择

不同的广告媒体有不同的特性，这就要求企业运用广告进行促销时，必须对广告媒体进行正确的选择，把商品或服务信息及时、有效地传递给消费者，否则将影响广告效果。正确地选择广告媒体，一般要考虑以下影响因素：

（1）商品的性能和特点。商品本身的性质、特点是选择广告媒体的重要依据。不同性质的商品，有不同的使用价值、使用范围和宣传要求。一般而言，生产资料技术性强、结构用途复杂，较多地采用报纸、专业杂志、产品说明书、信函等印刷媒体，也可建立专门的网站，对企业产品作详细的说明介绍；对于一般的日用消费品、高档耐用消费品则宜采用广播或电视媒体，能形象逼真地介绍商品的功能、特点与外观，能诱发消费者的购买欲望。如在电视里、网络上做服装、鞋帽广告，感兴趣的人就会多，广告效果就比较好，具有感染力和说服力。

（2）目标消费者接触广告媒体的习惯。选择广告媒体，还要考虑目标市场上消费者接触广告媒体的习惯。能使广告信息传到目标市场的媒体才是最有效的媒体。如体育用品的目标消费群有观看体育类节目的习惯，广告媒体就可以选择体育频道或体育类报刊、杂志；面向学龄前儿童的广告，宜选电视作其媒体；对妇女用品进行广告宣传，选用妇女喜欢阅读的杂志或电视，其效果较好，也可以在妇女商店布置橱窗或展销。如在文盲率较高的地区，报纸、电视普及率也不高，只有广播是比较好的传播媒体。

（3）广告媒体的传播范围。这是指广告媒体所能传播到的区域范围及视听人数。广告媒体传播范围的大小直接影响广告信息传播区域的广窄。适合全国各地使用的产品，应以全国性发放的报纸、杂志、电视等做广告媒体；属地方性销售的产品，可通过地方性报刊、电台、电视台等传播信息。

（4）广告媒体的成本。各广告媒体的收费标准不同，即使同一种媒体，也因传播范围和影响力的大小而有价格差别。考虑广告媒体的成本，应该注意其相对费用，即考虑广告促销效果。如果使用电视做广告需支付广告费20万，预计目标市场收视者2万，则每千人支付广告费是1元；若选用报纸做媒体，费用10万，预计目标市场收阅者5千人，则每千人支付广告费是2元；相比结果，应选用电视作为广告媒体。

总之，要根据广告目标的要求，结合各广告媒体的优缺点，综合考虑上述各影响因素，尽可能选择使用效果好、费用低的广告媒体。

五、评估广告效果

广告效果，是指企业通过媒体传播广告之后，目标消费群受到的影响。狭义的广告效果，特指广告所获得的经济效益，广告传播促进产品销售的增加程度，也就是广告带来的销售效果。

有一位著名的广告人曾经说过一句名言，我的另一半广告费被浪费了，但却不知被浪费到哪里去了。广告的费用很高，应对其效果进行评价，根据广告的目标、广告的支出水平等多方面进行全面的比较和测评，以提高广告的实际效益。

广告的销售效果主要反映在广告费用与商品销售量（额）之间的比例关系，它的测定是以商品销售量（额）增减幅度作为衡量标准的。监测广告对产品销售量的影响，通常的测定方法有以下：

1. 广告费用占销率法

广告费用占销率法用来测定计划期内广告费用对产品销售量（额）的影响。广告费用占销率越小，表明广告促销效果越好；反之越差。其公式为：

$$广告费用占销率 = [广告费/销售量(额)] \times 100\%$$

2. 广告费用增销率法

广告费用增销率法用来测定计划期内广告费用增减对广告商品销售量(额)的影响。广告费用增销率越大，表明广告促销效果越好；反之越差。其公式为：

$$广告费用增销率 = [销售量(额)增长率/广告费用增长率] \times 100\%$$

3. 单位费用促销法

单位费用促销法用来测定单位广告费用促销商品的数量或金额。单位广告费用促销额(量)越大，表明广告效果越好；反之越差。其公式为：

$$单位广告费用促销额(量) = 销售额(量)/广告费用$$

4. 单位费用增销法

单位费用增销法用来测定单位广告费用对商品销售的增益程度。单位广告费用增销量(额)越大，表明广告效果越好；反之则越差，其计算公式为：

$$单位广告费用增销量(额) = [报告期销售量(额) - 基期销售量(额)]/广告费用$$

5. 弹性系数测定法

通过广告费用投入量变动率与销售量(额)变动率之比值来测定广告促销效果。其公式为：

$$E = (\Delta S/S)/(\Delta A/A)$$

其中：S——原销售量(额)；

ΔS——增加广告费用后的销售增加量(额)；

A——广告费用原有支出；

ΔA——增加的广告费支出；

E——弹性系数，即广告效果。E 值越大，表明广告的促销效果越好。

第四节　销售促进

销售促进，又称为营业推广，它是一种适宜于短期推销的促销方法，是企业为鼓励购买、销售商品和劳务而采取的除广告、公关和人员推销之外的所有企业营销活动的总称。

如果说广告提供了购买的理由，那么销售促进则进一步激励了购买行为。

一、销售促进的特点

销售促进的形式多种多样，一般都具有以下特点：

1. 效果显著，方式灵活

销售促进的许多方式，对消费者或用户具有强烈的吸引力和诱惑力，能够唤起消费者的广泛关注，它似乎告诉消费者这是不会再有的机会，使消费者有一种机不可失的紧迫感，立即促成购买行为，在较大范围内收到立竿见影的功效。

2. 是一种辅助性促销方式

销售促进是促销组合中其他促销方式的补充措施，使用销售促进方式开展促销活动，虽然能在短期内取得明显的效果，但它一般不能单独使用，常常配合其他促销方式使用。

销售促进的运用能使与其配合的促销方式更好地发挥作用。

3. 有损形象

销售促进的有些做法给消费者的印象是急于出售，容易造成消费者的逆反心理。如果频繁使用或使用不当，会引起消费者的怀疑和反感，误认为企业急于推销的产品在质量、价格等方面存在问题，从而有损产品或企业的形象，降低产品的身价和地位。

二、销售促进的方式

销售促进的方式多种多样，每一个企业不可能全部使用。这就需要企业根据各种销售促进方式的特点、促销目标、目标市场的类型及市场环境等因素选择适合本企业的销售促进的方式。

1. 对消费者的促销

针对消费者的促销，是为了鼓励老顾客继续使用，促进新顾客使用，动员顾客购买新产品或更新设备，引导顾客改变购买习惯，或培养顾客对本企业的偏爱行为等。其方式可以采用：

（1）赠品促销。指企业一定时期内为扩大销量，向购买本企业产品的消费者实施馈赠的促销行为。赠品促销是最古老也是最有效最广泛的促销手段之一。通过赠品的魅力来吸引消费者，选择什么样的赠品、如何在低成本、高产出上下工夫是保障促销成功的关键所在。同时，赠品促销的时机也十分重要，如家电产品节假日促销较为合理。此外，选择赠品时，赠品的属性最好和企业的品牌或产品有一定的关联度，这有利于企业的品牌提升。如将印有公司品牌标志或名称的物品作为赠品，在促销的同时，还给消费者一条广告信息，常见的有圆珠笔、日历、杯子等。

（2）降价促销。指一定时期内迫于来自消费者、竞争对手、产品更新换代等市场压力，为扩大销量，厂家或零售商开展的一些优惠酬宾、折扣让利等产品降价的销售活动，以刺激消费者购买。例如，春节过后，各服装商场对冬装纷纷打折，希望通过打折能将即将过季的服装销售出去，减少库存的风险，使资金能良好地运转。降价促销同时是一把双刃剑，短期内虽然可以提升销量，但是，促销期结束后，随着价位回升，该产品销量会迅速下降，甚至成为滞销品。降价促销和赠品促销一样，对企业的品牌也具有一定的负面影响。因此，企业在实施降价促销时，应充分考虑自身产品定位、竞争对手的情况、产品的更新换代等问题，避免陷入价格战的困扰。

（3）试用促销。指厂家或商家把一定数量的商品样品，免费赠送给目标消费者试用的一种促销活动。其目的是使消费者在试用后切身体验到该产品的质量和功效，进而从小量尝试到长期固定消费。一般而言，免费试用广泛应用于价值较低的快速消费品或新品、新技术上市的过程中。在运用时，应注意以下几点：一是赠送的产品确实具有独特的卖点，能给消费者带来其他品牌无法承诺的利益点，这样才能争取新的消费群；二是样品必须准确地送至消费者当中，所以在派送之前，应先论证目标消费群的接触点；三是考虑销售淡旺季，一般来说，旺季到来之前实施最好；四是派送之前最好有广告的配合。

（4）以旧换新促销。厂家为了扩大消费，采取厂家或商家按一定的金额回收处理旧品，消费者按旧品折扣金额来购买新品的促销行为。以旧换新的目的，主要是为了消除旧商品形成的销售障碍，免得消费者因为舍不得丢弃尚可使用的旧商品，而不买新商品。目前以旧换新促销十分流行，涉及的商品有自行车、手表、家用电器、家具、住房、黄金珠宝首饰、高压锅、热水器、煤气灶等，甚至西服、羊毛衫、旅游鞋、炒菜锅等，都可以以旧换新。这种促销方式对卖方来说，可以加速出货和资金回笼，加速了产品的更新换代。同时，也能有效地刺激消费者的购买欲望，解除了消费者旧品处理之忧。但是，以旧换新本质上还是降价，回收来的旧商品通常没有多大经济价值。因此，以旧换新在促销前必须做好成本核算。

（5）有奖促销。企业通过有奖征答、有奖问卷、抽奖（即开式、递进式、组合式）、大奖赛等手段吸引消费者购买企业产品、传达企业信息的促销行为。按照抽奖的性质主要分有奖征答、问卷、抽奖、大奖赛等。企业销售人员最喜欢的方式之一就是抽奖，因为这有利于直接拉动终端销售。与其他促销手段比，抽奖促销付出费用少，产出大。但是，这种方式也有它的不足之处，一是抽奖难以评估，它的好坏与很多因素有关，如市场环境、促销时间、人员经验等；二是抽奖对品牌的建设有一定的负面影响。

（6）游戏促销。企业设计一些构思奇巧，妙趣横生的游戏或竞赛，让消费者参与，同时把企业信息、产品信息传达给消费者的一种促销行为。游戏是以趣味、游戏、娱乐为主，比赛尚在其次。如现在流行的广场秀当中，总是会设计一些观众参与的游戏，如"一分钟内数出产品的十大卖点"、"明星模仿秀——谁比谁更像某明星"以及诸如拼图游戏、搭积木比赛、跳棋比赛、猜字谜等。游戏促销正是基于人们爱玩的天性而设定的，形式新颖，规则简明。它的优点是：寓教于乐，容易给消费者带来深刻的印象，从而增加对品牌的认知度。因此，在设计游戏时，除了注重趣味外，还应考虑如下因素：一是设计的游戏贴近目标消费者的习性，二是游戏习题简单具可操作性，三是设计具可控性。

（7）会员制促销。在商业领域，会员制促销是利用人作为社会的人在心理上的团体归属感，以制度的形式成立一个正式的或非正式的组织，由组织向会员承诺一个或多个利益点，从而实现组织与个人利益最大化促销行为。如现在很多大型超市向消费者赠发不同折扣的至尊金卡、银卡并定期向自己的会员派送免费 DM，定期举行会员联谊会等。又如"贝塔斯曼"书友会，消费者只要缴纳一定的入会费，每季度购书数量符合会员要求，即可成为长期会员，享受半价或超低价的购书优惠。

（8）积分促销。指消费者短期内通过多次购买，累积积分券、贴花、换物票、商品包装等，享受企业的促销政策，从而培养顾客认知度及忠诚度的促销行为。积分促销可以促使消费者长期稳定地忠于某一品牌，可以刺激消费者加大或超量购买商品。但是，积分促销要求消费者反复购买，与立竿见影的买赠促销相比，部分消费者可能缺乏耐心，从而失去吸引力。

（9）联合促销。指两个以上的企业或品牌合作开展促销活动。这种做法的最大好处是可以使联合体内的各成员以较少费用获得较大的促销效果，联合促销有时能达到单独促销无法达到的目的。例如，当你在超市购买某品牌的酱油时，你会发现只要比平时多付一点钱，就可以一起获得另外一个品牌的鸡精，或者当你在电器城购买某品牌的洗衣机时，导购小姐会告诉你：购买某品牌的洗衣机的同时购买另一个品牌的电饭锅，将可以参加某个抽奖或者将获得某个优惠和奖品。这实际上就是生产厂家在进行产品的促销，通过两个不同品牌捆绑在一起，联合进行促销的方式。值得注意是，参加联合促销的各方只有具备相同或相近的目标市场才能用较小的成本取得较大的效果。

（10）消费信贷促销。通过赊销、分期付款等方式推动商品或服务的销售，顾客不用支付现金或只支付部分现金即可取得商品的使用权。如现在消费者购买商品房或私家车时，开发商或厂商一般均采用此促销方式；在家电领域，青岛海尔电器也开展过"购海尔大家庭系列"分期付款活动，由于海尔电器产品线即宽且长，新婚之家或乔迁之喜之类用户要购买的电器种类较多，但购买全系列产品占用资金额度较大，因此，推出分期付款的方式较为适合这部分消费群。

（11）展示促销。由于新品上市、店庆、节假日促销需要，企业将促销产品集中陈列，并利用道具、有奖问答、游戏、演出等手段向目标受众传达产品利益点或促销信息的促销行为。如平时节假日在商场门口见到的户外演示活动即属于此类。展示促销的突出优点是能快速、高效地传达信息并产生销售，而又不像其他促销手段一样对品牌有负面影响，因此被普遍运用。但是，展示促销通常在户外或者人流量较大的地方，因此，要充分考虑当时的天气、政府干预、突发事件、场地布置、物料设计以及人员分工等因素。

在实际商业活动中，往往是多种促销联合起来应用，如展示、抽奖与游戏组合，抽奖与买赠组合，会员制与降价组合等。促销的策略与手段是一个不断发展的过程，也要"与时俱进"。随着时代的发展，随着市场化程度的提高，随着竞争的加剧及科学技术的发展，更多更好的促销方式和方法必将层出不穷。

案例 11 –3

促销给屈臣氏安上"翅膀"

能让都市时尚白领一族以逛屈臣氏商店为乐趣，并在购物后仍然津津乐道，有种淘宝后莫名喜悦的感觉，这可谓达到了商家经营的最高境界。经常可以听到："最近比较忙，好久没有去逛屈臣氏了，不知最近又出了什么新玩意……"。逛屈臣氏淘宝，竟然在不知不觉中成了时尚消费者一族的必修课。作为城市高收入代表的白领丽人，她们并不吝惜花钱，物质需求向精神享受的过渡，使她们往往陶醉于某种获得小利后成功的喜悦，祈望精神上获得满足。屈臣氏正是捕捉了这个微妙的心理细节，成功地策划了一次又一次的促销活动。

屈臣氏的促销活动每次都能令顾客获得惊喜，在白领丽人的一片"好优惠呦"、"好得意呦"、"好可爱啊"声中，商品被"洗劫"一空，积累了屈臣氏单店平均年营业额高达 2000 万元的战绩。在屈臣氏工作过的人应该都知道，屈臣氏的促销活动算得上是零售界最复杂的，不但次数频繁，而且流程复杂，内容繁多，每进行一次促销活动更是需要花很多的时间去策划与准备。策划部门、采购部门、行政部门、配送部门、营运部门都围绕着这个主题运作。创新的促销是现阶段屈臣氏深得人心的重要原因。每天，屈臣氏的采购团队以及自有品牌 OEM 作业团队都在搜寻和网罗各种独特新颖的产品，以达到每周为消费者带来两百个惊喜的目标。推陈出新的产品与促销、物超所值的自有品牌、令人惊喜不断的购物氛围和店铺环境，兴许是屈臣氏在中国能每周吸引 150 万顾客的法宝。

屈臣氏各种促销活动每 15 天一期，促销招数层出不穷，让人眼花缭乱，同时又乐此不疲。

招数 1：超值换购

在每一期的促销活动中，屈臣氏都会推出 3 个以上的超值的商品，在顾客一次性购物满 50 元，多加 10 元即可任意选其中一件商品，这些超值商品通常会选择屈臣氏的自有品牌，所以能在实现低价位的同时又可以保证利润。

招数 2：独家优惠

这是屈臣氏经常使用的一种促销手段，他们在寻找促销商品时，经常避开其他商家，别开花样，给顾客更多新鲜感，也可以提高顾客忠诚度。

招数 3：买就送

买一送一、买二送一、买四送二、买大送小；送商品、送赠品、送礼品、送购物券、送抽奖券，促销方式非常灵活多变。

招数 4：加量不加价

这一招主要是针对屈臣氏的自有品牌产品，经常会推出加量不加价的包装，用鲜明的标签标示，以加量 33% 或加量 50% 为主，面膜、橄榄油、护手霜、洗发水、润发素、化妆棉等是经常使用的，对消费者非常有吸引力。

招数 5：优惠券

屈臣氏经常会在促销宣传手册或者报纸海报上出现剪角优惠券，在购买指定产品时，可以给予一定金额的购买优惠，省五元到几十元都有。

招数 6：套装优惠

屈臣氏经常会向生产厂家定制专供的套装商品，以较优惠的价格向顾客销售，如资生堂、曼秀雷敦、旁氏、玉兰油等都会常做一些带赠品的套装，屈臣氏自有品牌也经常会推出套装优惠。例如，买屈臣氏骨胶原修护精华液一盒 69.9 元送 49.9 元的眼部保湿嗜喱一支，促销力度很大。

招数 7：震撼低价

屈臣氏经常推出系列震撼低价商品，这些商品以非常优惠的价格销售，并且规定每个店铺必须陈列在店铺最前面、最显眼的位置，以吸引顾客。

招数 8：剪角优惠券

在指定促销期内，一次性购物满 60 元（或者 100 元），剪下促销宣传海报的剪角，可以抵 6 元（或者 10 元）使用，相当于额外再获得九折优惠。

招数 9：购某个系列产品满 88 元送赠品

例如购护肤产品满 88 元、或购屈臣氏品牌产品满 88 元、或购食品满 88 元，送屈臣氏手拎袋或纸手帕等活动。

招数 10：购物 2 件，额外 9 折优惠

购指定的同一商品 2 件，额外享受 9 折优惠，例如买营养水一支要 60 元，买 2 支的话，就一共收 108 元。

招数 11：赠送礼品

屈臣氏经常也会举行一些赠送礼品的促销活动，一种是供应商本身提供的礼品促销活动，另外一种是屈臣氏自己举行的促销活动，如赠送自有品牌试用装，或者购买某系列产品送礼品装，或者是当天前 30 名顾客赠送礼品一份。

招数 12：VIP 会员卡

屈臣氏在 2006 年 9 月开始推出自己的会员卡，顾客只需去屈臣氏门店填写申请表格，就可立即办理屈臣氏贵宾卡，办卡时仅收取工本费一元，屈臣氏会每两周推出数十件贵宾

独享折扣商品，低至额外 8 折，每次消费有积分。

招数 13：感谢日

最近，屈臣氏举行为期 3 天的感谢日小型主题促销活动，推出系列重磅特价商品，单件商品低价幅度在 10 元以上。

招数 14：销售比赛

"销售比赛"也是屈臣氏一项非常成功的促销活动，每期指定一些比赛商品，分各级别店铺(屈臣氏的店铺根据面积、地点等因素分为 A、B、C 三个级别)之间进行推销比赛，销售排名在前三名的店铺都将获得奖励，每次参加销售比赛的指定商品的销售业绩都会奇迹般的速度增长，供货厂家非常乐意参与这样有助于销售的活动。

以上列举了一些屈臣氏经常使用的促销招数，其他细节就不一一细说了。也正是在这一期期的促销活动中，犹如给屈臣氏安上了"翅膀"，把屈臣氏的销售业绩推向一个又一个高峰。

2. 对中间商的促销

对中间商促销的目的是为了促使中间商积极经销本企业的产品，根据中间商的特点，其促销主要有以下几种形式：

(1)交易折扣。这是在中间商正常的批发折扣之外的进一步折让。这种折扣一般只用于短期行为，中间商可能要因此受到某种特定的约束，如要求比平常多进货、在销售淡季仍保持一定的销售量、对新规格产品试销等等。这种折扣能有力地调动中间商的销售积极性，但也有负面影响，就是在折扣期过后中间商有时还期望将来的折扣，并可能形成某种习惯，最后导致中间商和零售商都等待折扣而不追求正常价格的销售。

(2)津贴。这是给中间商一定金额回报的折扣方式。可分为两类：一是销售推广津贴；一是年终返利。前者是作为对中间商产品推广的一种补助；后者则是根据中间商的销售业绩，由公司在每一个销售年之后给予奖励。

(3)赠货。以提供免费产品形式所给予中间商的一种折扣。赠货一般会有样品、破损品等。赠货使中间商所获商品的单位成本降低，在某种意义上也可以激励中间商。

(4)合作广告。生产商所进行的广告一般是较大区域的全面性广告，中间商则在较小范围内做一些小量广告。二者的合作能使广告形成一个全面互动。在国内，通常的合作广告也基本上是由制造商出资，根据中间商和零售商的需要进行相应的创意刊播。

(5)店头宣传。生产商利用各经销网点所进行的一种产品宣传活动。最常见的是各种 POP 及陈列用具，此外店面装潢布置、店内示范表演等，都属于店头宣传之列。

(6)销售竞赛。由生产商提供价值昂贵的奖励品，用以刺激参与销售的中间商和零售商。

(7)订货会。制造商常用的一种促销方式。一般的订货会每年一次，作为促销的订货会，包括了销售会议和产品推广会。会议一般介绍企业及产品情况，说明公司营销及宣传计划，并进行一定的产品示范或专业展示。会议最后结果，是同与会的中间商签订订货意向。

三、制订销售促进的方案

开展促销活动，必须进行精心的策划，要考虑的几个因素如表 11 - 6 所示：

表 11 - 6　制订促销方案要考虑的几个因素

要考虑的因素	具体内容
激励对象	谁为激励对象；期望对象作何反应。
激励规模	以获得最佳的推广效率为原则，来确定合理的诱因水平。
激励方式	采用何种销售促进的方式。
送达方式	通过什么样的具体途径来传递促销信息或分发刺激物。
促销时机	确定激励时机。
持续时间	激励持续的时间。
促销预算	参照上期费用决定；根据占总促销费用的比例来确定；或按总和法确定。

四、开展销售促进活动的注意事项

销售促进是一种促销效果比较显著的促销方式，但倘若使用不当，不仅达不到促销的目的，反而会影响产品销售，甚至损害企业的形象。因此，企业在运用销售促进方式促销时，应注意以下几点：

1. 选择适当的方式

销售促进的方式很多，且各种方式都有其各自的适应性。选择好销售促进方式是促销获得成功的关键。一般来说，应该结合产品的性质、不同方式的特点以及消费者的接受习惯等因素选择合适的销售促进方式。

2. 确定合理的期限

合理的销售促进期限既不能过长，也不宜过短。这是因为，时间过长就会失去刺激需求的作用，过短就达不到促销效果。

3. 切忌弄虚作假

销售促进的主要对象是企业的潜在消费者，因此诚信经营是十分重要的，不能弄虚作假。

4. 注重中后期宣传

开展销售促进活动的企业比较注重促销前期的宣传，这非常必要，但也不应忽视中后期的宣传，中后期是消费者验证企业促销行为是否具有可信性的重要环节。

第五节　公共关系

一、公共关系的含义

公共关系(public relations)是指某一组织为改善与社会公众的关系，促进公众对组织的认识、理解及支持，达到树立良好组织形象、促进商品销售的目的的一系列活动。公共关系也被称为"塑造企业形象的艺术"。

二、公共关系的特征

公共关系作为促销组合的一个重要组成部分，具有以下特征：

1.情感性

公共关系是一种创造美好形象的艺术，它强调的是成功的人和环境、和谐的人事气氛、最佳的社会舆论，以赢得社会各界的了解、信任、好感与合作。公共关系就是要追求人和的境界，为组织的生存、发展或个人的活动创造最佳的软环境。公共关系的目标是为企业广结良缘，在社会公众中创造良好的企业形象和社会声誉。

2.沟通双向性

公共关系是以真实为基础的双向沟通，在公共关系行为过程中，应该首先了解公众喜欢什么，对组织有什么期待或要求，在确定公众的价值观和态度的基础上，再进行自身形象的设计，使自己的方针、政策、产品和服务等更加符合公众的需要，并及时向公众传递有关组织的信息。公共关系追求的是企业内部和企业外部人际关系的和谐统一。

3.整体性

公共关系的宗旨是使公众全面地了解自己，从而建立起自己的声誉和知名度。它侧重于一个组织机构或个人在社会中的竞争地位和整体形象，以使人们对自己产生整体性的认识。它并不是要单纯地传递信息，宣传自己的地位和社会威望，而是要使人们对自己各方面都有所了解。

4.长期性

公共关系的实践告诉人们，不能把公共关系人员当作"救火队"，而应把他们当作"常备军"。公共关系着手于平时努力，着眼于长远打算。公共关系的效果不是急功近利和短期行为所能达到的，需要连续的、有计划的努力。企业要树立良好的社会形象和信誉，不能拘泥于一时一地的得失，而要追求长期稳定的战略性关系。

5.可信度高

新闻媒体报道比较客观，受众收看、收听和阅读的概率和兴趣比较大，比企业广告更加可信。

6.间接促销

公共关系强调企业通过参与各种社会活动，宣传企业营销宗旨、联络感情与扩大知名度，从而加深社会各界对企业的了解和信任，达到促进销售的目的。

三、公共关系活动的方式

公共关系活动的方式，是指以一定的公关目标和任务为核心，将若干种公关媒介与方法有机地结合起来，形成一套具有特定公关职能的工作方法系统。

公共关系活动的方式主要有以下几种：

1.利用新闻媒介宣传

这是公共关系活动最重要的方式。企业可通过新闻报道、记者招待会、人物专访和记事特写等形式，运用报纸、杂志、广播、电视等各种传播媒介，向社会各界传播企业有关信息，以形成社会舆论创造良好气氛活动。由于新闻媒介的权威性和广泛性，使得它比广告更为有效。

2. 策划新闻事件

企业通过策划、组织和利用具有新闻价值、社会影响以及名人效应的人物或事件，吸引媒体、社会团体和消费者的兴趣与关注，以求提高企业或产品的知名度、美誉度，树立良好品牌形象，并最终促成产品或服务的销售的手段和方式。由于这种营销方式具有受众面广、突发性强，在短时间内能使信息达到最大、最优传播的效果，为企业节约大量的宣传成本等特点，近年来越来越成为国内外流行的一种公关传播与市场推广手段。

案例 11 - 4

北大汉服酒礼事件

这是为五粮液做的一次很成功的事件营销。整个事件的策划思路非常清晰。当时正值"汉服"热炒，策划者借助当下这一新闻热点与北大服饰文化交流协会合作举行了"汉服秀行酒礼"活动。

"北大学子"、"汉服文化"、"酒文化"、"效古省今"等话题的切入，让这个事件本身具备了极强的传播力。而品牌信息的植入正是这个事件中最重要的道具——五粮液酒。整个事件策划不但体现出五粮液酒的文化内涵，还帮助企业传播了五粮液酒历史悠久的概念。

事件在博客上进行首发，并迅速被推到了博客首页，以及网站首页。之后，由"网络推手"进一步推动，开展正反两方面的较量，拉入一些名博参与，迅速扩大这个话题的影响力。之后在短短的时间内，事件便迅速扩大。

由于事件本身的话题性和短时间内形成的影响力，使得这个事件形成了对传统媒体的"自然催化"，迅速形成了媒体共振效应。大量的平面媒体报道了此事，凤凰卫视热点谈话节目就此话题专门做了一期节目《锵锵三人行》，在《秋雨时分》里，余秋雨也就此事发表评论。

最终，在整个事件的传播中，五粮液品牌不但形成了高曝光度和高关注度，也形成了"中国白酒文化典范"的口碑。

3. 参加社会公益活动

通过参与各种公益活动和社会福利活动，可以协调企业和社会公众的关系，树立企业的良好形象。例如，企业通过向某些公益事业捐赠一定的金钱，以提高公众信誉。这方面的活动还包括安全生产和环境保护，为社会慈善机构募捐等。

4. 借助公关广告

通过公关广告介绍宣传企业，树立企业整体形象。公关广告的目的是提高企业的知名度和美誉度，公关广告的形式有形象广告、声明广告、致歉广告、祝贺广告、活动广告、公益广告等。

5. 举行专题活动

通过举行各种专题活动，扩大企业的影响。这方面的活动包括：举办各种庆祝活动，如厂庆、开工典礼、开业典礼等；开展各种竞赛活动，如知识竞赛、技能竞赛等；举办技术培训班或专题技术讨论会等，从而扩大企业的影响力。

6.参与赞助活动

赞助是资助的现代形式，不仅对社会有利，企业还可以赢得社会对企业的好感，从而树立良好的形象。赞助的主要类型有：

（1）赞助体育运动。例如，"可口可乐"一直热心赞助各种体育活动，伴随着体育的无限激情，"可口可乐"也名扬天下。

（2）赞助文化娱乐活动。例如，蒙牛企业出资上亿元赞助湖南卫视的"超级女声"节目。

（3）赞助教育事业。例如，广西日报传媒集团开展的"捐一本字典·送一份希望"活动，通过广西各大媒体的调查、策划和报道，引起社会公众的广泛关注，各企业纷纷加入到爱心行动中。

（4）赞助公益事业。例如，欧莱雅赞助2010年上海世博会，为世博会选拔礼仪人员，专门打造的礼仪、妆容培训课堂，在高校巡讲礼仪等。"欧莱雅世博礼仪讲堂"在年轻人群体中传播世博理念，并帮助他们向世界展示东方古国的年轻风采。

四、危机公关

当企业遇上突发和意想不到的情况，这些突发事件会破坏企业的形象，使企业的生存和发展面临一场危机，如果不能有效地化解，将会使企业受到长期乃至永久的影响。

1.危机公关的含义

企业为避免或者减轻危机所带来的严重损害和威胁，从而有组织、有计划地学习、制定和实施一系列管理措施和应对策略，包括危机的规避、控制、解决以及危机解决后的复兴等不断学习和适应的动态过程。

2.危机公关的特点

与其他类型公关相比，危机公关具有以下特点：

（1）意外性。危机爆发的具体时间、实际规模、具体态势和影响深度，是始料未及的。

（2）聚焦性。进入信息时代后，危机的信息传播比危机本身发展要快得多。媒体对危机来说，就像大火借了东风一样。

（3）破坏性。由于危机常具有"出其不意，攻其不备"的特点，不论什么性质和规模的危机，都必然不同程度地给企业造成破坏，造成混乱和恐慌，而且由于决策的时间以及信息有限，往往会导致决策失误，从而带来无可估量的损失。

（4）紧迫性。对企业来说，危机一旦爆发，其破坏性的能量就会被迅速释放，并呈快速蔓延之势；如果不能及时控制，危机会急剧恶化，使企业遭受更大损失。

3.危机形成的原因

企业营销危机产生的原因一般有两种：一是企业内部的危机，包括内部产品或服务的危机、内部管理或经营的危机；二是企业环境变化而导致的危机，包括社会环境和自然环境变化导致的危机。企业在精心危机公关时应该分清楚是什么原因导致的危机，本着预防为主，诚实应急的原则进行处理。

4.危机公关的原则

企业在遇到媒体曝光、公众质疑、恶性事件等危机发生时，应该果断采取应对行动，科学合理地运用公共关系法则进行化解，以便化解危机或把危机带来的负面效应控制到最低。每一个企业的危机公关案例都是存在差别的，以下是危机公关的5S原则：

（1）承担责任原则（shouldering the matter）。危机发生后，公众会关心两方面的问题：一方面是利益的问题，利益是公众关注的焦点，因此无论谁是谁非，企业应该承担责任。即使受害者在事故发生中有一定责任，企业也不应首先追究其责任，否则会各执己见，加深矛盾，引起公众的反感，不利于问题的解决。另一方面是感情问题，企业应该站在受害者的立场上表示同情和安慰，并通过新闻媒介向公众致歉，解决深层次的心理、情感关系问题，从而赢得公众的理解和信任。

（2）真诚沟通原则（Sincerity）。企业处于危机漩涡中时，应该主动与新闻媒介联系，尽快与公众沟通，说明事实真相，促使双方互相理解，消除疑虑与不安。真诚沟通是处理危机的基本原则之一，这里的真诚指"三诚"：一是诚意，在事件发生后的第一时间，公司的高层应向公众说明情况，并致以歉意，从而体现企业勇于承担责任、对消费者负责的企业文化，赢得消费者的同情和理解。二是诚恳。一切以消费者的利益为重，不回避问题和错误，及时与媒体和公众沟通，向消费者说明消费者的进展情况，重拾消费者的信任和尊重。三是诚实，诚实是危机处理最关键也最有效的解决办法。人们会原谅一个人的错误，但不会原谅一个人说谎。

（3）速度第一原则（Speed）。在危机出现的最初12至24小时内，消息会像病毒一样，以裂变方式高速传播。而这时候，可靠的消息往往不多，社会上充斥着谣言和猜测。公司的一举一动将是外界评判公司如何处理这次危机的主要根据。媒体、公众及政府都密切注视公司发出的第一份声明。对于公司在处理危机方面的做法和立场，舆论赞成与否往往都会立刻见于传媒报道。因此企业必须当机立断，快速反应，果断行动，与媒体和公众进行沟通。从而迅速控制事态，否则会扩大突发危机的范围，甚至可能失去对全局的控制。危机发生后，能否首先控制住事态，使其不扩大、不升级、不蔓延，是处理危机的关键。

（4）系统运行原则（System）。"千里之堤，溃于蚁穴"。当企业发生营销危机时，不论事件大小都要高度重视，站在全局的高度来谨慎对待，具体处理方式要具有整体性、系统性、全面性和连续性，不可顾此失彼，只有这样才能把危机事件快速解决并把危害控制到最小。

（5）权威证实原则（Standard）。在危机发生后，企业如果急于与媒体、消费者甚至政府反驳、打口水仗，即便是弄清楚了事实的真相也失去了公众对其的好感，并且容易导致事件的扩大，拓展到企业诚信问题，社会责任问题等。危机发生后，企业首先应该把所有质疑的声音与责任都承担下来，以积极的态度配合调查，拿出负责任的态度与事实行动迅速对事件做出处理。对媒体及公众的质问不做过多的言辞，而后马上请第三方权威部门介入，让权威部门为自己说话。有了证据之后再主动联系媒体，让媒体为自己说话，必要的时候再让消费者为自己说话。尽量不要在事件还未明朗，大众存在误解的时候去说话。

案例 11 -5

强生婴儿卫浴用品"涉毒"事件

2009年，在"3·15"这个敏感的日子，美国一家非盈利性消费者组织——"安全化妆品运动"公布了涉及强生、帮宝适等多家公司的婴儿卫浴产品含有甲醛及"1,4-二氧杂环乙烷"等有毒物质的检测报告。几乎与此同时，2009年3月12日，国内某知名论坛也出现了一篇题为《强生差点把我一岁半的女儿毁容》的帖子，发表之后以迅雷不及掩耳之势被传播，22万网友浏览该贴，近千人回复。国内外市场的质疑同时涌来，对强生来说可谓是始料未及，消费者的强烈关注和恐慌也让强生取代乳制品站在危机的风口浪尖。短时间内，在杭州、上海等地，不少超市的强生货品已经下架。

在以往，强生一直是一家令人尊敬的企业，它以富有责任感、为消费者利益考虑而备受赞誉——1982年，芝加哥地区有人因服用强生"泰诺"止痛胶囊而死于氰中毒，强生在全国范围内立即收回全部"泰诺"止痛胶囊，价值近1亿美元。尽管市场损失惨重，却成功赢得民心，其诚恳、以消费者利益为重的危机管理策略，让当时的强生赢得消费者的支持，失去的市场逐步恢复。但在此次的危机事件中，强生的策略刚好相反——快速的危机公关措施保住了一时的市场销售。但网上不断升级的舆论谴责与讨伐强生的自发联盟，让强生陷入了一场真正的危机中。

针对此次企业危机，强生从可能导致危机升级、市场崩溃的两大主要渠道入手：一方面向全国各大媒体发出产品澄清说明的传真。另一方面，向各大卖场发去质检部门的无毒证明，为挽救消费信心做尽可能的努力。

在事件发生的第一时间内，强生公司就在中国市场启动了危机公关应对，其公关代理公司给国内各知名媒体发去说明，称强生产品是"安全的，检测出的有毒物质含量均在安全范围之内"，为挽救消费信心做出了可能的努力。

但在消费沟通方面，强生却是乏善可陈的，在传言爆出、真相未明之时，强生产品的市场销售依然进行着。官方的检测结果：国家质检总局公布的结果是一个批次的强生产品检出二噁烷；国家食品药品监管局公布的结果是没有问题。官方机构自相矛盾的信息让民众失去了判断的标准，在"潜规则"众多的市场环境中，我们知道这样的一纸宣告并不能说明一切真实。

推卸责任，辩解。强生香港公司称，所有强生产品符合世界各地的卫生标准，强生负责人表示，国家有关部门的检验证实强生婴儿护理产品是安全的，没有必要下架，也没有必要召回。

促销。买一瓶200毫升的沐浴露赠一瓶100毫升的润肤露，刚刚声明产品没有问题、所以不会下架的强生悄悄在超市搞起了促销。有两款强生沐浴露进行降价促销，最高降幅达到20%。

与媒体合作。强生在全国多家媒体上刊出广告宣布，强生婴儿产品经国家食品药品监督管理局和国家质检总局检验，符合中国相关的质量和安全标准。

结果，红网一项得到近5000张投票的专题调查显示，近97%的父母表示近期或今后将不再使用强生、帮宝适等美国品牌婴儿卫浴产品。如果含毒事件为真，64%左右的使用者会对这些产品提出控诉。另外，调查显示近74%的父母为宝宝使用强生、帮宝适等美国品牌卫浴产品。对于今后是否还会使用强生、帮宝适等产品，近47%的网友表示"以后都不会使用了，宝宝的生命要紧"，近50%的网友表示"持观望态度，暂时停用一段时间"，两者总和高达97%。仅剩下3%的网友明确表示，将继续使用这些品牌的产品。97%网友将强生打入冷宫，半数家长表示永不再用。

实训

一、基本概念

促销、促销组合、人员推销、广告、销售促进、公共关系、危机公关

二、选择题

1. 单选题

(1) 商场、超市搞的"赠优惠券"、"送赠品"等活动属于哪种促销方式？（　　）。

A. 公共关系　　　　B. 人员推销　　　　C. 销售促进　　　　D. 广告

(2) 百事可乐经常为各种体育活动提供赞助，这是（　　）促销。

A. 公共关系　　　　B. 人员推销　　　　C. 销售促进　　　　D. 广告

(3) 人员推销的缺点主要表现为（　　）。

A. 成本低、顾客量大　　　　　　　　B. 成本高、顾客量大

C. 成本低、顾客有限　　　　　　　　D. 成本高、顾客有限

(4) 下列各项中不属于销售促进特点的是（　　）。

A. 是一种辅助性的促销方式　　　　　B. 是一种长期性行为

C. 灵活多样、适应性强　　　　　　　D. 有一定的局限性和副作用

(5) 在地理范围比较大、买主比较分散、交易额小、购买频率高的目标市场上，如日用消费品市场，宜以（　　）为主进行促销。

A. 广告宣传　　　　B. 销售促进　　　　C. 经销商商品陈列　　　　D. 人员推销

(6) 价格昂贵、购买风险较大的耐用消费品首选的促销方式是（　　）。

A. 公共关系　　　　B. 人员推销　　　　C. 销售促进　　　　D. 广告

(7) 广告最常用的媒体包括（　　）。

A. 报纸　　　　B. 杂志　　　　C. 广播　　　　D. 电视

(8) 公共关系促销的对象是（　　）。

A. 社会组织　　　　B. 中间商　　　　C. 公众　　　　D. 企业

2. 多选题

(1) 促销的方式有（　　）。

A. 公共关系　　　　B. 人员推销　　　　C. 销售促进　　　　D. 广告

(2) 以下对于促销的理解，正确的是（　　）。

A. 促销是企业市场营销活动的基本策略之一

B. 促销一般包括广告、人员推销、销售促进和公关关系等具体活动

C. 促销的本质是通过传播实现企业同其目标市场间的信息沟通

D. 所有的促销活动都有告知功能、说服功能和影响功能

(3) 人员推销的基本形式包括（　　）。

A. 上门推销　　B. 柜台推销　　C. 会议推销　　D. 洽谈推销　　E. 约见推销

(4) 对推销人员进行培训时基本的培训内容有（　　）。

A. 销售技能　　B. 产品知识　　C. 行业知识　　D. 消费者知识　　E. 企业知识

(5) 以下对于广告的说法，正确的是（　　）。

A. 广告是企业促销组合中十分重要的组成部分，是运用得最为广泛的促销手段

B. 广告从本质上来讲是一种沟通信息的传播活动

C. 广告是传送产品和服务信息的手段

D. 广告是直接传播

(6) 公共关系注重的是(　　)促销。

A. 短期　　　　　B. 长期　　　　　C. 直接　　　　　D. 间接

(7) 常见的公关活动方式包括(　　)。

A. 利用新闻媒介宣传　　　　　B. 策划新闻事件

C. 参与社会公益活动　　　　　D. 公开出版物

E. 加强与企业外部公众的联系

三、简答题

1. 人员推销有哪些优缺点？

2. 选择广告媒体时应考虑哪些因素？

3. 销售促进的手段是多种多样的，其中对消费者促销的手段有哪些？

4. 销售促进方案设计时应考虑哪些因素？

5. 企业营销活动中的公共关系通常采用的手段有哪些？

四、论述题

1. 为什么说促销活动的核心是沟通？谈谈你的看法。

2. 请你说出给你印象最深和最差的广告，并说明理由。

3. 俗话说"好事不出门，坏事传千里"对此若运用公共关系的手段该如何作为呢？

4. 销售促进能不能作为一项长远性的促销活动？

5. 某大型商场开业在即，为使商场开业伊始就有较高的知名度，商场精心策划了开业庆祝活动，以期引起消费者的关注。开业当天，商场搞派发礼券活动，每张礼券50元，共派发了2000张，先后有数万人参加礼券争抢活动。结果，商场周围交通堵塞，现场秩序失控，导致一些人被挤伤。当地几家媒体纷纷对活动带来的问题进行了报道。尽管活动的开展客观上使商场提高了知名度，但知名度带给商场的却是商场不希望看到的结果。请问：这是一种什么促销活动？他们的失误在哪里？结合实际，谈谈你的看法和建议。

五、项目实训

1. 产品促销分析和评价实训

内容：选择知名企业的主导产品作为调查对象，实地追踪、观察其促销状况；同时调查产品的品质特征及其工艺制造过程、市场需求情况及其竞争态势、市场定位及其分销过程。

形式：调查分组进行，归纳、提炼知名企业主导产品的促销技术特点，依据产品促销现状，站在消费者的角度分析其促销实施的效果，提出产品促销策划与运转的建设性意见，并形成分析报告。

2. 产品广告设计实训

内容：为一种新型方便晾衣架设计报纸广告词，该产品是专为楼房住户在凉台晾衣服时使用。可电动，可手摇，升降随意，每件衣服之间的疏密能调节，能固定，衣多不挤，风刮不掉。要求广告词语言简洁，要将产品的独特属性传递出来。

形式：分组进行，小组讨论设计方案，每组派一个代表上台讲解广告词内容，并解析其设计思路，其他小组成员观摩并充当裁判给进行模拟的小组打分。各小组进行交互式对抗演练评比，以参加对抗演练同学的成绩作为小组的综合成绩。

3. 促销组合设计实训

内容：某化妆品公司准备在国庆节期间推出一组新型美白防皱高科技润肤产品，请为该公司设计一套在当地最繁华商业街的促销方案。

形式：分组进行，小组讨论设计方案后，小组成员模拟扮演顾客和推销员，在课堂上模拟进行人员推销练习，或展示广告创意等构思，其他小组成员观摩并充当裁判给进行模拟的小组打分。各小组进行交互式对抗演练评比，以参加对抗演练同学的成绩作为小组的综合成绩。

4. 滞销产品促销方案设计实训

内容：一家罐头公司生产的罐头食品滞销，请为这家罐头公司设计一个促销方案，让他们在尽可能短的时间内将产品销售出去。

形式：分组进行，小组讨论设计方案，每组派一个代表上台讲解滞销产品促销方案的内容，并解析其设计思路，其他小组成员观摩并充当裁判给进行模拟的小组打分。各小组进行交互式对抗演练评比，以参加对抗演练同学的成绩作为小组的综合成绩。

5. 企业品牌公关活动设计实训

内容：为某品牌的矿泉水饮料设计一次公关活动，活动主题自定，活动范围为自己所在的校园。

形式：分组进行，小组讨论设计方案，每组派一个代表上台讲企业品牌公关活动方案的内容，并解析其设计思路，其他小组成员观摩并充当裁判给进行模拟的小组打分。各小组进行交互式对抗演练评比，以参加对抗演练同学的成绩作为小组的综合成绩。

六、案例分析与讨论

1. 脑白金：简单而成功的营销模式

在保健品行业这个新模式、新手段层出不穷的行业内，脑白金的成功显得异常地出类拔萃。脑白金并不是销量最大的保健品——它远比不上三株口服液，也比不上红桃K、太阳神；但脑白金营销过程中所发掘出的促销创新手段、对渠道和销售分支管理的改革、管理的简化等，其价值远远超过保健品行业内的其他成功案例。

20 年来，保健品行业一直在创造着财富传奇。太阳神、娃哈哈、昂立、三株、飞龙、养生堂、太太药业、红桃K、长甲集团、正大青春宝、绿谷集团……众多我们耳熟能详的大企业，其步入辉煌的第一桶金，都依靠保健品挖掘来的。他们创下诸多可圈可点的营销模式，并借此创下营销奇迹。譬如太阳神在中国企业中第一个引入 CIS、三株的农村包围城市、养生堂的概念公关营销、绿谷的新闻案例营销、巨能钙诊断式营销、夕阳美工作站整合直接营销……在保健品行业丰厚的利润吸引下，保健品企业创下的创新营销手段、创新营销模式层出不穷，远非其他任何行业能够比拟。

时间回溯到 1997 年，巨人飓风般的倒闭之后，史玉柱痛定思痛，决心要从保健品业重新爬起来。1998 年，经过一年的摸索，一种新的保健品——"脑白金"凸显于人们面前。至 2000 年，脑白金的年销售额即达到 12 亿元！

如此短的时间内有如此业绩，这令人瞠目结舌的神话背后有什么内在逻辑？

其实在脑白金令人瞠目结舌的成功背后，更有借鉴意义的不是它的战术，而是指引脑白金成功的战略思想。如果我们了解了营销的实质，了解了当时的市场状况，就会知道在脑白金"怪异"、"罕见"的背后，其实是有形无形中指引中国众多企业成功的共同法则。

原则一：通过创新实现差异化

这是促成脑白金神话的各种因素中最重要的因素。脑白金的创新是深入的、全方位的、非常彻底的。从产品配方、促销手段、广告投放、渠道控制、分支机构管理等众多方面，脑白金全部进行了大胆的创新。而创新带来的差异化，则成了脑白金成功的最主要因素。

1. 产品创新：复合配方巧造壁垒

脑白金申报的功能是"改善睡眠、润肠通便"。但认真考证一下，就会发现，支撑脑白金的产品概念是"脑白金体"。那么什么是"脑白金体"？其实这是为了制造壁垒、拦截竞争对手跟进。道理非常清楚，如果巨人在宣传中强调其促进睡眠的主要原料 Melatonin，那么巨人开拓出来的市场，很快就会被跟进的竞争对手通过市场细分、价格战，最终抢掉其部分市场。作为市场教育者，肯定不希望看到这种局面。

巨人采取的对策是不宣传 MT，而是为 MT 起了个有意义、有吸引力的中国名字"脑白金"，并把"脑白金"注册为商标。所有的宣传都围绕商标进行，一旦竞争对手在宣传中提到脑白金，就会遭遇法律诉讼。于是商标成了第一道保护壁垒。

即使不强调 MT，宣传注册商标"脑白金"，那么竞争对手也同样能够跟进——如果都是简单的胶囊，因为产品形态雷同，在竞争对手的宣传攻势下，消费者很快就会意识到产品是一样的。这样价格战、市场细分同样能夺取脑白金的市场份额。

怎么办呢？巨人的策划人员决定采用复合包装，在产品形态上做到了和竞争对手的差异化。加上口服液后，消费者就会明显感觉到和单纯胶囊的产品存在差异；当竞争对手试图说服消费者两者成分一样的时候，因为感受到的产品形态截然不同，就很难获得购买者的认同。

就这样，脑白金通过商标保护、产品形态创新等形成了脑白金的两重保护壁垒，始终将自己教育出来的市场牢牢掌握。现在全球 MT 销量的半数以上为脑白金占据，这种局面是产品创新的直接后果。

2. 促销创新：登峰造极的"新闻广告"

脑白金面世的时候，保健品行业刚刚遭遇"三株垮台"、"巨人倒闭"的连环事件。整个舆论界、消费者对保健品行业的信心自"鳖精"之后，第二次陷入低谷。

因为消费者对保健品信心不足，这时候传统的营销手段——报纸广告、电视广告促销效果非常差。传统的广告轰炸已经难以奏效。应该怎样去说服消费者呢？

经过认真的分析研究，巨人决定选择在报纸做"软广告"，也就是新闻广告。在报纸上刊登新闻广告，早在 20 世纪 80 年代"101 毛发再生精"就成功运用过，家电企业海尔等也一直在用，这并不是脑白金的创新。脑白金的创新之处是它将新闻广告发展到了登峰造极的程度。

脑白金早期的软文《98 年全球最关注的人》、《人类可以长生不老》、《两科生物原子弹》等新闻炒作软文，信息量丰富、数字确切具体、文笔轻松夸张、可读性极强——在 1998 年的时候，读者还习惯看报纸上僵硬模式化的新闻报道，他们看不出那些软文是脑白金的广告，而错以为是科学普及性新闻报道，甚至一些媒体编辑都上当了。

脑白金的新闻广告在南京刊登时，没钱在大报上刊登，就先登在一家小报上，结果南京某大报竟然将脑白金的软文全文转载。脑白金软文的质量，由此可见一斑。也正是登峰造极的新闻手法，让消费者在毫无戒备的情况下，接受了脑白金的"高科技"、"革命性产品"等概念。

脑白金在促销方面的创新，无疑是非常引人注目的，以至于很多企业都以为脑白金就是依靠单纯的广告炒作起来的。而实际上，即使在渠道管理、财务控制上，脑白金也有颇多建树。

3. 渠道管理：让经销商成为配货中心

脑白金启动的时候，采用了一种非常独特的渠道策略。脑白金在省级区域内不设总经销商，在一个城市只设一家经销商，并只对终端覆盖率提出要求。因为不设总经销商，就让渠道实现了"扁平化"，尽管公司内部办事处是分为省级、地级，但各地方经销商相互间却没有等级之分。将一个经销商的控制范围限制在一个地区、一个城市，防止了经销商势力过大对企业的掣肘；另一方面一个城市只设一家经销商，保证了流通环节的利润，厂家对经销商的合作关系因此变得更加紧密。

在功能分配上，经销商只负责铺货、配货，其他的终端包装、终端促销、广告投放等，均由脑白金设在各地办事处负责。在这种模式下，经销商的作用已经非常有限，实际上仅起到一个配货中心的作用。

脑白金在进入某一市场之初，还采用倒做渠道策略，即先在报纸上投放广告，让消费者到终端点名要货，这样就大大降低了渠道开拓、铺货难度。脑白金的现款现货政策，也和倒做渠道策略有关。

4. 管理创新：财务扁平化控制

在巨人脑黄金时代，巨人采用的是分公司制度。各地的销售分支机构均有财务权，现金流需要经过分公司。脑白金启动后，为了杜绝分公司财务独立可能带来的财务风险，不再设分公司，而只设置办事处。

在分公司制度下，分公司的费用控制管理难度很大。脑白金则采用了纯粹提成制来控制费用——根据办事处销量、完成任务情况等，提取一定比例作为其行政费用，办事处独立核算，自负盈亏。

在广告费用控制上，总公司统一为各办事处规定当地媒体折扣率（比较低），要求办事处经理必须按照总部规定的折扣率和媒体达成协议，不足部分要由办事处的提成来支付。

在脑白金的管理创新，其本质是财务控制方面的创新，即通过总部直接和经销商、媒体对接现金来往，砍去了销售分支作为现金流转中间站的作用，从根本上避免销售分支可能带来的"携款潜逃"、"挪用公款"等财务问题。

在对经销商的政策上，脑白金采用现款现货，加快了现金流转率（这种极端的策略是中国企业缺乏信用的明证，虽然非常安全，但却是以牺牲经销商利益、降低销售额为代价的）。这种以财务控制为核心的管理方法，和联销体是不能分离的，两者相辅相成，现在已经成了很多消费品企业的主流模式。

原则二：集中优势兵力

众所周知，史玉柱是毛泽东思想的狂热崇拜者，在营销战中他一贯采用毛泽东的作战思想，其中最关键的一条就是"集中优势兵力，各个突破"。在脑白金的营销上，这条原则更被运用得淋漓尽致。

1."滚雪球式"的扩张方式

脑白金在启动市场期间，不是大面积启动，而是以点带面。在试销找到成功营销模式以后，市场进入快速扩张阶段。但这时候，史玉柱仍然强调的是"集中优势兵力，各个突破"。以福建省为例：

当时总部只派了一个销售经理到福建，总部提供的启动资金数目不详，但不会超过20万元，因为全国还有很多省要启动市场。用这么少的资金怎么启动全国市场呢？只有遵循"集中优势兵力，各个突破原则"。

该省的办事处经理接到任命后，先到漳州开拓市场，开拓漳州成功后，利用漳州赚来的钱启动厦门市场，然后逐渐启动福建各个城市。这种启动市场的方法，先集中全部资金于一个城市，然后再逐步扩张，虽然启动速度比较慢，却最大限度地保证了营销目标实现。

2.简化管理，专注策划

1999年脑白金在南京办公的时候，一度公司只有10个人左右，却要管理大半个中国的脑白金销售，这看似不可能的事情，却是事实。

能够做到这一点，一方面是当时脑白金的市场在快速膨胀，每个月销售额都在上涨，士气很高。但最重要的还是脑白金独特的管理方法。前面已经说到，脑白金采用的是区域市场分封制度，在这种制度下，总部除了考核销量、考核价格、终端等，对于办事处的人事、财务等管理基本上全部不加干涉。这样总部的职能就变得非常简单，它不是一个管理中心，而只是一个单纯的结算中心和策划中心。因为脑白金把大部分的管理职能都"打包"给了省级经理，总部有限的人手，只需要做好结算和策划。所以10个人也能顶起半个中国的市场。

3.巨额广告炸出礼品概念

脑白金转变成礼品是一次偶然的机会提出来的，当时资金不足，随便请了老头老太太花了5万元拍成了第一个送礼广告。播放后，销量立即急速上涨。他们发现保健品作为礼品的市场机会后，立即调整枪口，从功效宣传为主转入礼品宣传为主。

2000年脑白金销量超过12亿元，其中礼品的贡献可能在50%左右。到了2001年，脑白金礼品的销售额则超过了预计市场销售。这么高的礼品比例靠的是什么呢？广告轰炸。

为了能够成为第一，脑白金在送礼广告上投入了巨额广告费。所以每到过年、过节，脑白金的"收礼只收脑白金"就会看得电视观众直反胃。因为打得太多，又总是简单重复，连史玉柱自己都说老头老太太的送礼广告"对不起全国人民"。这种策略虽然为脑白金引来满天非议，但实施的效果非常好。因为广告投放集中、诉求单一、强度非常大，脑白金占据的送礼市场份额远远超过了其他保健品的份额。

原则三：低成本快速扩张

脑白金的启动资金不多，但在两年的时间内，竟然基本上启动了全国市场，实现了12亿元的年销售额，不能不说是一个营销奇迹。脑白金的成功集中体现了"低成本快速扩张"的原则。

为了能够低成本快速扩张，史玉柱可谓想尽了一切办法。在脑白金启动时期的种种行为上，不难发现其踪迹。

1.试销用了一年时间

　　脑白金的成功，很大程度上得益于健特公司进行过很长时间的试销工作。为了找到一个成功的营销模式，史玉柱率领部下探索时间超过了一年。试销工作先后在武汉、江阴、常州等地进行，其间尝试过种种办法，网上有种说法脑白金甚至尝试过学习安利的直销模式。

　　试销的过程中，连产品的剂型也做了重大调整。脑白金的剂型最初只是简单的胶囊，后来在试销中发现，中国的消费者更喜欢"放在手上沉甸甸"的口服液，因而脑白金增加了口服液，变成了胶囊和口服液的复合包装。结果不但适应了消费者的偏爱，独特的复合包装产品形态还对跟进产品形成了竞争壁垒。

　　为什么脑白金这样重视试销呢？道理很简单，成功的试销能够大幅度减低营销成本、加快市场开发进程，试销是实现"低成本快速扩张"的必由之路。正因为这样，史玉柱带领部下进行了长达一年多的试销工作。

　　2. 采用新闻广告

　　脑白金启动市场期间，最重要的促销手段就是在报刊上刊发新闻广告，为什么要采用新闻广告呢？首先是为了增加广告的可信度，但归根到底，却是为了降低促销成本。

　　为了降低促销成本，就必须增加广告可信度，增加广告的杀伤力，提升促销效果。为了做到这些，在当时的市场状况下，也许新闻广告是最好的选择，也许是惟一的选择。

　　实际上，广告投放后，市场反应也确实非常理想。脑白金的很多地方启动时，往往广告投放的头一个月就能达到1:1的投入产出比例，第二个月就能盈利。这种促销手段成本之低、效果之好，令人叹为观止。

　　3. 承包制控制成本

　　有销售分支的公司都存在着控制分支费用的任务。"将在外，君令有所不受"，很多时候销售分支的费用很难加以有效控制。但如果不加控制，那么公司的利润就会被种种"跑冒滴漏"的现象侵蚀掉，一个运行健康的公司也许能够经受得住这种侵蚀。但在启动之初，脑白金是没有实力为这种行为买单的。

　　如果无法控制销售分支的费用，不能低成本运作销售分支，脑白金就无法快速启动全国市场。为了控制销售分支的费用，史玉柱的对策是采用完全的销售大区"分封制"——销售分支机构的费用除了部分终端费用，其他的费用全部来自固定比例的销售提成，销售办事处独立核算、自负盈亏。这种措施彻底解决了销售分支费用无法有效控制的难题，从而脑白金能够用比较低的成本，快速扩张市场。

分析与讨论

　　1. 案例中提到"中国众多企业成功的共同法则"，您认为是什么？

　　2. 脑白金在运用这些共同法则时有哪些创新？

案例 2

成也央视"标王" 败也央视"标王"

1994 年，掌管中央电视台广告信息部的谭希松，在中央电视台投资的梅地亚中心商务宾馆，开辟一块硕大的斗牛场，旁边树起一根旗杆，高高挂起一顶桂冠——标王！这位女强人把中央电视台的黄金广告段位拿出来，在全国进行招标，招标时间定在每年的 11 月 8 日，谐音"要要发"！此举后来被誉为"中国经济晴雨表"、"市场变化风向标"、"品牌奥运会"，不仅使央视广告飞跃性增长，确立了其在中国电视媒体界的巨无霸地位，更造就了中国数个企业命运的跌宕起伏，引发无数话题！

1995 标王：孔府宴酒，"喝孔府宴酒，做天下文章"。孔府宴酒当年击败孔府家酒和太阳神，以黑马形式一举夺魁，并一夜成名天下尽知！在市场经济起步不久，没有得到充分发展时，这种凭空一声雷的造神式举措，刺激了无数企业趋之若鹜！

1996 和 1997 标王：秦池，"1995 年，我们每天向中央电视台开进一辆桑塔纳，开出的是一辆豪华奥迪。今年，我们每天要开进一辆豪华奔驰，争取开出一辆加长林肯。"这是在 1996 年 11 月 8 日，即 1997 年招标会上，秦池老总姬长孔对谭希松投桃报李式的发言。尽管姬长孔对央视言语如此厚道，可一年后，因为没有出入证，他被挡在了梅地亚中心大厅门外，秦池怕是连手扶拖拉机都开不出来了。此外，这位老总两次标底都很有意思：6666 万和 3.212118 亿，后者是他的手机号码。

1998 标王：爱多，"我们一直在努力——爱多 VCD！"再加上成龙的好功夫，爱多的广告至今言犹在耳。可惜胡志标不计成本的——"2.1 亿，太便宜了！"——的努力实现自己名字的梦想，以及公司财务模式混乱，最终使得爱多品牌被拍卖，自己也锒铛入狱！

1999 和 2000 标王：步步高，"步步高 VCD，真功夫！"段永平后发制人的功夫了得，连广告词都亦步亦趋，拉来李连杰一起学！好在段永平相对冷静、理性："投放央视招标段广告的数额取决于企业自身的合理评估，而非是否成为标王。"连续两年，步步高标底都在下降。一直到后来，步步高踏实稳健，"能不投则不投"！

2001 和 2002 标王：娃哈哈，"非常可乐——中国人自己的可乐！"宗庆后抄了个历史大底，以 2211 万元和 2015 万元，坐庄两次标王！娃哈哈历来的广告都获得不错的效果：最开始发家的娃哈哈口服液——"喝了娃哈哈，吃饭就是香"，娃哈哈果奶——"甜甜的，酸酸的，妈妈我要喝"，娃哈哈纯净水——"我的眼里只有你"、"爱你等于爱自己"。最让我佩服的就是敢于进军非常可乐市场，虽然那句广告词效果并不显著，可宗庆后"农村包围城市"的战略，使得非常可乐占据了不小的市场份额。

2003 标王：熊猫，"一提手机，就想起熊猫；一提熊猫，就想到精品和时尚。"对市场前景过于乐观的马志平，妄图把熊猫手机打造成国际品牌，却忽视了自己的技术短板，最终也因经济犯罪身陷囹圄。本来已经相对走上良性发展道路的标王之旅，被熊猫唱了一出不和谐之曲。

2004 标王：蒙牛，"想把蒙牛从内蒙古卖到海南岛，这个忙只有中央电视台可以帮助你。"牛根生梦想照进现实，在 2004 年，实现了品牌和销量超常规发展，并挂牌香港证券交易所，冲击到中国乳业前茅，被誉为"蒙牛速度"。

2005、2006 和 2007：宝洁，"品牌教父"的三连冠，让标王价值显露无遗。同时也让标王的概念低落，"晴雨表"、"风向标"的作用也不再明显，或许仅仅成了一个"品牌奥运会"，同时公众对此热情似乎业已退却，有点见怪不怪。

2008 年标王：伊利，截至 2008 年，伊利集团累计纳税近 80 亿元，同时先后发起了"阳光爱心，情满西藏"、"爱心照亮回家路"、"伊利母婴关爱行动"、"健康中国—阳光社区公益梦想"等多项大型公益活动，累计为公益事业投入 6 亿元。此外，还为养奶牛户累计发放奶款 500 多亿元，以滚动的方式累计向农户发放购牛款近 20 亿元，带动 500 万奶农走上了脱贫致富的道路。在 2008 年 5 月 12 日四川汶川大地震发生后，伊利通过各种渠道向灾区捐款捐物 1300 万元，并积极参与灾后重建工作。伊利一直持续的"健康中国"计划，长期致力于推动"社区、青少年、环境"三大核心目标的健康发展，实现健康文化与健康生活的和谐共融。

2009 年标王：纳爱斯，金融危机使得合资品牌在广告投入上显得更加谨慎，而国内品牌却信心十足——早在央视 2009 年度广告招标大会上，纳爱斯顶替宝洁成为新"标王"，以总价 3.05 亿元的天价，一举拿下 2009 年央视上、下半年电视剧特约剧场的广告标段。

2010 年标王：美的，2010 年 11 月 8 日，在"2011 年央视黄金广告资源招标会"上，百余家企业竞相争夺多个广告时段，最终今年的招标会以创历史新高的 126.687 亿元收官，比去年拍出的 109.6645 亿元同比增长 15.52%。其中，美的电器以竞标额第一名成为央视广告招标的新"标王"，不过央视并未披露其总竞标价。

标王一掷千金，梦想日进斗金。但前几年标王的好日子都不长，有的甚至走上绝路，如孔府宴酒、秦池酒、爱多 VCD 等。

1996 年，秦池以 6666 万元一举成为标王。尝到甜头后，秦池次年更是砸下 3.2 亿元，蝉联标王桂冠。秦池时任老总王卓胜放言："每天开进央视一辆桑塔纳，开出一辆豪华奥迪。"可是好景不长，两年后，秦池连手扶拖拉机也开不出来了：笑谈间一掷万金的秦池集团内外交困，负债累累，其商标被当地法院作价 300 万元拍卖。秦池之前的孔府宴酒同样遭受厄运，这个在 1995 年以 3079 万元成为央视标王的白酒企业，如今在电视上再也看不到它那"叫人想家"的广告语了。

最出名的是央视 1998 年的标王爱多。当时爱多 VCD 的掌门人胡志标与步步高老总段永平较劲，最终胡志标以 2.1 亿元胜出，如今，胡志标从当年的碟机大战中彻底败下阵来，最终成为阶下囚。随后两年中，步步高连续拿出 1 个多亿元蝉联标王宝座。只是碟机利润日薄，段永平的态度也变成了"能够不投尽量不投"。在最近两年的招标会上，步步高连入围前十名的资格都没有拿到。

央视凭借其得天独厚的垄断地位和传播优势，赚了个盆满钵溢，但对企业来说，广告标王离市场标王还有很远的距离。在风光"标王"的背后，是企业高达数亿元的巨额现金投入。这对于企业的经营运作构成了巨大的风险，一旦"押宝"的品牌遇到任何微小的挫折，就会导致企业的彻底崩溃。这正是历届"标王"宛若流星的根本原因。

被誉为品牌"造星运动"的央视广告"标王"争夺战已历经十余载。近日，宝洁公司以 4.2 亿元的中标额第三度蝉联央视"标王"。"三连冠"的宝洁，显示出的不仅仅是其称雄业界的霸气，更为重要的是，透过这场竞标秀，引发了业界对中国企业品牌塑造的思考。央视作为国内极具权威性的媒体，成为众多企业快速提升品牌知名度的理想平台。在央视

"标王"光环的笼罩下，曾有名不见经传的"孔府宴酒"、"秦池古酒"、"爱多 VCD"等一夜之间成为家喻户晓的知名品牌。然而，这些新星陨落的速度也如其诞生一般迅速，如今它们只是人们记忆中不可触及的一道幻影了。

当"资金－广告－知名度"的思维，成为品牌塑造的登天捷径后，市场折戟与落马亦成为众多"标王"面临的惨痛教训，原因究竟何在？其实在风光"标王"的背后，是企业高达数亿元的巨额现金投入。这对于企业的经营运作构成了巨大的风险，一旦"押宝"的品牌遇到任何微小的挫折，就会导致企业的彻底崩溃。

这正是历届"标王"宛若流星的根本原因。或许对于起步较晚并具有一定实力的企业而言，广告宣传的确能够起到如虎添翼之效，但是爆发式的广告绝不是保证企业品牌获得持续发展的法宝。若没有技术支撑、品质保证以及科学理念等因素的护航，品牌的"一夜成名"可能使企业运作带有急功近利的色彩，导致产品销售与质量控制相背离，给企业的持续发展带来诸多隐患。

与流星式的"标王"不同，宝洁竞标目的显得更加高远。重金争夺"标王"桂冠只是宝洁品牌管理的第一步，其目的是在护理品市场上垄断对广告资源、从而实现对旗下系列品牌的统一宣传和对竞争对手的打压，而蝉联"标王"不倒的背后是品牌建设和风险控制的能力。一直以来，宝洁公司都是世界公认的"品牌教父"，其多品牌独立运作战略在彼此之间形成了有效的防火墙，分散了巨额广告投入的风险。这一点是其他"标王"所不能及的。今年，SK－Ⅱ质检风波在大陆市场被炒得沸沸扬扬，该品牌也一度遭到消费者的质疑和媒体的口诛笔伐。但是，这一负面事件却没有影响到飘柔、潘婷、汰渍等其他宝洁品牌产品的销售。成熟的品牌战略成功地将不良影响控制在单一品牌范围之内，切割了风险传导途径，提升了公司整体抗风险能力。品牌独立开发与管理是宝洁公司的独到之处，此外还有所有成功企业的共性，那就是连续三年蝉联"标王"的宝洁并未对这一广告效应过多的倚重，而是一如既往地重视产品研发、关注市场需求。该公司每年都会将销售额的 4% 用于研发工作，金额达到 10 多亿美元。

从孔府宴酒因战略失策败北、秦池古酒因造假而名称俱毁、爱多 VCD 因内部管理混乱而逼上绝路、熊猫因财务问题深陷泥潭，到宝洁对"标王"桂冠的成功驾驭，种种事实证明，重金打造的广告效应也许能在短期内迅速提升一个品牌的知名度，但却不能给企业注入长久的生命力。如果企业没有核心竞争力的支撑，广告宣传只能带来昙花一现的虚假繁荣。依照经济学理论的木桶理论，知名度、美誉度和忠诚度是构成企业品牌内涵的三块"木板"，而木桶的容量则由最短的木板决定。媒体广告推进固然有利于提升知名度，但若没有美誉度和忠诚度的同比例提升，知名度这一"长板"几乎没有任何效用。

央视的"标王"是企业彰显品牌的舞台，但它所表现的不仅仅是企业的品牌营销能力，而是企业整体经营管理的素质。"品牌"只是冲到前台的演员，而没有内涵的演出最终只能在哄笑中下场，舞台变成了断头台。可谓成也央视"标王"败也央视"标王"。

分析与讨论

1. 广告促销对企业的营销活动有什么作用？
2. 企业花巨资投入央视广告，值吗？
3. 为什么一个个的央视广告标王都相继惨淡退场？

第十二章　国际市场营销

学习目标

　　通过本章学习，掌握国际市场营销的涵义和特点、开展国际市场营销的必要性和重要意义、国际市场营销环境的基本内容、全球定位与市场预测的基本方法、进入国际市场的方式、国际市场营销组合策略。能设计与执行国际市场营销战略和策略方案。

　　随着全球社会经济发展的进一步融合，各个经济实体之间的联系越来越紧密，同时也伴随着越来越激烈的国际竞争。2001 年 12 月 11 日，我国正式加入世界贸易组织（WTO），成为其第 143 个成员，我国与世界各国在货物、人力、服务、资本、文化等方面的往来频繁。许多国际知名企业将中国视为重要的战略要地，纷纷进入中国市场，而我国的一些企业也逐渐地以积极态度走出国门，积极地开拓世界市场。

第一节　国际市场营销特点

一、国际市场营销的涵义

　　国际市场营销（International Marketing）是指跨越本国国界的市场营销活动，指企业向本国（地区）以外的消费者或用户提供产品或服务，通过满足其需要，实现效益最大化的跨越国界的商业行为。

　　国际市场营销的内涵主要体现在以下几方面：

　　（1）国际市场营销的主体是企业，主要指的是跨国公司。比如沃尔玛、丰田汽车公司、中国石油化工集团公司、宝洁、摩根大通、海尔集团，等等。

　　（2）国际市场营销的范围是本国以外的一个或若干地区、一国乃至全球市场。比如中国的美的集团，其市场范围除了在国内的各个省市外，还在越南、俄罗斯、泰国等国外市场建立了自己的生产基地和工厂。

　　（3）国际市场营销活动的内容是提供产品或服务，具体形式包括出口产品、转让生产经营管理技术或投资当地生产等方式。如麦当劳、肯德基通过特约加盟等方式不断地扩大在世界范围的市场。

　　国际市场营销活动的主要目的是在国际市场上获取最大的经济利益。每一个走出国门的跨国企业，基本都是为了使企业获取更多的经济效益，同时为国家创造财富。

二、国际市场营销的特点及意义

　　国际市场营销与国内营销一样，需要进行周密的市场调研，详细的市场分析和准确的市场细分、市场定位，熟悉营销组合策略的运用、实行目标营销和对企业文化进行整合等一系列营销过程的战略确定及战术实施。在确定正确的市场定位后制定适当的营销组合方案以满足国际市场的需要，从而实现企业的利润目标。国际市场营销既要适应国内市场环境，又要适应国际市场环境，国际市场营销相对于国内市场营销具有更大、更多的差异性、复杂性和风险性。

1. 国际市场营销的特点

国际市场营销与国内市场营销相比，具有以下特点：

（1）营销环境的差异性。各国在政治、经济、文化、科技等方面都存在一定的差异，因此市场需求千差万别，要求营销活动因地制宜，主动适应当地的市场环境。针对欧美等发达国家和地区的顾客，采用的营销手段应该与亚洲一些欠发达国家和地区的顾客有所区别；面对朝鲜的政治局势和政策因素相对于中国，企业开展营销活动可能要困难得多。

（2）营销系统的复杂性。国际营销活动的参与者包括来自本国、来自目标市场国甚至来自第三国的企业，不同的背景使得国际营销系统比国内营销变得更为复杂。沃尔玛的分公司开在中国，而公司的供应商和合作伙伴却在全球各个国家和地区，这样的营销系统远远要比国内营销系统要复杂。

（3）营销过程的不确定性。由于营销环境的差异，国际营销人员难以准确地把握国外市场的情况，为开展有效的营销活动增添了许多不确定因素。2011年，利比亚局势紧张，使得在该市场上运作的跨国企业面临更多的变数和风险，增加了营销活动开展的难度。

（4）营销管理的困难性。国际营销活动中需要对分散在世界各国的营销业务进行统一的规划、控制与协调，同时又必须考虑国别市场营销业务的差异性，使之与总部的营销活动成为一个整体，实现总体利益最大化。这大大增加了营销管理工作的难度。

案例 12-1

百思买在华扛不住了？

进入中国市场近五年的美国家电连锁巨头百思买低头了。2011年2月10日，有消息称，百思买正在筹划向每天特价转型，让降价成为一种常态。不过，百思买的价格战能否在中国市场发挥威力充满未知，因为有传言称，由于迟迟未找到有效的扩张模式，百思买在酝酿退出中国市场。

百思买中国区公关经理刘婷介绍，目前百思买有专门的团队负责对产品进行价格跟进工作。与本土家电零售商一样，百思买也会在节假日或者周末做促销活动。

实际上，国美、苏宁一直在实施每天特价的策略，因此，百思买的做法并不新鲜。对于百思买酝酿的天天低价策略，国美副总裁何阳青婉拒评价，他仅表示价格是影响消费者购物的重要因素。

尽管百思买称霸美国市场，但自从2006年出资1.8亿美元收购五星电器75%股权并在上海开出首家门店后，其在中国市场一直处于摸索状态。据百思买的官方统计，其进入中国市场近五年后，仅有8家门店。即使将五星电器的100多家门店计算在内，百思买在中国的门店数量与国美、苏宁上千家门店相比，仅为其1/5。

随着国美、苏宁近年来由单纯的门店扩张改为效率提升，百思买在中国市场的处境越来越被动。昨日，记者从相关渠道获得消息，在中国市场一直没有太大作为的百思买，或将退出中国市场。

2. 国际市场营销的意义

世界经济的一体化进程提高了生产的社会化程度，各种生产要素以空前速度在全球范围内流动和组合，拓展了市场的范围、领域和规模，而国际市场营销作为企业参与生产要素流动和组合的重要方式，其意义重大。

企业开展国际营销活动的意义在于：

（1）开拓更广阔的市场

对于具有长远发展目标的企业来说，国内市场发展潜力毕竟是有限的。通过国际市场营销，可以开拓国外更广阔的市场，实现企业与国际接轨，扩大经营范围和规模的目标；可以绕过关税和非关税壁垒，顺利进入国外市场；可以通过母公司与子公司、子公司与子公司之间的内部交易，实现市场内部化。如可口可乐公司在全球各地都设立了瓶装厂进行产品生产分装，为其扩大市场份额起到了极大的促进作用。

（2）发挥竞争优势

有的企业擅长产品设计和研发，但在渠道开发方面不一定有同样的能力；有的企业技术水平一般，但在客户服务方面却表现优秀。企业积极开拓国际市场，通过扬长避短，发挥竞争优势，能够在国外寻找到新的生存和发展空间；可以延长产品生命周期，为国际市场提供差异化产品，从而继续保持优势获得利润。如波音在客机制造方面的技术优势突出，包括中国在内的许多国家都采购了波音客机。

（3）培育国际竞争力

敢于开拓国际市场，能够参与全球竞争的企业，必定有其核心竞争力。企业通过主动参与国际市场活动，积极地面对来自全球的特别是具有竞争相关性的企业，可以锻炼企业在国际市场的活动能力，使企业认清国际市场形势，不断提高企业的国际竞争能力，在竞争中变得更加强大。

（4）获得更广泛的资源

企业融入国际市场，参与国际竞争，可以获得并充分利用更多的自然资源、技术、信息和人力等资源。吉利控股集团有限公司收购沃尔沃汽车公司，联想并购 IBM PC 市场部，都是主动地参与国际市场竞争的表现。这些国内的领先行业也在竞争中获得了更多的资源，如吉利可以通过沃尔沃进一步提升自己的研发技术水平，而联想则获得了 IBM 的部分国际销售渠道和客户资源。

（5）取得更大的利润

企业可以通过扩大产品销量，实现规模经济效益；通过享受本国及东道国的优惠政策，取得更大的收益；通过投资海外，利用国外丰富的资源条件，生产出成本更低的产品，增加收益；通过企业内部运用转移价格策略，使企业整体利益最大化。据有关资料显示，美国通用电器 2010 年的营业收入为 1567.79 亿美元，其中利润为 110.25 亿美元，要获得这样的利润，只美国市场是难以达到的。耐克的代工厂开在越南、泰国等发展中国家，可以充分利用廉价的原料和劳动力为其获得高额的回报。

（6）成为国家甚至是世界的财富

优秀的跨国企业会在经济、文化、社会等方面对本国甚至世界产生正面影响，成为国家乃至世界的财富。据报道，真维斯（香港）荣获 2009 年度"中华慈善奖最具爱心外资企业"奖。2009 年，真维斯(香港)累计捐款捐物超过 9700 万元。秉承"穷则独善其身，达则兼善天下"的企业理念，真维斯开展的公益项目涉及援建希望小学、大学生助学金、希望教师计划等多个活动。与此同时，真维斯还开展了与演艺明星合作的创新公益模式，以此感召更多的消费者履行社会责任，帮助有需要的人，一起推动社会的和谐发展。

案例 12 - 2

中海油"十二五"欲跻身国际石油公司第一阵营

我国第三大石油公司、最大的离岸石油公司——中海油总公司在官方网站披露了"十二五"规划部分内容。在日前举行的 2011 年工作会上，中海油总公司总经理傅成玉宣布，"要紧扣'十二五'规划发展目标，大力转变发展方式，力争在'十二五'冲进国际石油公司第一阵营"。傅成玉明确提出："要把转变发展方式作为中海油第二次跨越式发展的一个根本性的要求。提高能源使用效率，提高公司的清洁能源力度的比重，减少污染物的排放，既是企业承担的社会责任，又是企业的核心竞争力所在"。

"到 2015 年，绿色产业所占比重要达到 25% 以上。"中海油总公司计划部总经理陈伟杰说。而达到这个比重，也就意味着中海油绿色低碳产业将获得长足发展。

2010 年，中海油刚刚宣布建成"海上大庆"，油气当量突破 5 000 万吨，占我国目前的石油产量 1.89 亿吨的 26%。而据媒体引用中海油副总经理周守为的话称，除了 2010 年建成年产量 5 000 万吨的"近海大庆"，中海油未来还将建设"深水大庆"、"海外大庆"和"LNG 大庆"。

傅成玉则表示，"'十二五'期间，预计中海油将投资 8 000 亿到 1 万亿元，绝大部分将投在海上，其中也包括进行海外扩张的资金"。这表明，中海油积极地参与到国际市场的竞争中去，并且在竞争中不断地发展壮大。

第二节　市场营销的全球环境

一、国际市场环境分析

由于多方面的原因，不同国家的市场环境必然存在较大的差异，跨国公司的营销人员必须了解和掌握所在国际市场的环境因素，并且密切关注营销环境的变化和趋势，以便能够有效地开展营销活动，实现公司的既定目标。

环境分析(PEST)。

PEST 分析是用来帮助企业检阅其外部宏观环境的一种方法。PEST 是下列英文单词首字母的缩写：政治的(Political)、经济的(Economic)、社会的(Social)、技术的(Technological)。

国际市场营销同样也需要进行国内市场营销式的营销环境分析，即分析 PEST。根据战略方向与实际国家环境的不同，一般而言，主要是按发达国家环境与发展中国家环境两类进行区别分析对待。因为两者对企业的吸引力、战略规划以及策略运用会有很大的不同。

（1）发达国家市场环境（一般指的是美国与欧洲）：在发达国家实施国际营销，一方面是因为发达国家有着较为合适的营销环境特别是相对较为完善的制度保障；另一方面，发达国家和地区消费需求与购买能力有一定的保障，对外来商品或劳务有较强的接受能力，所以，作为跨国企业，需要赢取这一类市场的市场份额。但是发达国家为了保护本国行业，也会建立一定的贸易壁垒，比如农产品绿色壁垒，阻挡外来企业的进入，所以适宜 FDI（Foreign Direct Investment）与定点生产的方式进入。如日本的丰田、尼桑采用正是利用此法成功进入美国市场。

（2）发展中国家市场环境（一般指的是东南亚与拉丁美洲）：在发展中国家实施国际营销，主要看中的是发展中国家有着较低的劳动成本与丰富的原材料，具有较大的市场发展潜力，一般而言，企业在此类国家实施国际营销的策略是在本国或发达国家进行研发设计，发展中国家负责生产，成品重新出口到发达国家和地区。如曾经的新加坡、目前的中国、越南等国家就有很多跨国企业实施此类营销手法。

二、国际市场环境要素

1. 国际政治法律环境（International Political and Legal Environment）

国际市场营销是结合跨国经营来实现的，不可避免地要受到国际政治和法律的影响，因此，在进入国际市场之前，必须要对国际市场所在国的政治环境和法律环境有充分的认识，并做好应对准备。

（1）国际政治环境。国际政治环境分析主要有政府和政党体制、政府政策的稳定性、民族主义、政治风险等方面。

政府和政党体制：国际营销人员要注意了解掌权政府的构成及其对经营和外商的主要政策。政府是保守的、中立的还是极"左"的，目前的商业政策是鼓励自由经营体制还是鼓励国家所有制，等等。

政府政策的稳定性：政府政策的稳定性直接影响企业经营战略的长期性。企业首要关注的是一国对外政策的根本性变化。这种根本变化可以定义为不稳定性。国际营销中政治环境的不稳定性可以从以下几个方面入手分析：政权的频繁更替；频繁发生暴力事件、治安混乱和示威游行等方面；文化分裂是政治不稳定的又一因素；宗教对立经常是政治动荡的根源。

民族主义：民族主义认为，一国的经济发展要更多地依靠本国自己的经济力量，要特别维护本国民族工业的发展。这种主义又被称为忠诚的民族主义或爱国主义。无论哪一个民族国家，不管它作过什么保证，也不会容忍外国公司对其市场和经济的无限渗透，特别是在东道国认为外商的决策没有顾及本国的社会经济发展需要时。比如，韩国人以一种近乎狭隘偏执的爱国主义情怀对本国国产汽车进行支持。很多例子说到，韩国商人去会见本国的客户，如果开的是自己的国产车，生意就有可能谈得成；如果开的是日本车，对方很鄙视你，根本就不想跟你合作，韩国首都首尔街头停放的汽车，几乎满街都是韩国制造。

政治风险：政治风险来自于东道国未来政治变化的不确定性和东道国政府对外国企业未来利益损害的不确定性。它一般包括四类：总体政局风险；所有权、控制风险；经营风险；转移风险。总体政局风险产生于企业对东道国政治制度前景认识的不确定性。例如1998 年 5 月印度尼西亚骚乱，导致许多华人企业严重损失。

（2）国际法律环境。法律环境是指国家或地方政府所颁布的各项法规、法令和条例等，它是企业营销活动的准则，企业只有依法进行各种营销活动，才能受到国家法律的有效保护。国际法律营销环境主要由国内法律、国际法律、东道国法律等构成。

国内法律：许多国家为了保护国内市场，包括保护民族工业产业，增加国内就业机会，以及更好地与国际惯例接轨，都制定了明确的法律规定。其内容大体包括几个方面：出口控制，进口控制，外汇管制。比如，2011年2月19日，据相关报道显示，为控制进口，逐步减少贸易逆差，越南工贸部正采取多项措施严格实行进口监督，包括在法律方面的措施。

国际法律：国际法是调整交往中国家间相互关系，并规定其权利和义务的原则和制度。国际法的主体，即权利和义务的承担者一般是国家而不是个人。其主要依据是国际条约、国际惯例、国际组织的决议，以及有关国际问题的判例，等等。目前世界上对于国际市场营销活动影响较大的国际经济法，主要有以下几个方面的立法：保护消费者利益的立法，保护生产制造者和销售者的立法，保护公平竞争的立法和调整国际间经济贸易行为的立法。对从事国际营销活动的企业来说，不仅要遵守本国的法律制度，还要了解和遵守国外的法律制度和有关的国际法规、惯例和准则。比如，欧洲国家曾规定禁止销售不带安全保护装置的打火机，这样就限制了中国低价打火机的出口。日本政府也曾规定，任何外国公司进入日本市场，必须要找一个日本公司同它合伙，以此来限制外国资本的进入。只有了解掌握了这些国家的有关贸易政策，才能制定有效的营销对策，在国际营销中争取主动。

东道国法律：指的是目标市场国即东道国有关外国企业在该国活动的法律规范，是影响国际市场营销活动最直接、最常见的因素。这种法律规范主要受各国基本法律体系的制约。目前，世界大多数国家的法律制度基本上可归结为两大体系：大陆法系和普通法系。东道国法律对国际营销的影响主要体现在产品标准、定价限制、分销方式和渠道的法律规定和促销法规限制。不同的法律制度对同一事物可能有不同的解释。因此，国际市场营销者在进行国际市场营销时，必须对国外市场的法律环境进行慎重而明确的分析。比如，直销企业安利1992年进入中国，刚开始的发展并非一帆风顺。1998年，由于非法传销泛滥，中国下达了传销禁令，安利在华业务随即停止。但安利并没有放弃中国市场一走了之，而是通过全力配合中国打击非法传销、与中国政府沟通，建立起符合中国法律的"店铺＋雇佣销售员"经营模式，实现了快速发展。目前安利在中国的197个城市拥有237家店铺。2009年的经营业绩突破了200亿元人民币。由此可知，遵守东道国法律，是跨国企业生存和发展的基本准则。

2. 国际经济环境（International economic environment）

国际市场营销经济环境是各种直接或间接影响和制约国际市场营销的经济因素的集合，是国际市场营销环境的重要组成部分。国际营销经济环境主要分为三个不同层次，一是从全球的角度出发，考察整个世界经济的基本状况以及对国际市场营销产生影响的全球层面的经济环境（国际金融环境、国际贸易环境、经济周期、世界经济结构）；二是从一个国家角度出发考察某个具体国家的经济状况以及其对国际营销产生影响的国别层面的经济环境（即本地经济环境）；三是从世界区域性范围及区域性组织出发考察某些文化背景相似、经济发展水平相当、关系往来密切的一系列国家和地区的区域性层面的经济环境。

（1）本地经济环境。是指企业所在国的经济环境，它对企业的行为及消费者的消费行为发生直接的影响。

（2）区域经济环境。是由一定地理区域范围而结成某一特定经济联盟的国家或地区的经济环境，是国际营销者跨国经营所面临的重要经济环境，对企业国际营销产生直接影响。比如，广西壮族自治区人民政府提出中国－东盟"一轴两翼"区域经济合作战略构想，即由泛北部湾经济合作、大湄公河次区域合作两个板块和南宁－新加坡经济走廊一个中轴组成，形成形似英文字母"M"的中国与东盟"一轴两翼"区域经济合作的战略构想。其内容涵盖了海上经济合作、陆上经济合作、湄公河流域合作。这将对区域国际市场营销产生重要影响。

（3）全球经济环境。当前全球经济环境主要体现为，国际投资与国际贸易迅速发展，各国经济相互依赖性加强，市场竞争程度提高，各国关系的复杂性提高。据联合国经济与社会事务部调查显示，总体来看，目前世界经济呈双速式复苏，新兴经济体复苏较快，发达经济体复苏缓慢。全球财政、货币政策明显分歧，国际合作难度加大。经济增长没有带动就业市场，主要国家失业率居高不下。全球个人消费支出增长缓慢，消费者和企业家信心普遍低迷。外部市场争夺激烈，贸易摩擦加剧，全球贸易增速将有所回落。作为国际营销者，必须对全球经济环境的现状和发展趋势进行分析把握。

（4）全球市场环境。企业在分析全球市场环境时主要分析目标市场的发展阶段，人口规模、人口分布和人口结构以及消费者收入状况；各国消费支出结构与消费储蓄信贷状况；并需要对国际市场竞争者进行分析，才能确定具体的国际营销策略组合。比如，美国消费文化由来已久，透支消费、信贷消费、抵押消费和超前消费导致美国膨胀消费，目前美国很多商品（包括住房）可全额借贷不需要首付。消费对美国经济的贡献达到70％，但其中30％的支出相当"随意"，这部分钱很少用于购买生活必需品，宽松的信贷环境让很多家庭购买了超出能力的住宅和汽车。

3. 国际社会文化环境（International sociocultural environment）

国际市场营销文化环境是指对企业国际营销产生影响和制约作用的各种文化因素的总和，是企业从事国际市场营销的重要的外部条件。国际社会文化环境包括：物质文化、语言、审美、教育、宗教、社会组织、文化变化和文化变化阻力等。在国际营销活动中，东道国的文化在商业活动中肯定会占据支配地位，在这种情况下，国际营销人员最为重要的是要学会调整自己，以适应东道国的文化。在接触一种新文化之前，营销人员应该学会自问几个问题：①我所了解的东道国文化，特别是商业习惯到底有多少？②我对东道国公民的看法和观点如何？③如何将这些看法和观点与本民族的文化区别开来？只有了解、掌握、适应和尊重这些文化差异，才能减少在国际营销中的阻力，获得成功。比如，日本人的文化注重把和谐放在首位，强调克己、规矩，所以日本企业的广告宣传往往突出人们对产品的共性；而美国人崇尚个性，喜欢标新立异，因而其广告首先关注的是产品个性的张扬。

4. 国际科技环境（International Technical Environment）

企业的科技环境指的是企业所处的社会环境中的科技要素及与该要素直接相关的各种社会现象的集合。企业科技环境主要包括本国、目标市场国乃至全球科技发展水平、科技新成就及其在社会生活中的应用状况，科技机构及其变化趋势，国家科技体制，国家科技政策和科技立法，目标市场国消费者对新技术的接受能力等等。比如，随着世界经济全球化和 Internet 的兴起，电子商务正改变着企业的营销环境。电子商务作为 Internet 上的一种新型商业模式，它以本身具有的全球性、开放性、低成本和高效率的特征，建立起了企业网络和信息优势。据阿里巴巴披露，1688.com 上线当天（2010 年 3 月 9 日），首页批发客流量达到了 639 万多，最终成交商品数 306 万件。这也意味着，仅一日登陆阿里巴巴的批发客流量就超过了全球最大小商品市场义乌小商品城 1 个月的人流量。

案例 12 - 3

泰国政府推进税改 迎接 2015 东盟经济共同体

据泰国《世界日报》2011 年 1 月 18 日报道，泰国财政部税务厅副厅长阿南表示，为应对东盟经济共同体（AEC）在 2015 年成立，将调整税收结构，如扩大税收征收范围，将依据具体情况，先调整不需要修订法律的部分，通过修订税收结构提高业者竞争力。泰国在东盟占据地理位置优势，只要有外部有利因素支持，不会输于其他国家。

阿南说，如果未来国内法人所得税降至 18%，和新加坡一致，相信可以推动外资增加，可带来就业及内需。但如果降至 18%，必须提高增值税为 10%，以弥补财政收入，而且很多国家都高于 10%。

阿南还说，目前考虑调整税收，如个人所得税、法人所得税、增值税等，初步估计法人所得税从 30% 降至 25%，如果低于此恐怕会影响政府收入。强调不会提高增值税，因为增值税增加或降低 1%，会直接影响政府收入 100 亿铢。因此在调整增值税前必须作全面考虑，估计 2011 年拟定草案，2012 年可呈内阁审批。

第三节　全球市场定位与预测

一、国际市场定位概念

国际市场定位就是指树立企业产品在国际目标市场即目标顾客心目中形象，使企业所提供的产品具有一定的特色，适应一定顾客需要和偏好，并与竞争者的产品有所区别，从而在市场中占据独特位置。

1. 市场定位的内容

（1）产品定位。是指企业对用什么样的产品来满足目标消费者或目标消费市场的需求。侧重于产品实体定位，如质量、成本、特征、性能、可靠性、实用性、款式等。比如，宝洁根据不同的消费需求划分出了不同的市场，并逐渐推出了一系列产品。如"飘柔"、"潘婷"和"沙宣"等。其中"海飞丝"的特点在于去头屑，"潘婷"的特点在于对头发的营养保健，而"飘柔"的个性则是使头发光滑柔顺，"沙宣"的个性在于美发定型。

（2）企业定位。是指企业通过其产品及其品牌，基于顾客需求，将其企业独特的个性、文化和良好形象，塑造于消费者心目中，并占据一定位置。包括企业形象塑造品牌、员工能力、知识、言表、可信度。比如，可口可乐公司在可口可乐、雪碧、芬达等多种饮品品牌的基础上形成了这样的企业形象：生产多种富有特色的、充满美国文化的饮品、实力雄厚的、饮品质量卓越的超级跨国公司。基于这样的企业形象，可口可乐在消费者中形成了较高的可信度。因此，一旦可口可乐公司推出一种新的饮品，它对消费者具有率先的吸引力，消费者会愿意品尝，因为他们认为这是可口可乐公司的产品，一定不会差到哪里去。

（3）竞争定位。是指突出本企业产品与竞争者同档产品的不同特点，通过评估选择，确定对本企业最有利的竞争优势并加以开发。如七喜汽水在广告中称它是"非可乐"饮料，暗示其他可乐饮料中含有咖啡因，对消费者健康有害。

（4）消费者定位。指对产品潜在的消费群体进行定位。对消费对象的定位也是多方面的，比如从年龄上，有儿童、青年、老年；从性别上，有男人、女人；根据消费层，有高低之分；根据职业，有医生、工人、学生，等等。比如，在中国，哈根达斯走的是"极品餐饮冰淇淋"路线，瞄准的目标消费者是处于收入金字塔顶峰的、追求时尚的年轻消费者。

2. 市场定位的步骤

市场定位的关键是企业要设法在自己的产品上找出比竞争者更具有竞争优势的特性。这就要求企业采取一切努力在产品特色上下工夫。因此，企业市场定位的全过程可以通过以下三大步骤来完成：

（1）分析目标市场的现状，确认本企业潜在的竞争优势。这一步骤的中心任务是要解决三个问题：一是竞争对手产品定位如何？二是目标市场上顾客欲望满足程度和需求情况如何？三是针对竞争者的市场定位和潜在顾客的真正需要的利益要求企业应该及能够做什么？这要求企业市场营销人员必须通过一切调研手段，系统地设计、搜索、分析并报告有关上述问题的资料和研究结果。

（2）准确选择竞争优势，对目标市场初步定位。竞争优势是企业能够胜过竞争对手的能力。这种能力既可以是现有的，也可以是潜在的。选择竞争优势实际上就是一个企业与竞争者各方面实力相比较的过程。比较的指标应是一个完整的体系，只有这样，才能准确地选择相对竞争优势。通常的方法是分析、比较企业与竞争者在经营管理、技术开发、采购、生产、市场营销、财务和产品等七个方面究竟哪些是强项，哪些是弱项。借此选出最适合本企业的优势项目，以初步确定企业在目标市场上所处的位置。

（3）显示独特的竞争优势和重新定位。这一步骤的主要任务是企业要通过一系列的宣传促销活动，将其独特的竞争优势准确传播给潜在顾客，并在顾客心目中留下深刻印象。为此，企业首先应使目标顾客了解、知道、熟悉、认同、喜欢和偏爱本企业的市场定位，在顾客心目中建立与该定位相一致的形象。其次，企业通过各种努力强化其在目标顾客中的形象，保持目标顾客对其了解，稳定目标顾客的态度和加深目标顾客的感情来巩固与市场相一致的形象。最后，企业应注意目标顾客对其市场定位理解出现的偏差或由于企业市场定位宣传上的失误而造成的目标顾客模糊、混乱和误会，及时纠正与市场定位不一致的形象。即使企业的产品在市场上定位很恰当，但在下列情况下也应考虑重新定位：一是竞争者推出的新产品定位与本企业产品类似，抢占了本企业产品的部分市场，导致本企业产品的市场占有率下降。二是消费者的需求或偏好发生了变化，使本企业产品销售量骤减。重新定位是指企业为已在某市场销售的产品重新确定某种形象，以改变消费者原有的认识，争取有利的市场地位的活动。1998年，宜家以高档时尚的形象进入中国市场。一直以来，宜家仿佛是小资一族的首选。然而，随着中国家居市场的逐渐发展和成熟，越来越多的国外巨头资本挤进中国，本土家居企业在不断崛起，消费者也在悄然发生变化，宜家不得不随着中国市场的变化而变化，它不再是照搬其在欧洲的定位，也不再是将那些想要高格调又付不起高价格的年轻人挡在门外的宜家了。宜家经过品牌重新定位，将它的目标客户群锁定为月收入 3000 多元以上的工薪阶层。重新定位可能导致产品的名称、价格、包装和品牌的更改，也可能导致产品用途和功能上的变动，企业必须考虑定位转移的成本和新定位的收益问题。

3. 市场定位的形式

(1) 产品差别化战略。即是从产品质量、产品款式、产品功能、产品包装等方面实现差别，寻求产品特征是产品差别化战略经常使用的手段。

(2) 服务差别化战略。即是向目标市场提供与竞争者不同的优异服务。企业的竞争力越好地体现在对顾客的服务上，市场差别化就越容易实现。

(3) 人员差别化战略。即通过聘用和培训比竞争对手更为优秀的员工以获取差别优势。

(4) 形象差异化战略。即在产品的核心部分与竞争对手相似的情况下塑造不同的产品形象和企业形象以获取差别优势。

案例 12 - 4

市场定位是国际航线头等舱营销成功关键所在

前段时间，阿联酋航空公司 (Emirates Airlines) 和德国汉莎航空公司 (Deutsche Lufthansa AG) 的空中客车 A380 飞机高调在北京首都国际机场降落，吸引了许多人关注的眼球。他们共同的旗号都是经济和低碳，但是如果作为营销人员，我们应该看到他们还有不同的地方，那就是他们的市场定位各有特色。阿联酋航空公司在头等舱私密空间和机上浴室的宣传所用的篇幅最多，票价也定在 7 万元人民币以上的高位，这对于一掷千金和财大气粗的"财团大亨们"明显有着很大的吸引力。而汉莎航空公司则在舒适的头等舱躺椅上为公务旅客提供了方便的办公设备，设置了柔和的光线，另外还有甜蜜的红酒和精细的餐食，这些都透着欧洲式的温馨，让辛劳的公务旅客无限向往，他们的头等舱运价则定在适中的 3 万多元人民币。很明显，他们针对的高端旅客群体是不一样的。阿联酋航空有来自中东石油酋长的气派，而汉莎航空则有欧洲商人精打细算的精明。只有合适的定位才能把空中客车 A380 突出的一面运用到极致。如果在这点上没有充分的认识，盲目地大干快上，不仅不能很快地取得效益，可能还会因投入巨大而背上包袱，因为"高投入与高风险"总是相互呼应的。

二、全球市场预测

全球市场预测就是根据全球市场调研中得到的各种信息和资料，运用各种预测的方法和数学模型，对全球市场产品的供求发展趋势以及与之相关联的各种因素的未来状况作出估计和判断，进而为从事国际经营的企业确定经营战略和策略，为其制定各类经营计划提供可靠的依据。

1. 市场预测的作用与意义

(1) 市场预测是企业制定经营计划的前提条件与重要依据。企业制定经营计划不能单凭当前的状况和过去的资料，正如俗语所说："预则立，不预则废。"所以，要想使经营工作更加富有成效，还需把握企业内外部条件的变化，以及企业有关产品的发展趋势、生命周期以及市场需求的变化发展趋势。要达到这样的目的，就得运用各种科学的方法进行深入、细致的分析和科学的预测。

（2）市场预测是企业做好经营决策的前提。企业生产经营活动的各个阶段、各个生产环节都存在着决策问题。任何企业都面临生产技术、产品品种的选择及其经济效益的评价等诸多复杂的问题。对此，若无细致周密的调查和科学的预测作为基础，就难以筛选出经济、合理、可行的方案，难以作出正确的决策。

（3）市场预测有利于企业更好地满足市场需要。市场预测的关键就是掌握市场发展变化规律，把握其未来发展趋势。科学的预测可以帮助企业按照事物的发展规律办事，并充分发挥人的主观能动性，减少企业经营活动中的盲目性和经营的风险。因此，预测也能提高企业的适应性和竞争力，帮助企业真正按市场需求组织生产和销售，从而更好地满足市场需求。

（4）市场预测有利于企业提高应变能力与竞争能力。在全球化背景下，企业的生存和发展与市场息息相关。企业通过加强市场预测工作，就能够更好的掌握市场需求的动态情况，从而提高自身的应变能力，根据需求变动及时调整生产经营方向，为市场提供适销对路的产品加速资金周转，降低流通成本，提高经济效益，进而提高企业在国际市场上的竞争能力。

2. 市场预测的内容

全球市场预测主要包括以下方面的内容：

（1）市场需求变化预测。市场需求的发展变化是市场预测的最主要内容。对于生产企业主要预测本企业产品的销售变化趋势或销售量。由于影响市场需求变化的许多因素本身也是在不断发展变化的，因此，为预测市场需求的变化常常需要对一些影响因素的变化也加以预测。包括社会商品购买力的变化，产品销售领域的变化，社会的消费结构与用户消费倾向的变化等。

（2）消费结构预测。消费结构预测的主要内容是预测消费品市场产品的构成及其相应比例关系。包括消费者的消费支出在不同商品之间的分布比例，变动趋势，其中最为关键的是居民消费的恩格尔系数的变化。

（3）产品销售预测。产品销售预测是指对未来特定时间内，全部产品或特定产品的销售数量与销售金额的估计。销售预测是在充分考虑未来各种影响因素的基础上，结合本企业的实际情况，通过一定的分析方法提出切实可行的销售目标。无论企业的规模大小、销售人员的多少，销售预测影响到包括计划、预算和销售额确定在内的销售管理的各方面工作。可见，产品销售预测对于企业来说相当重要。

（4）产品价格预测。预测价格变动对国民经济的影响有助于国家进行合理的价格决策。对企业来说，价格变动会影响产品成本、销售量和经济收益，也是企业进行市场竞争的一种方法。因此，预测价格变动及其影响对企业进行市场决策同样是重要的。

（5）产品生命周期预测。产品生命周期是指产品在市场上的销售历程和持续时间，即产品在市场上经历试销、增销、饱和、减销直至退出市场的全部过程。产品生命周期预测就是对商品进入市场直至退出市场的全过程中所处不同阶段的发展变化前景做出估计。

（6）商品资源预测。商品资源是指在一定时期内，企业可以投放市场出售的商品。商品资源预测是进入市场的商品资源总量及其构成和各种具体商品市场可供量的变化趋势的预测。它同市场需求预测结合起来，可以预见未来市场需求矛盾的变化趋向。只有在摸清商品资源的基础上，预测出各种产品的发展前景，才能结合市场需求的变化较精确地预测市场供求关系的发展趋势，作出正确的经营决策。

（7）市场占有率预测。市场占有率预测是指在一定市场范围内，对本企业的产品销售量或销售额占市场销售总量或销售总额的比例的变动趋势预测。市场占有率预测，是对一定市场范围未来某时期内，企业市场占有变动趋向做出估计。企业不仅应该预测本身产品的市场占有率及其变化趋势，还应该对同类产品、替代产品的市场占有状况及其变化趋势进行预测。

（8）生产技术变化趋势预测。生产技术的变化对企业的生存和发展有着重要的影响。企业必须时刻关注内外部生产技术的发展趋势，并不断进行技术改革，保持与国际技术同步发展。

（9）市场环境预测。市场环境预测是在市场环境调研的基础上，科学的方法，预测国内国际的经济、政治法律、政策、社会文化、人口、科技、自然等环境因素的变化对特定的市场或企业的生产经营活动可能带来的影响。市场环境预测只有充分收集内外部环境变化的信息，分析环境变化带来的威胁和机会，分析企业的优势与劣势，才能得出较为中肯的预测结论，作出正确的应对决策。

（10）市场供求状态预测。这指的是预测未来的市场上有多少可供用户选择使用的工业产品、生产企业的数量及生产能力的发挥状况。这是产品供给量的决定因素。为此，需要了解和预测生产企业及所属行业或部门的发展规划，国家、地方及企业在扩大再生产方面投资的情况和从投资到发挥生产能力的时间长短等一系列的因素。

（11）消费者购买行为预测。消费者购买行为预测是在消费者调查研究的基础上，对消费者的消费能力、消费水平和消费结构进行预测分析，揭示不同消费群体的消费特点和需求差异，判断消费者的购买习惯、消费倾向、消费嗜好等有何变化，研究消费者购买什么、购买多少、何时购买、何处购买、由谁购买、如何购买等购买行为及其变化。消费者购买行为预测的目的在于为市场潜力测定、目标市场选择、产品研发和营销策略的制定提供依据。

（12）产品市场预测。产品市场预测是利用市场调研资料和现成的资料，对企业产品的生产能力、生产成本、价格水平、市场占有率、市场覆盖率、技术趋势、竞争格局、产品要素、产品组合、品牌价值等进行预测分析。产品市场预测的目的在于揭示产品的市场发展趋势、市场潜力和竞争能力，为企业产品市场前景分析及定制有效的营销策略提供依据。

（13）市场行情预测。市场行情预测是对整个市场或某类商品的市场形势和运行状态进行预测分析，揭示市场的景气状态是处于扩张阶段，还是处于紧缩或疲软阶段；或揭示某类市场是否具有周期波动规律，以及当前和未来周期波动的走向；或揭示某种商品因供求变动而导致价格是上涨、还是下降，等等。市场行情预测的目的在于掌握市场周期波动的规律，判别市场的景气状态和走势，分析价格水平的变动趋向，为企业经营决策提供依据。

（14）市场竞争格局预测。预测竞争发展趋势必须同时考虑两方面的情况。一是本企业的竞争能力，包括产品的质量、价格、外观，也包括产品售前售后服务、推销措施所能收到的竞争效果、企业及产品在用户中的信誉等，同时也要考虑上述各种因素的改进与变化情况；二是竞争企业的竞争能力，包括竞争企业数量与产量的变化，主要指产品质量、价格、外观以及产品服务、竞争策略的变化。

（15）企业经营状况预测。企业经营状况预测是利用企业内部的统计数据、财务数据和有关的市场调查资料，对企业的资产、负债、权益、收入、成本、费用、利润等方面，以及经营效率、偿债能力、赢利能力的变化趋势进行预测分析。企业经营状况预测的目的在于正确把握企业的资产配置和经济效益的变化趋势，寻求资源优化配置和提高经济效益的途径。

3. 市场预测的基本程序

市场预测应该遵循一定的程序和步骤以使工作有序化、统筹化。要作出正确的预测，应当按严格的标准做好每一环节的工作。一般情况下，预测程序包括预测的准备阶段、进行预测阶段、评价预测阶段和提出预测报告四个阶段。

（1）预测的准备阶段。预测的准备阶段包括确定预测目标、收集与分析资料、找出预测事件的发展规律以及选定预测方法等步骤。

确定预测目标首先要明确目的和对象，即为什么预测和预测什么。预测是为了影响决策，为决策提供信息基础。不同时期、不同情况的决策目的都有所不同，有的是为了制定当前的行动计划，有的是为了制定长远规划；有的是在发现问题时修改原来的计划，有的是为了发现新机会，发展新产品；有的是为了确定定价策略，有的是为了确定市场战略，等等。只有明确了预测目的才能确定预测对象。

确定预测目标后要进行资料的搜集和整理。占有资料的多少，以及资料的可靠程度如何，对预测结果会产生直接影响。搜集资料的范围要根据所确定的目标划定。外部资料来源主要有两种途径：一种是国际组织、各国政府、研究机构、企业团体、新闻机构等定期、不定期发表的出版物、报刊、资料文献，即通常所说的二手资料；另一种是通过外销员、市场调研人员进行市场调查获取的资料，如约见顾客面谈、信函调查、电话调查等，即通常所说的一手资料。除外部资料外，还要搜集内部资料，即本系统、本行业和本公司有关单位的活动资料。资料来源的不同、计算口径与搜集方法的不同都使资料的可靠性受到影响，因此需要进行比较鉴定和必要的调整，这就是资料的整理过程。

预测事件的发展规律包括因果关系分析和产业关联分析。因果关系分析是根据拥有的资料，找出与所预测事物密切相关的影响因素，确定其影响的方向与密切程度。当资料样式表现为外在因素决定事件变化时，可进行因果关系分析。产业关联分析，是根据各部门之间的相互影响，找出经济结构间的比例关系。当资料样式表现为各部门间的相互关联时可进行产业关联分析。根据资料样式的类型，用相应的分析方法，寻求演变规律，用模型描述规律、揭示规律。

预测方法有很多种，基本上可分为定性预测法和定量预测法两大类。定性预测法中，常用的具体方法有因素分析法、意见测验法、专家意见法、类比法等。这些方法的主要特点是，凭借预测者高度的理论素养、长期的经验积累和敏锐的观察能力，通过演绎归纳和逻辑推理作出主观判断预测。定量预测法又可分为时间序列分析法和因果分析法两类。时间序列分析是以历史时间序列数据为基础，运用一定的数学方法使其向外延伸，借以预测事物未来的发展变化趋势。时间序列分析以过去的时间序列统计资料为基础，简便易行，在国际市场行情分析中经常被采用。因果分析法是在分析事物发展变化原因的基础上，找出原因与结果之间的联系方式,并据此预测事物未来的发展变化趋势。

（2）进行预测阶段。在准备阶段结束后,即可进入预测阶段。在进行预测时,如果是定量预测,就要根据建立的模型外延类推,通过计算将模型展开到未来;如果是定性预测,就要在客观资料的基础上,凭主观的认识和经验,进行逻辑推理,对未来加以判断。预测结论应明确,具有可检验性。

（3）评价预测阶段。预测阶段之后是评价预测阶段,即运用一定的检验方法对预测的准确程度加以评价。对未来事件的预测往往与实际不尽相符,即存在误差。预测存在误差是一种客观存在,一定幅度内的误差是可以接受的。为了保护预测的客观性,预测通常标有误差,表示预测本身和预测方法都具备可检验性。

（4）提出预测报告。市场预测的最后一个程序是提出预测报告。预测报告是预测结果的文字表述。写出预测报告不仅是预测的完成步骤,而且也是对调研预测全过程的总结和综合反映。预测结果能否对决策产生影响,与能否写好预测报告有很大关系。预测报告一般包括题目、摘要、目的、正文、结论与建议及附录等部分。

案例 12 -5

2008～2012 年全球 PC 市场预测

据国际数据公司 IDC 预测,2008 年全球 PC 市场总销量将达到 3.02 亿台,比 2007 年增长 12.8%。到 2010 年,全球 PC 总销量预计达到 4.261 亿台,年度增幅约为 7 个百分点。从下表中显示的预测数据来看,IDC 认为全球 PC 销量的年增长将从两位数下降至一位数,而整体销量仍保持上升趋势。用户向笔记本电脑转变的消费趋势在一定程度上弥补了行业整体平均售价的下降。2008 年,全球 PC 市场规模将达到 2800 亿美元,比 2007 年增长 7.4%。预计在未来五年里,全球 PC 市场总销售额的年增长率将保持在 4 个百分点左右。到 2012 年,全球 PC 市场规模将会达到 3300 亿美元。

虽然全球经济环境不断恶化对 PC 市场造成了一定程度的影响,但无论是个人消费者还是企业用户对 PC 的需求仍然保持健康稳定的增长趋势。随着 PC 产品在技术性能上的快速提升以及价格的不断下降,新兴国家市场对 PC 的需求量日益扩大,而那些发达国家的消费者也进一步加快了对原有设备的更新换代。从全球市场来看,消费趋势正在向笔记本电脑转变,越来越多的消费者在购买时选择了携带方便的笔记本电脑,各大厂商推出的低价位笔记本电脑普遍受到了各国消费者的欢迎。

表 12 -1　2008～2012 年全球 PC 销量预测表

年份	PC 产品	美国		其他国家		全球	
		销量（百万台）	增长（%）	销量（百万台）	增长（%）	销量（百万台）	增长（%）
2007	台式电脑及X86 服务器	37.0	-2.8	122.7	7.3	159.7	4.8
	笔记本电脑	30.0	23.6	77.9	38.2	108.0	33.8
	总计	67.0	7.5	200.6	17.5	267.7	14.8

年份	PC 产品	美国		其他国家		全球	
		销量(百万台)	增长(%)	销量(百万台)	增长(%)	销量(百万台)	增长(%)
2008	台式电脑及X85 服务器	35.3	-4.6	130.4	6.3	165.7	3.8
	笔记本电脑	36.3	21.0	100.0	28.3	136.3	26.2
	总计	71.6	6.9	230.3	14.8	302.0	12.8
2009	台式电脑及X85 服务器	33.7	-4.7	137.7	5.6	171.4	3.4
	笔记本电脑	41.7	14.8	122.3	22.4	164.0	20.3
	总计	75.4	5.2	260.0	12.9	335.4	11.1
2010	台式电脑及X85 服务器	32.2	-4.3	145.3	5.6	177.6	3.6
	笔记本电脑	47.1	13.1	143.3	17.1	190.4	16.1
	总计	79.3	5.3	288.6	11.0	368.0	9.7
2011	台式电脑及X85 服务器	31.0	-3.7	153.0	5.3	184.1	3.7
	笔记本电脑	52.4	11.1	161.9	13.0	214.3	12.5
	总计	83.4	5.1	314.9	9.1	398.3	8.3
2012	台式电脑及X85 服务器	29.3	-5.6	160.4	4.8	189.7	3.1
	笔记本电脑	55.8	6.6	180.5	11.5	236.4	10.3
	总计	85.1	2.1	340.9	8.3	426.1	7.0

注：表中 2008～2012 年数据为预测值。PC 包括台式电脑、笔记本电脑和 X86 服务器，不含掌上设备。

资料来源：黄南编译. 2008～2012 年全球 PC 市场预测. 中国机电出口指南.

第四节　进入国际市场的方式

企业进入国际市场的方式是指企业可能将其产品、技术、工艺、管理和其他资源进入国际市场的一种规范化部署。从国际企业的实践来看，企业可以选择的方式有如下三类。

一、出口进入方式

出口方式又可具体分为两种：一是间接出口，企业一般通过所在国中间商销售其产品；二是直接出口，企业一般通过目标国家的中间商销售产品。直接出口还可分为两种类型：一是通过目标国家的中间商(代理商或经销商)销售产品；二是通过企业自身在目标国家的分支机构或子公司销售产品。

二、契约进入方式

契约进入方式指国际企业通过和目标国家的法人之间在转让技术、工艺和管理体系等方面订立长期的、非投资性的合作契约，而进行国际营销活动。

契约方式是以下几种具体形式的总称：

1. 许可证贸易

许可证贸易即企业在规定的期限将自己的工业产权(专利、技术秘密和注册商标等)转让给国外法人以获得某种特权和其他收益。许可证贸易的类型包括独占许可、排他许可、普通许可、交换许可及可转让许可等。生产企业选择许可证贸易方式进入国际市场，是以其预期盈利水平高于其他进入模式为主要依据的。为此，需要进行盈利能力的分析。许可证贸易在协议有效期内增长的收入减去增加的成本便是这一贸易的利润收益。

2. 特许经营

特许经营指企业在规定期限(一般为较长期)内向国外法人转让其管理体系(包括工业产权、技术、组织市场和管理方式等)以取得特权或其他收益。在特许经营行业，盟主与加盟商之间有着一种十分特殊的合作关系。这种关系非常微妙，它既非上下级，又非纯粹意义上合作者的关系。根据总部对加盟者掌控的程度，盟主对加盟商的管理方式主要有"大管、小管、大不管、小不管"四种。大管：托管式管理，即为全程托管，是总部对加盟商扶持或掌控的一种方式。由加盟商自筹全部开店费用，委托公司经营管理，加盟商负责监督管理。适合领域有餐饮、美容、珠宝等服务业领域，以及一些国际大型连锁企业。小管：即半托管式管理，表现形式为，当加盟商加盟之后，有一段时间的托管，一般为半年或一年的时间，直到这家店盈利为止，然后盟主企业撤出，由加盟商自己管理。在加盟商经营的过程中，总部会定期或不定期派督导，对店铺进行现场指导。或是由盟主开出一家新店，并经营一段时间，培育成熟后，再交给加盟商管理，并定期进行指导。适合领域有肯德基、麦当劳类的快餐企业。大不管：即松散型管理模式，主要体现在，当加盟者在开出加盟店后，总部并不过多介入其内部的管理，主要由加盟店自主经营。这种管理模式多出现在那些商品销售类型的企业，诸如：孕婴产品、鞋业连锁等，由于其经营模式相对简单，总部不会对加盟店的经营过程过多介入。总部的长期盈利主要通过向加盟店配送商品，通过商品销售来实现其长期的赢利。小不管：即委托加盟管理，是指总部将现有的直营店委托给合适的加盟者来经营，加盟者本身并不需准备店面或负担租金，以发挥加盟者的最大能动性，最终由总部和加盟者之间分配营业利润。这种加盟方式与一般特许加盟不同之处在于，加盟者省去了在加盟之初的资金和实物投入。

3. 国际经济技术合作契约

国际经济技术合作是指世界上不同国家(地区)政府、国际经济组织和超越国际界限的自然人与法人为了共同利益，在生产领域和流通领域(侧重生产领域)所进行的以生产要素的国际移动和重新合理组合配置为主要内容的，较长期的经济协作活动。国家间的经济政策协调也是国际经济合作的重要内容。国际经济技术合作的主要方式有：国际直接投资合作、国际间接投资合作、国际劳务合作、国际技术合作、国际发展援助、国际经济政策协调与合作、国际经济信息与经济管理合作和区域经济一体化等。

4. 合作生产契约

合作生产又称协作生产，是指两个或两个以上国家的企业，以合作经营的方式，在生产过程中，充分发挥合作各方的有利条件，共同生产某项产品。合作生产是契约式合营在生产领域的具体表现。国际企业与外国法人在产品生产领域的合作契约，这种合作一般不建立法人机构。如"三来一补"等产品加工合同和合作生产项目等。

三、投资进入方式

投资进入方式是一种比较高级的方式。一般指国际企业拥有在目标国家的制造工厂和其他生产经营系统的所有权，它包括两种主要形式：

1. 独资进入方式

国际独资企业是指外国的投资者依据东道国的法律，在东道国境内设立的全部资本为外国投资者所有的企业。国际独资企业的最大特征是所有权、经营管理权都由外国投资者独自享有，同时也由该投资者独自承担责任和风险。独资企业的类型主要有国外分公司和国外子公司两种。

2. 合资进入方式

合资进入方式是指与目标国家的企业联合投资，共同经营、共同分享股权及管理权，共担风险。合资进入方式可以是外国公司收购当地公司的部分股权，或当地公司购买外国公司在当地的部分股权，也可以是双方共同出资建立一个新的企业，共享资源，按比例分配利润。

四、互联网进入方式

随着互联网在全球范围的应用，互联网日益成为全球产品交易的载体，互联网成为企业重要的市场进入方式。国际互联网覆盖全球市场，通过它，企业可方便快捷地进入任何一国市场，网络营销为企业架起了一座通向国际市场的绿色通道。目前，在美国，有超过40%的企业在利用互联网开展营销业务；在北美、西欧和日本，自1995年以来加入互联网的企业以每月翻一番的速度增加；美国《财富》杂志统计的全球前500家公司几乎全都在网上开展营销业务。

案例 12 – 6

美的体育营销步入全球化

2010年11月18日下午，"走向世界的美的——美的·国际泳联全球顶级战略合作新闻发布会"在广州香格里拉大酒店成功召开。国际泳联主席胡利奥·马戈利奥内先生亲临发布会，与美的集团高层代表举行了隆重的签字仪式，宣布美的集团正式成为国际泳联全球官方合作伙伴，这也是国际泳联的第一个中国全球官方合作伙伴。

作为中国白色家电行业领导者的美的，正在进行有效的全球化市场布局和拓展，塑造全球化品牌形象和品牌价值。2010年10月9日美的发布公告，美的电器通过海外全资控股子公司以5 748万美元收购了埃及 Miraco 公司32.5%的股份，标志着美的全球化进程迈上一个新的台阶，此次与国际泳联的合作，也是美的继续深入国际化道路，推动美的品牌全球化的重要举措，美的将借此扩大在全球范围内的影响力，稳步推行全球化策略。

美的历经40多年的发展，已经积累起完善的市场布局和核心运营能力，前瞻性地在海外设立多个贴近市场的办事机构和分公司，不断巩固美的在当地市场的组织能力和竞争优势，可以预见的是，未来将是美的角逐于国际市场，在国际市场大施拳脚的时期，美的成为"中国制造"迈出国门指日可待。

第五节　国际市场营销组合

国际市场营销与国内市场营销一样，也必须制定适应特定市场环境的产品策略、定价策略、渠道策略和促销策略新组合。

一、国际产品策略

国际企业经过市场调研和细分，确定了目标市场、选择了合适的进入方式后，就必须回答这样一个问题：向目标市场提供怎样的产品？答案显然只有一个：向海外顾客提供满足其需求的产品。

1. 国际产品生命周期

在一国市场上，产品生命周期理论形象地描述了产品在市场上被引入随后成长、成熟直至衰退的过程。在国际市场上，国际产品生命周期理论主要描述一种新产品在一国出现后如何向其他国家转移的过程。

2. 国际产品标准化与差异化决策

国际产品标准化是指在世界各国市场上，都提供同一种产品；差异化则是指对不同国家或地区的市场、根据其需求差异，而提供经过改制的、略有不同的产品。如在全世界各地，我们可以喝到从包装、品牌、口味都相同的可口可乐、吃到肯德基炸鸡！我们也可以在各国买到一模一样的尼康照相机、柯达胶卷，但对于电视机来说，各个国家可能电视线路不同，电源电压不同，因此向不同国家供应的电视机就需略作修改而略有不同。

3. 国际产品包装与品种

国际企业在不同的海外市场销售产品，其包装是否需改变，这将取决于各方面的环境因素。从包装所具有的两个基本作用"保护和促销"来看，如果运输距离长，运输条件差，装卸次数多，气候过冷或过热或过于潮湿，则对包装质量要求就高，否则难以起到保护产品的作用。如果东道国顾客由于文化、购买力、购买习惯的不同而可能对包装形状、图案、颜色、材料、质地有偏好，则从促销角度看，应予重视并予调整以起到吸引与刺激顾客的作用。当今一些发达国家的消费者出于保护生态环境的强烈意识，重新倾向使用纸装包装，而在一些发展中国家，顾客仍普遍使用塑料袋包装，因为它较牢固且可重复使用。

案例 12 - 7

苹果获评巴伦周刊年度最受尊敬企业

北京时间2011年2月14日早间消息，《巴伦周刊》周日公布了2010年"最受尊敬企业"排行榜，苹果连续第二年位居排行榜首位，蝉联"最受尊敬企业"。

《巴伦周刊》的这一榜单是在对基金经理进行调查之后得出的。被调查者可以提名全球任何一家企业获得此荣誉。苹果去年的表现为基金经理带来了巨额收入。此外，苹果在技术、创新性和市场营销等方面的表现也很出色，打开了平板电脑这一全新的市场。

除 iPad 之外，2010 年，苹果推出了 iPhone 4，对 iPod Nano 和 MacBook Air 进行了重新设计，iTunes 的音乐下载量也达到 100 亿首，此外还推出了新款 Apple TV。

二、国际定价策略

国际营销环境复杂多变，给国际企业对在海外销售的产品定价增加了许多困难，其价格的构成更加复杂，影响其变动的因素也更多。

1. 国际市场价格的形成

在国际市场上，我们会发现这样一个事实，许多产品由产地卖到另外的国家和地区，其价格会上升很多，这就是所谓的国际价格的升降现象。

这通常是由于该种产品在分销过程中渠道延长，被征收关税、需承担运输成本和保险费用以及汇率变动所致。仔细分析，不难看到影响国际定价的因素远比国内定价为多，除需求因素、成本因素、生产因素以外，还要考虑东道国关税税率，消费税税率，外汇汇率浮动，国外中间商毛利，国外信贷资金成本即利率情况，运输与保险费用，国外通货膨胀率，母国与东道国政府的干预以及国际协定的约束。

2. 国际定价管理

国际企业作定价决策，也要先确定定价目标：是以获取最大利润为目标，还是以获取较高的投资回报为目标？是为了维持或提高市场份额，还是为了应付或防止市场竞争，抑或为了支持价格的稳定？一个有实力的跨国企业在进入一个新兴的富有潜力的海外市场时，大多会以获得较高的市场占有率为目标，因此在短期内，其价格或收益可能不能覆盖成本。那么，国际企业定价决策应由谁负责？选择只有三个：母公司总部定价、东道国子公司独立定价、总部与子公司共同定价。最常见的方法是第三个选择，如此母公司既可对子公司的定价保持一定的控制，子公司又可有一定的自主权以使价格适应当地市场环境。

3. 定价基本方法与策略

国际企业在作价格决策时，其基本方法同国内定价是相同的。即有以成本为导向的定价法，包括成本加成法、边际成本法、目标利润法、损益平衡法；以需求为导向的定价性，包括理解价值法、区分需求法；以竞争为导向定价法，包括随行就市法、密封投标法。国际企业可选用的国际价格策略也有：用以新产品定价的撇脂法和渗透法；用以折让策略的数量折扣法、现金折扣法、职能折扣法和季节折扣法；用以地理定价的 FOB 法、CIF 法、区域运送法、补贴运费法；用以心理定价策略的非整数定价法、整数定价法、声望定价法、单位标价法。

4. 国际企业定价策略

国际企业对其产品在国际市场上销售，应保持其统一价格，还是针对不同国家市场制定差别价格，这是一个非常值得研究的问题。统一价格显然有助于国际企业及其产品在世界市场上建立统一形象，便于企业总部控制企业全球的营销活动；然而各国的制造成本、竞争价格、税率都不尽相同，消费水平更有差异，要在环境差别明显的各国市场的统一价格销售产品常常是不切实际的。

三、国际渠道策略

对国际市场上分销渠道的决策,首先是选择如何进入某国外市场方式的决策,其次再进行在该国外市场上选择何种渠道模式的决策。

1. 国外中间商

在一国外市场销售产品可采用最短的销售渠道,即由国际企业直接将产品卖给最终消费者,而不经过任何中间商,也可借助于中间商来实施分销,通常情况下,由于海外市场环境与国际企业母国环境迥异,大多数产品的分销需要当地中间商的帮助,这就需要了解国外中间商的种类。国外中间商也主要包括代理商、经销商、批发商、零售商四大类。

2. 传统渠道与新兴渠道模式

目前世界上流行的渠道模式大体上可分为两类:传统渠道模式和新兴渠道模式。所谓传统渠道模式就是指产品由生产企业经批发商或代理商至零售商最后到达最终消费者手中的系统。在这种系统中,每个成员都完全独立,相互缺乏紧密合作与支持。所谓新兴渠道模式是指渠道成员采取了不同程度的联合经营策略,具体有纵向联合和横向联合两种。

3. 国际分销模式的标准化与多样化

所谓分销模式标准化是指国际企业在海外市场上采用与母国相同的分销模式;多样化则是指根据各个国家或地区的不同情况,分别采用不同的分销模式。

采用标准化的分销模式可以使营销人员易以经验为基础来提高营销效率,实现规模经济。然而事实上即使产品采用标准化策略,分销模式要采用标准化策略却更加困难。这主要是因为各国分销结构由于历史原因而相异殊多;各国消费者的特点不同,如购买数量、购买习惯、消费偏好、顾客地理分布等方面不可能完全相同;同时国际企业还要考虑自身实力,竞争对手的渠道策略以及其他营销组合因素。所以选择海外市场分销模式绝非国际企业一厢情愿而可为。比如,国外企业在进入日本市场时,普遍对其高度集中与封闭的渠道结构感到无从入手,非得与综合商社、大的制造商或批发商合作,方可将产品推入其渠道系统。

案例 12 - 8

联想结亲 NEC 增大全球 PC 市场

2011 年 1 月 27 日,联想与日本电器厂商(NEC)达成合资协议,双方将成立日本最大合资 PC 企业 Lenovo NEC Holding B. V. ,注册地位于荷兰,总部设于东京。双方将各自在日本的 PC 业务转入合资公司,共同生产、开发产品并销售。

"我们需要保卫在成熟市场上的业务,这是我们主要的利润来源。这个交易本身又有很大的协同效应。"联想集团首席财务官黄伟明表示,"这不是从 PC 开始,而是从战略合作开始的。"

在全球 PC 市场上,惠普占据着 19.5% 的市场份额,戴尔、宏碁、联想的市场占有率分别为 12.1%、10.6% 和 10.4%。联想与宏碁的竞争如火如荼,仅比宏碁少 0.2 个百分点。业内人士指出,NEC 并入联想后,联想不但成功进入日本市场,且市场占有率将超过宏碁,再次成为全球前三。

联想相关人士指出:"与 NEC 合作,并不意味着完全融合,这次整合将借鉴整合 IBM

的 PC 业务的经验，双方在成立合资共同体的前提下，各自保持两个队伍经营，以两个牌子推向市场。研发方面双方将有合作，相互渗透，在采购、生产、物流等环节降低产品成本，以最大的效益模式完成运营，提升双方在日本的市场占有率。"

四、国际促销策略

促销的主要任务是要在卖主与买主之间进行信息沟通，国际促销也不例外，它也是通过广告、销售促进、人员推销和公共关系活动来完成其任务的。

1. 国际广告

国际企业的产品进入国际市场初期，通常广告是其先导和唯一代表，它可以帮助产品实现其预期定位，也有助于树立国际企业形象。然而国际广告要受多方面因素制约，首先是语言问题。一国制作的广告要在另一国宣传，语言障碍较难逾越，因为广告语言本身简洁明快，喻意较深，同样含义要在另外一种语言以同样方式准确表达实在是一件困难的事；其次广告媒介的限制，有些国家政府限制使用某种媒介，如规定电视台每天播放广告的时间，而有些国家大众传媒的普及率太低，如许多非洲国家没有日报；第三是政府限制，除限制媒介外，政府还会限制一些产品，如香烟做广告，有的还对广告信息内容与广告开支进行限制；第四是社会文化方面的限制，由于价值观与风俗习惯方面的差异，一些广告内容或形式不易在东道国传播；最后是广告代理商的限制，即可能在当地缺乏有资格的广告商的帮助。

2. 人员推销

人员推销往往因其选择性强、灵活性高、能传递复杂信息、有效激发顾客购买欲望、及时获取市场反馈等优点而成为国际营销中不可或缺的促销手段。然而国际营销中使用人员推销往往面临费用高、培训难等问题，所以要有效利用这一促销方式，还需能招募到富有潜力的优秀人才，并加以严格培训。推销人员不仅可以从母国企业中选拔，也可从第三国招聘，作为海外推销人员，他们在东道国应表现出很强的文化适应能力，包括语言能力，较强的市场调研能力和果断决策的能力。但若面对一个潜力可观、意欲长期占领的市场，国际企业显然应以招募、培训东道国人才作为优秀推销员的最主要来源。

3. 销售促进

销售促进手段非常丰富，但在不同的国家运用有时会受到法律或文化习俗方面的限制。如法国的法律规定，禁止抽奖的做法，免费提供给顾客的商品价值不得高于其购买总价值的5%。中国最近也有了一项严格控制有奖销售的规定。

在国际营销中，还有几种重要的销售促进形式往往对介绍一些企业产品进入海外市场颇多助益，如博览会、交易会、巡回展览、贸易代表团等。值得一提的是，这些活动往往因为有政府的参与而增加其促销力量，事实上，许多国家政府或半官方机构往往以此作为推动本国产品出口、开拓国际市场的重要方式。

4. 公共关系

公共关系是一项长期性的促销活动，其效果也只有在一个很长的时期内才能得到实际的反映，但不管怎样讲，在国际营销中，它仍是一个不可轻视的促销方式。由于在国际营销中，国际企业面临的海外市场环境会让其感到非常陌生，它不仅要与当地的顾客、供应商、中间商、竞争者打交道,还要与当地政府协调关系,如果在当地设有子公司,则还需积累如何团结与文化背景截然不同的母国员工共创事业的经验。试想,一个国际企业如果不能让其自身为东道国的公众所接受,其产品怎么可能让这些公众所接受呢? 在与东道国的所有公众关系中,与其政府关系可能是最首要的,因为没有其不同程度的支持,国际企业很难进入该国市场,它对海外投资、进口产品的态度,特别是对某一特定企业、特定产品的态度,往往直接决定着国际企业在该国市场的前途。所以国际企业要加强与东道国政府的联系与合作,利用各种媒介加强对企业有利的信息传播,扩大社会交往、不断调整企业行为,以获得当地政府和社会公众的信任与好感,如此国际企业就可望在当地市场站稳脚跟并寻求不断壮大。

实训

一、基本概念

国际市场营销、环境分析(PEST)、国际市场营销经济环境、国际市场定位、重新定位、全球市场预测、市场供求状态预测、契约进入方式、国际产品差异化

二、选择题

1. 单选题

(1)国际市场营销的市场主体主要是(　　)。

A. 个人　　　　　　　B. 企业　　　　　　　C. 行业　　　　　　　D. 国家

(2)国际营销活动中政治风险多种多样,其中最严重的是被当地政府(　　)。

A. 没收　　　　　　　B. 征用　　　　　　　C. 国有化　　　　　　D. 管制

(3)从根本上来说,国际营销环境分析就是要研究企业所面临的(　　)。

A. 经济环境　　　　B. 政治环境　　　　C. 不可控因素　　　D. 可控因素

(4)下列活动中不属于销售促进活动的是(　　)。

A. 有奖销售　　　　B. 赠券　　　　　　C. 公共关系　　　　D. 分期付款

(5)公司在制定国际市场促销策略时,最基本的决策是(　　)。

A. 决定促销的强度　　　　　　　　　B. 识别、估测目标受众

C. 提出购买建议　　　　　　　　　　D. 决定最优促销组合

(6)价格低廉、产品差异很小、购买量小而频率高的日常消费品的出口常采用(　　)。

A. 集中销售策略　　　　　　　　　　B. 广泛销售策略

C. 选择性销售策略　　　　　　　　　D. 独家销售策略

2. 多选题

(1)从我国实际出发,近期可开拓的目标市场有(　　)。

A. 国际旅游市场　　　　　　　　　　B. 国际工程承包与劳务输出市场

C. 专业性服务市场　　　　　　　　　D. 海洋运输服务市场

E. 其他国际服务市场

(2)进入国际市场模式有(　　)。

A. 出口进入模式　　B. 合同进入模式　　C. 投资进入模式　　D. 技术进入模式

E. 管理进入模式

(3)促销信息传播的方式主要有(　　)

A. 人员推销　　　　B. 广告　　　　　C. 公共关系　　　　D. 宣传

(4)企业在分析要进入的国家和地区时，首先要分析其市场规模和容量，具体而言，要分析的因素主要有(　　)。

A. 人口　　　　　B. 收入　　　　　C. 商业服务能力　　　D. 城市化水平

E. 经济发展水平

(5)影响出口企业渠道决策的主观条件因素主要有(　　)。

A. 信誉与资金　　　　　　　　B. 企业的销售能力

C. 企业控制渠道的愿望　　　　D. 经济效益大小

E. 企业满足消费者需求的观念

三、简答题

1. 国际市场营销与国内市场营销的区别有哪些？

2. 全球市场定位的主要内容有哪些？

3. 国际市场营销进入的方式有哪些？

4. 国际市场营销组合策略包括哪些要素？

四、论述题

1. 对于企业而言，为什么要开展国际市场营销活动？

2. 试论述国际市场定位的形式。

3. 试论述进入国际市场方式中的契约式。

4. 在国际市场活动中，如何有效运用人员推销策略？

五、项目实训

1. 国际市场的进入与开拓的实训

内容：走遍全球的米老鼠

沃特·迪斯尼公司创始之初，一天，一位男子找到沃特说："我是一个家具制造商，我给你300美元，你让我把米老鼠的形象印在我的写字台上，可以吗？"这笔钱成为迪斯尼公司收到的第一笔商标使用费。此后，迪斯尼公司所创造的大量家喻户晓的动画形象如米老鼠、唐老鸭、白雪公主等，被广泛授予许可证，印制在各种商品如服装、玩具、皮包上，深受全世界消费者尤其是儿童的喜爱。正是这种经营模式造就了这家著名的跨国公司。到今天，迪斯尼公司在全球已经拥有4 000多家商标授权企业，其产品包括从最普通的圆珠笔到价值2万美元的手表。利用许可证贸易方式，迪斯尼公司的商业行为获得了巨大成功。试回答：迪斯尼进入国际市场的主要方式是什么？迪斯尼经营获得成功说明了迪斯尼产品适应了哪些市场的需求？

形式：小组讨论，小组选代表发言，班上评议，老师总结。

2. 国际市场营销组合策略的实训

内容：宝洁公司成功推销之道

宝洁公司每年花2 000万~4 000万美元，从美国本土派100多名美国人进驻中国市场。这100多名美国人带着美国宝洁的商业观念，来到中国从事经营管理；并用优厚的薪金在中国最优秀的大学招聘最优秀的大学生。这些大学生进入宝洁公司接受美国企业管理思维的训练和教育，经过培训的中国员工已为宝洁在中国攻占市场立下汗马功劳。

宝洁在中国的经营理念是：只要有销售宝洁同类产品的地方，就一定要有宝洁的产品，而且宝洁的产品要做到最好。中国已有 300 多个 20 万人口以上的城市被宝洁列入其战略版图，它的目标包括百货商店、超市、便利店、小卖部等。在那些地方，伴随每天太阳的升起，一批批身着宝洁产品广告衫、号称"胜利之队"的销售员，便骑着自行车或摩托车，穿街过巷，到处去推销。在那些城市，甚至自行车修理点都卖宝洁产品。宝洁在中国市场上费尽心思，不光在城市巩固与扩张市场，还向农村发起了进攻。据媒体报道，宝洁在农村已经取得了很好的市场业绩。

　　形式：小组讨论以下问题：宝洁进入中国市场后，主要采取了哪些营销策略？其经营管理的经验主要有哪些值得我国企业借鉴？小组选代表发言，班上评议，老师总结。

六、案例分析与讨论
联想的国际市场营销策略分析

　　多年来，联想集团一直都在努力地增强自身的实力以便于实现其自身的国际化。为了更好地适应市场环境的变化，占据有利的格局，联想集团一直努力完善自己的国际市场营销战略。

　　一、差异化战略

　　在欧美市场上，由于当地企业技术较为先进，竞争对手实力都比较强，联想并不能以技术和产品取得胜利。此时一个好的市场战略就显得无比的重要。联想在欧美等一些比较成熟的市场，针对大客户这一方面建立起差异化的营销策略，采取适合大客户的营销策略和产品设计。联想的差异化战略也是对 IBM 公司大客户战略的一种延续。联想的差异化战略还针对特定人群，例如，迷你笔记本是目前笔记本市场最受欢迎的一类产品，联想采用迷你笔记本创新营销模式，其 IdeaPadS9/S10 主要定位于大学生和年轻白领，提供了有线、WiFi、"蓝牙"和移动上网等 4 种网络连接方式，可轻松实现"永远在线"。通过稳固特殊消费群体，联想占领了海外的部分市场。联想通过在海外市场上选择差异化战略使自身走向国际化。

　　二、人力资源国际化

　　企业要走向国际化必须实现其人力资源的国际化。2004 年 11 月 9 日，联想集团主席表示在联想的国际化进程中缺乏国际化人才。联想一直都在为人力资源的国际化做着不懈地努力。首先，联想寻找具有国际管理能力的国际管理者，2005 年 12 月，联想聘用前戴尔高级副总裁出任 CEO 一职；2006 年请微软前高管肯尼思·迪佩特罗担任公司人力资源部门高级副总裁。联想改变启用内部人才的策略，实现人才本土化、国际化。这更有利于把握国际市场信息、节省开发人力资源的成本。其次，联想加强对内部员工的培训。为了适应国际化，联想集团的董事长杨元庆宣布联想的官方语言为英语，也对员工的英语水平做了培训，这就方便不同国家员工之间的沟通，节省沟通管理的成本。再次，联想吸引了一大批优秀的国际型人才，为自己的国际化发展做好了充足的人才准备。不难看出，联想的国际化进程里是非常看重人力资源国际化的。一个优秀的跨国企业必然要有效用的人力资本，联想人力资源国际化的战略给那些力图走向世界的企业提供了宝贵的经验。

　　三、优秀的企业文化

　　美国管理大师 Noel Tichy 认为，企业作为一种活的非自然生物体，与生物一样有自己的遗传基因，正是这个基因，决定了企业的基本稳定形态和发展、乃至变异的种种特征。

联想优秀的企业 DNA 就是有一种优秀的企业文化。首先，企业管理层重视国际化的发展，一直都在努力寻找联想走向国际化的道路，并逐步实践。其次，联想有着良好的沟通环境，这能使得人力资本更好地发挥其作用。虽然，联想优秀的企业文化目前还不足以支撑联想的国际化，但也为它的国际化做出了不小的贡献。联想的健康的企业文化是使它可以很好地适应市场风险，整合各方面资源，提升企业创造价值的能力。

四、利用中国的国际化进程，进一步迈出国际市场营销步伐

2008 年北京奥运会期间，奥运 TOP 赞助商联想集团的梦想是：让世界关注联想。联想成为北京 2008 年奥运会火炬官方合作伙伴，其创新设计中心主创的"祥云"火炬走遍全球，联想奥运战略由此启动。联想的奥运计划帮助联想击败了很多对手。同时联想还把参与"世博"作为其规划许久的市场战略。其管理者透露，早在北京奥运会举办前，联想便开始了"世博"项目的"攻关"，一方面这是作为民族企业的责任，另一方面决不能错过这个展示联想技术与方案实力的机会。可见联想长久以来都极其重视抓紧机会，以完成其建立跨国大企业的目标。

五、国际市场营销与"双业务模式"

企业要想走上国际化的发展道路必然要有一个具有特色的营销战略。"双业务模式"就是联想的特色战略。联想采取关系型客户模式和交易型客户模式，即联想把客户分为商用群组和消费群组，而在每个群组，又分为笔记本营销部以及台式机营销部。在市场前端除了大客户部维持不变外，其他部门都组建为新的渠道市场部。这种"双业务模式"不仅使联想更加贴近客户的需求并吸引到更多客户，也为后来联想全面向 Think 及 Idea 双品牌切换打下基础。联想的"双业务模式"是极其成功的，在印度市场有增长 70% 利润的例子。

六、品牌标识国际化

2003 年集团全球品牌新标识切换项目正式启动，LENOVO 从此取代 LEGEND 成为品牌走向国际化的新标识。切换品牌标识的直接原因是国际化的需要。要国际化，首先需要一个可以在世界上畅通无阻的、受人喜爱的英文品牌，但 LEGEND 这个英文名称在国外很多国家已经被注册，品牌新标识切换为未来公司业务拓展做好先行部署。品牌标识切换仅是国际化进程的一个不可或缺的步骤，进军海外不仅需要在品牌方面做好准备，更为重要的是在业务方面提高自身的水准，提供高品质的产品和服务。

七、把本土市场作为坚实的后盾

目前联想在中国市场区的销量占整个集团的 40% 以上，收入占 30% 多，而利润则超过 50%，中国区是整个集团的利润支柱。一切企业要进行国际营销，必然要有支撑其跨国发展的坚实后盾。联想稳固中国市场就是因为中国市场区是全球增长的发动机。中国市场区以两倍于全球 PC 市场的增长速度，拉动了新联想的增长。本土市场的稳固使得联想能够将其"双业务模式"复制到全球，特别是一些新兴市场。

不管国际市场营销的前途如何坎坷，也不管学费多么昂贵，国际化都是联想的必由之路。只有通过国际化，占领国际市场，联想才能有长远的发展。通过对联想公司国际营销战略的分析，我们看到联想为走上国际化的道路做出的努力，这为国内的 IT 行业的发展提供了经验。

分析与讨论

1. 联想国际化获得成功的主要原因是什么？

2. 登陆联想中国官方网站 http://www.lenovo.com.cn/，分析联想最近在国际化方面又有了哪些新举措。

第十三章　市场营销新发展

学习目标

通过本章的学习，掌握绿色营销、整合营销、关系营销、网络营销、体验营销、文化营销、情感营销、服务营销、直复营销、营销道德等方面的含义、特点及其实施，全面、系统地认识市场营销新发展的概念、观念，并能在实践中加以运用。

过去的百年，是营销领域从孕育、生长到大发展的百年，是营销管理思想不断创新与丰富的百年。在营销领域，差不多每隔十年就会产生创新的思想、创新的做法，营销思想的创新是营销领域奋勇前进的永久动力和不竭源泉。

20 世纪 50 年代以来，市场营销取得了长足发展，尤其是新概念、新观念层出不穷，它们为企业营销活动的开展提供了新的指导思想。随着以互联网、知识经济、高新技术为代表，以满足消费者的需求为核心的新经济迅速发展，企业营销环境因素发生了深刻变化，与环境变化相适应，企业营销活动也发生了根本变化：提供的产品从有形产品转向系统的问题解决方案；营销目标从注重市场占有率转向客户感受和加强客户关系；沟通媒介从大规模的大众媒体转向特色化的网络媒体；营销诉求从单一直接方式转向涵盖文化、情感等因素的集合体；如此种种。所以这一章重点介绍市场营销新发展的相关知识，旨在了解一些新概念、新观念的实质，并在营销实践中加以运用。

第一节　绿色营销

绿色营销观念萌生于 20 世纪 60 年代初，是在生态环境不断恶化与消费者环保意识不断增强的情况下提出的一种新的营销观念。"绿色"的核心意思是保护地球生态环境，促进人与自然、社会经济和生态环境的和谐关系，以确保人类的永续生存和社会经济的可持续发展。随着人们对环保的要求越来越高，人与自然和谐相宜的怡然之情也越来越迫切。于是，"绿色营销"在全球悄然兴起，企业因此逐渐步入了集企业责任和社会责任于一身的理性化发展的高级阶段。绿色营销成为 21 世纪营销发展的主流，实现绿色营销战略是当今社会可持续发展的必然要求，也是企业在新形势下求得更好的生存和发展的必然道路。

一、绿色营销的含义

绿色营销的概念有广义与狭义之分，广义的绿色营销是指企业在营销活动中体现社会价值观、伦理道德观，充分考虑社会效益，自觉维护生态平衡，坚决抵制各种有害生态环境的营销。狭义的绿色营销是指企业在营销活动中，谋求消费者利益、企业利益、环境利益的协调，既要充分考虑消费者的要求，实现企业的利润目标，又要慎重考虑保持生态平衡。

　　绿色营销的主要含义应是狭义的理解，企业在实现自己目标利益的同时，关注消费者利益，生产的产品有利于消费者身心健康；注意环境保护，避免环境污染；保护和节约自然资源；为未来着想，维护人类社会的长远利益，实现人类社会的可持续发展。

二、绿色营销的特点

1. 绿色营销以消费观念为前提

　　消费者的需求是由低层次向高层次发展，人们在基本解决温饱问题之后，会追求更高的生活质量。人们关心自己的身心健康，便会对清洁环境和绿色产品产生需求。

2. 绿色营销以绿色观念为指导

　　绿色营销以满足消费者的绿色需求为中心，为消费者提供能有效防止资源浪费、环境污染以及损害健康的产品。企业只有具有绿色意识与观念，充分关注消费者健康，关注环境保护，关注企业长远发展，才有可能生产出绿色的产品。

3. 绿色营销以绿色法制为保障

　　绿色营销是着眼于社会整体利益的新观念。在竞争性市场上，必须有完善的法律制度作保障，以法律来约束市场主体的行为，维护全社会的长远利益。因此，企业开展绿色营销活动要有自觉意识，同时要健全法制，制定并实施环境保护与绿色营销的方针、政策，遏制企业的短期行为和破坏行为。

4. 绿色营销以绿色科技为支撑

　　科技进步是产业进步的决定性因素，绿色产业的形成必然以绿色科技为支撑。绿色科技促进绿色产品的开发，节约能源，治理好"三废"污染，保护可再生资源，是绿色营销的技术保证。

三、绿色营销的实施

1. 绿色产品

　　绿色产品即对社会或环境的改善有所贡献、或较少损害社会和环境、或对环境及社会生活品质的改善优于传统产品的产品，有时又叫无公害产品。绿色产品更重要的是其绿色表现。在产品开发过程中，要以环境和资源保护为核心，产品设计、材料选择、产品结构和功能、包装与运输方式、产品的使用及产品废弃物的处理等都要考虑对环境的影响。

2. 绿色价格

　　绿色产品的价格必须反映环境成本，在制定价格时要树立"污染者付费"、"环境有偿使用"和"资源节约使用"等观念，把企业用于环保方面的支出计入成本，成为绿色价格的一部分，通过征收环境补偿费使被损害的生态环境得到必要的保护与重新建设。

3. 绿色分销

　　绿色分销即绿色产品从生产者手中转移到消费者手中所经过的由众多执行不同职能、具有不同名称的各中间商连接起来而形成的通道。绿色分销除了具有一般分销渠道的所有特点外，还应具有一定的绿色标志(环境标志)。

4. 绿色促销

　　绿色促销即通过绿色媒体传递绿色产品及绿色企业的信息，从而引起消费者对绿色产品的需求及购买行为。绿色促销围绕绿色产品开展各项促销活动，其核心是通过充分的信息传递，树立产品的绿色形象，使之与消费者的绿色需求相协调，巩固企业的市场地位。

案例 13 – 1

宝洁的绿色营销

　　消费品巨人宝洁公司丝毫不掩饰其野心，特别是在绿色消费品上。宝洁 2009 年宣布，其可持续发展的措施包括到 2012 年计划削减碳足迹至 40%（碳足迹是指通过温室气体的产生量来衡量人类活动对环境的影响，以二氧化碳为单位计算），该公司还宣布未来五年内计划在减少对环境影响的情形下，创造至少 200 亿美元的销售总额。《金融时报》报道说，这些产品对环境的影响将比其之前的产品对环境的影响降低 10%。

　　像丰田汽车一样，宝洁公司的营销目标不仅是针对绿色消费者，而且包括主流消费者。绿色消费者当然会购买绿色产品，因为那是他们的一项核心消费需要。"但是，假如你的产品方便了主流消费者，同时不要求他们做出让步，那么他们就会以可持续发展的方式来消费你的产品，"宝洁公司可持续发展部总监怀特分析说。他还说："公司要把环保要求和实际利益结合起来，以争取赢得普通消费者的支持。举例说，宝洁的更环保更浓缩产品均设计为轻巧携带型，而节能清洗运动可以帮助客户节省支出。"

　　怀特的同事索尔斯对此十分赞同。他说绝大多数消费者觉得环境问题十分重要，但都不愿意在产品性能或价格上做出让步。他告诉《品牌周刊》，"他们会选择一款对环保有好处的产品，如果其性能、价值和成本都符合要求的话。"

第二节　整合营销

　　整合营销传播（Integrated Marketing Communications, IMC）源于 20 世纪 80 年代中期，但直到 90 年代才被广泛关注。IMC 的意思是将与企业有关的所有市场营销活动，用一种统一的声音、形态传达出去。IMC 的核心是从消费者的角度出发，通过对他们欲望和需求的分析，用最小的代价给其带来购买方便和心理满足，并通过顾客资料库对其进行持续的沟通，建立一种忠诚的关系，最终占领市场取得长期的经济利益。

一、整合营销的内涵

　　整合营销是一种对各种营销工具和手段的系统化结合，根据环境进行即时性动态修正，以使交换双方在交互中实现价值增值的营销理念与方法。其关键在于真正重视消费者行为反应，进行双向沟通，在市场上树立企业的品牌竞争优势，从而提高顾客的品牌忠诚度和产品的市场份额。整合营销涉及到两个方面的内容：一是营销部门内部的整合，营销功能与任务各方面如市场调研、市场定位、产品、价格、分销等方面的整合；二是营销部门与企业内部其他部门的协调与配合。

二、营销观念的演进

　　营销观念的演变大体上经过四个时期：

1. 大量营销阶段

生产企业生产的产品同质性高，无显著差异，即各企业生产的产品没有什么区别。企业的生产目的是降低成本，提高产量，没有消费者需求的差异，把市场看做是同质性市场。这种观念产生于产品供不应求、商品经济不发达的年代。

2. 差异营销阶段

由于社会的进步，经济的发展，产品日益丰富，企业之间的竞争越来越激烈，如果本企业的产品没有特色，没有差异，销路就成问题，所以企业想方设法生产差异化的产品，以满足消费者的差异需求。

3. 目标销售阶段

即企业通过市场调查研究与分析，发现需求，将市场进行细分，然后选择自己的目标市场，实施市场定位，形成目标营销。这种观念是从消费者需求出发，而不是从企业的角度出发，是企业营销观念的巨大进步。

4. 整合营销阶段

企业为了有效占领并发展壮大目标市场，需要整合各种营销因素及功能，同时协调好营销部门与其他部门的关系。整合营销观念改变了把营销活动作为企业经营管理职能之一的观念，而是要求整合和协调企业的所有活动，努力为顾客的利益服务。

三、整合营销中的 4C 观念

整合营销理论的倡导者——美国 D. E. 舒尔兹教授曾用一句话来形象说明这种理论：过去的座右铭是"消费者请注意"，现在则应该是"请注意消费者"。整合营销的具体思想如下：

1. 考虑消费者(consumer)的需要和欲望

为了满足消费者的需要，企业必须根据消费者的需求开发、生产和销售产品。

2. 考虑消费者的意愿成本(cost)

消费者的意愿成本是指其购买产品所愿意支付的价格，即顾客成本，包括产品的购买价格、时间与精力成本、风险成本。研究顾客成本，就是研究消费者购买产品愿意支付多少钱及其他成本，并据此确定产品的价格。

3. 考虑给消费者购买的便利(convenience)

即消费者购买的方便性。产品销售前，及时向消费者充分提供有关产品性能、质量、价格、使用方法、效果的准确信息。售货地点方便顾客购买、自由挑选、停车、免费送货、咨询、导购服务。售后重视信息反馈和追踪调查，及时处理和答复顾客意见，对有问题的商品主动退换，为顾客及时维修等。

4. 考虑与消费者双向沟通(communication)

企业应将有关企业与产品的信息及时有效地向消费者及其他群体发布，同时积极收集并了解他们的信息。加强沟通互动，树立企业知名度，争取消费者及社会的理解与支持，维持老顾客，发展新顾客，实现双赢。

四、整合营销的实施

1. 正确决策

整合营销的决策涉及到产品与技术的研发、产品的投资生产、资金筹措、产品销售、分配等，整合企业人、财、物资源，优化资源的配置。

2. 制定计划

在作出决策以后，制定行动计划，如何将有关决策付诸行动。

3. 实施战略计划

按战略及计划的要求完成预定的目标，建立相应的组织和分配相应的资源。

4. 控制

在整合营销计划的实施过程中，为达到预期目标，要对有关活动加以控制，注意营销部门内部的协调以及营销部门与其他部门的协调，以保证目标的实现。

5. 评估

将营销活动的整体目标分解为各阶段和各部门的目标，对总目标及各分目标加以评价，及时发现问题并提出解决的办法，不断总结经验。

案例 13 - 2

金六福：中国人的福酒

五粮液集团的前身是宜宾五粮液酒厂，1998 年经过改制成为集团有限公司。它是以生产五粮液系列酒为主业，涵盖塑胶加工、模具制造、印务、药业、果酒、电子器材、运输、外贸等多元化经营的特大型企业集团。2003 年实现销售收入 121.04 亿元。1999 年，五粮液集团和湖南新华联集团强强联合，推出了国内著名白酒品牌——金六福。该品牌的主打产品为金六福系列和福星系列。几年来，金六福酒以整合营销传播为理念，在竞争激烈的白酒业界创造了优秀的销售业绩。

一、金六福的品牌命名。从品牌名称来看，金六福的品牌围绕着我国传统的民族特色——"福"。"金六福"三字中，"金"代表富贵和地位；"六"为六六大顺；"福"为福气多多。金六福酒质的香、醇、浓、甜、绵、净与人们向往的六福——寿、富、康、德、和、孝有机融合在一起。这一命名既突显出品牌的"福文化"，又与中国人追求吉祥富贵的心理紧密联系起来。尤其是在喜欢讨个"口彩"的中国人心里，金六福成为喜庆时刻的首选品牌之一。

二、金六福的产品策略。金六福在我国首创了白酒产品星级分级方式，明确了产品档次的区分标准。这是在白酒产品分级方式上的创举，并很快为市场上其他白酒品牌所仿效。2002 年下半年，金六福"为城市干杯"系列产品推出市场。在金六福酒的根据地湖南，一种被称为"为湖南干杯"的金六福酒在市面上出现。金六福"为湖南干杯"系列产品一改白酒大品牌、大包装的传统做法，爱晚亭、南岳、岳阳楼、旗下六个产品品种分别体现张家界、曾国藩等文化主题，采取了有针对性的不同包装设计；并利用文字和图案对上述代表湖南地方文化特征的要素进行了描述和表现。金六福"为湖南干杯"系列酒是根据当地口感酿制，包装上又体现了目标消费者所熟悉的风土人物历史，具有很强的亲和力和文化底蕴，上市后，很快获得了消费者的认同。随后不久，金六福"为湖北干杯"、"为河南干杯"、

"特供江苏"等产品也相继上市。

三、金六福的宣传策略。"好日子离不开它,金六福酒",提起金六福,恐怕很多人首先想起的就是这个脆亮的童音广告口号。依靠"开门见福"的概念符号和极具冲击力的广告口号,金六福的名声迅速红遍大江南北。以"中国人的福酒"为定位的金六福酒一直希望寻找到一个合适的宣传主题,最终选择"体育营销"为主打策略。金六福的对外宣传与系列体育事件联系在一起:2001—2004年中国奥委会合作伙伴、第28届奥运会中国代表团唯一庆功白酒和世界杯出线珍藏酒等。申奥成功,国足出线,新世纪的中国好运连连,金六福的宣传策略也相应出台。北京申奥成功后,金六福作为"中国奥运唯一庆功酒"这一赞助的价值顿时放大。在庆祝申奥成功的广告片中,金六福采用时钟这个表现时间最直接的元素,各种各样的时钟不停运动,最后都定格在7月13日这天。创意非常单纯和直接,表现了"永远铭记这一天"的祝贺含义。

金六福的副品牌叫"福星",福星酒以"喝福星酒,运气就是这么好!"为宣传主题,与主品牌金六福"中国人的福酒"这一概念一脉相承。福星的广告《井盖篇》将"运气就是这么好"的创意发挥得淋漓尽致。当中国足球队在2001年冲击世界杯的十强赛中胜利出线,主教练米卢一时间成了拯救中国足球的英雄,更有很多人将米卢誉为"中国足球的大福星",米卢的人物形象和福星品牌"运气就是这么好"的定位不谋而合。终于,金六福费尽心思请来米卢拍摄他在中国的第一支广告。广告中米卢说:"喝福星酒,运气就是这么好!"这支广告的效果可想而知非常理想。

第三节　关系营销

一、关系营销及其本质特征

关系营销是指把营销活动看成是一个企业与消费者、供应商、分销商、竞争者、政府机构及其他公众发生互动作用的过程,其核心是建立和发展与这些公众的良好关系。简单地说,企业要协调企业内部各部门的关系以及企业与外部各组织单位的关系。关系营销以交流为基本思想,将企业看作整个社会的一份子,建立企业与各方面的良好关系。

关系营销的本质特征就是双向沟通,通过沟通促使双方相互理解,建立互利、合作、双赢的关系。

二、关系营销的内容

1. 企业内部关系

企业首先要建立良好的内部关系。明智的企业高层领导,心中装有两个上帝:一个是顾客,另一个是员工,所以要注重企业内部营销。对于企业来说,要创造良好的环境,尽力满足员工的合理要求,提高员工的满意度和忠诚度。

2. 企业与竞争者关系

竞争者既是敌人,在某些情况下又是同盟者,企业也要善于与竞争对手和睦共处。因为各企业所拥有的资源条件有限,各有所长,以之取长补短。企业可强强联合,达到共同目标；可将小企业视为同盟者，求得更好发展。如果将竞争者看作敌人，有可能两败俱伤。因此，企业应该认识到，一个良好的竞争环境比双方拼得你死我活更重要。

3. 企业与顾客的关系

顾客是企业的上帝、财神。企业要实现利润目标，需依赖顾客。企业要保持与顾客的良好关系，首先要通过市场调查，发现顾客的需要和企业的营销机会，然后设计、开发、生产相应的产品，以优质的产品、合理的价格、良好的服务赢得顾客，及时传递企业及产品的相关信息，加强企业与顾客的沟通，争取老顾客比争取新顾客更重要。

4. 企业与供应商之间的关系

企业所需要的原材料、设备及其他资源，需要从外面购回，企业也要处理好与供应商之间的关系，争取供应商的支持与合作。

5. 企业与经销商之间的关系

企业产品一般是通过中间商销售出去的，中间商也可以看作是本企业的顾客。所以，企业与中间商建立良好的关系，促使他们积极购买和推销本企业的产品，争取他们的理解和支持十分重要。

6. 企业与各影响者之间的关系

其他各个影响者包括金融机构、新闻媒体、政府主管部门、财政税务部门、环境保护部门、消费者组织等，企业通常与这些部门发生关系，必须争取他们的支持与配合。

三、关系营销的原则

关系营销可以用 10 个字来概括：利益是纽带，信任是保证。在关系营销的运行过程中，需要严格遵循以下四个原则：

1. 充分沟通原则

关系营销中，关系各方都应主动与其他关系方接触和联系，相互沟通信息，了解情况，形成制度化或以合同形式定期或不定期碰头，相互交流各关系方需求和利益的变化情况，主动为关系方服务或解决困难和问题，增进合作伙伴关系。

2. 相互信任原则

关系营销的各关系方相互之间都应做出一系列书面或口头承诺，并以自己的实际行动履行诺言，不折不扣地按照约定或承诺办事，以赢得关系方的信任和支持。

3. 互利互惠原则

在与关系方交往过程中，必须做到相互满足关系方的经济利益，通过在公平、公正、公开的条件下进行成熟、高质量的产品或价值交换，使关系方都能从中得到实惠。

4. 动态控制原则

关系营销要求建立专门的部门，以跟踪顾客、分销商、供应商及营销系统中其他各参与者的态度，由此了解关系的动态变化，及时采取措施消除关系中的不稳定因素和不利于各方利益共同增长的因素。

案例 13 – 3

我国古代关系营销的经典

在中国古代的一个村庄，有个叫明华的年轻米商。加上他，村子里一共有 6 个米商。他整日坐在米店前等待顾客的光临，但生意非常冷清。

一天，明华意识到他必须要了解一下乡亲们，了解他们的需求和愿望，而不是单纯地将米卖给那些来到店里的乡亲。他认识到，他必须要让乡亲们感到买他的米物有所值，而且比其他几个米商的米都合算。于是，他决定对销售过程进行记录，记录下乡亲们的饮食习惯、订货周期和供货的最好时机。为了进行市场调查，明华首先开始了走访摸底，逐户询问下列问题：家庭中的人口总数，每天大米的消费量是多少碗，家中存粮缸的容量有多大。

针对所得到的资料，他向乡亲们承诺：免费送货；定期将乡亲们家中的米缸添满。如一个 4 口之家，每个人每天要吃 2 碗大米，这家庭一天米的消费量是 8 碗。据此测算，明华发现该家庭米缸的容量是 60 碗，这接近一袋米。通过建立这样极有价值的记录和推出的服务，明华与顾客建立起广泛而深入的关系。先是与他的老顾客，然后逐步扩展到其他的乡亲。他生意不断地扩大，以至于不得不雇用他人来帮助他工作：一个人帮助他记账，一个人帮助他记录销售数据，一个人帮助他进行柜台销售，还有两个人帮助他送货。至于明华，他主要的职责就是与乡亲们不断的接触，搞好与大米批发商的关系，因为当时米非常紧缺，只有为数不多的大米生产者。最后，他的生意蒸蒸日上。

从这个案例我们可得到关系营销的 3 个战术要素：与顾客和供应商直接接触（如种大米的农民）；建立与顾客和供应商相关的数据库；建立顾客导向的服务体系。同时，我们还可得到关系营销的 3 个战略要素：将企业重新界定为服务企业，将服务作为竞争的核心要素（利用全效的服务而不仅仅靠大米竞争）；重新界定流程管理，而不是从职能管理角度来审视组织流程管理，以有效的管理为村民创造价值，而不是简单地卖大米；建立良好的合作伙伴关系，通过完善的网络来管理整个服务过程，如与种大米的农民亲密接触。

第四节　网络营销

互联网的出现改变了人们的工作方式及生活习惯。可以这么认为，20 世纪和 21 世纪对人们影响最普遍、最深远的是网络。同时，网络给企业传统营销也带来了巨大的变化。

一、网络营销的概念、职能

1. 概念

网络营销，是一种基于互联网的新型营销方式，即企业以现代营销理论为基础，以互联网为基本手段，从而实现营销目标的营销方式。简言之，就是利用互联网开展营销活动。它并非独立的，而是企业整体营销战略的一个组成部分，网上营销和网下营销相结合形成一个相辅相成、互相促进的营销体系。

2. 职能

网络营销主要具有以下职能：①信息收集；②信息发布；③销售促进；④销售渠道；⑤

顾客服务与顾客关系；⑥网络品牌和网址推广。

二、网络营销的优势

1. 网络营销是一种以消费者为导向、强调个人化的营销方式

在网络营销的模式下，消费者拥有比过去更大的选择自由，他们可根据自己的个性特点和需求在全球范围内寻找商品，不受时间和地域的限制，节省了大量的时间、精力和金钱。

2. 网络营销具有极强的互动性，可以帮助企业实现全程营销的目标

企业在营销过程中应该从产品的设计阶段就充分考虑消费者的需求和意愿。网络营销的环境下，企业可通过电子布告栏、网上讨论区和电子邮件等方式，以极低的成本对消费者进行即时的信息搜集。

3. 网络营销有利于企业降低采购和营销成本

企业实施网络营销，可加强与主要供应商之间的协作关系，将原材料的采购与产品的制造过程有机地结合起来，形成一体化的信息传递处理系统，有效降低企业采购成本。

4. 网络营销能帮助企业增加销售、提高市场占有率

企业通过网络可提供全天候的广告及服务而不需要增加开支，这种 24 小时不间断的服务有利于增加企业与顾客的接触机会，更好地发挥潜在的销售能力。

三、网络营销策略

1. 产品策略

网络营销能够使传统的产品策略更加完美。一是它能够最大限度地满足消费者需求，通过互联网，商家的产品从定位、设计、生产等阶段就能充分吸纳用户的要求和观点，而用户的使用心得也能通过网络在产品的定位、设计、生产中很快反映出来；二是能为消费者提供丰富的产品信息，充分显示产品的性能、特点、质量以及售后服务等内容。

2. 价格策略

网络营销定价有两个特点：一是网络沟通的费用低、环节少，因此交易的成本费用较低廉；二是网络营销价格的透明度增加了，用户掌握了定价的主动权。为此，企业必须根据其目标市场策略，科学合理地设计产品价格并适时调整。

3. 渠道策略

网络营销与传统营销相比差别最大，或者说最能体现特性的就是渠道策略。因此，我们很多时候将网络营销的意义定位在渠道功能上。网络营销分销链比传统的要短，制造商与消费者之间可在网上直接供求商品，大大降低了营销成本，提高了分销效率。

4. 促销策略

网络促销具有一对一服务的特点，除了发布广告外，也是发掘潜在顾客的最佳渠道。

5. 网络营业推广

主要包括网上折价促销、网上捆绑促销、网上赠品促销、网上抽奖促销、网上积分促销、在线交流促销、文娱作品促销、网上联合促销等。

四、网络营销存在的问题

第一，我国电脑普及率还不是很高，一定程度上限制了目标消费群体人数的增长。第

二，诚信问题，有些不法企业为了争取顾客购买，发布虚假信息及虚假广告，使消费者上当受骗，以致消费者不敢通过网上购买产品。同时，顾客诚信及相关的技术条件（主要指付款）也影响企业收款的安全性。第三，受传统习惯的影响，消费者购物总是眼见为实，宁愿花时间亲自去销售现场，看一看，摸一摸，闻一闻，问一问，才放心。有些消费者，特别是女性将购物看作一种享受，购完物就有一种成就感、享受感。第四，企业通过网络收集顾客信息不是很容易，试想，消费者在电脑前面向一个陌生对象发表自己的看法，有那么踏实、放心吗？

案例 13－4

Dell 的网络营销创举

Dell 公司是由年仅 19 岁的企业家迈克尔·戴尔创立的，他是计算机业内任期最长的首席执行官，其销售理念非常简单，即按照客户要求制造计算机，并向客户直接发货，使公司更能明确了解客户要求，然后以最快的速度作出回应。这种直接商业模式消除了中间商，减少了不必要的成本和时间。Dell 除了门店直接销售 PC 外，最主要的营销方式就是网络营销。Dell 公司的设计、开发、生产、营销、维修和支持一系列从笔记本电脑到工作站的个人计算机显示，每个系统都是根据客户的个别要求量身订做。因此，在美国 Dell 公司是商业用户、政府部门、教育机构、个人消费者市场名列第一的主要个人计算机供应商。戴尔充分利用互联网推广其直销订购模式，凭借着出色的网络营销发展模式，一举超越所有竞争对手，成为全球销售第一的计算机公司。进入中国市场后，戴尔以"直效营销 Be Direct"的网络营销模式为基础，辅以强大的营销推广，成为中国 PC 市场第三大巨头，仅次于联想、方正之后。

第五节　体验营销

我们经常会看到这样的现象，消费者在购买服装时，如果一家服装店不能让其试穿，很多顾客就会马上离开；在购买电脑时，如果消费者不能亲自试试性能、感觉一下质量，多数消费者就会对质量表示怀疑；购买手机时，销售人员如果不让顾客试验一下效果，消费者也不会购买等。分析这些现象发现，消费者在购买产品时，都需要体验一下过程，这种体验可能决定他买还是不买。对于企业来说，通过消费者的体验，可了解消费者的真正意见是什么，从而有利于改进产品的质量、款式、服务和包装等。

一、体验营销的含义及体验形式

1. 体验营销的含义

体验营销是指企业通过采用让目标顾客观摩、聆听、尝试、试用等方式，使其亲身体验企业提供的产品或服务，让顾客实际感知产品或服务的品质或性能，从而促使顾客认知、喜爱并购买的一种营销方式。这种方式以满足消费者的体验需求为目标，以服务产品为平台，以有形产品为载体，生产、经营高质量产品，拉近企业和消费者之间的距离。

2. 体验营销的体验形式

由于体验的复杂化和多样化，所以《体验式营销》一书的作者施密特将不同的体验形式称为战略体验模块，并将其分为五类：

（1）知觉体验。即感官体验，将视觉、听觉、触觉、味觉与嗅觉等知觉器官应用在体验营销上。感官体验可区分为公司与产品（识别）、引发消费者购买动机和增加产品的附加值等。

（2）思维体验。即以创意的方式引起消费者的惊奇、兴趣、对问题进行集中或分散的思考，为消费者创造认知和解决问题的体验。

（3）行为体验。指通过增加消费者的身体体验，指出他们做事的替代方法、替代的生活形态与互动，丰富消费者的生活，从而使消费者被激发或自发地改变生活形态。

（4）情感体验。即体现消费者内在的感情与情绪，使消费者在消费中感受到各种情感，如亲情、友情和爱情等。

（5）相关体验。即以通过实践自我改进的个人渴望，使别人对自己产生好感，让消费者和一个较广泛的社会系统产生关联，从而建立对某种品牌的偏好。

二、体验营销的实施

1.识别目标顾客

要针对目标顾客提供购前体验，明确顾客范围，降低成本。同时还要细分目标顾客，对不同类型的顾客提供不同方式、水平的体验，并注意信息传递的拓展性。

2.认识目标顾客

要深入了解目标顾客的特点、需求，知道他们担心、顾虑什么。企业必须通过市场调查获取有关信息，并对信息进行筛选、分析，真正了解顾客的需求与顾虑，以便有针对性地提供相应的体验手段，满足他们的需求，打消他们的顾虑。

3.提供体验

要清楚顾客的利益点和顾虑点在哪里，根据其利益点和顾虑点决定在体验式销售过程中重点展示哪些部分。

4.确定体验的具体参数

要确定产品的卖点在哪里，顾客从中体验并进行评价。譬如，理发可以把后面的头发修得是否整齐、发型与脸型是否相符等作为体验的参数，这样在顾客体验后，就容易从这几个方面对产品（或服务）的好坏形成一个判断。

5.让目标对象进行体验

在这个阶段，企业应该预先准备好让顾客体验的产品或设计好让顾客体验的服务，并确定好便于达到目标对象的渠道，以便目标对象进行体验活动。

6.进行评价与控制

企业在实行体验式营销后，还要对前期的运作进行评估：效果如何；顾客是否满意；是否让顾客的风险得到了提前释放；风险释放后是否转移到了企业自身，转移了多少；企业能否承受等。

三、体验营销的模式

体验营销的目的在于促进产品销售，通过研究消费者状况，利用传统文化、现代科技、艺术和大自然等手段增加产品的体验内涵，在给消费者心灵带来强烈的震撼时促成销售。

1. 节日模式

每个民族都有自己的传统节日，这些节日在丰富人们精神生活的同时，也深刻影响着消费行为的变化。随着我国的节假日不断增多，出现了新的消费现象——"假日消费"，企业如能把握好商机便可大大增加产品的销售量。

2. 感情模式

通过寻找消费活动中导致消费者情感变化的因素，掌握消费态度形成规律以及有效的营销心理方法，以激发消费者积极的情感，促进营销活动顺利进行。

3. 文化模式

利用一种传统文化或现代文化，使企业的商品及服务与消费者的消费心理形成一种社会文化气氛，从而有效影响消费者的消费观念，促使消费者自觉接近与文化相关的商品或服务，促进消费行为的发生，甚至形成一种消费习惯和传统。

4. 美化模式

人们在消费行为中寻求美的动机主要有两种表现：一是商品能为消费者创造出美和美感；二是商品本身存在客观的美的价值。这类商品能给消费者带来美的享受和愉悦，使消费者体验到了美感，满足了其对美的需要。

5. 服务模式

对企业来说，优越的服务模式，可征服广大消费者的心，取得他们的信任，同样也可以使产品的销售量大增。

6. 环境模式

消费者在感觉良好的听、看、嗅过程中，容易产生喜欢的特殊感觉。因此，良好的购物环境，不但迎合了现代人文化消费的需求，也提高了商品与服务的外在质量和主观质量，使商品与服务的形象更加完美。

7. 个性模式

为了满足消费者个性化需求，企业开辟出一条富有创意的双向沟通的销售渠道。在掌握消费者忠诚度之余，满足了消费大众参与的成就感，同时也增进了产品的销售。

8. 多元化经营模式

现代销售场所不仅装饰豪华，环境舒适典雅，现代化设备齐全，而且集购物、娱乐、休闲为一体，使消费者在购物过程中可娱乐休息。同时也使消费者自然而然地进行心理调节，从而创造更多的销售机会。

案例 13 - 5

星巴克童话和麦当劳传奇

1986 年霍华德·舒尔茨购买并改造星巴克。15 年后，星巴克成为全球最大的咖啡零售商、咖啡加工厂及著名咖啡品牌。目前，该公司已从西雅图的一个小公司发展成为一个在四大洲拥有 5 000 多家零售店的大型企业。在过去的 20 年中，星巴克在广告上的支出大约为 2 000 万美元，平均每年 100 万美元。与星巴克的实际收益相比，这是一个低得不能再低的数字。无论置身任何一家星巴克咖啡馆，你都会体验到一种新的生活形态。它能在众多的文明古国风靡一时，很大程度上体验营销发挥了真正的作用：首先，它是多样的，咖啡的种类繁多，顾客的选择性较大，你可喝到任何一种咖啡；其次，它是新鲜的，你能在哪里找到充满活力为你煮咖啡、不厌其烦地教你喝咖啡的人呢？只有星巴克！它为顾客提供了"星巴克体验"的主要动力；再者，它是可触摸的，你看到的是很国际化的装饰、吧台、调理柜，握着杯子你一定会有很多的联想，你会想到现在置身在美国纽约，或旧金山、上海、北京，但无论你怎么想，总能体验到这一杯咖啡如此之香，常常勾起我们许多美好的回忆。该品牌上市10年中，销量每年都以20%的速度增长。在全球经济不景气的背景下，其增长的势头无疑是一个童话故事。

星巴克是体验营销的童话，但同样的一个餐饮企业——麦当劳，其体验营销成就的是一个传奇帝国。麦当劳跨入21世纪，就力推"欢乐欢笑每一刻"的品牌形象，一改过去的"欢乐美味，在麦当劳"、"百分之百顾客满意"以及后来使用的"麦当劳都是为你"等口号，并以"完全用餐经验"重新定位，期望征服顾客的心。在不同的时段，针对不同的顾客群，提供"对口"服务，从而创造一种互动的欢乐气氛，让顾客觉得好玩、有情趣，用体验来达到顾客满意，进而增加顾客重复购买率，这也是促使国内外许多小朋友对它情有独钟、忠诚度极高的原因之一。

第六节　文化营销

"今天的文化，就是明天的经济。"这句20世纪90年代的名言已成为许多现代企业经营与发展方向的最好诠释。企业卖的是什么？麦当劳卖的仅是面包加火腿吗？答案是否定的，它卖的是快捷时尚个性化的饮食文化；柯达公司卖的仅是照相机吗？不是，它卖的是让人们留住永恒的纪念；中秋节吃月饼吃的是什么？我们难道只吃它的味道吗？不是，吃的是中华民族团圆喜庆的传统文化；端午节吃的是粽子吗？不是，是在吃屈原和历史文化；过生日吃的是蛋糕吗？也不是，吃的是人生的希望与价值。喝百事可乐喝的是阳光、活力、青春与健康；喝康师傅冰红茶喝的是激情、酷劲与时尚。

一、文化营销的含义

文化营销是一个组合概念，简言之就是利用文化力进行营销，即企业营销人员及相关人员在企业核心价值观的影响下所形成的营销理念，以及所塑造出的营销形象，两者在具体市场运作过程中所形成的一种营销模式。文化营销把商品作为文化的载体，通过市场交换进入消费者的意识，一定程度上反映了消费者对物质和精神追求的各种文化要素。文化营销既包括浅层次的构思、设计、造型、装潢、包装、商标、广告、款式，又包含对营销活动的价值评判、审美评价和道德评价。

二、文化营销的实施

文化营销不是喊口号，也不是玩花拳绣腿。它不止是一个形式的问题而更是一个内容的问题；它不是企业心血来潮时的一时冲动；它不是东施效颦，也不是邯郸学步；它更不是猪鼻子插葱——装象，也不是老头子参军——假积极。企业在文化营销时应注意以下几个方面：

1. 处理好内容与形式的关系

企业文化营销时往往只重视形式忽略了内容。有的企业只注重产品的包装不重视产品的质量；有的企业在文化建设中只提出一些口号，而实际中并不执行；有的企业只知道做广告做宣传，重视企业视觉识别系统（VI），不强调企业理念（MI）和企业行为（BI）建设，造成了"金玉其外，败絮其中"的结果。

2. 系统的观点对待文化营销

企业文化营销是一个有机的系统。企业文化建设是文化营销的前提和基础，企业没有良好、健康、全面的文化建设，文化营销就是无源之水、无本之木。企业分析和识别不同环境的文化特点是文化营销的纽带，在企业文化建设的基础上，只有分析不同环境的文化，才能制定出科学的文化营销组合策略；制定文化营销组合策略是前两者的必然结果。企业进行文化营销时往往忽视了前两者，只重视了文化营销组合策略的运用，结果收效甚微。

实施文化营销还要注意：一是人性化，即符合、满足人的精神需求；二是个性化，即要有企业自己的声音；三是社会性，即充分挖掘社会文化资源并回归社会；四是生动性，即营销技术要灵活、创新、形象、易传播；五是公益性，即营销活动必须对社会公众有益。

案例 13 - 6

耐克文化之个性化营销

耐克公司创建于20世纪60年代，当时公司首席执行官菲尔·奈特断定高档优质跑鞋一定会有销路，于是发动了一场制鞋业的革命。到80年代，他又把红红火火的运动鞋公司变成了一部营销机器。在1986—1996年，《财富》杂志排出全美1000家公司中，该公司排在前10名之内。目前，该公司变成了一部体育运动机器，主办高尔夫球锦标赛之类的赛事，同时还销售运动器械和服装。

"体育、表演、洒脱、自由的运动员精神"是耐克追求的个性化的公司文化。体育精神和商业精神构筑了耐克，锤炼了奈特的精明和强干。奈特起家时，耐克公司只是无名小卒，但他打败了阿迪达斯，打出自己的牌子。他的成功秘诀是热爱体育，继而打破商业行为中的条条框框。他仍然戴着折叠式奥克利太阳镜，也不忌讳开一些难登大雅之堂的玩笑。他易激动又沉着，其雇员都心甘情愿与他共同创造耐克神话，除此之外，别无他求。他清楚地知道，在过去的岁月中，当他们为能在竞争中取胜而做马拉松式的不懈努力时，耐克公司碰过壁，经过6年最艰难的发展，公司成为体育世界中最强大的一支力量。

第七节　情感营销

一、情感营销的含义

情感营销是指在产品相对成熟阶段，对品牌的核心注入情感，增加品牌的核心文化，并在产品营销过程中，通过释放品牌的核心情感能量，辅以产品的功能性及概念需求，打动消费者，保持产品在稳定上升中有爆发性的增长。简单说，情感营销就是把消费者个人情感差异和需求，作为企业品牌营销战略核心，通过借助情感包装、情感设计、情感价格、情感促销、情感广告等策略，激发消费者潜在的购买欲望，实现企业的经营目标。

二、情感营销的实施

新产品刚上市时企业一般采用理性诉求，这个阶段企业的首要任务是获得消费者对产品本身的信任，重点说明产品的功能、用途、使用方法等。当产品在市场上成熟时，要使消费者形成偏爱，顾客忠诚，能指名购买，要注意以情动人，使企业产品长期占领市场。

1. 情感包装

一个富有个性化、情感化的包装，将成为一个品牌的"眼睛"，撩人眼球的"窗户"。人们个性化需求日趋强烈，品牌选择将主要依据个人好恶、审美需求、情感诉求进行，企业的生产模式也由"大批量定制生产"转向满足个人情感诉求的"量身定做"。

2. 情感设计

厂商在设计或制造产品过程中，充分考虑不同层次消费者的特殊需求，了解他们的特有心理和情感，赋予其更多参与制造产品的权利，设计出让消费者表现情感的机会点，再把主题落到具体某个产品上，通过情感诉求的方式让消费者接受产品或服务。这种设计方式主要表现在方兴未艾的网络定制营销上。如海尔为客户在网上下单，定制冰箱款式。

3. 情感价格

情感价格即能满足消费者情感需要的价格，注重价格与消费者自身情感需要相吻合。为了尊师重教，2007 年各大航空公司推出暑期乘坐飞机凭教师证可享受六折优惠的活动，此举大受教师们欢迎，增进了航空公司与教师之间的感情联络。

4. 情感促销

如今，人们对情感回归的渴望、精神愉悦的追求与日俱增。厂商在品牌营销与服务的过程中，如能更多关注人生、情感这一社会主题，便能最大限度地与消费者产生共鸣，并营造出良好的品牌个性亲和力。顾客不仅来买商品，而且还买态度，买感情。只要你给顾客放出一笔感情债，他就欠你一份情，而最好的还债方法就是购买你推销的产品。

5. 情感广告

人情味十足的广告，通常使产品形象能上升到一个全新的高度，也自然融解了消费者对广告的本能抵触。消费者首先是感动和情感共鸣，继而引发现实的或潜在的消费需求，经营者便在顾客的情感体验和满足中达到自己的目的。如上海家化的可蒙孩儿面大王广告词："十个妈妈八个爱"，给人的感觉卖的不是护肤品，而是奉献爱心，哪个年轻的妈妈看了这则广告会无动于衷？三鸣养生王的广告词："圆月当空，该如何问候父母双亲？"小广告词是："调节三高，让热血流畅，为生命护航。"一片拳拳孝心，溢于言表。

第八节　服务营销

一、服务营销的含义

服务营销是企业在充分认识满足消费者需求的前提下，为充分满足消费者需要在营销过程中所采取的一系列活动。服务作为一种营销组合要素，真正引起人们重视是在 20 世纪

80 年代后期。当时由于科学技术的进步和社会生产力的显著提高,产业升级和生产的专业化发展日益加速,一方面使产品的服务含量,即产品的服务密集度日益增大;另一方面随着劳动生产率的提高,市场转向买方市场,消费者收入水平逐渐提高,他们的消费需求也不断发生变化,需求层次相应提高,并向多样化方向拓展。1981 年布姆斯与比特纳建议在传统市场营销理论的基础上增加三个服务性的"P",即人、过程、物质环境,从而形成 7P。而服务营销的核心是企业为顾客提供良好的全过程服务。

二、服务营销的实施

实施服务营销要从以下三个方面着手:

1. 服务个性化、差异化

即企业提供的服务要富有独特的个性,做到与众不同,比竞争对手好,体现与竞争企业的不一样,突显企业的优势。

2. 服务有形化

企业提供的服务要尽可能让顾客看得见、摸得着,如提供优美的服务环境、员工统一着装、文明礼貌用语等。

3. 服务标准化

企业在服务环境、工作过程及内容、着装、用语等方面要统一要求。产品的名称、符号、设计、标语、颜色、图案等方面设计要标准化,有利于企业打造品牌。

具体说来,可按照六个步骤要求依次操作:互动沟通,构建服务平台;消费认知,塑造专业品质;销售未动,调查先行;前期预热,营造活动气氛;中期控制,体现活动权威;后期宣传,强化活动效应。

案例 13－7

迪斯尼乐园的优质营销服务

作为世界最大的传媒和娱乐巨头之一,迪斯尼是一个魅力无穷的商业品牌。通过主题公园的形式,迪斯尼致力于提供高品质、高标准和高质量的娱乐服务。迪斯尼乐园的生命力在于能否使游客欢乐。由此,给游客以欢乐成为迪斯尼乐园始终如一的经营理念和服务承诺。迪斯尼乐园每年接待数百万计慕名而来的游客。人们来到这里,仿佛到了童话般的世界,流连忘返。然而,人们更为称赞的是它高品质的服务质量、清新洁净的环境、高雅欢乐的氛围以及热情友好的员工。

迪斯尼乐园的魅力在于它为顾客所创造的独特体验。迪斯尼乐园不仅是大人们娱乐休息的地方,更重要的是儿童们游乐的世界。景区除了用金鱼、火箭、大象等形状制作的各种游艺车,还有米老鼠童话世界的小房屋、小宫殿、小风车,这一切使孩子们产生了平时在学校里和大城市生活中难以激发的美好神奇的幻想。乐园环形火车站台的工作人员整齐的着装制服,一丝不苟的认真作风都给这些幼小的心灵留下无需言传的深刻印象。此外,迪斯尼还时刻为儿童设想周全。以喝水池为例都是一大一小两个。垃圾桶的高度让孩子们伸手可及。更有动听的音乐随时陪伴,还有专供小朋友们照相的卡通人物,连公园里的食品都是孩子们喜欢吃的,他们来这里如同爱丽丝漫游仙境一般。

迪斯尼提供周到的服务和良好的卫生环境。乐园大门口有旅客接待站,对带孩子的旅客可免费提供童车和婴儿车；门口有狗舍；狗不得入园，但可寄养；进入大门后还有轮椅供残疾人使用。园内景区备有许多童车、婴儿车及轮椅供人使用。整个乐园分成"美国主街"、"梦幻世界"、"未来世界"、"美国河"、"动物树"、"冒险乐园"、"米老鼠童话世界"等景区，在其中可以参加所有的游艺活动，使游人们能全身心地投入到娱乐之中，忘却疲劳与烦恼。

迪斯尼善于营造欢乐的氛围。迪斯尼乐园不只是游乐场，更是现实的"乌托邦"。通过一系列游戏设施和表演，游客在早已预设的轨迹和效果中，与各人物一同历险。最后在迪斯尼世界固有而唯一的规律下，游客所感受到的是一段既惊险又安全，却又充满快乐的旅程，这种旅程的欢乐氛围是由员工与游客一起创造的。

迪斯尼研究顾客，了解顾客。迪斯尼致力于研究"游客学"，了解谁是游客、他们的起初需求是什么。在此理念指导下，迪斯尼站在游客的角度，审视自身每一项。为了准确把握游客需求动态，公司设立调查统计部、信访部、营销部、工程部、财务部和信息中心等部门。如营销部重点研究游客们对未来娱乐项目的期望、游玩热点和兴趣转移。

迪斯尼致力于提高员工的素质，培养热情友好的员工。迪斯尼懂得：不能让游客失望，哪怕只有1次。如果游客感到欢乐，他们会再次光顾。能否吸引游客重复游玩，恰是娱乐业经营兴旺的奥秘和魅力所在。为了实现服务承诺，迪斯尼公司将"给游客以欢乐"的经营理念落实到每一员工的具体工作中。公司要求32 000名员工都学会正确地与游客沟通和处事，因而制定了统一服务的处事原则，如安全、礼貌、演技、效率。公司以此原则来考查员工们的工作表现。

第九节　直复营销

一、直复营销的含义

直复营销是指以盈利为目标，企业通过沟通媒介向目标市场成员发布发盘信息，以寻求对方直接回应(问询或订购)的社会管理过程。其本质是企业与目标顾客之间不受时空限制的"双向交流"，实现一对一营销，着眼于与顾客建立长期关系。企业通过特定媒介(电视、广播、电话、网络、邮件、印刷媒介等)向目标客户或准客户传递产品或服务信息，顾客通过邮件、电话、在线等方式对企业的发盘进行回应，订购发盘中提供的产品或服务。

二、直复营销的形式

1.数据库营销

数据库营销是指企业通过收集和积累消费者的大量信息，经处理后预测消费者有多大可能去购买某种产品，以及利用这些信息给产品以精确定位，有针对性地制作营销信息，达到说服消费者去购买产品或服务的目的。其运作程序有：

第一，收集数据。其来源主要有：一是企业通过市场调查、展销会、商品交流会、博览会及销售回函记录等取得相应资料；二是企业的财务、生产、营销等部门保存的数据资料。当然，企业必要的时候需到外面收集信息资料。

第二，数据的分类存储。企业收集到信息后，要整理、筛选、去粗取精，然后分类储存，一般分为三类：一是经常购买本企业产品或服务的顾客资料；二是曾经购买过本企业产品或服务的顾客资料；三是准顾客资料。

第三，数据处理。由于企业的各个部门对其所需要的顾客信息要求不同，这就需要信息处理部门，按不同要求对顾客数据进行排列组合，以适应各部门对相应数据的要求。

第四，数据使用。企业建立与维护数据库要花费很多费用，因此，尽可能利用好数据库资料。同时，企业在开展营销活动时要多花力气关注重点客户，它们是企业利润的主要来源。

第五，扩充和更新数据。企业与顾客的交易经常发生变化，必然会得到各种新的信息，要将其不断充实到数据库中来，同时及时删除那些过时的信息。

第六，数据安全。数据库是企业的重要资产，所以要注意安全，一是要防止被别人窃取；二是要防止意外侵害，如计算机病毒的入侵。

2. 直邮营销

直邮营销即企业通过各种渠道收集到客户的相关信息后，将企业的有关信息以邮件形式送到顾客手中。邮件的品种很多，如信函、传单、广告、录音带、计算机光盘等。其目的是实现企业与顾客的沟通，希望顾客能购买本企业的产品。它具有面广、针对性强、灵活度高、回应率高和隐蔽性的特点。直邮一般要经过收集顾客信息、将有关信息送达顾客、顾客根据信息选购相应的产品并付款、企业寄回产品给顾客和顾客收到产品等环节。

3. 电话营销

电话营销即企业通过打电话与顾客沟通，向顾客传递有关产品或服务信息，促使顾客了解并信任，从而产生购买行为的一种营销方式。按照发话与受话主体的不同，可将电话营销的方法分为拨进与拨出两种。拨进是指顾客给企业拨打电话进行订购、问询或寻求服务；拨出是企业给顾客打电话进行推销或提供其他可能导致顾客购买的信息。电话营销具有电话推销、约定会晤、提供咨询、接受订货、收集信息、处理投诉、提供服务、催收账款等功能。

电话营销的实施大致分为三个阶段：

①准备。包括顾客的基本资料、电话促销目的及纲要、调整心情、电话促销记录本（可用表格式，设计有顾客姓名、住址、电话、促销日期、促销产品、沟通要点、通话记录、沟通结果即顾客的购买意向等）。

②电话促销。注意打电话的程序，其程序主要包括问候、介绍本公司情况与自己、说明打电话的目的、听取顾客反应、克服顾客异议、达成交易，也有可能不成功，促销员要有耐心，第一次不成，第二次、第三次等反复打，最终促成交易。

③后续工作。电话成交了，要将顾客的订货信息交给服务中心、业务部门，通知有关部门给予配合。

4. 电视营销

电视营销即企业营销人员通过电视详细介绍商品信息，然后接受顾客的电话订购，并将商品送上门的销售与购物新方式。由于电视营销可以通过电脑、有线电视、电话体系等现代先进的科技手段，表现力强，形成顺畅的营销网络，因此，尽管其成本很高，但它仍为许多企业所采用并呈快速发展的趋势。电视营销的途径有两种：

①直接反应电视广告。企业通过在电视上作相应的较长电视广告,详细介绍企业、产品的信息以及购买的地点与购买方式等,而提供的咨询与订购服务的免费电话号码反复出现在广告中,顾客通过免费电话做出反应,企业受理顾客的咨询电话可订货。

②家庭购物频道。这是一种较新的电视营销方式,主要通电视台播放完整的节目,或建立专门的购物频道销售各种产品或提供的服务。观众只将频道调至家庭购物频道上就可收看电视营销节目,节目中一般播放许多降价或拍卖的商品机会,顾客根据需要打电话订购。

案例 13-8

福特汽车的直复营销

著名的福特汽车公司给对它所做的汽车广告有回应的潜在客户邮寄一种计算机软盘。客户在软盘的菜单上,可以找到他感兴趣的内容,了解有关的技术说明,看到吸引人的汽车图样,得到可能经常被人们提及的一些问题的答案。研究显示,直复营销人员获得的直接反应交易中,以来自直接邮寄和邮购目录者为最多,高达48%,其余来自电话营销的回应7%,来自传单的为7%,而来自杂志报纸的为6%。

第十节　营销道德

一、营销道德的含义

道德是社会意识形态之一,是一定社会调整人们之间以及个人和社会之间的关系的行为规范的总和。营销道德是调整企业与所有利益相关者之间关系行为规范的总和。是客观经济规律及法制以外的制约企业行为的另一要素。理解营销道德,要把握以下三方面:一是利益相关者包括企业内部员工、消费者、竞争者、供应商、经销商、消费者、政府部门、社会团体等;二是营销道德的行为规范,属于法制之外的内容,靠企业自身约束;三是营销道德在不同的历史时期,其内容如评判标准不相同,在不同国家、不同区域,不同的社会制度和文化背景条件下也不一样。评判行为是否道德,如果一项行为能为大多数人带来好处,就是道德的,否则是不道德的。

案例 13-9

西方道德论

西方道德论主要有以下几种:

(1)显要义务论。1930年美国罗斯提出,在大多数场合神志正常的人们知道自己应该做什么,不应该做什么。罗斯提出6条基本义务:①诚实;②感恩;③公正;④行善;⑤自我完善;⑥不作恶。

(2)相称理论。1966年加勒特提出,一项行为或决定是否道德,应以目的、手段、后果三方面综合考虑。如果一项行为是通过不当手段,达到个人(包括组织单位)目的,而使他人造成损失或伤害，就是不道德的。这种损失或伤害指造成某一组织机构或个人某些行为能力的丧失（称之为大恶）及造成他人物质利益的损失（称之为小恶），且不能提出相应的理由，或者理由不正当。

（3）社会公正理论。1971年，哈佛大学罗乐斯提出两条社会公正原则：①自由原则，即在不影响他人行使同样权利的前提下，让社会每一成员尽可能多地享受自由。不仅要求社会保障机会均等、言论自由、财产权、选举权、人身权等基本权利，而且要在保持社会和谐、稳定的条件下，最大限度地让人们自己决定自己的命运。②差异原则，即社会、经济的不平等应如此安排，一方面应适应于社会的每一成员；另一方面，社会、经济制度应尽可能有利于社会弱者阶层，以避免其境遇进一步恶化。

二、市场营销活动中的道德问题

1. 营销调研中的道德问题

调研人员要为客户保守业务秘密，保证调研工作质量，如问卷设计要认真，访问次数不要偷工减料，调研人员要经过严格培训，收集的资料要真实可靠；要尊重受访者的尊严和隐私权，并为其身份保密，未经许可不能擅自公布受访者提供的资料。对委托调研一方来说，要依约支付调研费，公正全面发表调研成果，不能断章取义等。

2. 产品策略中的道德问题

第一，不能存心欺骗消费者，将假冒伪劣商品充当优质商品出售给消费者；第二，不能操纵消费者的需要，过分刺激消费者的欲望和社会成本的增加；第三，产品的包装及标签必须提供真实的商品信息；第四，产品在生产过程中不能给员工带来身心的伤害，给社会造成环境污染和危及居民的正常生活；第五，产品在使用过程中不能给消费者带来人身和财产安全方面的危害，以及产品废弃物不能对环境造成污染。

3. 价格策略中的道德问题

首先是存在欺诈性定价，如故意抬高标价，然后声称酬宾大减价或对无货商品故意定低价、跳楼价，造成廉价错觉，行高价之实；或低价引进门，然后漫天要价。其次是制定掠夺性价格，把产品销售价格定得远远高于生产成本，如服装、药品、保健品、化妆品等的销售价格常常高于生产成本好几倍。再次是实行垄断性价格，有些同类产品的生产商或销售商为阻止产品价格下降而实行价格共谋，要求产品须按协议价销售。

4. 分销策略中的道德问题

生产商与经销商不履行双方签订的合同，或生产商不按时、如数供货给经销商，或经销商不按期付款给生产商，或生产商与经销商相互推诿产品售后服务的责任等，都属于分销中的道德问题。另外，还存在着零售商为了自身利益不顾合约的规定，销售其他企业的产品，或生产者利用自己的垄断地位，损害中间商的利益等不道德问题。

5. 促销策略中的道德问题

首先，产品包装"金玉其外，败絮其中"，包装上产品宣传言过其实或言不符实，或过度包装，加大成本，造成资源浪费。其次，广告宣传上播放欺骗性广告推销产品，使消费者做出错误购买决策；或播放攻击竞争者的广告，搞垮竞争对手；或制作夸大其词和隐瞒缺陷的广告，诱惑消费者购买自己产品；或采用含糊其辞、模棱两可的广告做广告宣传，引起消费者对广告真实含义的误解。最可恨的是广告宣传的欺诈性承诺，不负责任地向消费者开"空头支票"，结果很难兑现或压根就不想兑现，以此达到促销目的。再次，在人员促销中诱惑消费者购买不需要的产品或不想买的产品，或推销伪劣、滞销产品，或在交易中贿赂送礼等。最后，销售促进中有的商家有意安排"托儿"，制造产品"紧俏"假象，诱使不明真相的消费者上当或搞有奖销售，如"买一赠一"而非同一商品；或炒作概念，故意将开发的新产品冠上科技新概念头衔，以蒙骗消费者，促进产品销售。如无法证实其功效的节能型、抗菌型、绿色环保型的冰箱、空调，以及延寿型的营养品、化妆品和纳米衣等。

6. 市场竞争中的道德问题

一是以不道德的方式获得竞争对手的知识产权和商业秘密，如近年来的多起商标抢注案例，或为了投机、获利，或以合作、洽谈、考察为幌子，乘机获取对手商业秘密，或在对手企业安插"侦察员"，或贿赂、收买对方工作人员，或使用"商业间谍"，或利用高新技术窃取对手商业秘密等。二是恶性竞争，有的开展价格大战或有奖销售战；有的相互攻击、诽谤，制造谣言，诋毁竞争对手企业形象和产品形象。三是利用"权力营销"，不仅污染社会风气，为各种腐败现象提供温床，还给正当经营造成了冲击。

三、中国传统文化中的营销道德思想

1. "仁"与市场营销理念

"仁"体现了人与人之间的关系，具体到营销活动中，使顾客满意就是最大的"仁"，关心消费者需求及其满足情况和满意程度，就是"仁"的体现。

2. "义"与市场营销规则

"义"要求人要自觉做合理之事。现代营销活动要求追求正常利润，有时也不排除对超额利润的追求，但必须要有以"义"为基础的行为规范，坚决反对不仁不义、重利轻义、见利忘义甚至唯利是图的不义之举，主张"义利合一"。

3. "礼"与市场营销手段

对待顾客及其他合作伙伴要彬彬有礼。营销手段的使用也应遵守社会的法律规范和人们普遍信仰的道德规范，而不应为一时的利益而不择手段。

4. "智"与市场营销策略

智即人的聪明才智和专业技能。在营销活动中，企业家不仅要爱才、惜才、识才，广揽人才，而且要信才、容才、用才，做到以人为本，人尽其才。

5. "信"与市场营销效果

即管理关系中被管理者对组织、管理者的信任，以及由此产生的被管理者的信心。企业在营销活动中，必须守"信"，"用户至上，信誉第一"的口号要求企业向顾客提供全面满意的服务，以赢得顾客的信任，树立企业形象，提高企业信誉。

四、营销道德的建立

1. 树立社会营销观念

企业在考虑自身利益的同时，充分关注消费者利益和整个社会利益，自觉履行企业职责。

2.加强法制，依法治市

在市场经济建设过程中要加快推进法制建设，健全法制法规，严格依法治市，约束企业不正当竞争行为，维护市场竞争秩序。

3.解决信息不对称问题

消费者屡屡上当受骗、利益受损，往往是因为其掌握的信息不够多，以及商品知识有限，不善于识别商品和广告内容。所以要加强对消费者的宣传教育，增强他们的自我保护意识。同时，消费者对一些企业的不法行为，要敢于拿起法律武器，以切实维护自身权益。

实训

一、基本概念

绿色营销、整合营销、关系营销、网络营销、体验营销、文化营销、情感营销、服务营销、直复营销、营销道德

二、选择题

1.单选题

(1)整合营销传播的英文缩写是(　　)。

A.MIC　　　　　　　B.CRM　　　　　　　C.IMC　　　　　　　D.MIS

(2)把营销活动看成一个企业与消费者、供应商、分销商、竞争者、政府机构及其他公众发生互动作用的过程，这种营销观念叫(　　)。

A.体验营销　　　　B.关系营销　　　　C.定制营销　　　　D.一对一营销

(3)一天傍晚，一对老夫妇正在用餐，电话铃响，老夫人去另一个房间接电话。回来后，老先生问："谁的电话？"回答："女儿打来的。"问："有什么事？"回答："没有。"老先生惊奇地问："没事，几千里打来电话？"老夫人呜咽道："她说她爱我们。"夫妇俩顿时无言，激动不已。这时出现旁白："用电话传递您的爱吧！贝尔电话。"美国贝尔公司的这则电话广告属于(　　)。

A.体验营销　　　　B.文化营销　　　　C.电话营销　　　　D.情感营销

(4)实施服务营销一般要从服务个性化、(　　)和服务标准化等方面着手

A.服务无形化　　　B.服务规范化　　　C.服务有形化　　　D.服务差异化

(5)2007年各大航空公司推出暑期乘坐飞机凭教师证可享受六折优惠的活动，此举大受教师们欢迎。这种营销活动属于(　　)。

A.情感价格　　　　B.情感设计　　　　C.情感包装　　　　D.情感促销

(6)中国传统文化中营销道德思想的(　　)要求人要自觉做合理之事

A.仁　　　　　　　B.义　　　　　　　C.智　　　　　　　D.信

2.多选题

(1)直复营销的方式有(　　)。

A.数据库营销　　B.服务营销　　C.电话营销　　D.电视营销　　E.网络营销

(2)营销观念的演进经历了(　　)四个阶段

A.集中营销　　　B.大量营销　　C.差异营销　　D.目标销售　　E.整合营销

(3)绿色营销的特点有(　　)。

A.以消费观念为前提　　　　　　B.以绿色观念为指导

C.以绿色法制为保障　　　　D.以绿色科技为支撑

E.以企业利润为目标

(4)整合营销中的4C观念包括(　　　)。

A.消费者　　　　B.供应商　　　　C.成本　　　　D.便利　　　　E.沟通

(5)关系营销需遵循(　　　)等原则

A.充分沟通　　　B.相互信任　　　C.互利互惠　　　D.互相利用　　　E.动态控制

(6)网络营销具有(　　　)等职能

A.信息收集　　　B.销售促进　　　C.销售渠道　　　D.顾客服务　　　E.网址推广

三、简答题

1.绿色营销有何特点?

2.企业开展关系营销应处理好哪些关系?

3.整合营销活动如何实施?

4.网络营销的优势表现在哪些方面?

5.4C与4P有何区别与联系?

6.体验营销一般有哪些模式?

四、论述题

1.举例说明服务营销的重要性。

2.直复营销的形式。

3.我国市场营销活动中的道德问题。

五、项目实训

1.概念营销实训

内容:收集我国十个著名品牌概念营销事例,用一句话概括其核心营销概念。

形式:同学们先从各种媒体收集相关信息材料,小组形成统一意见,每小组选代表发言,班上同学评议,老师总结。

2.整合营销实训

内容:查看一些经常在电视上做广告的公司网站,分析该其电视广告和网站信息是否一致,从而显示出公司具有整合营销传播导向? 网站中是否提到电视广告或任何平面广告?

形式:同学们先从电视、网络等媒体上收集相关信息材料,小组形成统一意见,每小组选代表发言,班上同学评议,老师总结。

3.绿色营销实训

内容:分析了解环境现状,举例说明实施绿色营销的意义。

形式:同学们先从各种媒体收集相关企业实施绿色营销的信息材料,小组形成统一意见,每小组选代表发言,班上同学评议,老师总结。

4.电话营销实训

内容:模拟实施电话营销,侧重电话营销的实施步骤、技巧和效果。

形式:小组讨论,每组选派代表扮演角色,班上同学评议最终效果,老师点评总结。

5.营销道德实训

内容:列举目前一些具体企业开展营销活动的不道德现象,并分析如何扭转。

形式：小组讨论，形成统一意见，每小组选代表发言，班上同学评议，老师总结。

六、案例分析与讨论

1. 中国十大经典营销传播概念

20 世纪 90 年代以来，中国大陆营销迅猛发展，诞生了很多伟大的营销传播概念，它们或一举成就了一个企业、品牌，或一举转变了市场运行规则。经整理得出十大营销传播概念，这些看似简单而且"过时"却创造奇迹的营销概念，在大家都"拼体力"（如渠道争夺战、价格战、促销战等）的情况下，这些本不该被忽视却正在被大家忽视的经典案例综合在一起，应会给营销人一些深刻的启发，值得营销者们再度深思。

一、白加黑——治疗感冒，黑白分明

1995 年，"白加黑"上市仅 180 天销售额就突破 1.6 亿元，在拥挤的感冒药市场上分割了 15% 的份额，登上了行业第二品牌的地位，在中国大陆营销传播史上堪称奇迹。这一现象被称为"白加黑"震撼。在同质化市场中，一般很难发掘出"独特的销售主张"（USP）。感冒药市场同类药品很多，市场上康泰克、丽珠、三九等"大腕"凭借着强大的广告攻势，各自占领一块地盘，而盖天力这家实力并不强的药厂，竟在短短半年里就后来者居上，其关键在于崭新的产品概念。"白加黑"是个了不起的创意。它虽只将感冒药分成白片和黑片，并把镇静剂"扑尔敏"放在黑片中，其他什么也没做。实际上，它不仅在品牌的外观上与竞争品牌形成很大差别，更重要的是它与消费者的生活形态相符合，达到了引发联想的强烈传播效果。"白加黑"确定了干脆简练的广告口号"治疗感冒，黑白分明"（也意味着我是最好的），广告传播的核心信息是"白天服白片，不瞌睡；晚上服黑片，睡得香"。产品名称和广告信息都在清晰地传达产品概念。

二、舒肤佳——除菌

1992 年 3 月，"舒肤佳"进入中国市场，而早在 1986 年就进入中国市场的"力士"已经牢牢占住香皂市场。后生"舒肤佳"却在短短几年时间里，硬是把"力士"从香皂霸主的宝座上拉了下来。根据 2001 年的数据统计，舒肤佳市场占有率达 41.95%，比位居第二的力士高出 14 个百分点。舒肤佳成功的关键原因在于它找到了一个新颖而准确的"除菌"概念。在营销传播中，舒肤佳以"除菌"为轴心概念，诉求"有效除菌护全家"，并在广告中通过踢球、挤车、扛煤气罐等场景告诉大家，生活中会感染很多细菌，用放大镜下的细菌"吓你一跳"。然后，舒肤佳再通过内含抗菌成分"迪保肤"之理性诉求和实验来证明舒肤佳可让你把手洗"干净"。另外，还通过"中华医学会验证"增强了品牌信任度。

三、脑白金——今年过节不收礼，收礼只收脑白金

在中国，如果谁提到"今年过节不收礼"，大家都会跟你说"收礼只收脑白金"。脑白金已成为中国礼品市场的第一代表。作为单一品种的保健品，脑白金以极短的时间迅速启动市场，并登上中国保健品行业"霸主"的宝座，引领我国保健品行业长达 5 年之久。其成功的最主要因素在于找到了"送礼"的轴心概念。中国是礼仪之邦，过节送礼，看望亲友、病人送礼，公关送礼，结婚送礼，下级对上级送礼，年轻人对长辈送礼等种种送礼行为均是人之常情，礼品市场有多大！脑白金的成功，关键在于定位于庞大的礼品市场，而且先入为主地得益于"定位第一"法则，第一个把自己明确定位为"礼品"，以礼品定位引领消费潮流。

四、乐百氏——27 层净化

经过一轮又一轮的"水战",饮用水市场形成了娃哈哈、乐百氏、农夫山泉三足鼎立的格局,就连实力强大的康师傅也曾一度被挤出了饮用水市场。综观各方成败,乐百氏纯净水的成功应得益于"27层净化"的营销传播概念。当纯净水刚开始盛行时,所有纯净水品牌的广告都说自己的纯净水纯净。消费者不知道哪个品牌的水真的纯净,或更纯净的时候,乐百氏纯净水通过各种媒介推出卖点统一的广告,突出乐百氏纯净水经过27层净化,对其纯净水的纯净提出了一个有力的支持点。这个系列广告在众多同类产品广告中迅速脱颖而出,乐百氏纯净水给受众留下了深刻印象,"乐百氏纯净水经过27层净化"很快家喻户晓。"27层净化"给消费者一种"很纯净,可以信赖"的印象。27层净化只是一种USP而已,营销传播概念而已。

五、农夫山泉——有点甜

1998年,娃哈哈、乐百氏以及其他众多的饮用水品牌大战已是硝烟四起,而且在娃哈哈和乐百氏面前,刚刚问世的农夫山泉显得势单力薄。农夫山泉在这个时候切入市场,并在短短几年内抵抗住了众多品牌的冲击,稳居行业三甲,要归功于其差异化营销。而差异化的直接表现来自于"有点甜"的概念创意——"农夫山泉有点甜"。农夫山泉的水是从很多大山中汇流的泉水,经过千岛湖的自净、净化,可以说是甜美的泉水。"农夫山泉有点甜"并不要求水一定有点甜,甜水是好水的代名词,如中文的"甘泉"一词一样。"甜"不仅传递了良好的产品品质信息,还直接让人联想到了甘甜爽口的泉水,喝起来自然感觉"有点甜"。

六、农夫果园——喝前摇一摇

两个身着沙滩装的胖父子在一家饮料店前购买饮料;看见农夫果园的宣传画上写着一句"农夫果园,喝前摇一摇"。于是,父子举起双手滑稽而又可爱地扭动着身体,美丽的售货小姐满脸狐疑地看着他俩,(镜头一转)口播:农夫果园由三种水果调制而成,喝前摇一摇;(远景)继续扭动屁股的父子走远。中国营销界又多了一个伟大的经典概念!在果汁市场许多企业纷纷采用美女路线时,农夫果园也"不为女色所惑",出手不凡,又一次运用了差异化策略,以一个动作作为其独特的品牌识别——"摇一摇"。三种水果调制而成,喝前摇一摇。"摇一摇"的背后就是"我有货"的潜台词,变成了一个独特的卖点。同时,在感性认同上,"摇一摇"使得宣传诉求与同类果汁产品迥然不同,以其独有的趣味性、娱乐性增添消费者的记忆度。

七、金龙鱼——1:1:1比出新天地

在中国,嘉里粮油旗下的"金龙鱼"食用油,10年来一直以绝对优势稳居小包装食用油行业第一品牌地位。调和油这种产品是"金龙鱼"创造出来的。当初,金龙鱼在引进国外已很普及的色拉油时,发现虽然有市场,但不完全被国人接受。原因是色拉油虽然精炼程度很高,但没有太多的油香,不符合中国人的饮食习惯。后来,金龙鱼研制出将花生油、菜籽油与色拉油混合的产品,使色拉油的纯净卫生与中国人的需求相结合,使得产品创新终于赢得中国市场。看似简单的"1:1:1"概念,配合"1:1:1"最佳营养配方的理性诉求,既形象地传达出金龙鱼由三种油调和而成的特点,又让消费者"误以为"只有"1:1:1"的金龙鱼才是最好的食用油。

八、采乐去屑——挖掘药品新卖点

采乐"出山"之际,国内去屑洗发水市场已相当成熟,从产品的诉求点看,似乎已无缝可钻。而西安杨森生产的"采乐"去头屑特效药，以治病为突破口，其成功来自产品创意，把洗发水当药来卖。同时，别出心裁的营销渠道"各大药店有售"也功不可没。去头屑特效药，在药品行业里找不到强大的竞争对手，在洗发水的领域里更如入无人之境！采乐找到了一个极好的市场空白地带，并以独特产品品质，成功占领了市场。"头屑是由头皮上的真菌过度繁殖引起的，清除头屑应杀灭真菌；普通洗发只能洗掉头发上头屑，我们的方法，杀灭头发上的真菌，使用 8 次，针对根本。"以此独特的产品功能性诉求，有力抓住了目标消费者的心理需求，使消费者要解决头屑根本时，忘记了去屑洗发水，想起了"采乐"。

九、海尔——氧吧空调

在市场遭受"非典"、"凉夏"、原材料涨价等多重"压迫"的 2003 年，海尔空调表现不俗，最主要的因素来自于产品(概念)创新——氧吧空调。氧吧空调的创意很简单——根据室内因封闭而导致氧气不足，尽管这种相对不足对人并没有多大影响，通过空调增加氧气含量；而原理也很简单——据海尔空调设计专家介绍，只是在空调上加上一种特殊的富氧膜，使通过这层膜的氧气浓度提高到 30%，然后用气泵将含有 30% 氧气的空气导入室内，从而保证室内空气氧气充足，既保证人们的活力，又可避免空调病的发生。海尔氧吧空调，通过产品(概念)的差异化设计，创新产品，又一次独享了高利润。

十、汇源果汁——"冷"热市场

2003 年 6 月 3 日，在果汁市场一片热战声中汇源集团在北京正式启动"冷"计划，国内 9 位著名食品专家在一份名为"汇源 PET 无菌冷灌装技术鉴定书"上签下自己的名字。汇源在国内果汁行业率先应用 PET 无菌冷灌装技术将使中国果汁市场进入一个"技术决定市场"的新阶段。所谓"冷"计划，即汇源的 PET 无菌冷灌装生产技术。在汇源"PET 冷灌装"广告中，一只橙子"唰"地撕掉一只代表"传统热灌装"的橙子。无菌冷灌装技术，采用瞬时灭菌，然后在 25 摄氏度常温下灌装，可以最大限度地减少果汁受热时间，使热敏成分的损失大幅减少，从而确保果汁的口感更新鲜更自然。

分析与讨论

1. 概念营销与消费者品牌意识有何关系？
2. "最好的营销是创造好的产品概念"，你如何理解这句话？
3. 什么是 USP，你认为 USP 过时了吗？
4. 形成某产品的概念，最关键的是考虑什么？
5. 这些案例给你什么启示？

2. 凡客诚品："凡客体"风靡网络

在竞争激烈的服装类电子商务市场里，企业要脱颖而出并不容易，烧钱打广告的昔日之星 ppg 就因资金链问题而迅速陨落。为了让更多的消费者记住"凡客诚品"的名字，给公司找到更清晰的定位，凡客诚品创始人兼 CEO 陈年进行了多种努力：像 ppg 一样在各大网站烧钱投广告；各种场合不再穿杰尼亚而是穿自己公司的服装；给凡客诚品定位"快时尚"和"平民时尚"等。2010 年，陈年给整个社会带来了"凡客体"。凡客诚品邀请韩寒和王珞丹为形象代言人，5 月份，一系列平面广告正式亮相北上广等地的公交和地铁的灯箱广告牌。"爱网络，爱自由，爱晚起，爱夜间大排档，爱赛车，也爱 29 块的 t‑shirt，我不是什么旗手，不是谁的代言，我是韩寒，我只代表我自己。我和你一样，我是凡客。"除了两位形象代言人广告中所穿的 t 恤和长裙早早售罄外，这条有态度的文字引发了网友们戏称为"凡客体"的模仿创造。"凡客体"成为网络热词，凡客诚品的知名度也随之大增。2010 年至今，凡客诚品卖出 3000 万件服装，总销售额预期突破 20 亿元。目前凡客诚品日均出单 5 万份左右，日均销售量超过 10 万件。

一、凡客诚品肇始。"凡客体"刹那间成为网络热点，令许多不知电子商务为何物的人，接触到在网上销售服装产品的凡客诚品。创新要点作为一种轻松至极的娱乐手段，恶搞是网民表达心声的常见手段。可在凡客诚品之外想找出第二个借恶搞来完成营销活动的品牌，实属不易。爱××，爱××，也爱××，我只代表我自己，我是××，从王珞丹和韩寒的平面广告推出开始，这种句式的文字、图片已成为网民的消遣手段，在网络世界广为流传。凡客诚品以富含娱乐元素的传播方式，引发了网民的关注，给网友带来了欢乐，也促进了自身知名度的提升。

凡客诚品自创立开始，就致力于成为互联网时尚生活品牌，提倡简单得体的生活方式。作为一个立足于网络的服装销售企业，如何拉开与竞争对手的距离，除去品质、价格等基础因素，营销是最为关键的一环。凡客诚品通过"凡客体"的广泛传播，令"凡客"理念深入人心，在轻松、欢快的氛围中进入消费者的内心世界。首先，在选择代言人方面，颇具邻家女孩气质的王珞丹和少年成名、特立独行的韩寒得到消费者的广泛认同。一种简单、清新的格调从广告中流露出来，仿佛他们不再是明星、名人，而是和你我一样的"凡客"。身份的认同，为"凡客体"的广泛传播奠定了坚实的基础，也使品牌在与消费者沟通时，更具亲和力。其次，丰富的娱乐元素的植入为凡客诚品的品牌沟通效果加分不少。没有互联网用户愿意看生硬、死板的宣教，一些花心思、找乐趣的行动很容易吸引网民的广泛参与。在凡客体简洁、明快的句式和颇具谐趣意味的内涵中，网民找到了一种能轻松借鉴的娱乐方式，通过大范围的传播，形成合力，最终使凡客诚品品牌获得更多消费者的认可。通过对"凡客体"的引导、强化，凡客诚品的病毒式营销显然更具影响力。"凡客体"的爆红网络，跳脱了以往商家个体的"单病毒"传播模式，"多病毒"集群式爆发，使网民主动成为携带者、传播者。顺应潮流、引导方向，"凡客体"为凡客诚品品牌带来的裨益不只限于知名度的提升，还有为后续传播造就的良好沟通环境。凡客诚品致力于为互联网新兴族群提供高品质的精致生活，"凡客体"的盛行，也在一定程度证明了品牌与目标消费群体沟通的成功、有效。据不完全统计，2000 多张凡客体图片在微博、开心网、QQ 群以及各大论坛上被疯狂转载。凡客诚品成功地将网友的热情延续到品牌沟通传播中，"凡客体"的风行，为品牌根植目标消费群体创造了良好的环境。

二、病毒营销变山寨广告引业内争议。在整个"凡客体"传播过程中，凡客诚品网站没花一分钱，但却达到了花巨额广告费都不一定能达到的效果。这种在互联网上依靠口碑传播打响知名度的方式，被业内称为病毒营销。重庆网站联盟理事刘明指出："不管是不是凡客诚品的主动行为，这都是国内互联网第一个病毒营销的经典范例。"如今病毒营销变身以"凡客体"山寨广告四处流传，其商业价值也引起了业界的广泛关注，甚至引来各方的争议。对其持肯定态度的重庆资深 IT 评论员丁然说，传统的营销要通过广告，客户被动接受信息。但是，随着广告数量的急剧增加，营销费用投入后实际效果如何，有时却并不能立即体现。与传统营销方式截然相反，病毒营销多以诱导为主，营销费用少得可怜，被营销的对象数量明确(看点击量),同时还为消费者提供可参与的娱乐活动,所以受到广泛欢迎。丁然以该个案为例称,这次的病毒式营销对凡客诚品绝对是好事。因为其虽然被恶搞,但没有伤害到它的品牌。产品本身没有问题,恶搞的方向也不是负面,所以从推广上来说肯定是正面的,而这种营销方式也值得关注。不过,重庆师范大学市场营销专业的王军教授认为,凡客首用病毒营销,虽然传播速度快,但水可载舟也可覆舟。如果恶搞对象或方式没把握好,很可能出现恶意攻击甚至下流的"凡客体"。这样一来,对品牌的形象必然有负面影响。因此,病毒营销并非万能钥匙。小贴士、凡客体,即凡客诚品(VANCL)广告文案宣传的文体。该广告意在戏谑主流文化,彰显品牌个性形象。目前,网络上出现了大批借用凡客广告体例进行恶搞的帖子,代言人也被掉包成小沈阳、凤姐、郭德纲、陈冠希等名人。其广告词更是极尽调侃,令人捧腹,也被称为"烦客体"。

分析与讨论

1. 为了提升自身知名度,凡客诚品在网络营销方面做了哪些大胆尝试? 效果如何?
2. 你怎样看待凡客诚品的"病毒营销变山寨广告"?
3. 凡客诚品的"凡客体"风靡网络,给一般的电子商务企业带来什么启示?

参 考 文 献

[1] 菲利普·科特勒、凯文·莱恩·凯勒 营销管理(第13版). 上海：格致出版社 上海人民出版社，2009

[2] 郭国庆. 市场营销学通论. 北京：中国人民大学出版社，2009

[3] 方光罗. 市场营销学. 大连：东北财经大学出版社，2008

[4] 韩德昌. 市场营销基础. 北京：中国财政经济出版社，2008

[5] 李红梅. 市场营销实务. 北京：电子工业出版社，2009

[6] 侯贵生. 营销综合实训. 大连：东北财经大学出版社，2009

[7] 胡德华. 市场营销理论与实务. 北京：电子工业出版社，2009

[8] 唐文菊. 国际市场营销. 北京：北京交通大学出版社，2009

[9] 李志荣. 国际市场营销：理论与实务. 大连：东北财经大学出版社，2007

[10] 吴健安，郭国庆，钟育赣. 市场营销学. 北京：高等教育出版社，2008

[11] 高凤荣. 市场营销基础与实务. 北京：机械工业出版社，2007

[12] 孙金霞. 市场营销. 北京：电子工业出版社，2008

[13] 张泽起. 市场营销学. 北京：中国传媒大学出版社，2008

[14] 林小兰. 市场营销基础与实务. 北京：电子工业出版社，2009

[15] 胡德华. 市场营销理论与实务. 北京：电子工业出版社，2009

[16] 赵有生，李鹰. 市场营销基础与实务. 北京：电子工业出版社，2008

[17] 张卫东. 市场营销理论与实训. 北京：电子工业出版社，2006

[18] 候丽敏. 中国市场营销经理助理. 北京：电子工业出版社，2006

[19] 梅清豪. 中国市场营销经理. 北京：电子工业出版社，2005

[20] 中国商业技师协会、市场营销专业委员会编写. 营销基础与实务. 北京：中国商业出版社，2002

[21] 林祖华. 市场营销案例分析. 北京：高等教育出版社，2004

[22] 王慧彦. 市场营销案例新编. 北京：清华大学出版社、北京交通大学出版社，2004

[23] 汤定娜，万后芬. 中国企业营销案例. 北京：高等教育出版社，2001

[24] 郭芳芳、陈顺霞. 市场营销习题集. 上海：上海财经大学出版社，2005

[25] 苏亚民. 现代营销学. 北京：对外贸易教育出版社，1997

[26] 中国就业培训技术指导中心组织编写. 营销员. 北京：中央广播电视大学出版社，2006

[27] 中国就业培训技术指导中心组织编写. 高级营销员. 北京：中央广播电视大学出版社，2006

[28] 中国就业培训技术指导中心组织编写. 助理营销师. 北京：中央广播电视大学出版社，2006

[29] 中国就业培训技术指导中心组织编写. 营销师. 北京：中央广播电视大学出版社，2006

[30] 中国就业培训技术指导中心组织编写. 高级营销师. 北京：中央广播电视大学出版

社，2006

[31] 25. http://www.marketing.icxo.com 市场营销网（世界经理人）

[32] http://www.18-china.com/scyx/scyx..htm 中国市场网

[33] http://www.Emkt.com..cn 中国营销传播网

[34] http://www.Chinam-net.com 中华营销网

[35] http://www.Chinam-net.com 中国营销资源网

[36] http://www.99ceo.com/left/shichang.html 职业经理网

[37] http://www.businessonline.com.cn/ 电子商务在线

[38] http://wiki.mbalib.com/wiki/ MBA 智库百科

图书在版编目(CIP)数据

市场营销原理与实务/谢宗云,李芳云主编 —长沙:中南大学出版社,2011.7

ISBN 978-7-5487-0336-5

Ⅰ.市... Ⅱ.①谢...②李... Ⅲ.市场营销学-高等学校-教材 Ⅳ.F713.50

中国版本图书馆 CIP 数据核字(2011)第 135455 号

市场营销原理与实务

(第2版)

主编 谢宗云 李芳云

□责任编辑	陈应征	
□责任印制	易红卫	
□出版发行	中南大学出版社	
	社址:长沙市麓山南路	邮编:410083
	发行科电话:0731-88876770	传真:0731-88710482
□印　　装	长沙市宏发印刷有限公司	

□开　　本	787×1092 1/16	□印张 21.5	□字数 518 千字	□插页 2
□版　　次	2013 年 1 月第 2 版	□2018 年 7 月第 4 次印刷		
□书　　号	ISBN 978-7-5487-0336-5			
□定　　价	42.00 元			